2020年8月11日，第十三届全国人民代表大会常务委员会第二十次会议通过了《中华人民共和国契税法》和《中华人民共和国城市维护建设税法》，自2021年9月1日起施行。

《中华人民共和国契税法》
《中华人民共和国城市维护建设税法》
释义与典型案例讲解

翟继光 倪伟杰 ◎ 著

图书在版编目（CIP）数据

《中华人民共和国契税法》《中华人民共和国城市维护建设税法》释义与典型案例讲解 / 翟继光，倪伟杰著. —上海：立信会计出版社，2020.11
 ISBN 978-7-5429-6612-4

Ⅰ.①中… Ⅱ.①翟…②倪… Ⅲ.①契税－税法－法律解释－中国②城市建设－税法－法律解释－中国③契税－税法－案例－中国④城市建设－税法－案例－中国 Ⅳ.① D922.220.5

中国版本图书馆 CIP 数据核字（2020）第 207436 号

责任编辑　余　榕
策划编辑　蔡伟莉

《中华人民共和国契税法》《中华人民共和国城市维护建设税法》
释义与典型案例讲解

出版发行	立信会计出版社
地　　址	上海市中山西路 2230 号　　邮政编码　200235
电　　话	（021）64411389　　传　　真　（021）64411325
网　　址	www.lixinaph.com　　电子邮箱　lixinaph2019@126.com
网上书店	http://lixin.jd.com　　http://lxkjcbs.tmall.com
经　　销	各地新华书店
印　　刷	北京鑫海金澳胶印有限公司
开　　本	710 毫米 ×1000 毫米　1/16
印　　张	23
字　　数	388 千字
版　　次	2020 年 11 月第 1 版
印　　次	2020 年 11 月第 1 次
书　　号	ISBN 978-7-5429-6612-4 /D
定　　价	58.00 元

如有印订差错，请与本社联系调换

前　言

2020年8月11日，第十三届全国人民代表大会常务委员会第二十一次会议通过了《中华人民共和国契税法》（以下简称《契税法》）和《中华人民共和国城市维护建设税法》（以下简称《城市维护建设税法》），自2021年9月1日起施行。至此，我国最高立法机关已经通过了11部税法，党的十八届三中全会提出的对现行18个税种"落实税收法定原则"的任务已经完成60%。为帮助社会各界理解和掌握上述两部税法的基本制度，我们编写了本书。

本书共分九章内容：第一章为契税的纳税人和征税对象，具体包括契税的纳税人、契税的征税对象两节内容。第二章为契税应纳税额的计算，具体包括契税的税率、契税的计税依据、契税应纳税额的计算三节内容。第三章为契税的税收优惠，具体包括免征契税的情形、酌定减免契税的情形、契税减免税管理三节内容。第四章为契税的征收管理，具体包括纳税义务发生时间、先税后证管理模式、契税的退税、契税的征管机关、契税法律责任与实施日期五节内容。第五章为各地契税征收管理制度，具体包括华北地区契税征管制度、东北地区契税征管制度、华东地区契税征管制度、华中地区契税征管制度、华南地区契税征管制度、西南地区契税征管制度、西北地区契税征管制度七节内容。第六章为《城市维护建设税法》释义，具体包括城市维护建设税的纳税人和计税依据、城市维护建设税应纳税额的计算、城市维护建设税的税收优惠、城市维护建设税纳税义务发生时间与扣缴义务人、城市维护建设税的征收机关与法律责任五节内容。第七章为契税与城市维护建设税纳税筹划典型案例讲解，具体包括契税纳税筹划典型案例、城市维护建设税纳税筹划典型案例两节内容。第八章为契税征管典型案例讲解，具体包括契税纳税人典型案例、契税税率典型案例、契税计税依据典型案例、契税纳税义务发生时间典型案例、契税税收优惠典型案例、契税纳税申报典型案例、契税退税典型案例、契税追征期纠纷典型案例、契税滞纳金与信息公开典型案例九节内容。第九章为城市维护建设税征管典型案例讲解，具体包括城市维护建设税纳税人典型案例、城市维护建设税计税依据典型案例、城市维护建设税退税与补税典型案例、城市维护建设税纳税前置典型案例四节内容。

本书共列举了25个税收征管实例来讲解契税和城市维护建设税的基本制度，汇集了25个省（市、自治区）的契税征管制度，讲解了10个契税和城市维护建设税纳税筹划典型案例，分析了24个法院判决的契税和城市维护建设税典型案例。

本书既可作为各级税务机关学习和掌握《契税法》《城市维护建设税法》基本制度的辅导用书，也可作为广大企事业单位申报缴纳契税和城市维护建设税的指导用书，亦可作为高等院校和科研机构课堂教学和相关科研的参考教材。

作　者

2020年10月

目　　录

第一章　契税的纳税人和征税对象 …………………………… 001
　　第一节　契税的纳税人 …………………………………… 001
　　第二节　契税的征税对象 ………………………………… 010

第二章　契税应纳税额的计算 ………………………………… 027
　　第一节　契税的税率 ……………………………………… 027
　　第二节　契税的计税依据 ………………………………… 031
　　第三节　契税应纳税额的计算 …………………………… 038

第三章　契税的税收优惠 ……………………………………… 039
　　第一节　免征契税的情形 ………………………………… 039
　　第二节　酌定减免契税的情形 …………………………… 046
　　第三节　契税减免税管理 ………………………………… 048

第四章　契税的征收管理 ……………………………………… 051
　　第一节　纳税义务发生时间 ……………………………… 051
　　第二节　先税后证管理模式 ……………………………… 054

第三节　契税的退税 …………………………………… 056

第四节　契税的征管机关 ……………………………… 059

第五节　契税法律责任与实施日期 …………………… 061

第五章　各地契税征收管理制度 …………………… 066

第一节　华北地区契税征管制度 ……………………… 066

第二节　东北地区契税征管制度 ……………………… 084

第三节　华东地区契税征管制度 ……………………… 094

第四节　华中地区契税征管制度 ……………………… 108

第五节　华南地区契税征管制度 ……………………… 116

第六节　西南地区契税征管制度 ……………………… 124

第七节　西北地区契税征管制度 ……………………… 132

第六章　《城市维护建设税法》释义 ……………… 148

第一节　城市维护建设税的纳税人和计税依据 ……… 148

第二节　城市维护建设税应纳税额的计算 …………… 152

第三节　城市维护建设税的税收优惠 ………………… 156

第四节　城市维护建设税纳税义务发生时间与扣缴

义务人 …………………………………………… 164

第五节　城市维护建设税的征收机关与法律责任 …… 168

第七章　契税与城市维护建设税纳税筹划典型案例

讲解 ……………………………………………… 174

第一节　契税纳税筹划典型案例 ……………………… 174

第二节　城市维护建设税纳税筹划典型案例 …………… 178

第八章　契税征管典型案例讲解 …………………………… 184
第一节　契税纳税人典型案例 ………………………… 184
第二节　契税税率典型案例 …………………………… 195
第三节　契税计税依据典型案例 ……………………… 205
第四节　契税纳税义务发生时间典型案例 …………… 220
第五节　契税税收优惠典型案例 ……………………… 231
第六节　契税纳税申报典型案例 ……………………… 240
第七节　契税退税典型案例 …………………………… 255
第八节　契税追征期纠纷典型案例 …………………… 271
第九节　契税滞纳金与信息公开典型案例 …………… 301

第九章　城市维护建设税征管典型案例讲解 ……………… 309
第一节　城市维护建设税纳税人典型案例 …………… 309
第二节　城市维护建设税计税依据典型案例 ………… 326
第三节　城市维护建设税退税与补税典型案例 ……… 332
第四节　城市维护建设税纳税前置典型案例 ………… 350

附　录 ………………………………………………………… 355
中华人民共和国契税法 ………………………………… 355
中华人民共和国城市维护建设税法 …………………… 358

第一章

契税的纳税人和征税对象

第一节 契税的纳税人

一、纳税人

(一) 纳税人的定义

纳税人是指税法规定的负有纳税义务的单位和个人。一些税收制度除设置了纳税人外,还设置了扣缴义务人。扣缴义务人包括代扣代缴义务人和代收代缴义务人,它是指税法规定的负有代扣代缴税款或者代收代缴税款义务的单位和个人。

(二) 纳税人的权利

纳税人在履行纳税义务过程中,依法享有下列权利。
1. 知情权

纳税人有权向税务机关了解国家税收法律、行政法规的规定以及与纳税程序有关的情况。其具体包括:现行税收法律、行政法规和税收政策规定;办理税收事项的时间、方式、步骤以及需要提交的资料;应纳税额核定及其他税务行政处理决定的法律依据、事实依据和计算方法；与税务机关在纳税、处罚和采取强制执行措施时发生争议或纠纷时，纳税人可以采取的法律救济途径及需要满足的条件。

2. 保密权

纳税人有权要求税务机关为纳税人的情况保密。税务机关将依法为纳税人的商业秘密和个人隐私保密，如纳税人的技术信息、经营信息和纳税人、主要投资人以及经营者不愿公开的个人事项。上述事项，如无法律、行政法规明确规定或者纳税人的许可，税务机关将不会对外部门、社会公众和其他个人提供。但根据法律规定，税收违法行为信息不属于保密范围。

3. 税收监督权

纳税人对税务机关违反税收法律、行政法规的行为，如税务人员索贿受贿、徇私舞弊、玩忽职守，不征或者少征应征税款，滥用职权多征税款或者故意刁难等，可以进行检举和控告；同时，纳税人对其他纳税人的税收违法行为也有权进行检举。

4. 纳税申报方式选择权

纳税人可以直接到办税服务厅办理纳税申报或者报送代扣代缴、代收代缴税款报告表，也可以按照规定采取邮寄、数据电文或者其他方式办理上述申报、报送事项。纳税人采取邮寄或数据电文方式办理上述申报、报送事项的，需经纳税人的主管税务机关批准。

纳税人如采取邮寄方式办理纳税申报，应当使用统一的纳税申报专用信封，并以邮政部门收据作为申报凭据。邮寄申报以寄出的邮戳日期为实际申报日期。

数据电文方式是指税务机关确定的电话语音、电子数据交换和网络传输等电子方式。纳税人如采用电子方式办理纳税申报，应当按照税务机关规定的期限和要求保存有关资料，并定期书面报送给税务机关。

5. 申请延期申报权

纳税人如不能按期办理纳税申报或者报送代扣代缴、代收代缴税款报告表，应当在规定的期限内向税务机关提出书面延期申请，经核准，可在核准的期限内办理。纳税人经核准延期办理申报、报送事项的，应当在税法规定的纳税期内按照上期实际缴纳的税额或者税务机关核定的税额预缴税款，并在核准的延期内办理税款结算。

6. 申请延期缴纳税款权

纳税人因有特殊困难，不能按期缴纳税款的，经省、自治区、直辖市税务局批准，可以延期缴纳税款，但是最长不得超过3个月。计划单列市的税务局可以参照省级税务机关的批准权限，审批纳税人的延期缴纳税款申请。

纳税人满足以下任何一个条件，均可以申请延期缴纳税款：一是因不可抗力，导致纳税人发生较大损失，正常生产经营活动受到较大影响的；二是当期货币资金在扣除应付职工工资、社会保险费后，不足以缴纳税款的。

7. 申请退还多缴税款权

对纳税人超过应纳税额缴纳的税款，税务机关发现后，将自发现之日起10日内办理退还手续；纳税人自结算缴纳税款之日起3年内发现的，可以向税务机关要求退还多缴的税款并加算银行同期存款利息。税务机关将自接到纳税人退还申请之日起30日内查实并办理退还手续，涉及从国库中退库的，依照法律、行政法规有关国库管理的规定退还。

8. 依法享受税收优惠权

纳税人可以依照法律、行政法规的规定书面申请减税、免税。减税、免税的申请须经法律、行政法规规定的减税、免税审查批准机关审批。减税、免税期满，纳税人应当自期满次日起恢复纳税。减税、免税条件发生变化的，纳税人应当自发生变化之日起15日内向税务机关报告；不再符合减税、免税条件的，应当依法履行纳税义务。纳税人享受的税收优惠需要备案的，应当按照税收法律、行政法规和有关政策规定，及时办理事前或事后备案。

9. 委托税务代理权

纳税人有权就以下事项委托税务代理人代为办理：办理、变更或者注销税务登记、除增值税专用发票外的发票领购手续、纳税申报或扣缴税款报告、税款缴纳和申请退税、制作涉税文书、审查纳税情况、建账建制、办理财务、税务咨询、申请税务行政复议、提起税务行政诉讼以及国家税务总局规定的其他业务。

10. 陈述与申辩权

纳税人对税务机关做出的决定，享有陈述权、申辩权。如果纳税人有充分的证据证明自己的行为合法，税务机关就不得对纳税人实施行政处罚；即使纳税人的陈述或申辩不充分合理，税务机关也会向纳税人解释实施行政处罚的原因。税务机关不会因纳税人的申辩而加重处罚。

11. 对未出示税务检查证和税务检查通知书的拒绝检查权

税务机关派出的人员进行税务检查时,应当向纳税人出示税务检查证和税务检查通知书;对未出示税务检查证和税务检查通知书的,纳税人有权拒绝检查。

12. 税收法律救济权

纳税人对税务机关做出的决定,依法享有申请行政复议、提起行政诉讼、请求国家赔偿等权利。

纳税人、纳税担保人同税务机关在纳税上发生争议时,必须先依照税务机关的纳税决定缴纳或者解缴税款及滞纳金或者提供相应的担保,然后再依法申请行政复议;对行政复议决定不服的,可以依法向人民法院起诉。纳税人对税务机关的处罚决定、强制执行措施或者税收保全措施不服的,可以依法申请行政复议,也可以依法向人民法院提起诉讼。

当税务机关的职务违法行为对纳税人和其他税务当事人的合法权益造成侵害时,纳税人和其他税务当事人可以要求税务行政赔偿。这些行为主要包括:一是纳税人在限期内已缴纳税款,税务机关未立即解除税收保全措施,使纳税人的合法权益遭受损失的;二是税务机关滥用职权违法采取税收保全措施、强制执行措施或者采取税收保全措施、强制执行措施不当,使纳税人或者纳税担保人的合法权益遭受损失的。

13. 依法要求听证的权利

对纳税人做出规定金额以上罚款的行政处罚之前,税务机关会向纳税人送达《税务行政处罚事项告知书》,告知纳税人已经查明的违法事实、证据、行政处罚的法律依据和拟将给予的行政处罚。对此,纳税人有权要求举行听证。税务机关应纳税人的要求组织听证。如纳税人认为税务机关指定的听证主持人与本案有直接利害关系,纳税人有权申请主持人回避。

对应当进行听证的案件,税务机关不组织听证,行政处罚决定不能成立,纳税人放弃听证权利或者被正当取消听证权利的除外。

14. 索取有关税收凭证的权利

税务机关征收税款时,必须给纳税人开具完税凭证。扣缴义务人代扣、代收税款时,纳税人要求扣缴义务人开具代扣、代收税款凭证时,扣缴义务人应当开具。

税务机关扣押商品、货物或者其他财产时,必须开付收据;查封商品、货物或者其他财产时,必须开付清单。

（三）纳税人的义务

依照宪法、税收法律和行政法规的规定，纳税人在纳税过程中负有以下义务。

1. 依法进行税务登记的义务

纳税人应当自领取营业执照之日起30日内，持有关证件，向税务机关申报办理税务登记。税务登记主要包括：领取营业执照后的设立登记，税务登记内容发生变化后的变更登记，依法申请停业、复业登记，依法终止纳税义务的注销登记等。

在各类税务登记管理中，纳税人应该根据税务机关的规定分别提交相关资料，及时办理；同时，纳税人应当按照税务机关的规定使用税务登记证件。税务登记证件不得转借、涂改、损毁、买卖或者伪造。

2. 依法设置账簿、保管账簿和有关资料以及依法开具、使用、取得和保管发票的义务

纳税人应当按照有关法律、行政法规和国务院财政、税务主管部门的规定设置账簿，根据合法、有效凭证记账，进行核算；从事生产、经营的，必须按照国务院财政、税务主管部门规定的保管期限保管账簿、记账凭证、完税凭证及其他有关资料；账簿、记账凭证、完税凭证及其他有关资料不得伪造、变造或者擅自损毁。此外，纳税人在购销商品、提供或者接受经营服务以及从事其他经营活动中，应当依法开具、使用、取得和保管发票。

3. 财务会计制度和会计核算软件备案的义务

纳税人的财务、会计制度或者财务、会计处理办法和会计核算软件，应当报送税务机关备案。纳税人的财务、会计制度或者财务、会计处理办法与国务院或者国务院财政、税务主管部门有关税收的规定抵触的，应依照国务院或者国务院财政、税务主管部门有关税收的规定计算应纳税款、代扣代缴和代收代缴税款。

4. 按照规定安装、使用税控装置的义务

国家根据税收征收管理的需要，积极推广使用税控装置。纳税人应当按照规定安装、使用税控装置，不得损毁或者擅自改动税控装置。纳税人未按规定安装、使用税控装置，或者损毁、擅自改动税控装置的，税务机关应责令纳税人限期改正，并可根据情节轻重处以规定数额内的罚款。

5．按时、如实申报的义务

纳税人必须依照法律、行政法规规定或者税务机关依照法律、行政法规的规定确定的申报期限、申报内容如实办理纳税申报，报送纳税申报表、财务会计报表以及税务机关根据实际需要要求纳税人报送的其他纳税资料。

扣缴义务人必须依照法律、行政法规规定或者税务机关依照法律、行政法规的规定确定的申报期限、申报内容如实报送代扣代缴、代收代缴税款报告表以及税务机关根据实际需要要求纳税人报送的其他有关资料。

纳税人即使在纳税期内没有应纳税款，也应当按照规定办理纳税申报。享受减税、免税待遇的，在减税、免税期间应当按照规定办理纳税申报。

6．按时缴纳税款的义务

纳税人应当按照法律、行政法规规定或者税务机关依照法律、行政法规的规定确定的期限，缴纳或者解缴税款。

未按照规定期限缴纳税款或者未按照规定期限解缴税款的，税务机关除责令限期缴纳外，从滞纳税款之日起，按日加收滞纳税款5‰的滞纳金。

7．代扣、代收税款的义务

纳税人按照法律、行政法规规定负有代扣代缴、代收代缴税款义务的，必须依照法律、行政法规的规定履行代扣、代收税款的义务。纳税人依法履行代扣、代收税款义务时，纳税人不得拒绝。纳税人拒绝的，纳税人应当及时报告税务机关处理。

8．接受依法检查的义务

纳税人有接受税务机关依法进行税务检查的义务，应主动配合税务机关按法定程序进行的税务检查，如实地向税务机关反映自己的生产经营情况和执行财务制度的情况，并按有关规定提供报表和资料，不得隐瞒和弄虚作假，不能阻挠、妨碍税务机关的检查和监督。

9．及时提供信息的义务

纳税人除通过税务登记和纳税申报向税务机关提供与纳税有关的信息外，还应及时提供其他信息。纳税人有歇业、经营情况变化、遭受各种灾害等特殊情况，应及时向税务机关说明，以便税务机关依法妥善处理。

10．报告其他涉税信息的义务

为了保障国家税收能够及时、足额征收入库，税收法律还规定了纳税人有义务向税务机关报告如下涉税信息：

（1）纳税人有义务就纳税人与关联企业之间的业务往来，向当地税务机关提供有关的价格、费用标准等资料。纳税人有欠税情形而以财产设定抵押、质押的，应当向抵押权人、质权人说明纳税人的欠税情况。

（2）企业合并、分立的报告义务。纳税人有合并、分立情形的，应当向税务机关报告，并依法缴清税款。合并时未缴清税款的，应当由合并后的纳税人继续履行未履行的纳税义务；分立时未缴清税款的，分立后的纳税人对未履行的纳税义务应当承担连带责任。

（3）报告全部账号的义务。纳税人从事生产、经营，应当按照国家有关规定，持税务登记证件，在银行或者其他金融机构开立基本存款账户和其他存款账户，并自开立基本存款账户或者其他存款账户之日起15日内，向纳税人的主管税务机关书面报告全部账号；发生变化的，应当自变化之日起15日内，向纳税人的主管税务机关书面报告。

（4）处分大额财产报告的义务。纳税人的欠缴税款数额在5万元以上，纳税人在处分不动产或者大额资产之前，应当向税务机关报告。

二、契税的纳税人

（一）契税纳税人的范围

《契税法》第一条规定："在中华人民共和国境内转移土地、房屋权属，承受的单位和个人为契税的纳税人，应当依照本法规定缴纳契税。"根据这一规定，契税的纳税人为在中国境内转移土地、房屋权属时承受的单位和个人。

《中华人民共和国契税暂行条例》（1997年7月7日中华人民共和国国务院令第224号发布，根据2019年3月2日《国务院关于修改部分行政法规的决定》修订，以下简称《契税暂行条例》）第一条规定："在中华人民共和国境内转移土地、房屋权属，承受的单位和个人为契税的纳税人，应当依照本条例的规定缴纳契税。"《契税法》与《契税暂行条例》关于契税纳税人的规定是相同的。

根据《财政部 国家税务总局关于企业以售后回租方式进行融资等有关契税政策的通知》（财税〔2012〕82号）的规定，以招拍挂方式出让国有土地使用权的，纳税人为最终与土地管理部门签订出让合同的土地使用权承受人。

（二）土地、房屋权属的含义

根据《中华人民共和国契税暂行条例细则》（财法字〔1997〕52号，以下简称《契税暂行条例细则》）第二条的规定，土地、房屋权属是指土地使用权，房屋所有权。

（三）承受的含义

根据《契税暂行条例细则》第三条的规定，承受是指以受让、购买、受赠、交换等方式取得土地、房屋权属的行为。

（四）单位的含义

根据《契税暂行条例细则》第四条的规定，单位是指企业单位、事业单位、国家机关、军事单位和社会团体以及其他组织。

（五）个人的含义

根据《契税暂行条例细则》第四条的规定，个人是指个体经营者及其他个人。

【例1-1】 王先生将一套住房以200万元的价格转让给李先生，双方签订的合同约定，住房过户所涉及的一切税费均由王先生承担。在缴纳契税时，谁是纳税人？

解析：契税的纳税人为在中国境内转移土地、房屋权属时承受的单位和个人，因此，在该交易中，契税的纳税人为李先生。交易当事人可以约定税款的具体负担人，但不能改变税法规定的纳税人。如果王先生代替李先生缴纳契税，也是以李先生的名义来缴纳，税务机关开具的完税凭证中记载的纳税人仍然为李先生。

三、不动产所有权相关制度

（一）不动产登记制度

根据《中华人民共和国民法典》（以下简称《民法典》）第二百零九条、

第二百一十条的规定，不动产物权的设立、变更、转让和消灭，经依法登记，发生效力；未经登记，不发生效力，法律另有规定的除外。依法属于国家所有的自然资源，所有权可以不登记。不动产登记，由不动产所在地的登记机构办理。国家对不动产实行统一登记制度。统一登记的范围、登记机构和登记办法，由法律、行政法规规定。

根据《民法典》第二百一十五条的规定，当事人之间订立有关设立、变更、转让和消灭不动产物权的合同，除法律另有规定或者当事人另有约定外，自合同成立时生效；未办理物权登记的，不影响合同效力。

（二）业主的建筑物区分所有权

根据《民法典》第二百七十一条至第二百七十六条的规定，业主对建筑物内的住宅、经营性用房等专有部分享有所有权，对专有部分以外的共有部分享有共有和共同管理的权利。业主对其建筑物专有部分享有占有、使用、收益和处分的权利。业主行使权利不得危及建筑物的安全，不得损害其他业主的合法权益。

业主对建筑物专有部分以外的共有部分，享有权利，承担义务；不得以放弃权利为由不履行义务。业主转让建筑物内的住宅、经营性用房，其对共有部分享有的共有和共同管理的权利一并转让。

建筑区划内的道路，属于业主共有，但是属于城镇公共道路的除外。建筑区划内的绿地，属于业主共有，但是属于城镇公共绿地或者明示属于个人的除外。建筑区划内的其他公共场所、公用设施和物业服务用房，属于业主共有。

建筑区划内，规划用于停放汽车的车位、车库的归属，由当事人通过出售、附赠或者出租等方式约定。占用业主共有的道路或者其他场地用于停放汽车的车位，属于业主共有。建筑区划内，规划用于停放汽车的车位、车库应当先满足业主的需要。

第二节 契税的征税对象

一、契税的征税对象

（一）征税对象

征税对象是指国家征税直接针对的事物。它包括所得、财产和行为等。征税对象主要回答对什么征税的问题，它是一种税区别于另一种税的主要标志，是各种税命名的主要依据。例如，车船税的征税对象是车船，房产税的征税对象是房产，个人所得税的征税对象是个人所得等。征税对象可以从质和量两个方面具体细分为税目和计税依据。

税目是税法规定的属于征税范围的具体项目，是征税对象的具体化。税目体现了征税的广度，反映了各税种具体征税对象的种类和范围。

计税依据也称为税基，是据以计算应纳税额的基数。计算税款的方法主要有从价计征和从量计征。从价计征的计税依据通常是交易的价格，如销售额。从量计征的计税依据通常是征税对象的质量、体积、数量等。

（二）契税的征税对象

根据《契税法》第二条的规定，契税的征税对象为"转移土地、房屋权属"。

根据《契税暂行条例》第二条的规定，契税的征税对象为"转移土地、房屋权属"。《契税法》与《契税暂行条例》关于契税征税对象的规定是一致的。

二、土地使用权出让

（一）一般规定

根据《契税法》第二条的规定，契税的征税对象为"转移土地、房屋权属"，其中第一项为土地使用权出让。

根据《契税暂行条例》第二条的规定，契税的征税对象为"转移土地、房屋权属"，其中第一项为国有土地使用权出让。《契税法》将"国有"二字删除，意味着集体土地使用权出让也将成为契税的征税对象。

（二）土地使用权出让的含义

根据《契税暂行条例细则》第五条的规定，国有土地使用权出让是指土地使用者向国家交付土地使用权出让费用，国家将国有土地使用权在一定年限内让予土地使用者的行为。

（三）土地使用权出让相关法律制度

根据《中华人民共和国城镇国有土地使用权出让和转让暂行条例》（中华人民共和国国务院令第55号，以下简称《城镇国有土地使用权出让和转让暂行条例》）的规定，土地使用权出让是指国家以土地所有者的身份将土地使用权在一定年限内让与土地使用者，并由土地使用者向国家支付土地使用权出让金的行为。土地使用权出让应当签订出让合同。

土地使用权的出让，由市、县人民政府负责，有计划、有步骤地进行。土地使用权出让的地块、用途、年限和其他条件，由市、县人民政府土地管理部门会同城市规划和建设管理部门、房产管理部门共同拟订方案，按照国务院规定的批准权限报经批准后，由土地管理部门实施。土地使用权出让合同应当按照平等、自愿、有偿的原则，由市、县人民政府土地管理部门（以下简称出让方）与土地使用者签订。

土地使用权出让最高年限按下列用途确定：①居住用地70年。②工业用地50年。③教育、科技、文化、卫生、体育用地50年。④商业、旅游、娱乐用地40年。⑤综合或者其他用地50年。

土地使用权出让可以采取下列方式：①协议。②招标。③拍卖。依照上述方式出让土地使用权的具体程序和步骤，由省、自治区、直辖市人民政府规定。

土地使用者应当在签订土地使用权出让合同后60日内，支付全部土地使用权出让金。逾期未全部支付的，出让方有权解除合同，并可请求违约赔偿。出让方应当按照合同规定，提供出让的土地使用权。未按合同规定提供土地使用权的，土地使用者有权解除合同，并可请求违约赔偿。土地使用者在支付全部土地使用权出让金后，应当依照规定办理登记，领取土地使用证，取得土地使用权。

土地使用者应当按照土地使用权出让合同的规定和城市规划的要求，开发、利用、经营土地。未按合同规定的期限和条件开发、利用土地的，市、县人民政府土地管理部门应当予以纠正，并根据情节可以给予警告、罚款、无偿收回土地使用权等处罚。

土地使用者需要改变土地使用权出让合同规定的土地用途的，应当征得出让方同意并经土地管理部门和城市规划部门批准，依照有关规定重新签订土地使用权出让合同，调整土地使用权出让金，并办理登记。

三、土地使用权转让

（一）一般规定

1. 土地使用权转让

根据《契税法》第二条的规定，契税征税对象中的第二项为土地使用权转让。

根据《契税暂行条例》第二条的规定，契税征税对象中的第二项为土地使用权转让，包括出售、赠与和交换。《契税法》与《契税暂行条例》的规定一致，但并未将"转让"限定于出售、赠与和交换三种方式，其他方式的转让也属于契税的征税对象。

根据《契税暂行条例细则》第六条的规定，土地使用权转让是指土地使用者以出售、赠与、交换或者其他方式将土地使用权转移给其他单位和个人的行为。

2. 土地使用权出售

根据《契税暂行条例细则》第六条的规定，土地使用权出售是指土地使用者以土地使用权作为交易条件，取得货币、实物、无形资产或者其他经济利益的行为。

3. 土地使用权赠与

根据《契税暂行条例细则》第六条的规定，土地使用权赠与是指土地使用者将其土地使用权无偿转让给受赠者的行为。

4. 土地使用权交换

根据《契税暂行条例细则》第六条的规定，土地使用权交换是指土地使用者之间相互交换土地使用权的行为。

（二）例外规定

根据《契税法》第二条的规定，土地使用权转让不包括土地承包经营权和土地经营权的转移。

根据《契税暂行条例》第二条的规定，土地使用权转让不包括农村集体土地承包经营权的转移。《契税法》的规定，一方面将"农村集体土地承包经营权"简化为"土地承包经营权"，另一方面增加了"土地经营权"。

根据《财政部 国家税务总局关于本溪金岛生态农业发展有限公司承受农村集体土地使用权征收契税的批复》（财税字〔2000〕26号）的规定，辽宁省本溪金岛生态农业发展有限公司有偿受让桓仁县横道河子村林地及耕地使用权50年，用于生态农业的综合开发，不属于农村集体土地承包经营权的转移，应按土地使用权转让征收契税。

（三）土地使用权转让相关法律规定

根据《城镇国有土地使用权出让和转让暂行条例》的规定，土地使用权转让是指土地使用者将土地使用权再转移的行为，包括出售、交换和赠与。未按土地使用权出让合同规定的期限和条件投资开发、利用土地的，土地使用权不得转让。

土地使用权转让应当签订转让合同。土地使用权转让时，土地使用权出让合同和登记文件中所载明的权利、义务随之转移。土地使用者通过转让方式取得的土地使用权，其使用年限为土地使用权出让合同规定的使用年限减去原土地使用者已使用年限后的剩余年限。

土地使用权转让时，其地上建筑物、其他附着物所有权随之转让。地上建筑物、其他附着物的所有人或者共有人，享有该建筑物、附着物使用范围内的土地使用权。土地使用者转让地上建筑物、其他附着物所有权时，其使用范围内的土地使用权随之转让，但地上建筑物、其他附着物作为动产转让的除外。

土地使用权和地上建筑物、其他附着物所有权转让，应当依照规定办理过户登记。土地使用权和地上建筑物、其他附着物所有权分割转让的，应当经市、县人民政府土地管理部门和房产管理部门批准，并依照规定办理过户登记。上述使用权转让价格明显低于市场价格的，市、县人民政府有优先购买权。土地使用权转让的市场价格不合理上涨时，市、县人民政府可以采取必要的措施。

土地使用权转让后，需要改变土地使用权出让合同规定的土地用途的，依照相关规定办理。

四、房屋买卖、赠与、互换

（一）一般规定

根据《契税法》第二条的规定，契税征税对象中的第三项为房屋买卖、赠与、互换。

根据《契税暂行条例》第二条的规定，契税征税对象中的第三、第四、第五项分别为房屋买卖、赠与、交换；《契税法》的规定，一方面将三项行为合并为一项，另一方面将"房屋交换"修改为"房屋互换"，两者并无本质区别。

（二）房屋买卖

根据《契税暂行条例细则》第七条的规定，房屋买卖是指房屋所有者将其房屋出售，由承受者交付货币、实物、无形资产或者其他经济利益的行为。

根据《财政部关于对未建成房屋产权转让征收契税问题的复函》（财农税字〔1994〕第2号）的规定，西安祥发公司出售的"祥发大厦"是在西安市未央区乡镇企业管理局已建五层的"西安汽车大厦"基础上续建的，西安祥发公司取得已建五层的"西安汽车大厦"的产权，构成纳税行为，应由产权承受人向当地财政征收机关照章缴纳契税，办理契证手续。未建成房屋产权连带土地使用权一并转让的，以交易合同（契约）价格总额（含"地价"）作为计税依据。产权承受人所持房屋交易合同（契约），未办理契税手续的为白契，应照章补缴契税。

（三）房屋赠与

根据《契税暂行条例细则》第七条的规定，房屋赠与是指房屋所有者将其房屋无偿转让给受赠者的行为。

根据《国家税务总局关于继承土地、房屋权属有关契税问题的批复》（国税函〔2004〕1036号）对《中华人民共和国继承法》（以下简称《继承法》）规定的法定继承人（包括配偶、子女、父母、兄弟姐妹、祖父母、外祖父母）继承土地、房屋权属，不征契税。按照《继承法》规定，非法定继承人根据遗嘱承受死者生前的土地、房屋权属，属于赠与行为，应征收契税。

根据《国家税务总局关于经法院调解的房屋权属转移征收契税的批复》（国税函〔2008〕718号）的规定，居民个人根据国家房改政策购买的公有住房，并取得房改房产权证后，将名下的房屋产权转移给其子女，属于契税法规规定的赠与行为，应依照《契税暂行条例》及其有关规定征收契税。

（四）房屋互换

根据《契税暂行条例细则》第七条的规定，房屋交换是指房屋所有者之间相互交换房屋的行为。

（五）房屋的标准

根据《国家税务总局农业税征收管理局关于当前契税政策执行中若干具体问题的操作意见》（农便函〔2006〕28号）的规定，对于被转移权属的建筑物，可参照房产税征管中有关房屋的标准认定是否属于应纳契税的房屋。根据《财政部 国家税务总局关于房产税和车船使用税几个业务问题的解释与规定》（财税地〔1987〕3号）中对于"房屋"的解释："房屋是指有屋面和围护结构（有墙或两边有柱），能够遮风避雨，可供人们在其中生产、工作、学习、娱乐、居住或储藏物资的场所。独立于房屋之外的建筑物，如围墙、烟囱、水塔、变电塔、油池油柜、酒窖菜窖、酒精池、糖蜜池、室外游泳池、玻璃暖房、砖瓦石灰窑以及各种油气罐等，不属于房产。"此外，《财政部 国家税务总局关于具备房屋功能的地下建筑征收房产税的通知》（财税〔2005〕181号）还规定，对具备以上所述房屋功能的地下建筑，包括与地上房屋相连的地下建筑以及完全建在地面以下的建筑、地下人防设施等，均征收房产税。在政策执行中，房产税征税的房屋范围均可作为契税的征税对象。

（六）房屋买卖相关法律制度

根据《最高人民法院关于审理商品房买卖合同纠纷案件适用法律若干问题的解释》（2003年3月24日最高人民法院审判委员会第1 267次会议通过）

的规定，商品房买卖合同是指房地产开发企业（以下简称为"出卖人"）将尚未建成或者已竣工的房屋向社会销售并转移房屋所有权于买受人，买受人支付价款的合同。

出卖人未取得商品房预售许可证明，与买受人订立的商品房预售合同，应当认定无效，但是在起诉前取得商品房预售许可证明的，可以认定有效。

商品房的销售广告和宣传资料为要约邀请，但是出卖人就商品房开发规划范围内的房屋及相关设施所做的说明和允诺具体确定，并对商品房买卖合同的订立以及房屋价格的确定有重大影响的，应当视为要约。该说明和允诺即使未载入商品房买卖合同，亦应当视为合同内容，当事人违反的，应当承担违约责任。

出卖人通过认购、订购、预订等方式向买受人收受定金作为订立商品房买卖合同担保的，如果因当事人一方原因未能订立商品房买卖合同，应当按照法律关于定金的规定处理；因不可归责于当事人双方的事由，导致商品房买卖合同未能订立的，出卖人应当将定金返还买受人。

商品房的认购、订购、预订等协议具备《商品房销售管理办法》第十六条规定的商品房买卖合同的主要内容，并且出卖人已经按照约定收受购房款的，该协议应当认定为商品房买卖合同。

当事人以商品房预售合同未按照法律、行政法规规定办理登记备案手续为由，请求确认合同无效的，不予支持。当事人约定以办理登记备案手续为商品房预售合同生效条件的，从其约定，但当事人一方已经履行主要义务，对方接受的除外。

拆迁人与被拆迁人按照所有权调换形式订立拆迁补偿安置协议，明确约定拆迁人以位置、用途特定的房屋对被拆迁人予以补偿安置，如果拆迁人将该补偿安置房屋另行出卖给第三人，被拆迁人请求优先取得补偿安置房屋的，应予支持。

具有下列情形之一，导致商品房买卖合同目的不能实现的，无法取得房屋的买受人可以请求解除合同、返还已付购房款及利息、赔偿损失，并可以请求出卖人承担不超过已付购房款一倍的赔偿责任：①商品房买卖合同订立后，出卖人未告知买受人又将该房屋抵押给第三人。②商品房买卖合同订立后，出卖人又将该房屋出卖给第三人。

出卖人订立商品房买卖合同时，具有下列情形之一，导致合同无效或者被撤销、解除的，买受人可以请求返还已付购房款及利息、赔偿损失，并可以请求出卖人承担不超过已付购房款一倍的赔偿责任：①故意隐瞒没有取得商品房预售许可证明的事实或者提供虚假商品房预售许可证明。②故意隐瞒所售房屋已经抵押的事实。③故意隐瞒所售房屋已经出卖给第三人或者为拆迁补偿安置房屋的事实。

买受人以出卖人与第三人恶意串通，另行订立商品房买卖合同并将房屋交付使用，导致其无法取得房屋为由，请求确认出卖人与第三人订立的商品房买卖合同无效的，应予支持。

对房屋的转移占有，视为房屋的交付使用，但当事人另有约定的除外。房屋毁损、灭失的风险，在交付使用前由出卖人承担，交付使用后由买受人承担；买受人接到出卖人的书面交房通知，无正当理由拒绝接收的，房屋毁损、灭失的风险自书面交房通知确定的交付使用之日起由买受人承担，但法律另有规定或者当事人另有约定的除外。

因房屋主体结构质量不合格不能交付使用，或者房屋交付使用后，房屋主体结构质量经核验确属不合格，买受人请求解除合同和赔偿损失的，应予支持。

因房屋质量问题严重影响正常居住使用，买受人请求解除合同和赔偿损失的，应予支持。交付使用的房屋存在质量问题，在保修期内，出卖人应当承担修复责任；出卖人拒绝修复或者在合理期限内拖延修复的，买受人可以自行或者委托他人修复。修复费用及修复期间造成的其他损失由出卖人承担。

出卖人交付使用的房屋套内建筑面积或者建筑面积与商品房买卖合同约定面积不符，合同有约定的，按照约定处理；合同没有约定或者约定不明确的，按照以下原则处理：①面积误差比绝对值在3%以内（含3%），按照合同约定的价格据实结算，买受人请求解除合同的，不予支持。②面积误差比绝对值超出3%，买受人请求解除合同、返还已付购房款及利息的，应予支持。买受人同意继续履行合同，房屋实际面积大于合同约定面积的，面积误差比在3%以内（含3%）部分的房价款由买受人按照约定的价格补足，面积误差比超出3%部分的房价款由出卖人承担，所有权归买受人；房屋实际面积小于合同约定面积的，面积误差比在3%以内（含3%）部分的房价款及利息由出卖人返还买受人，面积误差比超过3%部分的房价款由出卖人双倍返还买受人。

出卖人迟延交付房屋或者买受人迟延支付购房款，经催告后在3个月的合理期限内仍未履行，当事人一方请求解除合同的，应予支持，但当事人另有约定的除外。法律没有规定或者当事人没有约定，经对方当事人催告后，解除权行使的合理期限为3个月。对方当事人没有催告的，解除权应当在解除权发生之日起1年内行使；逾期不行使的，解除权消灭。

当事人以约定的违约金过高为由请求减少的，应当以违约金超过造成的损失30%为标准适当减少；当事人以约定的违约金低于造成的损失为由请求增加的，应当以违约造成的损失确定违约金数额。

商品房买卖合同没有约定违约金数额或者损失赔偿额计算方法，违约金数额或者损失赔偿额可以参照以下标准确定：①逾期付款的，按照未付购房款总额，参照中国人民银行规定的金融机构计收逾期贷款利息的标准计算。②逾期交付使用房屋的，按照逾期交付使用房屋期间有关主管部门公布或者有资格的房地产评估机构评定的同地段同类房屋租金标准确定。

由于出卖人的原因，买受人在下列期限届满未能取得房屋权属证书的，除当事人有特殊约定外，出卖人应当承担违约责任：①商品房买卖合同约定的办理房屋所有权登记的期限。②商品房买卖合同的标的物为尚未建成房屋的，自房屋交付使用之日起90日。③商品房买卖合同的标的物为已竣工房屋的，自合同订立之日起90日。合同没有约定违约金或者损失数额难以确定的，可以按照已付购房款总额，参照中国人民银行规定的金融机构计收逾期贷款利息的标准计算。

商品房买卖合同约定或者《城市房地产开发经营管理条例》第三十三条规定的办理房屋所有权登记的期限届满后超过1年，由于出卖人的原因，导致买受人无法办理房屋所有权登记，买受人请求解除合同和赔偿损失的，应予支持。

出卖人与包销人订立商品房包销合同，约定出卖人将其开发建设的房屋交由包销人以出卖人的名义销售的，包销期满未销售的房屋，由包销人按照合同约定的包销价格购买，但当事人另有约定的除外。

出卖人自行销售已经约定由包销人包销的房屋，包销人请求出卖人赔偿损失的，应予支持，但当事人另有约定的除外。

对于买受人因商品房买卖合同与出卖人发生的纠纷，人民法院应当通知包销人参加诉讼；出卖人、包销人和买受人对各自的权利义务有明确约定的，按照约定的内容确定各方的诉讼地位。

商品房买卖合同约定，买受人以担保贷款方式付款、因当事人一方原因未能订立商品房担保贷款合同并导致商品房买卖合同不能继续履行的，对方当事人可以请求解除合同和赔偿损失。因不可归责于当事人双方的事由未能订立商品房担保贷款合同并导致商品房买卖合同不能继续履行的,当事人可以请求解除合同,出卖人应当将收受的购房款本金及其利息或者定金返还买受人。

因商品房买卖合同被确认无效或者被撤销、解除,致使商品房担保贷款合同的目的无法实现,当事人请求解除商品房担保贷款合同的,应予支持。

以担保贷款为付款方式的商品房买卖合同的当事人一方请求确认商品房买卖合同无效或者撤销、解除合同的,如果担保权人作为有独立请求权第三人提出诉讼请求,应当与商品房担保贷款合同纠纷合并审理;未提出诉讼请求的,仅处理商品房买卖合同纠纷。担保权人就商品房担保贷款合同纠纷另行起诉的,可以与商品房买卖合同纠纷合并审理。商品房买卖合同被确认无效或者被撤销、解除后,商品房担保贷款合同也被解除的,出卖人应当将收受的购房贷款和购房款的本金及利息分别返还担保权人和买受人。

买受人未按照商品房担保贷款合同的约定偿还贷款,亦未与担保权人办理商品房抵押登记手续,担保权人起诉买受人,请求处分商品房买卖合同项下买受人合同权利的,应当通知出卖人参加诉讼;担保权人同时起诉出卖人时,出卖人为商品房担保贷款合同提供保证的,应当列为共同被告。

买受人未按照商品房担保贷款合同的约定偿还贷款,但是已经取得房屋权属证书并与担保权人办理了商品房抵押登记手续,抵押权人请求买受人偿还贷款或者就抵押的房屋优先受偿的,不应当追加出卖人为当事人,但出卖人提供保证的除外。

(七)赠与合同相关法律制度

根据《民法典》第六百五十七条至第六百六十六条的规定,赠与合同是赠与人将自己的财产无偿给予受赠人,受赠人表示接受赠与的合同。赠与的财产依法需要办理登记或者其他手续的,应当办理有关手续。赠与可以附义务。赠与附义务的,受赠人应当按照约定履行义务。

赠与人在赠与财产的权利转移之前可以撤销赠与。经过公证的赠与合同或者依法不得撤销的具有救灾、扶贫、助残等公益、道德义务性质的赠与合同,不适用上述规定。

经过公证的赠与合同或者依法不得撤销的具有救灾、扶贫、助残等公益、道德义务性质的赠与合同,赠与人不交付赠与财产的,受赠人可以请求交付。

依据上述规定应当交付的赠与财产因赠与人故意或者重大过失致使毁损、灭失的,赠与人应当承担赔偿责任。

赠与的财产有瑕疵的,赠与人不承担责任。附义务的赠与,赠与的财产有瑕疵的,赠与人在附义务的限度内承担与出卖人相同的责任。赠与人故意不告知瑕疵或者保证无瑕疵,造成受赠人损失的,应当承担赔偿责任。

受赠人有下列情形之一的,赠与人可以撤销赠与:①严重侵害赠与人或者赠与人近亲属的合法权益。②对赠与人有扶养义务而不履行。③不履行赠与合同约定的义务。赠与人的撤销权,自知道或者应当知道撤销事由之日起1年内行使。

因受赠人的违法行为致使赠与人死亡或者丧失民事行为能力的,赠与人的继承人或者法定代理人可以撤销赠与。赠与人的继承人或者法定代理人的撤销权,自知道或者应当知道撤销事由之日起6个月内行使。

撤销权人撤销赠与的,可以向受赠人请求返还赠与的财产。赠与人的经济状况显著恶化,严重影响其生产经营或者家庭生活的,可以不再履行赠与义务。

五、特殊方式转移土地、房屋权属

(一)一般规定

根据《契税法》第二条的规定,以作价投资(入股)、偿还债务、划转、奖励等方式转移土地、房屋权属的,应当依法征收契税。

根据《契税暂行条例细则》第八条的规定,土地、房屋权属以下列方式转移的,视同土地使用权转让、房屋买卖或者房屋赠与征税:

(1)以土地、房屋权属作价投资、入股。
(2)以土地、房屋权属抵债。
(3)以获奖方式承受土地、房屋权属。
(4)以预购方式或者预付集资建房款方式承受土地、房屋权属。

(二)投资入股

根据《财政部关于以房产作投资、作股转让契税问题的复函》(财农税字〔1991〕第38号)的规定,以房产作为投资,与外商及其他企业合资经营,凡办理房屋产权交易和产权变更登记手续的，应由承受方按买契税率缴纳契税。对房产作股转让，凡办理房屋产权交易和产权变更登记手续的，均视同房屋买卖，应由承受方按照买契税率缴纳契税。

根据《国家税务总局关于以土地、房屋作价出资及租赁使用土地有关契税问题的批复》（国税函〔2004〕322号）的规定，以土地、房屋权属作价投资入股的，视同土地使用权转让、房屋买卖征收契税。四方机车车辆有限责任公司承受国家以作价投资方式出让的土地使用权，应按其作价出资额计征契税。

（三）以房抵债

根据《财政部关于以房抵债征收契税的复函》（财农税字〔1991〕第37号）的规定，以房屋抵债，房屋所有权发生转移的，应视同房屋买卖，由承受方按买契税率缴纳契税。

（四）房屋奖励

根据《财政部关于契税若干问题的批复》（财农字〔1986〕第400号）的规定，银行开展有奖储蓄，奖给中奖者所有的房屋，房屋产权属于无偿转移，应比照赠与税率征收契税。

（五）预购方式

根据《国家税务总局关于城镇居民委托代建房屋契税征免问题的批复》（国税函〔1998〕829号）的规定，仙桃市居民赵明超通过与房屋开发商签订"双包代建"合同，由开发商承办规划许可证、准建证、土地使用证等手续，并由委托方按地价与房价之和向开发商付款的方式取得房屋所有权，实质上是一种以预付款方式购买商品房的行为，应照章征收契税。

（六）集资建房

根据《财政部关于集资建商品房照征契税的复函》（财农税字〔1990〕第83号）的规定，房地产公司为满足个人购房需要，以预收售房款方式，"集资"建商品房，属房屋买卖行为。个人购买的商品房，产权属于个人的，应照章缴纳契税，计税价格可按所购房屋的实际造价计征。

（七）其他方式

根据《国家税务总局关于以补偿征地款方式取得的房产征收契税的批复》（国税函〔1999〕737号）的规定，广东省汕头市龙眼街道办事处征用属下南墩管理区土地与华乾工业园有限公司合建商品房，并在商品房建成后，将其中一部分商品房产权以补偿征地款方式转移给南墩管理区的居民。这种房地产转移方式实质上是一种以征地款购买房产的行为，应依法缴纳契税。

【例1-2】 甲公司以一处不动产的使用权出资至乙公司，持有乙公司10%的股权。该处不动产一直在甲公司名下，双方并未办理不动产产权过户。乙公司是否需要缴纳契税？

解析：《中华人民共和国公司法》（以下简称《公司法》）第二十七条规定："股东可以用货币出资，也可以用实物、知识产权、土地使用权等可以用货币估价并可以依法转让的非货币财产作价出资；但是，法律、行政法规规定不得作为出资的财产除外。对作为出资的非货币财产应当评估作价，核实财产，不得高估或者低估作价。法律、行政法规对评估作价有规定的，从其规定。"

《公司法》第二十八条规定："股东应当按期足额缴纳公司章程中规定的各自所认缴的出资额。股东以货币出资的，应当将货币出资足额存入有限责任公司在银行开设的账户；以非货币财产出资的，应当依法办理其财产权的转移手续。股东不按照前款规定缴纳出资的，除应当向公司足额缴纳外，还应当向已按期足额缴纳出资的股东承担违约责任。"

根据上述规定，股东以不动产使用权出资并不违反《公司法》规定，由于不动产使用权本身不需要登记，使用权的转移并不涉及不动产产权的转移，因此，乙公司不需要缴纳契税。

六、不属于契税征税范围的情形

（一）房屋使用权的转让

根据《国家税务总局关于出售或租赁房屋使用权是否征收契税问题的批复》（国税函〔1999〕465号）的规定，房屋使用权与房屋所有权是两种不同性质的权属。根据现行契税法规的规定，房屋使用权的转移行为不属于契税征收范围，不应征收契税。

（二）企业合并资产划转

根据《国家税务总局关于北京京煤集团有限责任公司组建过程中房屋产权变更登记不征契税的批复》（国税函〔2001〕415号）的规定，北京京煤集团有限责任公司在组建过程中承受原北京矿务局及其所属企业、原北京市煤炭总公司及其所属企业房屋产权，属于企业新设合并中的资产划转，不是房屋产权交易行为，不征契税。

（三）股权转让法人名称变更

根据《国家税务总局关于股权变动导致企业法人房地产权属更名登记不征契税的批复》（国税函〔2002〕771号）的规定，宁波中百股份有限公司因北京首创集团受让其26.62%的股权而于2000年更名为宁波首创科技股份有限公司，2001年哈工大八达集团受让宁波首创科技股份有限公司16.62%的股权，该公司再次更名为哈工大首创科技股份有限公司。上述由于股权变动引起企业法人名称变更，并因此进行相应土地、房屋权属人名称变更登记的过程中，土地、房屋权属不发生转移，不征收契税。

（四）合作开发房地产未转移权属

根据《财政部 国家税务总局关于合作开发的房地产权属转移征免契税的批复》（财税〔2004〕91号）的规定，珠海市房产公司拥有土地，珠海南嘉房产开发有限公司提供资金，共建住房。珠海南嘉房产开发有限公司获得了珠海市房产公司的部分土地使用权，属于土地使用权权属转移。珠海南嘉房产开发有限公司承受土地使用权，应缴纳契税。因此，珠海南嘉房产开发有限公司应按其取得的85%土地使用权的成交价格缴纳契税。

在上述合作开发建房过程中，珠海南嘉房产开发有限公司将其拥有并登记在珠海市房产公司名下的房产权属登记在自己名下，没有发生权属转移，不应征收契税。

（五）土地租赁

根据《国家税务总局关于以土地、房屋作价出资及租赁使用土地有关契税问题的批复》(国税函〔2004〕322号)的规定,土地租赁行为不属于契税征收范围。四方机车车辆有限责任公司将土地租赁给南车四方机车车辆股份有限公司使用,不涉及契税征免问题,不征收契税。

(六)使用非房地产增资

根据《财政部 国家税务总局关于企业以售后回租方式进行融资等有关契税政策的通知》(财税〔2012〕82号)的规定,单位、个人以房屋、土地以外的资产增资,相应扩大其在被投资公司的股权持有比例,无论被投资公司是否变更工商登记,其房屋、土地权属不发生转移,不征收契税。

(七)土地使用权出租相关法律制度

根据《城镇国有土地使用权出让和转让暂行条例》的规定,土地使用权出租是指土地使用者作为出租人将土地使用权随同地上建筑物、其他附着物租赁给承租人使用,由承租人向出租人支付租金的行为。未按土地使用权出让合同规定的期限和条件投资开发、利用土地的,土地使用权不得出租。

土地使用权出租,出租人与承租人应当签订租赁合同。租赁合同不得违背国家法律、法规和土地使用权出让合同的规定。土地使用权出租后,出租人必须继续履行土地使用权出让合同。土地使用权和地上建筑物、其他附着物出租,出租人应当依照规定办理登记。

(八)土地使用权抵押相关法律制度

根据《城镇国有土地使用权出让和转让暂行条例》的规定,土地使用权可以抵押。土地使用权抵押时,其地上建筑物、其他附着物随之抵押。地上建筑物、其他附着物抵押时,其使用范围内的土地使用权随之抵押。

土地使用权抵押,抵押人与抵押权人应当签订抵押合同。抵押合同不得违背国家法律、法规和土地使用权出让合同的规定。土地使用权和地上建筑物、其他附着物抵押,应当依照规定办理抵押登记。

抵押人到期未能履行债务或者在抵押合同期间宣告解散、破产的,抵押权人有权依照国家法律、法规和抵押合同的规定处分抵押财产。因处分抵押财产而取得土地使用权和地上建筑物、其他附着物所有权的,应当依照规定办理过户登记。处分抵押财产所得,抵押权人有优先受偿权。抵押权因债务清偿或者其他原因而消灭的,应当依照规定办理注销抵押登记。

（九）合伙合同相关法律制度

根据《民法典》第九百六十七条至第九百七十八条的规定，合伙合同是两个以上合伙人为了共同的事业目的，订立的共享利益、共担风险的协议。

合伙人应当按照约定的出资方式、数额和缴付期限，履行出资义务。合伙人的出资、因合伙事务依法取得的收益和其他财产，属于合伙财产。合伙合同终止前，合伙人不得请求分割合伙财产。

合伙人就合伙事务做出决定的，除合伙合同另有约定外，应当经全体合伙人一致同意。合伙事务由全体合伙人共同执行。按照合伙合同的约定或者全体合伙人的决定，合伙事务可以委托一个或者数个合伙人执行；其他合伙人不再执行合伙事务，但是有权监督执行情况。合伙人分别执行合伙事务的，执行事务合伙人可以对其他合伙人执行的事务提出异议；提出异议后，其他合伙人应当暂停该项事务的执行。合伙人不得因执行合伙事务而请求支付报酬，但是合伙合同另有约定的除外。

合伙的利润分配和亏损分担，按照合伙合同的约定办理；合伙合同没有约定或者约定不明确的，由合伙人协商决定；协商不成的，由合伙人按照实缴出资比例分配、分担；无法确定出资比例的，由合伙人平均分配、分担。合伙人对合伙债务承担连带责任。清偿合伙债务超过自己应当承担份额的合伙人，有权向其他合伙人追偿。

除合伙合同另有约定外，合伙人向合伙人以外的人转让其全部或者部分财产份额的，须经其他合伙人一致同意。合伙人的债权人不得代位行使合伙人享有的权利，但是合伙人享有的利益分配请求权除外。

合伙人对合伙期限没有约定或者约定不明确，依据《民法典》第五百一十条的规定仍不能确定的，视为不定期合伙。合伙期限届满，合伙人继续执行合伙事务，其他合伙人没有提出异议的，原合伙合同继续有效，但是合伙期限为不定期。合伙人可以随时解除不定期合伙合同，但是应当在合理期限之前通知其他合伙人。

合伙人死亡、丧失民事行为能力或者终止的，合伙合同终止；合伙合同另有约定或者根据合伙事务的性质不宜终止的除外。合伙合同终止后，合伙财产在支付因终止而产生的费用以及清偿合伙债务后有剩余的，依据《民法典》第九百七十二条的规定进行分配。

【例1-3】 甲公司将一处土地出租给乙公司,租期为20年。乙公司在该土地上建设厂房,使用20年后,将该处土地连同土地之上的厂房一同返还给甲公司,甲公司对土地上的厂房不需支付任何对价。上述交易是否需要缴纳契税?

解析:上述交易中,如果乙公司不办理该土地上厂房的不动产权证,或者该不动产权证登记在甲公司名下。由于不涉及土地与房屋权属的转移,双方不需要缴纳契税。

如果乙公司建设厂房之后办理不动产权证,该厂房占用的土地实际上已经转移至乙公司名下,双方发生了土地使用权的转让,乙公司作为承受方应当缴纳契税。未来,乙公司再把不动产过户到甲公司名下,同样发生了房地产权属的转移,甲公司作为承受方也需要缴纳契税。

第二章

契税应纳税额的计算

第一节 契税的税率

一、税率

（一）税率的定义与类型

税率是应纳税额与计税依据之间的数量关系，是计算应纳税额、衡量税收负担的尺度。税率体现征税的深度，是税收制度的中心环节。税率的高低直接关系到国家财政收入和纳税人的税收负担，同时也反映国家经济政策的要求。

根据具体形式，税率可划分为比例税率、定额税率和累进税率三种基本类型。

（二）比例税率

比例税率是指对同一征税对象，不论数额大小，均按同一比例计征的税率。它一般适用于商品流转额的课税。比例税率具有计算简便、利于征管、效率较高的优点。其缺点是在一定条件下，不利于税收负担公平，即在税收负担上具有累退性，即收入越高的人，税收负担率越低。比例税率一般适用于对货物和劳务的征税。比例税率分为统一比例税率、差别比例税率、幅度比例税率三种形式。

差别比率税率有三种类型：①行业差别比例税率，即按不同行业差别规定不同的税率。②产品差别比例税率，即按产品的不同规定不同的税率。③地区差别比例税率，即对不同地区实行不同的税率。

幅度比例税率是指国家只规定最低税率和最高税率，各地可在此幅度内自行确定一个具体适用的比例税率。

（三）定额税率

定额税率是指对每一单位的征税对象直接规定固定税额的一种税率，它是税率的一种特殊形式。在我国，目前定额税率主要在财产课税、资源课税中使用。具体运用时，定额税率又可分为地区差别定额税率、幅度定额税率和分类分级定额税率等形式。

（1）地区差别定额税率，是指根据不同地区的自然资源、成本水平和盈利状况等情形，分别制定不同的税额。

（2）幅度定额税率，是指税法统一规定税额幅度，各地区在规定的幅度内自行规定本地具体适用的定额税率。

（3）分类分级定额税率，是指按照征税对象的不同种类和不同等级，分别规定不同税额的定额税率。

（四）累进税率

累进税率是指随着征税对象数额或相对比例的增大而逐级提高税率的一种递增等级税率，即累进税率按征税对象数额或相对比例的大小，划分为若干不同的征税等级，规定若干个高低不同的等级税率。根据累进的依据不同，累进税率又可分为全额累进税率、超额累进税率、全率累进税率、超率累进税率等。

1. 全额累进税率

全额累进税率是指按征税对象的绝对数额划分征税等级，就纳税人的征税对象全部数额按与之相对应的等级税率计征的一种累进税率。即一定征税对象的税额只适用一个等级的税率。

2. 超额累进税率

超额累进税率是指按征税对象的绝对数额划分征税等级，就纳税人征税对象全部数额中符合不同等级部分的数额，分别按与之相适应的各等级税率计征的一种累进税率。即一定征税对象的税额会同时适用几个等级的税率。目前，我国个人所得税采用了超额累进税率。超额累进税率下税款的计算比较复杂，征税对象包括的等级越多，计算的步骤也越多。为解决这一难题，我国在实际工作中引进了"速算扣除数"，通过预先计算出的速算扣除数，即可直接计算应纳税额，不必再分级分段计算。采用速算扣除数计算应纳税额的公式如下：

$$应纳税额 = 应税所得额 \times 适用税率 - 速算扣除数$$

速算扣除数是为简化计算过程而按全额累进税率计算超额累进税额时所使用的扣除数额。它反映按全额累进税率和按超额累进税率计算的应纳税额的差额。

3. 全率累进税率

全率累进税率是指按征税对象的相对比例划分征税等级，就纳税人的征税对象全部数额按与之相适应的等级税率计征的一种累进税率。目前，我国现行的税制中没有采用全率累进税率的税种。

4. 超率累进税率

超率累进税率是指按征税对象的相对比例划分征税等级，就纳税人的征税对象全部数额中符合不同等级部分的数额，分别按与之相适应的各等级税率计征的一种累进税率。它以征税对象的某种比率作为累进依据。目前，我国征收的土地增值税采用的就是超率累进税率。

二、契税的基本税率

（一）契税的税率幅度

根据《契税法》第三条的规定，契税税率为3% ~ 5%。

根据《契税暂行条例》第三条的规定，契税税率为3% ~ 5%。《契税法》与《契税暂行条例》规定的契税税率幅度是相同的。

（二）契税具体适用税率的确定

根据《契税法》第三条的规定，契税的具体适用税率，由省、自治区、直辖市人民政府在规定的税率幅度内提出，报同级人民代表大会常务委员会决定，并报全国人民代表大会常务委员会和国务院备案。

根据《契税暂行条例》第三条的规定，契税的适用税率由省、自治区、直辖市人民政府在规定的幅度内按照本地区的实际情况确定，并报财政部和国家税务总局备案。《契税法》规定的确定程序与《契税暂行条例》最大的不同在于，各省具体适用税率的确定权在省级人民代表大会常务委员会。

（三）授权地方制定差别税率

根据《契税法》第三条的规定，省、自治区、直辖市可以依照规定的程序对不同主体、不同地区、不同类型的住房的权属转移确定差别税率。

三、各地具体适用的契税税率

（一）适用3%税率的地区

适用3%契税税率的地区包括北京市、天津市、内蒙古自治区、上海市、浙江省、福建省、山东省（国有土地使用权出让，契税税率为4%）、广东省、广西壮族自治区、海南省、重庆市、贵州省、云南省、陕西省、甘肃省、青海省、宁夏回族自治区、新疆维吾尔自治区。

（二）适用4%税率的地区

适用4%契税税率的地区包括河北省（个人购买自用普通住房的，契税税率为3%）、山西省（个人按市场价格购买自用普通住房的，契税税率为3%，并减半征收）、辽宁省（个人购买普通住房的，暂减按3%征税）、江苏省、安徽省、江西省（以购买、赠与等形式取得住房，契税税率为3%）、河南省、湖北省、湖南省、四川省（经省财政厅、税务局批准，契税税率可以下浮到3%）。

（三）适用5%税率的地区

适用5%契税税率的地区包括吉林省（个人购买住房的，契税税率为3%）、黑龙江省（个人购买住房的，契税税率为3%）。

（四）暂未开征契税的地区

西藏自治区暂未开征契税。

【例2-1】 钱先生分别在江苏省、陕西省和吉林省购置三处商铺,钱先生本人为北京人,居住在北京。如何确定钱先生所购置的三处商铺具体适用的契税税率?

解析:契税具体适用税率由各省确定,纳税人在缴纳契税时,具体适用税率是以房产所在地为判断标准的,与纳税人本人的所在地没有关系。因此,钱先生分别在江苏省、陕西省和吉林省购置的三处商铺,在不考虑税收优惠的情形下,分别适用4%、3%和5%的税率缴纳契税。

第二节　契税的计税依据

一、产权出让、出售、买卖的计税依据

(一)成交价格

根据《契税法》第四条的规定,土地使用权出让、出售,房屋买卖,为土地、房屋权属转移合同确定的成交价格,包括应交付的货币以及实物、其他经济利益对应的价款。

根据《契税暂行条例》第四条的规定,国有土地使用权出让、土地使用权出售、房屋买卖,为成交价格。《契税法》与《契税暂行条例》规定的计税依据均为"成交价格",但《契税法》进一步限定了是合同确定的"成交价格",同时明确规定了"成交价格"的范围,即应交付的货币以及实物、其他经济利益对应的价款。

根据《契税暂行条例细则》第九条的规定,成交价格是指土地、房屋权属转移合同确定的价格,包括承受者应交付的货币、实物、无形资产或者其他经济利益。

(二)补缴的土地收益

根据《契税暂行条例细则》第十一条的规定,以划拨方式取得土地使用

权的，经批准转让房地产时，应由房地产转让者补缴契税。其计税依据为补缴的土地使用权出让费用或者土地收益。

《契税法》并未规定这种情形下的计税依据如何确定，由于补缴土地使用权出让费用或者土地收益的情形仍然存在，未来还会出台类似的补充性规定。

（三）行政事业性收费包括在计税依据内

根据《国家税务总局关于契税征收中几个问题的批复》（财税字〔1998〕96号）的规定，土地使用权出让、土地使用权出售、房屋买卖的计税依据是成交价格，即土地、房屋权属转移合同确定的价格，包括承受者应交付的货币、实物、无形资产或者其他经济利益。因此，合同确定的成交价格中包含的所有价款都属于计税依据范围。土地使用权出让、土地使用权转让、房屋买卖的成交价格中所包含的行政事业性收费，属于成交价格的组成部分，不应从中剔除，纳税人应按合同确定的成交价格全额计算缴纳契税。

（四）土地使用权出让的计税依据

根据《财政部 国家税务总局关于国有土地使用权出让等有关契税问题的通知》（财税〔2004〕134号）的规定，出让国有土地使用权的，其契税计税价格为承受人为取得该土地使用权而支付的全部经济利益。

以协议方式出让的，其契税计税价格为成交价格。成交价格包括土地出让金、土地补偿费、安置补助费、地上附着物和青苗补偿费、拆迁补偿费、市政建设配套费等承受者应支付的货币、实物、无形资产及其他经济利益。

没有成交价格或者成交价格明显偏低的，征收机关可依次按下列两种方式确定：

（1）评估价格：由政府批准设立的房地产评估机构根据相同地段、同类房地产进行综合评定，并经当地税务机关确认的价格。

（2）土地基准地价：由县以上人民政府公示的土地基准地价。

以竞价方式出让的，其契税计税价格一般应确定为竞价的成交价格，土地出让金、市政建设配套费和各种补偿费用应包括在内。

（五）减免土地出让金不减免契税

根据《国家税务总局关于免征土地出让金出让国有土地使用权征收契税

的批复》（国税函〔2005〕436号）的规定，对承受国有土地使用权所应支付的土地出让金，要计征契税。不得因减免土地出让金，而减免契税。

（六）装修费用计入计税依据

根据《国家税务总局关于承受装修房屋契税计税价格问题的批复》（国税函〔2007〕606号）的规定，房屋买卖的契税计税价格为房屋买卖合同的总价款，买卖装修的房屋，装修费用应包括在内。

（七）土地使用权转让的计税依据

根据《财政部 国家税务总局关于土地使用权转让契税计税依据的批复》（财税〔2007〕162号）的规定，土地使用者将土地使用权及所附建筑物、构筑物等（包括在建的房屋、其他建筑物、构筑物和其他附着物）转让给他人的，应按照转让的总价款计征契税。

（八）改变国有土地使用权出让方式契税的计税依据

根据《国家税务总局关于改变国有土地使用权出让方式征收契税的批复》（国税函〔2008〕662号）的规定，纳税人因改变土地用途而签订土地使用权出让合同变更协议或者重新签订土地使用权出让合同的，应征收契税，计税依据为因改变土地用途应补缴的土地收益金及应补缴政府的其他费用。

（九）不得扣除土地前期开发成本

根据《国家税务总局关于明确国有土地使用权出让契税计税依据的批复》（国税函〔2009〕603号）的规定，对通过"招、拍、挂"程序承受国有土地使用权的，应按照土地成交总价款计征契税，其中的土地前期开发成本不得扣除。

（十）代建保障性住房的计税依据

根据《财政部 国家税务总局关于企业以售后回租方式进行融资等有关契税政策的通知》（财税〔2012〕82号）的规定，企业承受土地使用权用于房地产开发，并在该土地上代政府建设保障性住房的，计税价格为取得全部土地使用权的成交价格。

（十一）成交价格不含增值税

根据《财政部 国家税务总局关于营改增后契税 房产税 土地增值税 个人所得税计税依据问题的通知》（财税〔2016〕43号）的规定，计征契税的成交价格不含增值税。免征增值税的，确定计税依据时，成交价格不扣减增值税额。在计征契税时，税务机关核定的计税价格不含增值税。

【例2-2】 赵先生将一处住房转让给苗先生，双方约定价格为300万元，同时约定在住房转过程中缴纳的所有税费均由苗先生负担。该处住房为赵先生5年前购买，可以免征增值税。赵先生5年前购置该套住房支付的价款为200万元，缴纳契税6万元。在缴纳契税时，该套住房的计税依据是多少？

解析：房屋买卖的价款为房屋权属转移合同确定的成交价格，包括应交付的货币以及实物、其他经济利益对应的价款。由于该交易不涉及增值税，成交价格不用考虑增值税问题。赵先生转让住房需要缴纳个人所得税，个人所得税的计税依据与契税的计税依据应当保持一致。赵先生取得的300万元为税后所得，住房的成交价格应为300万元加上个人所得税。

假设住房的成交价格为A，赵先生应纳个人所得税：（A－200－6）×20％＝B；A－B＝300；根据上述两个等式可以计算出A＝323.5（万元）。因此，在缴纳契税时，该套住房的计税依据是323.5万元。如果适用契税税率为4％，苗先生需要缴纳契税12.94万元（323.5×4％）。如果该交易涉及增值税及其附加的缴纳，计算过程将更加复杂。

二、产权互换的计税依据

（一）互换差额

根据《契税法》第四条的规定，土地使用权互换、房屋互换，其计税依据为所互换的土地使用权、房屋价格的差额。

根据《契税暂行条例》第四条的规定，土地使用权交换、房屋交换，其计税依据为所交换的土地使用权、房屋的价格的差额。《契税法》与《契税暂行条例》规定的计税依据均为"价格的差额"。

（二）差额征税时的纳税人

根据《契税暂行条例细则》第十条的规定，土地使用权交换、房屋交换，交换价格不相等的，由多交付货币、实物、无形资产或者其他经济利益的一方缴纳税款。交换价格相等的，免征契税。土地使用权与房屋所有权之间相互交换，按照上述规定征税。

三、无价格产权转移的计税依据

根据《契税法》第四条的规定，土地使用权赠与、房屋赠与以及其他没有价格的转移土地、房屋权属行为，计税依据为税务机关参照土地使用权出售、房屋买卖的市场价格依法核定的价格。

根据《契税暂行条例》第四条的规定，土地使用权赠与、房屋赠与，计税依据由征收机关参照土地使用权出售、房屋买卖的市场价格核定。《契税法》与《契税暂行条例》规定的计税依据均为税务机关核定的价格，《契税法》增加了"其他没有价格的转移土地、房屋权属行为"的情形。

四、契税计税依据的核定

（一）一般规定

根据《契税法》第四条的规定，纳税人申报的成交价格、互换价格差额明显偏低且无正当理由的，由税务机关依照《中华人民共和国税收征收管理法》（1992年9月4日第七届全国人民代表大会常务委员会第二十七次会议通过，根据1995年2月28日第八届全国人民代表大会常务委员会第十二次会议《关于修改〈中华人民共和国税收征收管理法〉的决定》第一次修正，2001年4月28日第九届全国人民代表大会常务委员会第二十一次会议修订，根据2013年6月29日第十二届全国人民代表大会常务委员会第三次会议《关于修改〈中华人民共和国文物保护法〉等十二部法律的决定》第二次修正，根据2015年4月24日第十二届全国人民代表大会常务委员会第十四次会议《关于修改〈中华人民共和国港口法〉等七部法律的决定》第三次修正，以下简称《税收征收管理法》）的规定核定。

根据《契税暂行条例》第四条的规定，成交价格明显低于市场价格并且无正当理由的,或者所交换土地使用权、房屋的价格的差额明显不合理并且无正当理由的,契税计税依据由征收机关参照市场价格核定。《契税法》将《契税暂行条例》中的"明显低于市场价格""明显不合理"概括为"明显偏低"一种,两者在实质上是相同的。关于核定的方法,《契税法》将《契税暂行条例》中的"参照市场价格核定"修改为依照《税收征收管理法》的规定核定。

(二)《税收征收管理法》的相关规定

根据《税收征收管理法》第三十五条的规定,纳税人有下列情形之一的,税务机关有权核定其应纳税额:

(1)依照法律、行政法规的规定可以不设置账簿的。

(2)依照法律、行政法规的规定应当设置账簿但未设置的。

(3)擅自销毁账簿或者拒不提供纳税资料的。

(4)虽设置账簿,但账目混乱或者成本资料、收入凭证、费用凭证残缺不全,难以查账的。

(5)发生纳税义务,未按照规定的期限办理纳税申报,经税务机关责令限期申报,逾期仍不申报的。

(6)纳税人申报的计税依据明显偏低,又无正当理由的。

税务机关核定应纳税额的具体程序和方法由国务院税务主管部门规定。

(三)以项目换土地承受土地使用权

根据《国家税务总局关于以项目换土地等方式承受土地使用权有关契税问题的批复》(国税函〔2002〕1094号)的规定,土地使用权受让人通过完成土地使用权转让方约定的投资额度或投资特定项目,以此获取低价转让或无偿赠与的土地使用权,属于契税征收范围,其计税价格由征收机关参照纳税义务发生时当地的市场价格核定。

五、其他特殊情形下的计税依据

(一)房屋附属设施契税政策

根据《财政部 国家税务总局关于房屋附属设施有关契税政策的批复》

（财税〔2004〕126号）的规定，对于承受与房屋相关的附属设施（包括停车位、汽车库、自行车库、顶层阁楼以及储藏室，下同）所有权或土地使用权的行为，按照契税法律、法规的规定征收契税；对于不涉及土地使用权和房屋所有权转移变动的，不征收契税。

采取分期付款方式购买房屋附属设施土地使用权、房屋所有权的，应按合同规定的总价款计征契税。

承受的房屋附属设施权属如为单独计价的，按照当地确定的适用税率征收契税；如与房屋统一计价的，适用与房屋相同的契税税率。

（二）已购公有住房转变为完全产权住房

根据《财政部 国家税务总局关于国有土地使用权出让等有关契税问题的通知》（财税〔2004〕134号）的规定，已购公有住房经补缴土地出让金和其他出让费用成为完全产权住房的，免征土地权属转移的契税。

（三）划拨方式改为出让方式

根据《财政部 国家税务总局关于国有土地使用权出让等有关契税问题的通知》（财税〔2004〕134号）的规定，先以划拨方式取得土地使用权，后经批准改为出让方式取得该土地使用权的，应依法缴纳契税，其计税依据为应补缴的土地出让金和其他出让费用。

（四）划拨土地使用权相关法律制度

根据《城镇国有土地使用权出让和转让暂行条例》的规定，划拨土地使用权是指土地使用者通过各种方式依法无偿取得的土地使用权。上述土地使用者应当依照《中华人民共和国城镇土地使用税暂行条例》的规定缴纳土地使用税。划拨土地使用权，除另有规定外，不得转让、出租、抵押。

符合下列条件的，经市、县人民政府土地管理部门和房产管理部门批准，其划拨土地使用权和地上建筑物、其他附着物所有权可以转让、出租、抵押：①土地使用者为公司、企业、其他经济组织和个人。②领有国有土地使用证。③具有地上建筑物、其他附着物合法的产权证明。④依照相关规定签订土地使用权出让合同，向当地市、县人民政府补交土地使用权出让金或者以转让、出租、抵押所获收益抵交土地使用权出让金。转让、出租、抵押上述划拨土地使用权的，分别依照相关规定办理。

对未经批准擅自转让、出租、抵押划拨土地使用权的单位和个人，市、县人民政府土地管理部门应当没收其非法收入，并根据情节处以罚款。

无偿取得划拨土地使用权的土地使用者，因迁移、解散、撤销、破产或者其他原因而停止使用土地的，市、县人民政府应当无偿收回其划拨土地使用权，并可依照相关规定予以出让。对划拨土地使用权，市、县人民政府根据城市建设发展需要和城市规划的要求，可以无偿收回，并可依照相关规定予以出让。无偿收回划拨土地使用权时，对其地上建筑物、其他附着物，市、县人民政府应当根据实际情况给予适当补偿。

第三节　契税应纳税额的计算

一、契税应纳税额的计算方法

根据《契税法》第五条的规定，契税的应纳税额按照计税依据乘以具体适用税率计算。

根据《契税暂行条例》第五条的规定，契税应纳税额依照规定的税率和规定的计税依据计算征收。其应纳税额的计算公式如下：

$$应纳税额 = 计税依据 \times 税率$$

二、契税的计价货币

根据《契税暂行条例》第五条的规定，契税应纳税额以人民币计算。转移土地、房屋权属以外汇结算的，按照纳税义务发生之日中国人民银行公布的人民币市场汇率中间价折合成人民币计算。

第三章

契税的税收优惠

第一节 免征契税的情形

一、法定免征契税的情形

（一）国家机关承受产权

1. 免税情形

根据《契税法》第六条的规定，国家机关、事业单位、社会团体、军事单位承受土地、房屋权属用于办公、教学、医疗、科研、军事设施的，免征契税。

根据《契税暂行条例》第六条的规定，国家机关、事业单位、社会团体、军事单位承受土地、房屋用于办公、教学、医疗、科研和军事设施的，免征契税。

2. 用于办公的标准

根据《契税暂行条例细则》第十二条的规定，用于办公的，是指办公室（楼）以及其他直接用于办公的土地、房屋。

3. 用于教学的标准

根据《契税暂行条例细则》第十二条的规定，用于教学的，是指教室（教学楼）以及其他直接用于教学的土地、房屋。

4. 用于医疗的标准

根据《契税暂行条例细则》第十二条的规定，用于医疗的，是指门诊部以及其他直接用于医疗的土地、房屋。

5. 用于科研的标准

根据《契税暂行条例细则》第十二条的规定，用于科研的，是指科学试验的场所以及其他直接用于科研的土地、房屋。

6. 用于军事设施的标准

根据《契税暂行条例细则》第十二条的规定，用于军事设施的，是指：

（1）地上和地下的军事指挥作战工程。

（2）军用的机场、港口、码头。

（3）军用的库房、营区、训练场、试验场。

（4）军用的通信、导航、观测台站。

（5）其他直接用于军事设施的土地、房屋。

根据《国家税务总局关于承受综合人防工程产权用于商业服务业征收契税的批复》（国税函〔2001〕803号）的规定，军事单位承受土地、房屋用于军事设施的，免征契税。黑龙江省七台河市市建二公司将开发建设的综合人防工程部分建筑单元产权出售给个体经营者从事商业服务业，不属于免税范围，应对其产权承受者照章征收契税。

（二）学校等承受产权

根据《契税法》第六条的规定，非营利性的学校、医疗机构、社会福利机构承受土地、房屋权属用于办公、教学、医疗、科研、养老、救助的，免征契税。

根据《财政部 国家税务总局关于社会力量办学契税政策问题的通知》（财税〔2001〕156号）的规定，对县级以上人民政府教育行政主管部门或劳动行政主管部门批准并核发《社会力量办学许可证》，由企业事业组织、社会团体及其他社会组织和公民个人利用非国家财政性教育经费面向社会举办的教育机构，其承受的土地、房屋权属用于教学的，比照《契税暂行条例》第六条第（一）款的规定，免征契税。

（三）承受荒地

根据《契税法》第六条的规定，承受荒山、荒地、荒滩土地使用权用于农、林、牧、渔业生产的，免征契税。

根据《契税暂行条例细则》第十五条的规定，纳税人承受荒山、荒沟、荒丘、荒滩土地使用权，用于农、林、牧、渔业生产的，免征契税。《契税法》保留了《契税暂行条例细则》规定的这一项契税优惠政策，同时又进行了修正，将"荒山、荒沟、荒丘、荒滩"修改为"荒山、荒地、荒滩"，基本范围没有发生变化。

（四）夫妻变更权属

根据《契税法》第六条的规定，婚姻关系存续期间夫妻之间变更土地、房屋权属的，免征契税。

根据《财政部 国家税务总局关于夫妻之间房屋土地权属变更有关契税政策的通知》（财税〔2014〕4号）的规定，在婚姻关系存续期间，房屋、土地权属原归夫妻一方所有，变更为夫妻双方共有或另一方所有的，或者房屋、土地权属原归夫妻双方共有，变更为其中一方所有的，或者房屋、土地权属原归夫妻双方共有，双方约定、变更共有份额的，免征契税。

（五）法定继承

根据《契税法》第六条的规定，法定继承人通过继承承受土地、房屋权属的，免征契税。

根据《国家税务总局农业税征收管理局关于当前契税政策执行中若干具体问题的操作意见》（农便函〔2006〕28号）的规定，契税的征税范围（行为）包括赠与，不包括继承。

（六）外交豁免

根据《契税法》第六条的规定，依照法律规定应当予以免税的外国驻华使馆、领事馆和国际组织驻华代表机构承受土地、房屋权属的，免征契税。

根据《契税暂行条例细则》第十五条的规定，依照我国有关法律规定以及我国缔结或参加的双边和多边条约或协定的规定应当予以免税的外国驻华使馆、领事馆、联合国驻华机构及其外交代表、领事官员和其他外交人员承受土地、房屋权属的，经外交部确认，可以免征契税。

【例3-1】 某高校建设一栋科研楼，其建筑成本为2 000万元，用于科研。该科研楼建成之后,部分房间对外出租,取得租金。该高校建设该栋科研楼,是否需要缴纳契税?

解析:事业单位承受土地、房屋权属,用于科研的,免征契税。该高校属于事业单位,在取得土地时,用于科研;建设科研楼时,也是用于科研。因此,该高校在取得该科研楼的不动产权证时,不需要缴纳契税。

该高校将部分房间对外出租,取得租金,属于改变用途,理论上需要补缴契税。但由于该栋科研楼是一个整体,在其整体性质未发生变化时,无法就其部分房间在部分期间的用途改变缴纳契税。实务中,税务机关对该类现象并未征收契税。

二、授权国务院减免契税

(一)授权国务院减免契税的情形

根据《契税法》第六条的规定,根据国民经济和社会发展的需要,国务院对居民住房需求保障、企业改制重组、灾后重建等情形可以规定免征或者减征契税,报全国人民代表大会常务委员会备案。

根据《契税暂行条例》第六条的规定,城镇职工按规定第一次购买公有住房的,免征契税。《契税法》并未规定该项契税优惠,由于这种税收优惠的情形已经不复存在,国务院未来也不可能再次出台该项契税优惠政策。

(二)以房地产权属抵缴社会保险费

根据《国家税务总局关于以土地、房屋权属抵缴社会保险费免征契税的批复》(国税函〔2001〕486号)的规定,对社会保险费(基本养老保险、基本医疗保险、失业保险)征收机构承受用以抵缴社会保险费的土地、房屋权属,免征契税。

(三)融资租赁中的契税优惠

根据《财政部 国家税务总局关于企业以售后回租方式进行融资等有关契税政策的通知》(财税〔2012〕82号)的规定,对金融租赁公司开展售后回租业务,承受承租人房屋、土地权属的,照章征税。对售后回租合同期满,承租人回购原房屋、土地权属的，免征契税。

（四）个体户与经营者转移房地产免税

根据《财政部 国家税务总局关于企业以售后回租方式进行融资等有关契税政策的通知》（财税〔2012〕82号）的规定，个体工商户的经营者将其个人名下的房屋、土地权属转移至个体工商户名下，或个体工商户将其名下的房屋、土地权属转回原经营者个人名下，免征契税。

（五）合伙企业与合伙人转移房地产免税

根据《财政部 国家税务总局关于企业以售后回租方式进行融资等有关契税政策的通知》（财税〔2012〕82号）的规定，合伙企业的合伙人将其名下的房屋、土地权属转移至合伙企业名下，或合伙企业将其名下的房屋、土地权属转回原合伙人名下，免征契税。

（六）购买住房契税优惠

根据《财政部 国家税务总局 住房城乡建设部关于调整房地产交易环节契税 营业税优惠政策的通知》（财税〔2016〕23号）的规定，自2016年2月22日起，个人购买家庭唯一住房（家庭成员范围包括购房人、配偶以及未成年子女，下同），面积为90平方米及以下的，减按1%的税率征收契税；面积为90平方米以上的，减按1.5%的税率征收契税。

北京市、上海市、广州市、深圳市以外的地区，个人购买家庭第二套改善性住房，面积为90平方米及以下的，减按1%的税率征收契税；面积为90平方米以上的，减按2%的税率征收契税。家庭第二套改善性住房是指已拥有一套住房的家庭，购买的家庭第二套住房。

纳税人申请享受税收优惠的，根据纳税人的申请或授权，由购房所在地的房地产主管部门出具纳税人家庭住房情况书面查询结果，并将查询结果和相关住房信息及时传递给税务机关。暂不具备查询条件而不能提供家庭住房查询结果的，纳税人应向税务机关提交家庭住房实有套数书面诚信保证，诚信保证不实的，属于虚假纳税申报，按照《税收征收管理法》的有关规定处理，并将不诚信记录纳入个人征信系统。

按照便民、高效原则，房地产主管部门应按规定及时出具纳税人家庭住房情况书面查询结果，税务机关应对纳税人提出的税收优惠申请限时办结。

（七）企业事业单位改制重组契税优惠

根据《财政部 税务总局关于继续支持企业 事业单位改制重组有关契税政策的通知》（财税〔2018〕17号）的规定，自2018年1月1日起至2020年12月31日，执行以下契税优惠政策。

1. 企业改制

企业按照《公司法》有关规定整体改制，包括非公司制企业改制为有限责任公司或股份有限公司，有限责任公司变更为股份有限公司，股份有限公司变更为有限责任公司，原企业投资主体存续并在改制（变更）后的公司中所持股权（股份）比例超过75%，且改制（变更）后公司承继原企业权利、义务，改制（变更）后公司承受原企业土地、房屋权属的，免征契税。

2. 事业单位改制

事业单位按照国家有关规定改制为企业，原投资主体存续并在改制后企业中出资（股权、股份）比例超过50%，改制后企业承受原事业单位土地、房屋权属的，免征契税。

3. 公司合并

两个或两个以上的公司，依照法律规定、合同约定，合并为一个公司，且原投资主体存续，合并后公司承受原合并各方土地、房屋权属的，免征契税。

4. 公司分立

公司依照法律规定、合同约定分立为两个或两个以上与原公司投资主体相同的公司，分立后公司承受原公司土地、房屋权属的，免征契税。

5. 企业破产

企业依照有关法律法规规定实施破产，债权人（包括破产企业职工）承受破产企业抵偿债务的土地、房屋权属，免征契税；对非债权人承受破产企业土地、房屋权属，凡按照《中华人民共和国劳动法》等国家有关法律法规政策妥善安置原企业全部职工规定，与原企业全部职工签订服务年限不少于3年的劳动用工合同的，对其承受所购企业土地、房屋权属，免征契税；与原企业超过30%的职工签订服务年限不少于3年的劳动用工合同的，减半征收契税。

6. 资产划转

对承受县级以上人民政府或国有资产管理部门按规定进行行政性调整、

划转国有土地、房屋权属的单位，免征契税。

同一投资主体内部所属企业之间土地、房屋权属的划转，包括母公司与其全资子公司之间，同一公司所属全资子公司之间，同一自然人与其设立的个人独资企业、一人有限公司之间土地、房屋权属的划转，免征契税。

母公司以土地、房屋权属向其全资子公司增资，视同划转，免征契税。

7. 债权转股权

经国务院批准实施债权转股权的企业，对债权转股权后新设立的公司承受原企业的土地、房屋权属，免征契税。

8. 划拨用地出让或作价出资

以出让方式或国家作价出资（入股）方式承受原改制重组企业、事业单位划拨用地的，不属上述规定的免税范围，对承受方应按规定征收契税。

9. 公司股权（股份）转让

在股权（股份）转让中，单位、个人承受公司股权（股份），公司土地、房屋权属不发生转移的，不征收契税。

10. 有关用语含义

企业、公司是指依照我国有关法律、法规设立并在中国境内注册的企业、公司。

投资主体存续是指原企业、事业单位的出资人必须存在于改制重组后的企业，出资人的出资比例可以发生变动。

投资主体相同是指公司分立前后出资人不发生变动，出资人的出资比例可以发生变动。

【例3-2】马先生准备用自己名下的一处商铺来出资，成立一家一人有限责任公司。该出资行为是否需要缴纳契税？

解析：用房地产投资入股，视同发生房地产权属的变更，承受的一方（即该一人有限责任公司）应当依法缴纳契税。

《财政部 税务总局关于继续支持企业 事业单位改制重组有关契税政策的通知》（财税〔2018〕17号）规定的同一自然人与其设立的一人有限公司之间土地、房屋权属的划转，免征契税这一税收优惠政策在这里并不适用。本例属于投资入股，并非企业改制重组，也非自然人与公司之间的房屋权属划转。

如果马先生先出资1万元设立一人有限责任公司，然后将自己名下的该处商铺划转至该一人有限责任公司，则属于财税〔2018〕17号文规定的享受税收优惠的范围，可以免征契税。

第二节 酌定减免契税的情形

一、酌定减免契税的情形

（一）征收、征用后承受产权

1. 减免税情形

根据《契税法》第七条的规定，因土地、房屋被县级以上人民政府征收、征用，重新承受土地、房屋权属的，省、自治区、直辖市可以决定免征或者减征契税。

根据《契税暂行条例细则》第十五条的规定，土地、房屋被县级以上人民政府征用、占用后，重新承受土地、房屋权属的，是否减征或者免征契税，由省、自治区、直辖市、人民政府确定。《契税法》保留了《契税暂行条例细则》规定的这一项契税优惠政策，这也意味着，未来仍然存在土地、房屋被县级以上人民政府征用、占用的情形。

2. 减免税标准

根据《财政部 国家税务总局关于企业以售后回租方式进行融资等有关契税政策的通知》（财税〔2012〕82号）的规定，市、县级人民政府根据《国有土地上房屋征收与补偿条例》有关规定征收居民房屋，居民因个人房屋被征收而选择货币补偿用以重新购置房屋，并且购房成交价格不超过货币补偿的，对新购房屋免征契税；购房成交价格超过货币补偿的，对差价部分按规定征收契税。居民因个人房屋被征收而选择房屋产权调换，并且不缴纳房屋产权调换差价的，对新换房屋免征契税；缴纳房屋产权调换差价的，对差价部分按规定征收契税。

（二）因不可抗力灭失住房后承受产权

根据《契税法》第七条的规定，因不可抗力灭失住房，重新承受住房权属的，省、自治区、直辖市可以决定免征或者减征契税。

根据《契税暂行条例》第六条的规定，因不可抗力灭失住房而重新购买住房的，酌情准予减征或者免征契税。《契税法》对该项减免契税的情形明确规定了减免税的权利主体为省、自治区、直辖市。

根据《契税暂行条例细则》第十四条的规定，不可抗力是指自然灾害、战争等不能预见、不能避免并不能克服的客观情况。

二、酌定减免契税的程序

根据《契税法》第七条的规定，酌定减免契税的具体办法，由省、自治区、直辖市人民政府提出，报同级人民代表大会常务委员会决定，并报全国人民代表大会常务委员会和国务院备案。

三、税收法定原则的相关规定

（一）税收法定原则

根据《税收征收管理法》第三条的规定，税收的开征、停征以及减税、免税、退税、补税，依照法律的规定执行；法律授权国务院规定的，依照国务院制定的行政法规的规定执行。任何机关、单位和个人不得违反法律、行政法规的规定，擅自做出税收开征、停征以及减税、免税、退税、补税和其他同税收法律、行政法规相抵触的决定。

根据《中华人民共和国税收征收管理法实施细则》（2002年9月7日中华人民共和国国务院令第362号公布，根据2012年11月9日《国务院关于修改和废止部分行政法规的决定》第一次修订，根据2013年7月18日《国务院关于废止和修改部分行政法规的决定》第二次修订，根据2016年2月6日《国务院关于修改部分行政法规的决定》第三次修订，以下简称《税收征收管理法实施细则》）第三条的规定，任何部门、单位和个人做出的与税收法律、行政法规相抵触的决定一律无效，税务机关不得执行，并应当向上级税务机关报告。纳税人应当依照税收法律、行政法规的规定履行纳税义务；其签订的合同、协议等与税收法律、行政法规相抵触的，一律无效。

（二）违反税收法定原则的法律责任

根据《税收征收管理法》第八十三条的规定，违反法律、行政法规的规定提前征收、延缓征收或者摊派税款的，由其上级机关或者行政监察机关责令改正，对直接负责的主管人员和其他直接责任人员依法给予行政处分。

根据《税收征收管理法》第八十四条的规定，违反法律、行政法规的规定，擅自做出税收的开征、停征或者减税、免税、退税、补税以及其他同税收法律、行政法规相抵触的决定的，除依照本法规定撤销其擅自做出的决定外，补征应征未征税款，退还不应征收而征收的税款，并由上级机关追究直接负责的主管人员和其他直接责任人员的行政责任；构成犯罪的，依法追究刑事责任。

第三节　契税减免税管理

一、减免税办理手续

（一）一般规定

根据《契税暂行条例细则》第十六条的规定，纳税人符合减征或者免征契税规定的，应当在签订土地、房屋权属转移合同后10日内，向土地、房屋所在地的契税征收机关办理减征或者免征契税手续。

《契税法》未明确规定纳税人享受减免契税时是否应当向税务机关办理相关手续。

（二）减免税申请

根据《国家税务总局关于契税征收管理若干具体事项的通知》（国税发〔1997〕176号）的规定，按规定享受减税、免税的纳税人，可向当地征收机关书面提出减税、免税申请，并提供有关证明材料。征收机关应在严格审核后办理减税、免税手续。代征单位不得办理减税、免税手续。减税、免税的审批程序和办法，由省、自治区、直辖市征收机关具体规定。

（三）取消婚姻登记记录证明

根据《国家税务总局关于简化契税办理流程取消（无）婚姻登记记录证

明的公告》（国家税务总局公告 2015 年第 71 号）的规定，为落实国务院关于简化优化公共服务流程，方便群众办事和为基层减负等要求，国家税务总局决定，税务机关在受理契税申报缴税过程中，不再要求纳税人提供（无）婚姻登记记录证明。

纳税人在申请办理家庭唯一普通住房契税优惠时，无须提供原民政部门开具的（无）婚姻登记记录证明。

税务机关在受理纳税人家庭唯一普通住房契税优惠申请时，应当做好纳税人家庭成员状况认定工作。如果纳税人为成年人，可以结合户口簿、结婚（离婚）证等信息判断其婚姻状况。无法做出判断的，可以要求其提供承诺书，就其申报的婚姻状况的真实性做出承诺。如果纳税人为未成年人，可结合户口簿等材料认定家庭成员状况。

（四）企业所得税优惠的相关规定

根据国家税务总局发布的《企业所得税优惠政策事项办理办法》（国家税务总局公告 2018 年第 23 号）第四条的规定，企业享受优惠事项采取"自行判别、申报享受、相关资料留存备查"的办理方式。企业应当根据经营情况以及相关税收规定自行判断是否符合优惠事项规定的条件，符合条件的可以按照《企业所得税优惠事项管理目录（2017 年版）》（以下简称《目录》）列示的时间自行计算减免税额，并通过填报企业所得税纳税申报表享受税收优惠；同时，按照规定归集和留存相关资料备查。

根据《企业所得税优惠政策事项办理办法》第五条的规定，留存备查资料是指与企业享受优惠事项有关的合同、协议、凭证、证书、文件、账册、说明等资料。留存备查资料分为主要留存备查资料和其他留存备查资料两类。主要留存备查资料由企业按照《目录》列示的资料清单准备；其他留存备查资料由企业根据享受优惠事项情况自行补充准备。

上述政策虽然是针对企业所得税的，但在国家税务总局尚未出台针对契税优惠政策的管理办法之前，可以参考。

二、不再符合免税条件后的税务处理

根据《契税法》第八条的规定，纳税人改变有关土地、房屋的用途，或者有其他不再属于《契税法》规定的免征、减征契税情形的，应当缴纳已经免征、减征的税款。

根据《契税暂行条例》第七条的规定，经批准减征、免征契税的纳税人改变有关土地、房屋的用途，不再属于规定的减征、免征契税范围的，应当补缴已经减征、免征的税款。

三、补税的相关规定

（一）一般规定

根据《税收征收管理法》第五十二条的规定，因税务机关的责任，致使纳税人、扣缴义务人未缴或者少缴税款的，税务机关在3年内可以要求纳税人、扣缴义务人补缴税款，但是不得加收滞纳金。

因纳税人、扣缴义务人计算错误等失误，未缴或者少缴税款的，税务机关在3年内可以追征税款、滞纳金；有特殊情况的，追征期可以延长到5年。

对偷税、抗税、骗税的，税务机关追征其未缴或者少缴的税款、滞纳金或者所骗取的税款，不受前款规定期限的限制。

（二）相关解释

根据《税收征收管理法实施细则》第八十条的规定，《税收征收管理法》第五十二条所称税务机关的责任，是指税务机关适用税收法律、行政法规不当或者执法行为违法。

根据《税收征收管理法实施细则》第八十一条的规定，《税收征收管理法》第五十二条所称纳税人、扣缴义务人计算错误等失误，是指非主观故意的计算公式运用错误以及明显的笔误。

根据《税收征收管理法实施细则》第八十二条的规定，《税收征收管理法》第五十二条所称特殊情况，是指纳税人或者扣缴义务人因计算错误等失误，未缴或者少缴、未扣或者少扣、未收或者少收税款，累计数额在10万元以上的。

根据《税收征收管理法实施细则》第八十三条的规定，《税收征收管理法》第五十二条规定的补缴和追征税款、滞纳金的期限，自纳税人、扣缴义务人应缴未缴或者少缴税款之日起计算。

第四章

契税的征收管理

第一节 纳税义务发生时间

一、契税纳税义务发生时间

（一）纳税义务发生时间的规定

根据《契税法》第九条的规定，契税的纳税义务发生时间，为纳税人签订土地、房屋权属转移合同的当日，或者纳税人取得其他具有土地、房屋权属转移合同性质凭证的当日。

根据《契税暂行条例》第八条的规定，契税的纳税义务发生时间，为纳税人签订土地、房屋权属转移合同的当天，或者纳税人取得其他具有土地、房屋权属转移合同性质凭证的当天。

（二）其他具有土地、房屋权属转移合同性质的凭证

根据《契税暂行条例细则》第十八条的规定，其他具有土地、房屋权属转移合同性质凭证，是指具有合同效力的契约、协议、合约、单据、确认书以及由省、自治区、直辖市人民政府确定的其他凭证。

根据《财政部关于购买商品房征收契税的复函》(财农税字〔1992〕第42号)的规定,福清市融信房地产开发公司开发融西新村出售商品房所开具《房地产经营统一发票》,在交付使用时与买主签订的《房屋验收交接记录表》《购房证明书》应视为房产转移契约。产权承受人应在产权变动3个月内办理报税手续,缴纳契税。对逾期不缴纳契税及隐匿不报者,按照契税条例规定处理。

(三)改变用途情形下纳税义务的发生时间

根据《契税暂行条例细则》第十七条的规定,纳税人因改变土地、房屋用途应当补缴已经减征、免征契税的,其纳税义务发生时间为改变有关土地、房屋用途的当天。

二、纳税申报时间

(一)一般规定

根据《契税暂行条例》第九条的规定,纳税人应当自纳税义务发生之日起10日内,向土地、房屋所在地的契税征收机关办理纳税申报,并在契税征收机关核定的期限内缴纳税款。

(二)税收征管法的相关规定

1. 纳税申报义务

根据《税收征收管理法》第二十五条的规定,纳税人必须依照法律、行政法规规定或者税务机关依照法律、行政法规的规定确定的申报期限、申报内容如实办理纳税申报,报送纳税申报表、财务会计报表以及税务机关根据实际需要要求纳税人报送的其他纳税资料。

根据《税收征收管理法实施细则》第三十三条的规定,纳税人、扣缴义务人的纳税申报或者代扣代缴、代收代缴税款报告表的主要内容包括:税种、税目,应纳税项目或者应代扣代缴、代收代缴税款项目,计税依据,扣除项目及标准,适用税率或者单位税额,应退税项目及税额、应减免税项目及税额,应纳税额或者应代扣代缴、代收代缴税额,税款所属期限、延期缴纳税款、欠税、滞纳金等。

根据《税收征收管理法实施细则》第三十四条的规定,纳税人办理纳税申报时,应当如实填写纳税申报表,并根据不同的情况相应报送下列有关证件、资料:

(1)财务会计报表及其说明材料。

(2)与纳税有关的合同、协议书及凭证。

(3)税控装置的电子报税资料。

(4)外出经营活动税收管理证明和异地完税凭证。

(5)境内或者境外公证机构出具的有关证明文件。

(6)税务机关规定应当报送的其他有关证件、资料。

2. 纳税申报的方式

根据《税收征收管理法》第二十六条的规定,纳税人、扣缴义务人可以直接到税务机关办理纳税申报或者报送代扣代缴、代收代缴税款报告表,也可以按照规定采取邮寄、数据电文或者其他方式办理上述申报、报送事项。

根据《税收征收管理法实施细则》第三十条的规定,税务机关应当建立、健全纳税人自行申报纳税制度。纳税人、扣缴义务人可以采取邮寄、数据电文方式办理纳税申报或者报送代扣代缴、代收代缴税款报告表。其中:数据电文方式是指税务机关确定的电话语音、电子数据交换和网络传输等电子方式。

根据《税收征收管理法实施细则》第三十一条的规定,纳税人采取邮寄方式办理纳税申报的,应当使用统一的纳税申报专用信封,并以邮政部门收据作为申报凭据。邮寄申报以寄出的邮戳日期为实际申报日期。纳税人采取电子方式办理纳税申报的,应当按照税务机关规定的期限和要求保存有关资料,并定期书面报送主管税务机关。

3. 延期纳税申报

根据《税收征收管理法》第二十七条的规定,纳税人、扣缴义务人不能按期办理纳税申报或者报送代扣代缴、代收代缴税款报告表的,经税务机关核准,可以延期申报。

经核准延期办理上述规定的申报、报送事项的,应当在纳税期内按照上期实际缴纳的税额或者税务机关核定的税额预缴税款,并在核准的延期内办理税款结算。

根据《税收征收管理法实施细则》第三十七条的规定,纳税人、扣缴义务人按照规定的期限办理纳税申报或者报送代扣代缴、代收代缴税款报告表确有困难,需要延期的,应当在规定的期限内向税务机关提出书面延期申请,经税务机关核准,在核准的期限内办理。纳税人、扣缴义务人因不可抗力,不能按期办理纳税申报或者报送代扣代缴、代收代缴税款报告表的,可以延期办理;但是,应当在不可抗力情形消除后立即向税务机关报告。税务机关应当查明事实,予以核准。

三、抵押购买商品房的纳税义务发生时间

根据《国家税务总局关于抵押贷款购买商品房征收契税的批复》(国税函〔1999〕613号)的规定,购房人以按揭、抵押贷款方式购买房屋,当其从银行取得抵押凭证时,购房人与原产权人之间的房屋产权转移已经完成,契税纳税义务已经发生,必须依法缴纳契税。

第二节 先税后证管理模式

一、先税后证制度

(一)先税后证

根据《契税法》第十条的规定,纳税人应当在依法办理土地、房屋权属登记手续前申报缴纳契税。

(二)根据法院文书纳税申报

根据《国家税务总局关于契税纳税申报有关问题的公告》(国家税务总局公告2015年第67号)的规定,根据人民法院、仲裁委员会的生效法律文书发生土地、房屋权属转移,纳税人不能取得销售不动产发票的,可持人民

法院执行裁定书原件及相关材料办理契税纳税申报，税务机关应予受理。

（三）购买新建房无发票时的纳税申报

根据《国家税务总局关于契税纳税申报有关问题的公告》（国家税务总局公告 2015 年第 67 号）的规定，购买新建商品房的纳税人在办理契税纳税申报时，由于销售新建商品房的房地产开发企业已办理注销税务登记或者被税务机关列为非正常户等原因，致使纳税人不能取得销售不动产发票的，税务机关在核实有关情况后应予受理。

二、完税凭证与产权登记

（一）一般规定

根据《契税法》第十一条的规定，纳税人办理纳税事宜后，税务机关应当开具契税完税凭证。纳税人办理土地、房屋权属登记，不动产登记机构应当查验契税完税、减免税凭证或者有关信息。未按照规定缴纳契税的，不动产登记机构不予办理土地、房屋权属登记。

根据《契税暂行条例》第十条的规定，纳税人办理纳税事宜后，契税征收机关应当向纳税人开具契税完税凭证。

根据《契税暂行条例》第十一条的规定，纳税人应当持契税完税凭证和其他规定的文件材料，依法向土地管理部门、房产管理部门办理有关土地、房屋的权属变更登记手续。纳税人未出具契税完税凭证的，土地管理部门、房产管理部门不予办理有关土地、房屋的权属变更登记手续。

（二）公证书不能代替契税完税凭证

根据《财政部关于契税若干问题的批复》（财农字〔1986〕第 400 号）的规定，公证机关证明的房屋产权转移合同——契约，可以证明其法律行为的合法性、真实性，但公证书不等于产权证。当事人还必须依照国家规定向当地契税征收机关办理纳税印契手续。

（三）房屋产权合法凭证与契税完税凭证

根据《财政部关于契税若干问题的批复》（财农字〔1986〕第 400 号

的规定，城市房地产管理机关（以下简称"房管机关"）发的房屋所有权证，财政机关填发的契证（印契），都是房屋产权的合法凭证。

凡由地方财政部门委托房管机关代征契税的，必须在房屋产权证上载明已纳契税的有关事项，才构成房屋产权的合法凭证。

凡由财政机关直接征收契税的，对房屋产权转移必须先经房产管理机关审核同意，财政机关办理契税并填发契证。

（四）契税完税凭证管理

根据《国家税务总局关于契税征收管理若干具体事项的通知》（国税发〔1997〕176号）的规定，为使征管工作逐步规范化，契税的纳税申报表、完税证格式全国统一，具体式样及有关说明另行规定。征收中需要的其他有关票证由省、自治区、直辖市征收机关统一制定格式和组织印制。

鉴于目前农村地区尚无专门的房屋产权管理机构和制度，征收机关在对农村地区的房屋产权转移征收契税时，应当在核实有关情况并确认转移的合法性后，给纳税人核发记载有房屋基本情况、房屋产权转移情况和契税完纳情况的"契税完税凭证"。在发放房屋所有权证的城镇地区，各地省级征收机关自定是否发放"契税完税凭证"。

第三节 契税的退税

一、契税退税的情形

（一）退税情形

根据《契税法》第十二条的规定，在依法办理土地、房屋权属登记前，权属转移合同、权属转移合同性质凭证不生效、无效、被撤销或者被解除的，纳税人可以向税务机关申请退还已缴纳的税款，税务机关应当依法办理。

（二）无效产权转移下的契税退税

根据《国家税务总局关于无效产权转移征收契税的批复》（国税函〔2008〕438号）的规定，对经法院判决的无效产权转移行为不征收契税。法院判决撤销房屋所有权证后，已纳契税款应予退还。

（三）退房情形下的契税退税

根据《财政部 国家税务总局关于购房人办理退房有关契税问题的通知》（财税〔2011〕32号）的规定，对已缴纳契税的购房单位和个人，在未办理房屋权属变更登记前退房的，退还已纳契税；在办理房屋权属变更登记后退房的，不予退还已纳契税。

二、退税期限制度

（一）一般规定

根据《税收征收管理法》第五十一条的规定，纳税人超过应纳税额缴纳的税款，税务机关发现后应当立即退还；纳税人自结算缴纳税款之日起3年内发现的，可以向税务机关要求退还多缴的税款并加算银行同期存款利息，税务机关及时查实后应当立即退还；涉及从国库中退库的，依照法律、行政法规有关国库管理的规定退还。

（二）相关解释

根据《税收征收管理法实施细则》第七十八条的规定，税务机关发现纳税人多缴税款的，应当自发现之日起10日内办理退还手续；纳税人发现多缴税款，要求退还的，税务机关应当自接到纳税人退还申请之日起30日内查实并办理退还手续。《税收征收管理法》第五十一条规定的加算银行同期存款利息的多缴税款退税，不包括依法预缴税款形成的结算退税、出口退税和各种减免退税。退税利息按照税务机关办理退税手续当天中国人民银行规定的活期存款利率计算。

根据《税收征收管理法实施细则》第七十九条的规定，当纳税人既有应退税款又有欠缴税款的,税务机关可以将应退税款和利息先抵扣欠缴税款;抵扣后有余额的,退还纳税人。

【例4-1】 2016年1月,王女士与陈女士签订合同,购置一套二手房。王女士于当月缴纳了契税。后因该二手房的产权发生纠纷,一直无法过户。2020年1月,王女士与陈女士解除合同,王女士向税务机关申请退税。该项退税是否受3年期限的约束?

解析:根据《财政部 国家税务总局关于购房人办理退房有关契税问题的通知》(财税〔2011〕32号)的规定,王女士在办理房屋权属变更登记前退房,可以退还契税。虽然《契税法》和财税〔2011〕32号文均未规定退还契税的期限,但《税收征收管理法》规定了适用于所有税种的退税期限制度,契税的退税也应遵守《税收征收管理法》的规定。

至于本例是否已经超过《税收征收管理法》规定的"3年"期限,则应看如何解释"纳税人超过应纳税额缴纳的税款"和"自结算缴纳税款之日起"。如从表面文字来解释,本例已经超过3年期限。但如果将王女士与陈女士解除合同之日视为"纳税人超过应纳税额缴纳税款"之日和"结算缴纳税款之日",则王女士申请退税并未超过"3年"期限。

另外,即使按照表面文字来解释,王女士的退税申请已经超过"3年"期限,但税务机关"发现后应当立即退还",这一退税制度并无"3年"期限的限制。因此,在王女士申请退税后,税务机关经过调查核实,发现王女士"超过应纳税额缴纳了税款",税务机关"应当自发现之日起10日内办理退还手续"。

实务中,类似契税退税的纠纷非常多,税务机关应当准确理解《税收征收管理法》规定的"3年"期限的宗旨,通过适当解释税法或者运用税务机关主动退税制度来解决非因纳税人自身原因所导致的退税申请超过"3年"期限的退税难题。

第四节　契税的征管机关

一、部门配合

（一）一般规定

根据《契税法》第十三条的规定，税务机关应当与相关部门建立契税涉税信息共享和工作配合机制。自然资源、住房城乡建设、民政、公安等相关部门应当及时向税务机关提供与转移土地、房屋权属有关的信息，协助税务机关加强契税征收管理。

根据《契税暂行条例》第十二条的规定，土地管理部门、房产管理部门应当向契税征收机关提供有关资料，并协助契税征收机关依法征收契税。

根据《契税暂行条例细则》第十九条的规定，有关资料是指土地管理部门、房产管理部门办理土地、房屋权属变更登记手续的有关土地、房屋权属、土地出让费用、成交价格以及其他权属变更方面的资料。

（二）具体规定

根据《国家税务总局　国家土地管理局关于契税征收管理有关问题的通知》（国税发〔1998〕31号）的规定，各级契税征收机关应当结合当地实际情况，建立一套完善的契税征收管理制度。各级土地管理部门要予以积极支持和配合，协助当地契税征收机关做好契税的征收管理工作。

土地管理部门和契税征收机关要共同做好契税征收管理与土地使用权的权属管理的衔接工作。土地管理部门在受理土地变更登记申请后，对土地权属及变更事项进行审核，符合变更登记规定的，要求当事人出示契税完税凭证或免税证明；未取得契税完税凭证或免税证明的，土地管理部门不予办理土地变更登记手续。

土地管理部门在土地证书的定期查验时，可联合契税征收机关对契税完税情况进行检查。检查中发现的逃避纳税和不办理土地变更登记手续的，土地管理部门应责令其完税和办理土地变更登记手续，并依照有关规定进行处理；需要按评估价格计征契税的，应当委托具备土地评估资格的评估机构进行有关的评估，以规范房地产市场交易行为，确保国家税收不受损失。

二、保密义务

（一）一般规定

根据《契税法》第十三条的规定，税务机关及其工作人员对税收征收管理过程中知悉的纳税人的个人信息，应当依法予以保密，不得泄露或者非法向他人提供。

（二）具体规定

根据《国家税务总局　国家土地管理局关于契税征收管理有关问题的通知》（国税发〔1998〕31号）的规定，契税征收机关可向土地管理部门查询所需土地使用权权属及出让、转让时间、成交价格及已公布的土地基准地价等与征收契税有关的资料。土地管理部门应当向契税征收机关提供所需的资料。契税征收机关应对在土地管理部门查询的资料严格保密，未经允许，不得转让或公开引用。契税征收机关应向土地管理部门提供所需已办理契税完税或免税手续的房地产交易情况。

三、征管机关与征管依据

根据《契税法》第十四条的规定，契税由土地、房屋所在地的税务机关依照《契税法》和《税收征收管理法》的规定征收管理。

根据《契税暂行条例》第十二条的规定，契税征收机关为土地、房屋所在地的税务机关。

根据《契税暂行条例》第十三条的规定，契税的征收管理，依照《契税暂行条例》和有关法律、行政法规的规定执行。

四、委托代征

根据《契税暂行条例细则》第二十条的规定，征收机关可以根据征收管理的需要，委托有关单位代征契税，具体代征单位由省、自治区、直辖市人民政府确定。代征手续费的支付比例，由财政部另行规定。

《契税法》并未规定委托代征制度，由于目前各级税务机关的设置以及征管手段已经能够满足契税征管的需要，未来继续保留契税代征制度的必要性不是很大。

第五节 契税法律责任与实施日期

一、契税法律责任

（一）一般规定

根据《契税法》第十五条的规定，纳税人、税务机关及其工作人员违反《契税法》规定的，依照《税收征收管理法》和有关法律法规的规定追究法律责任。

（二）《税收征收管理法》的相关规定

1. 违反税务管理规定的法律责任

根据《税收征收管理法》第六十条的规定，纳税人有下列行为之一的，由税务机关责令限期改正，可以处2000元以下的罚款；情节严重的，处2000元以上1万元以下的罚款：

（1）未按照规定的期限申报办理税务登记、变更或者注销登记的。

（2）未按照规定设置、保管账簿或者保管记账凭证和有关资料的。

（3）未按照规定将财务、会计制度或者财务、会计处理办法和会计核算软件报送税务机关备查的。

（4）未按照规定将其全部银行账号向税务机关报告的。

（5）未按照规定安装、使用税控装置，或者损毁或者擅自改动税控装置的。

纳税人不办理税务登记的，由税务机关责令限期改正；逾期不改正的，经税务机关提请，由工商行政管理机关吊销其营业执照。

纳税人未按照规定使用税务登记证件，或者转借、涂改、损毁、买卖、伪造税务登记证件的，处2 000元以上1万元以下的罚款；情节严重的，处1万元以上5万元以下的罚款。

2．未履行纳税申报义务的法律责任

根据《税收征收管理法》第六十二条的规定，纳税人未按照规定的期限办理纳税申报和报送纳税资料的，或者扣缴义务人未按照规定的期限向税务机关报送代扣代缴、代收代缴税款报告表和有关资料的，由税务机关责令限期改正，可以处2 000元以下的罚款；情节严重的，可以处2 000元以上1万元以下的罚款。

3．偷税的法律责任

根据《税收征收管理法》第六十三条的规定，纳税人伪造、变造、隐匿、擅自销毁账簿、记账凭证，或者在账簿上多列支出或者不列、少列收入，或者经税务机关通知申报而拒不申报或者进行虚假的纳税申报，不缴或者少缴应纳税款的，是偷税。纳税人偷税的，由税务机关追缴其不缴或者少缴的税款、滞纳金，并处不缴或者少缴的税款50%以上5倍以下的罚款；构成犯罪的，依法追究刑事责任。

4．编造虚假计税依据以及未纳税申报的法律责任

根据《税收征收管理法》第六十四条的规定，纳税人、扣缴义务人编造虚假计税依据的，由税务机关责令限期改正，并处5万元以下的罚款。

纳税人不进行纳税申报，不缴或者少缴应纳税款的，由税务机关追缴其不缴或者少缴的税款、滞纳金，并处不缴或者少缴的税款50%以上5倍以下的罚款。

5．逃避缴纳税款的法律责任

根据《税收征收管理法》第六十五条的规定，纳税人欠缴应纳税款，采取转移或者隐匿财产的手段，妨碍税务机关追缴欠缴的税款的，由税务机关追缴欠缴的税款、滞纳金，并处欠缴税款50%以上5倍以下的罚款；构成犯罪的，依法追究刑事责任。

6．抗税的法律责任

根据《税收征收管理法》第六十七条的规定，以暴力、威胁方法拒不缴纳税款的，是抗税，除由税务机关追缴其拒缴的税款、滞纳金外，依法追究刑事责任。情节轻微，未构成犯罪的，由税务机关追缴其拒缴的税款、滞纳金，并处拒缴税款1倍以上5倍以下的罚款。

7. 拒绝缴纳税款的法律责任

根据《税收征收管理法》第六十八条的规定，纳税人、扣缴义务人在规定期限内不缴或者少缴应纳或者应解缴的税款，经税务机关责令限期缴纳，逾期仍未缴纳的，税务机关除法采取强制执行措施追缴其不缴或者少缴的税款外，可以处不缴或者少缴的税款50%以上5倍以下的罚款。

8. 金融机构的法律责任

根据《税收征收管理法》第七十三条的规定，纳税人、扣缴义务人的开户银行或者其他金融机构拒绝接受税务机关依法检查纳税人、扣缴义务人存款账户，或者拒绝执行税务机关做出的冻结存款或者扣缴税款的决定，或者在接到税务机关的书面通知后帮助纳税人、扣缴义务人转移存款，造成税款流失的，由税务机关处10万元以上50万元以下的罚款，对直接负责的主管人员和其他直接责任人员处1 000元以上1万元以下的罚款。

9. 税务机关的法律责任

根据《税收征收管理法》第七十六条的规定，税务机关违反规定擅自改变税收征收管理范围和税款入库预算级次的，责令限期改正，对直接负责的主管人员和其他直接责任人员依法给予降级或者撤职的行政处分。

10. 税务人员受贿的法律责任

根据《税收征收管理法》第八十一条的规定，税务人员利用职务上的便利，收受或者索取纳税人、扣缴义务人财物或者谋取其他不正当利益，构成犯罪的，依法追究刑事责任；尚不构成犯罪的，依法给予行政处分。

11. 税务人员违法的法律责任

根据《税收征收管理法》第八十二条的规定，税务人员徇私舞弊或者玩忽职守，不征或者少征应征税款，致使国家税收遭受重大损失，构成犯罪的，依法追究刑事责任；尚不构成犯罪的，依法给予行政处分。

税务人员滥用职权，故意刁难纳税人、扣缴义务人的，调离税收工作岗位，并依法给予行政处分。

税务人员对控告、检举税收违法违纪行为的纳税人、扣缴义务人以及其他检举人进行打击报复的，依法给予行政处分；构成犯罪的，依法追究刑事责任。

12. 违反税收法定原则的法律责任

根据《税收征收管理法》第八十四条的规定，违反法律、行政法规的规定，擅自做出税收的开征、停征或者减税、免税、退税、补税以及其他同税收法律、行政法规相抵触的决定的，除依照本法规定撤销其擅自做出的决定外，补征应征未征税款，退还不应征收而征收的税款，并由上级机关追究直接负责的主管人员和其他直接责任人员的行政责任；构成犯罪的，依法追究刑事责任。

【例4-2】 周先生于2010年1月签订商品房买卖合同，2011年1月入住该套商品房。由于开发商一直未通知办理产权证，周先生于2020年1月才向税务机关申请缴纳契税。周先生的行为是否应加收滞纳金？是否应认定为偷税？

解析：根据《契税法》第九条的规定，契税的纳税义务发生时间，为纳税人签订土地、房屋权属转移合同的当日，或者纳税人取得其他具有土地、房屋权属转移合同性质凭证的当日。周先生纳税义务产生的时间为2010年1月。

根据《契税法》第十条的规定，纳税人应当在依法办理土地、房屋权属登记手续前申报缴纳契税。因此，只要周先生一直未办理土地、房屋权属登记手续，其不申报缴纳契税的行为并不违法，不需要加收滞纳金，更不能认定为偷税。

在《契税法》实施之前，各地的契税征管制度大多规定纳税人应当在发生纳税义务之日起10日内申报契税，并在税务机关核定的期限内，一般不超过30日，缴纳契税；超过该期限，就应加收滞纳金。

虽然《税收征收管理法》并未规定偷税需要具备主观故意这一要件，但《国家税务总局关于北京聚菱燕塑料有限公司偷税案件复核意见的批复》（税总函〔2016〕274号）规定："根据《中华人民共和国企业所得税法实施条例》第三十六条，该企业为部分管理人员购买的商业保险支出不得在企业所得税税前扣除。但是，该企业税前扣除的上述支出，是企业真实发生的支出。根据你局提供的材料：一、除本案所涉及稽查外，未对该企业进行过其他稽查立案处理；二、除本案所涉违规列支行为外，未发现该企业成立以来存在其他违规列支行为；三、本案所涉该企业为部分管理人员购买的商业保险已在当期代扣代缴了个人所得税。据此，从证据角度不能认定该企业存在偷税的主观故意。综上，我局同意你局的第二种复核意见，即不认定为偷税"。这一批复明确规定了偷税应具备主观故意，纳税人延迟缴纳契税的原因比较多，但主要目的并非偷税，而仅仅是"延迟纳税"或者仅仅是并不知晓相关规定。因此，对没有证据表明纳税人延迟缴纳契税具有偷税的主观故意时，不宜认定纳税人的行为构成偷税。

二、契税法的实施日期与旧法废止

根据《契税法》第十六条的规定，《契税法》自 2021 年 9 月 1 日起施行。1997 年 7 月 7 日国务院发布的《契税暂行条例》同时废止。

第五章

各地契税征收管理制度

第一节 华北地区契税征管制度

一、北京市契税征管制度

（一）契税的纳税人

根据《北京市契税管理规定》（1999年7月13日北京市人民政府第29号令公布，根据2002年6月27日北京市人民政府第100号令第一次修改，根据2010年11月27日北京市人民政府第226号令第二次修改）的规定，本市行政区域内土地使用权、房屋所有权发生转移时，承受的企业、事业单位、国家机关、军事单位、社会团体、其他组织和个体经营者以及其他个人为契税的纳税人，应当依照规定缴纳契税。

经批准转让以划拨方式取得土地使用权的房地产时，房地产转让双方均为纳税人。

（二）契税的征收范围

契税的征收范围包括国有土地使用权出让、土地使用权转让（包括出售、赠与和交换)、房屋买卖、房屋赠与和房屋交换。其中，土地使用权转让，不包括农村集体土地承包经营权的转移。

下列转移方式视同土地使用权转让、房屋买卖或者房屋赠与征税：

（1）以土地、房屋权属抵债或者作价投资、入股的。

（2）以获奖、预购、预付集资建房款或者转移无形资产方式承受土地、房屋权属的。

（3）建设工程转让时发生土地使用权转移的。

（4）以其他方式事实构成土地、房屋权属转移的。

（三）契税征收机关与税率

本市契税征收机关为市和区、县地方税务局。

契税税率为3%。

（四）契税的计税依据

契税的计税依据如下：

（1）国有土地使用权出让、土地使用权出售、房屋买卖，计税依据为成交价格。

（2）土地使用权赠与、房屋所有权赠与，计税依据由契税征收机关参照同类土地使用权出售、房屋买卖的市场价格或者评估价格核定。

（3）土地使用权交换、房屋所有权交换、土地使用权与房屋所有权交换，计税依据为交换价格的差额。

（4）以划拨方式取得土地使用权的，经批准转让房地产时，除承受方按规定缴纳契税外，房地产转让者应当补缴契税，计税依据为补缴的土地使用权出让费用或者土地收益。

（5）承受土地、房屋部分权属的，计税依据为所承受部分权属的成交价格；当部分权属改为全部权属时，计税依据为全部权属的成交价格，原已缴纳的部分权属的税款应予扣除。前款成交价格明显低于市场价格和交换价格的差额明显不合理，并且无正当理由的，由契税征收机关参照市场价格核定。

（五）契税的税收优惠

契税的免税规定如下：

（1）因不可抗力灭失住房而重新购买住房的，免征契税。

（2）土地、房屋被县级以上人民政府征用、占用后，重新承受土地、房屋权属的，其成交价格没有超出土地、房屋补偿费、安置补助费的部分，免征契税。

（3）城镇职工第一次购买公有住房的，在本市规定标准面积以内的部分免征契税；超过的部分，仍应按照规定缴纳契税。因原住房未达到本市规定标准面积而重新购买公有住房的，视为第一次购房。

（4）国家机关、事业单位、社会团体、军事单位承受土地、房屋用于办公的办公室（楼）、档案室、职工食堂，教学的教室（教学楼）、实验室（楼）、操场、图书馆、食堂、学生宿舍，医疗的门诊部、化验室、住院部、药房，科研的试验场、试验楼，以及市财政局和市地方税务局确定的其他直接用于办公、教学、医疗、科研等的土地、房屋，免征契税。

（5）军事单位承受土地、房屋用于地上和地下的军事指挥工程，军用的机场、库房、营区、训练场、试验场和通信、导航、观测台站，以及市财政局和市地方税务局确定的其他直接用于军事设施的土地、房屋，免征契税。

（6）纳税人承受荒山、荒沟、荒丘、荒滩土地使用权，用于农、林、牧、渔业生产的，免征契税。

（7）依法应当予以免税的外国驻京外交机构、联合国驻京机构以及外交人员承受土地、房屋权属的，经外交部确认，可以免征契税。

财政部规定的其他减征、免征契税的项目，按照财政部的规定执行。

（六）契税纳税义务发生时间与纳税期限

契税的纳税义务发生时间，为纳税人签订土地、房屋权属转移合同的当天，或者纳税人取得具有合同效力的契约、协议、合约、单据、确认书以及由市财政局和市地方税务局确定的其他凭证的当天。

纳税人因改变土地、房屋用途应当补缴已经减征、免征契税的，其纳税义务发生时间为改变有关土地、房屋用途的当天。

纳税人应当自纳税义务发生之日起10日内，到市或者土地、房屋所在地的区、县契税征收机关办理纳税申报手续，并在契税征收机关核定的期限内缴纳税款；符合减征或者免征契税规定的，应当办理减征或者免征契税手续。

（七）契税完税凭证与权属变更

纳税人应当持契税完税凭证或者减、免税证明和其他规定的文件材料，依法到房屋土地管理部门办理有关土地、房屋的权属变更登记手续；对未出具完税凭证或者减、免税证明的,房屋土地管理部门不予办理有关变更登记手续。

(八)契税的退税与代征

纳税人已缴纳契税,但土地、房屋权属转移未能实现的,经契税征收机关批准,可准予退税。

根据征收管理的需要,契税征收机关可以委托有关单位代扣代缴和代征契税。具体办法由市地方税务局制定。

二、天津市契税征管制度

(一)契税的纳税人

根据《天津市契税征收实施办法》(1998年3月2日天津市人民政府发布)的规定,在本市行政区域内转移土地权属、房屋权属,承受的单位和个人为契税的纳税人,应当依照规定缴纳契税。其中:

土地、房屋权属,是指土地使用权、房屋所有权。

承受,是指以购买、受让、受赠、交换等方式取得土地、房屋权属的行为。

单位,是指各类企业单位、事业单位、国家机关、军事单位和社会团体以及其他组织。

个人,是指个体经营者及其他个人。

(二)契税的征收范围

转移土地、房屋权属是指下列行为:

(1)国有土地使用权出让(包括有偿划拨)。
(2)土地使用权转让,包括出售、赠与和交换。
(3)房屋买卖。
(4)房屋赠与。
(5)房屋交换。

上述第(2)项土地使用权转让,不包括农村集体土地承包经营权的转移。

其中:

国有土地使用权出让(包括有偿划拨),是指国家将国有土地使用权在一定年限内出让给土地使用者,由土地使用者向国家支付土地使用权出让金的行为。

土地使用权转让,是指土地使用者以出售、赠与、交换或者其他方式将土地使用权转移给其他单位和个人的行为。

土地使用权出售,是指土地使用者以土地使用权作为交易条件,取得货币、实物或者其他经济利益的行为。

土地使用权赠与,是指土地使用者将其土地使用权无偿转让给受赠者的行为。以获奖方式取得土地使用权的,视同土地使用权赠与行为,应依照《天津市契税征收实施办法》缴纳契税。

土地使用权交换,是指土地使用者之间相互交换土地使用权的行为。

房屋买卖,是指房屋所有者将其房屋出售,由承受者交付货币、实物或其他经济利益的行为。

房屋赠与,是指房屋所有者将其房屋无偿转让给受赠者的行为。以获奖方式取得房屋所有权的,视同房屋所有权赠与行为,应缴纳契税。

房屋交换,是指房屋所有者之间相互交换房屋所有权的行为。

土地使用权交换、房屋交换、交换价格不相等的,由多交付货币、实物或者其他经济利益的一方缴纳税款。交换价格相等的,免征契税。

以下列方式转移土地、房屋权属的,视同土地使用权转让、房屋买卖或者房屋赠与,承受单位和个人应按规定缴纳契税。

(1)以土地、房屋权属作价投资、入股。

(2)以土地、房屋权属偿还债务。

(3)以无形资产承受土地、房屋权属。

(4)以预购方式或者预付集资建房款方式承受土地、房屋权属。

(5)财政部根据有关规定确定的其他转移土地、房屋权属方式。

(三)契税的税率与计税依据

契税税率为3%。

契税的计税依据如下:

(1)国有土地使用权出让、土地使用权出售、房屋买卖,计税依据为成交价格。

(2)土地使用权赠与、房屋赠与,计税依据由征收机关参照土地使用权出售、房屋买卖的市场价格核定。

(3)土地使用权交换、房屋交换,计税依据为所交换土地使用权、房屋的价格的差额。

成交价格明显低于市场价格并且无正当理由的，或者所交换土地使用权、房屋价格的差额明显不合理并且无正当理由的，由征收机关参照市场价格核定。

通过划拨方式取得土地使用权的，经批准转让房地产时，应由房地产转让者补缴契税，其计税依据为补缴的土地使用权出让费用或者土地收益。

（四）契税应纳税额的计算

契税应纳税额依照规定的税率和规定的计税依据计算征收。其应纳税额的计算公式如下：

$$应纳税额 = 计税依据 \times 税率$$

契税应纳税额以人民币计算。转移土地、房屋权属以外汇结算的，按照纳税义务发生之日中国人民银行公布的人民币市场汇率中间价折合人民币计算。

（五）契税的税收优惠

契税的减税、免税的规定如下：

（1）国家机关、事业单位、社会团体、军事单位承受土地、房屋用于办公、教学、医疗、科研和军事设施的，免征契税。其中：

用于办公的，是指办公室（楼）等直接用于办公的土地、房屋。

用于教学的，是指教室（教学楼）、图书馆、实验室、操场等直接用于教学的土地、房屋。非全日制学校一般不予免税。

用于医疗的，是指门诊部、住院部等直接用于医疗的土地、房屋。私人医院、疗养院、康复中心等一般不予免税。

用于科研的，是指科学试验的场所等直接用于科研的土地、房屋。

用于军事设施的，是指部队（包括武警部队）地上和地下的军事指挥作战工程，军用的机场、港口、码头；军用的库房、营区、训练场、试验场，军用的通信、导航、观测台（站），其他直接用于军事设施的土地、房屋。

（2）城镇职工按市人民政府批准的房改价格，第一次购买公有住房，在规定住房面积以内的，免征契税。超过国家规定标准面积的部分，应按照规定缴纳契税。此项免税政策只限于第一次购买公有住房。

（3）因不可抗力灭失住房而重新购买住房的，酌情准予减征或者免征契税。其中：不可抗力是指自然灾害、战争等不能预见、不能避免、不能克服的客观情况。

（4）土地、房屋被县级以上人民政府征用、占用后，重新承受土地、房屋权属，其成交价格没有超出土地、房屋补偿费、安置补助费的部分，经市人民政府批准可酌情给予减征或者免征契税。

（5）承受荒山、荒沟、荒丘、荒滩土地使用权，用于农、林、牧、渔业生产的，免征契税。

（6）依照我国有关法律规定以及我国缔结或参加的双边和多边条约或协定的规定应当予以免税的外国驻华使馆、领事馆、联合国驻华机构及其外交代表、领事官员和其他外交人员承受土地、房屋权属的，经外交部确认，可以免征契税。

（7）财政部规定的其他减征、免征契税的项目。

纳税人享受减税、免税的，应当在签订土地、房屋权属转移合同后10日内，向土地、房屋所在地的财政部门办理减税、免税手续。

经批准减征、免征契税的纳税人改变有关土地、房屋的用途，应当补缴已经减征、免征的税款。其补缴税款发生时间为改变有关土地、房屋用途的当天。

承受土地、房屋部分权属的，按照所承受部分权属的比例计算征税。部分权属改变为全部产权时，按全部产权成交价格征收契税，并扣除已缴税款。

（六）契税纳税义务发生时间与纳税期限

契税纳税义务发生的时间，为纳税人签订土地、房屋权属转移合同的当天，或者纳税人取得其他具有合同性质的契约、协议、合约、单据确认书及由市政府确定的其他凭证的当天。

纳税人应当自纳税义务发生之日起10日内，向土地、房屋所在地的契税征收机关办理纳税申报，并在契税征收机关核定的期限内缴纳契税。

（七）契税的完税凭证与权属变更

纳税人办理纳税事宜后，契税征收机关应当向纳税人开具契税完税凭证。

纳税人应当持契税完税凭证和其他规定的文件材料，依法向房产管理部门、土地管理部门办理有关房屋、土地的权属变更登记手续。

纳税人未出具契税完税凭证的，房产管理部门、土地管理部门不予办理有关房屋、土地的权属变更登记手续。

(八)契税征收机关与委托代征

契税征收机关为财政机关。为搞好征收管理,市内六区契税收入为市级收入,暂定由市财政局委托市房产管理部门和土地管理部门负责代征代缴。其他地区和县级契税收入作为地方收入,征收方式由区、县政府自定。土地管理部门、房产管理部门应按照代征代缴委托协议书的要求做好征收工作。

对契税代征代缴部门手续费的支付比例,按财政部的规定执行。

三、河北省契税征管制度

(一)契税的纳税人

根据《河北省契税实施办法》(2002年9月10日河北省人民政府令〔2002〕第14号公布,根据2005年9月30日河北省人民政府令〔2005〕第9号第一次修订,根据2011年10月20日河北省人民政府令〔2011〕第10号第二次修订)的规定,在本省行政区域内承受转移土地、房屋权属的单位和个人为契税的纳税人,应当按照规定缴纳契税。其中:

承受,是指以受让、购买、受赠、交换等方式取得土地、房屋权属的行为。

土地、房屋权属,是指土地使用权、房屋所有权。

(二)契税的征税范围

土地、房屋权属转移是指下列行为:

(1)国有土地使用权出让,即土地使用者向国家交付土地使用权出让费用,国家将国有土地使用权在一定年限内让予土地使用者的行为。

(2)土地使用权转让,即土地使用者以出售、赠与、交换或者其他方式将土地使用权转移给其他单位和个人的行为,不包括农场、林场内部国有土地承包经营权和农村集体土地承包经营权的转移。

(3)房屋(包括在建房屋)买卖、赠与、交换。其中:

房屋买卖,是指房屋所有者将其房屋出售,由承受者交付货币、实物、无形资产或者其他经济利益的行为。

房屋赠与,是指房屋所有者将其房屋无偿转让给受赠者的行为。

房屋交换,是指房屋所有者之间相互交换房屋的行为。

土地、房屋权属以下列方式转移的,视同土地使用权转让、房屋买卖或者房屋赠与，征收契税：

（1）以土地、房屋权属作价投资、入股。

（2）以土地、房屋权属抵债。

（3）以获奖方式承受土地、房屋权属。

（三）契税的税率与征收机关

契税税率为4%。但是，个人购买自用普通住房的，税率为3%。国家另有规定的，按规定执行。

契税征收机关为土地、房屋所在地的各级地方税务机关。

（四）契税的计税依据

契税的计税依据如下：

（1）国有土地使用权出让、土地使用权出售、房屋买卖，计税依据为成交价格。

（2）土地使用权赠与、房屋赠与，计税依据由地方税务机关参照土地使用权出售、房屋买卖的市场价格或者评估价格核定。

（3）土地使用权交换、房屋交换、土地使用权与房屋所有权之间相互交换，计税依据为所交换的土地使用权、房屋价格的差额，由多支付货币、实物、无形资产或者其他经济利益的一方缴纳契税。交换价格相等的，免征契税。

（4）以划拨方式取得土地使用权的，经批准转让房地产时，应当由房地产转让者补交契税。其计税依据为补交的土地使用权出让费用或者土地收益。其中：成交价格是指土地、房屋权属转移合同确定的价格，包括承受者支付的货币、实物、无形资产或者其他经济利益。成交价格明显低于市场价格并无正当理由的，地方税务机关可以参照评估价格或者市场价格进行核定。

地方税务机关可以委托房地产估价机构对土地、房屋权属承受者所承受的土地、房屋价格进行评估。

（五）契税应纳税额的计算

契税应纳税额应根据规定的计税依据和税率计算征收。其应纳税额的计算公式如下：

$$应纳税额 = 计税依据 \times 税率$$

契税应纳税额以人民币计算。转移土地、房屋权属以外汇结算的，按照纳税义务发生之日中国人民银行公布的人民币市场汇率中间价折合成人民币计算。

（六）契税的税收优惠

符合下列条件之一的，可以减征或者免征契税：

（1）国家机关、事业单位、社会团体、军事单位承受土地、房屋直接用于办公、教学、医疗、科研及军事设施的，免征契税。其中：

用于办公的，是指办公室（楼）、公用仓库、车库、职工食堂等直接用于办公或者直接为办公服务的土地、房屋。

用于教学的，是指教室（教学楼）、图书馆、操场、食堂、学生宿舍、办公室、校内实习场地等直接为教学服务的土地、房屋。

用于医疗的，是指门诊、病房等直接用于医疗的土地、房屋。

用于科研的，是指科学试验场所、库房等直接为科研服务的土地、房屋。

用于军事设施的，是指地上和地下军事指挥作战工程，军用机场、港口、码头，军用库房、营区、训练场、试验场，军用通信、导航、观测台站，以及其他直接用于军事设施的土地、房屋。

（2）城镇职工按规定第一次购买公有住房，经县级以上人民政府批准，在国家规定标准面积以内的，免征契税。超过国家规定标准面积的部分，应当按照规定缴纳契税。

（3）纳税人用国家征收、征用其土地、房屋的补偿费、安置费，重新承受土地、房屋权属的，其重置价格没有超过土地、房屋补偿费、安置费的，免征契税；超出补偿费、安置费的部分应当缴纳契税。

（4）因不可抗力灭失住房而重新购买住房的，准予减征或者免征契税。

（5）纳税人承受荒山、荒坡、荒丘、荒滩土地使用权，用于农、林、牧、渔业生产的，免征契税。

（6）依照我国有关法律以及我国缔结或者参加的双边、多边条约（协定）的规定，应当予以免税的外国驻我省领事馆、联合国驻华机构及其外交代表、领事官员和其他外交人员承受土地、房屋的，经外交部确认，可以免征契税。

（7）国家规定的其他减征、免征契税的项目。

经县级以上人民政府教育行政主管部门或者人力资源和社会保障行政主管部门批准的民办学校，比照国办全日制学校直接为教学服务的土地、房屋权属转移，免征契税。

纳税人符合减征或者免征规定的，应当自签订土地、房屋权属转移合同之日起10日内，向土地、房屋所在地的地方税务机关申请办理减征或者免征契税手续。

法律、法规、规章未明确规定减征、免征的项目，任何单位和个人不得擅自减免。

对符合法律、法规和规章规定的减免税，由纳税人提出减免申请，计税金额不足5 000万元的，报县级地方税务机关批准；计税金额5 000万元以上、不足1亿元的，报设区的市地方税务机关批准；计税金额1亿元以上的，报省地方税务机关批准。地方税务机关应当自批准之日起30日内报上一级地方税务机关备案。

（七）契税纳税义务发生时间与纳税期限

契税的纳税义务发生时间为纳税人签订土地、房屋权属转移合同的当日，或者纳税人取得其他具有土地、房屋权属转移合同效力的契约、协议、合约、单据、确认书等凭证的当日。

纳税人应当自纳税义务发生之日起10日内，向土地、房屋所在地的地方税务机关办理纳税申报，并在地方税务机关规定的期限内缴纳税款。超过纳税期限的，地方税务机关应当根据国家有关法律规定加收滞纳金。

纳税人因特殊困难，不能按地方税务机关规定的纳税期限缴纳税款的，由纳税人提出缓缴申请，报省地方税务机关批准，可以延期缴纳应交的税款，但最长不超过3个月。对经批准延期缴纳税款的纳税人不加收滞纳金。

纳税人因改变土地、房屋用途应当补缴已经减征、免征契税的，其纳税义务发生时间为改变有关土地、房屋用途的当日。

（八）契税完税凭证与权属变更

地方税务机关在纳税人办理纳税事宜后，应当及时向纳税人开具完税凭证。

纳税人应当持契税完税凭证或者减征、免征证明到土地管理部门、房产管理部门办理有关权属转移登记手续。土地管理部门、房产管理部门办理有关土地、房屋权属变更登记手续时，纳税人未出具契税完税凭证或者减征、免征证明的，不得办理有关土地、房屋的权属变更登记手续。

土地管理部门、房产管理部门应当向地方税务机关提供有关资料，并协助地方税务机关依法征收契税。

（九）契税的退税与稽查

纳税人已缴纳契税，但未履行所签订土地、房屋权属转移合同，申请退税的，经地方税务机关审核确认后，准予退税。

地方税务机关可以对契税的纳税人依法实施稽查，纳税人应当提供账簿、纳税记录、交易手续等有关资料，有偷税、欠税行为的，由地方税务机关追缴其欠缴的税款、滞纳金；构成犯罪的，依法追究刑事责任。

四、山西省契税征管制度

（一）契税的纳税人

根据《山西省契税实施办法》（1998年12月15日山西省人民政府第133号令公布，2002年8月13日山西省人民政府第158号令，根据《山西省人民政府关于修改〈山西省契税实施办法〉的决定》重新公布）的规定，在本省行政区域内转移土地、房屋权属，承受的单位和个人为契税的纳税人。

土地使用权交换、房屋所有权交换、土地使用权与房屋所有权相互交换，由补偿差额部分货币、实物、无形资产或者其他经济利益的一方缴纳税款。

以划拨方式取得土地使用权，经批准转让房地产时，房地产转让者应补缴契税。

（二）契税的征收机关与征税范围

土地、房屋所在地的地方税务机关为契税征收机关。

转移土地权属是指下列行为：

（1）国有土地使用权出让。

（2）土地使用权转让（农村集体土地承包经营权的转移除外），包括土地使用权的出售、赠与和交换。

转移房屋权属是指下列行为：

（1）房屋买卖。

（2）房屋赠与。

（3）房屋交换。

以获奖方式承受土地、房屋权属的，视同土地使用权赠与、房屋赠与。

以土地、房屋权属作价投资、入股和抵债的，以预购方式或者预付集资建房款方式承受土地、房屋权属的，视同土地使用权转让、房屋买卖。

（三）契税的税率与计税依据

契税适用税率为4%。

个人按市场价格购买自用普通住宅的，税率为3%，并减半征收。

契税的计税依据如下：

（1）国有土地使用权出让、土地使用权出售、房屋买卖，计税依据为成交价格。

（2）土地使用权赠与、房屋赠与，计税依据由征收机关参照土地使用权出售、房屋买卖的市场价格核定。

（3）土地使用权交换、房屋交换、土地使用权与房屋交换，计税依据为所交换的土地使用权、房屋的价格的差额。

（4）以划拨方式取得土地使用权，经批准转让房地产时，计税依据为补缴的土地使用权出让金或者土地收益。

成交价格明显低于市场价格并且无正当理由的，或者所交换土地使用权、房屋的价格的差额明显不合理并且无正当理由的，由契税征收机关参照市场价格核定。

（四）契税应纳税额的计算

契税应纳税额依照规定的税率和规定的计税依据计算征收。其应纳税额的计算公式如下：

$$应纳税额 = 计税依据 \times 税率$$

契税应纳税额以人民币计算。转移土地、房屋权属以外汇结算的，按照纳税义务发生之日中国人民银行公布的人民币市场汇率中间价折合成人民币计算。

（五）契税的税收优惠

有下列情形之一的，减征或者免征契税：

（1）国家机关、事业单位、社会团体、军事单位承受土地、房屋，用于办公的办公室（楼）、教学的教室（教学楼）、实验室、图书馆、师生员工食堂、学生宿舍、操场，医疗的门诊部、住院部，科研的试验场、实验楼，以及省财政部门和省地方税务机关确定的其他直接用于办公、教学、医疗、科研的土地、房屋，免征契税。

（2）军事单位承受土地、房屋用于地上和地下的军事指挥作战工程，军用的机场、港口、码头，军用的库房、营区、训练场、试验场，军用的通信、导航、观测台站，以及省财政部门和省地方税务机关确定的其他直接用于军事设施的土地、房屋，免征契税。

（3）经县级以上人民政府批准，城镇职工第一次按省有关规定的标准面积（超面积部分征收）购买公有住房，免征契税。

（4）因不可抗力灭失住房而重新购买住房的，酌情准予减征或者免征契税。

（5）土地、房屋被县级以上人民政府征用或占用后，重新承受土地、房屋权属的，成交价格没有超出土地、房屋补偿费、安置补助费或虽已超出但不超出30%的（超出30%以上的部分征收），免征契税。

（6）土地使用权交换、房屋交换、土地使用权与房屋交换，交换价格相等的，免征契税。

（7）承受荒山、荒沟、荒丘、荒滩土地使用权，用于农、林、牧、渔业生产的，免征契税。

（8）财政部规定的其他减征、免征契税的项目。

纳税人符合减征或者免征契税规定的，应当在签订土地、房屋权属转移合同之日起10日内，向土地、房屋所在地的契税征收机关办理减征或者免征契税手续。

纳税人改变土地、房屋的用途，不再属于本办法规定的减征、免征契税范围的，应当补缴已经减征、免征的税款。其纳税义务发生时间为改变土地、房屋用途的当日。

（六）契税纳税义务发生时间与纳税期限

契税的纳税义务发生时间，为纳税人签订土地、房屋权属转移合同的当日，或者纳税人取得其他具有土地、房屋权属转移合同性质凭证的当日。

纳税人应当自纳税义务发生之日起10日内，向土地、房屋所在地的契税征收机关办理纳税申报，并在契税征收机关核定的期限内缴纳税款。

（七）契税完税凭证与权属变更

纳税人办理纳税事宜后，契税征收机关应当向纳税人开具契税完税凭证。

纳税人应当持契税完税凭证和其他规定的文件材料，依法向土地管理部门、房产管理部门办理有关土地、房屋的权属变更登记手续。

纳税人未出具契税完税凭证的，土地管理部门、房产管理部门不予办理有关土地、房屋权属变更登记手续。

（八）部门配合与契税的代征

土地管理部门、房产管理部门等有关单位，应当向契税征收机关提供有关资料，并协助契税征收机关依法征收契税。

契税征收机关可以根据征收管理需要，委托土地管理部门、房产管理部门、住房制度改革管理部门、房地产开发企业、村民委员会代征契税。代征手续费的支付比例，按财政部有关规定执行。

五、内蒙古自治区契税征管制度

（一）契税的纳税人

根据《内蒙古自治区契税实施办法（暂行）》（内政发〔1998〕61号）的规定，在自治区境内转移土地、房屋权属，下列承受单位和个人为契税纳税人：

（1）企业单位、事业单位、国家机关、军事单位和社会团体及其他组织。

（2）个体经营者及其他个人。

（二）契税的征收范围

转移土地、房屋权属是指转移土地使用权和房屋所有权。它包括：

1.国有土地使用权出让

国有土地使用权出让是指土地使用者向国家交付土地使用权出让费用，国家将国有土地使用权在一定年限内让予土地使用者的行为。

2.土地使用权转让

土地使用权转让包括出售、赠与和交换或者以其他合法方式将土地使用权转移给其他单位和个人。其中：

土地使用权出售，是指土地使用者以土地使用权作为交易条件，取得货币、实物、无形资产或者其他经济利益的行为。

土地使用权赠与，是指土地使用者将其土地使用权无偿转让给受赠者的行为。

土地使用权交换，是指土地使用者之间相互交换土地使用权的行为。

3. 房屋买卖

房屋买卖是指房屋所有者将其房屋出售，由承受者交付货币、实物、无形资产或其他经济利益的行为。

4. 房屋赠与

房屋赠与是指房屋所有者将其房屋无偿转让给受赠者的行为。

5. 房屋交换

房屋交换是指房屋所有者之间相互交换房屋的行为。

上述土地使用权转让，不包括农村、牧区集体土地、草原承包经营权的转移。

土地、房屋权属以下列方式转移的，视同土地使用权转让、房屋买卖或者房屋赠与征税：

（1）以土地、房屋权属作价投资、入股。

（2）以土地、房屋权属抵债。

（3）以获奖方式承受土地、房屋权属。

（4）以预购方式或者预付集资建房款方式承受土地、房屋权属。

（三）契税的税率与计税依据

契税税率为3%。

契税的计税依据如下：

（1）土地使用权出让、出售、房屋买卖，计税依据为成交价格。其中：成交价格是指土地、房屋权属转移合同确定的价格，包括承受者应交付的货币、实物、无形资产或者其他经济利益。

（2）土地使用权赠与、房屋赠与，计税依据由征收机关参照土地使用权出售、房屋买卖的市场价格核定。

（3）土地使用权交换、房屋交换以及土地使用权与房屋所有权交换，计税依据为所交换的土地使用权、房屋价格的差额（由多交付货币、实物、无形资产或者其他经济利益的一方缴纳税款）；交换价格相等的免征契税。

上述成交价格明显低于市场价格且无正当理由的，或者所交换土地使用权、房屋价格的差额明显不合理且无正当理由的，由征收机关参照市场价格核定。

（4）以划拨方式取得土地使用权的，经批准转让房地产时，应由房地产转让者补缴契税。其计税依据为补缴的土地使用权出让费用或者土地收益。

（四）契税应纳税额的计算

契税应纳税额依照确定的税率和规定的计税依据计算征收。其应纳税额的计算公式如下：

$$应纳税额 = 计税依据 \times 税率$$

契税应纳税额以人民币计算。转移土地、房屋权属以外汇结算的，按照纳税义务发生之日中国人民银行公布的人民币市场汇率中间价折合成人民币计算。

（五）契税的税收优惠

下列情形之一者，减征或者免征契税：

（1）国家机关、事业单位、社会团体、军事单位承受土地、房屋用于办公、教学、医疗、科研和军事设施的，免征契税。其中：

用于办公的，是指办公室（楼）以及附属设施直接用于办公的土地、房屋。

用于教学的，是指教室（教学楼）、图书馆、操场、食堂、学生宿舍、办公室等直接为教学服务的土地、房屋。

用于医疗的，是指门诊部、病房、锻炼场所等直接用于医疗的土地、房屋。

用于科研的，是指科学试验场所、库房等直接为科研服务的土地、房屋。

用于军事设施的，是指地上和地下军事指挥作战工程；军用机场、港口、码头；军用库房、营区、训练场、试验场；军用通信、导航、观测台站以及其他直接用于军事设施的土地、房屋。

（2）城镇职工按规定第　次购买公有住房的，免征契税。其中：

城镇职工按规定第一次购买公有住房，是指经旗县以上人民政府批准，在自治区规定标准面积以内购买的公有住房。超过自治区规定标准面积的部分，仍应按照规定缴纳契税。

（3）因自然灾害、战争等不可抗力灭失住房而重新购买住房的，经征得旗县以上人民政府批准同意后，由当地财政、税务机关报上一级财政、税务机关批准，可酌情予以减征或免征。

（4）土地、房屋被旗县以上人民政府征用、占用后，重新承受土地、房屋、权属，其成交价格未超过土地、房屋补偿费、安置费的，免征契税；超出部分按规定缴纳契税。

（5）纳税人承受的荒山、荒沟、荒丘、荒滩土地使用权，用于农、林、牧、渔业生产的，免征契税。

（6）依照我国有关法律以及我国缔结或参加的双边、多边条约（协定）的规定，应当予以免税的外国驻自治区领事馆、联合国驻华机构及其外交代表、领事官员和其他外交人员承受土地、房屋的，经外交部确认，可以免征契税。

（7）财政部规定的其他减征、免征项目。

纳税人经批准办理了减征或免征契税手续后因故改变有关土地、房屋用途，不再属于规定的减征或免征契税范围的，应当补缴已经减征或免征的税款。

（六）契税纳税义务发生时间与纳税期限

契税的纳税义务发生时间为纳税人签订土地、房屋权属转移合同的当天，或者纳税人取得其他具有土地、房屋权属转移合同性质凭证的当天；纳税人因改变用途应当缴已经减征或免征契税的，其纳税义务发生时间为改变有关土地、房屋用途的当天。其中：其他具有土地、房屋权属转移合同性质凭证是指具有合同效力的契约、协议、合约、单据、确认书以及经自治区人民政府确定的其他凭证。

纳税人应当自纳税义务发生之日起10日内，向土地、房屋所在地的契税征收机关办理纳税申报，并在契税征收机关核定的期限内缴纳税款。

纳税人享受减征或免征契税的，应当在签订土地、房屋权属转移合同（或具有合同性质的凭证）后10日内，向土地、房屋所在地的契税征收机关办理减征或免征契税手续。

（七）契税的完税凭证与权属变更

纳税人办理纳税事宜后，契税征收机关应当向纳税人开具契税完税凭证。

纳税人应当持契税完税凭证和其他规定的文件材料，依法向土地管理部门、房产管理部门办理有关土地、房屋权属变更登记手续。

纳税人未能出具契税完税凭证的，土地管理部门、房产管理部门不予办理有关土地、房屋权属变更登记手续。

（八）契税的征收机关与代征

自治区契税征收机关为土地、房屋所在地的地方税务机关。

征收机关可以根据征收管理的需要，委托具备代征条件的土地管理部门、房产管理部门、房地产开发公司、房地产经营公司和其他有关单位代征契税。代征前应当由委托单位与受托单位签订代征合同，以明确双方的权利和责任。

契税需要代征的，可按代征实际入库数的一定比例支付代征手续费，具体比例待财政部另行规定后由自治区财政厅明确。

（九）部门配合与契税的退税

自治区各级土地管理部门、房产管理部门应当向契税征收机关提供有关资料，并协助契税征收机关依法征收契税。其中：有关材料是指土地管理部门、房产管理部门办理土地、房屋权属变更登记手续的有关土地、房屋权属、土地出让费用、成交价格以及权属变更方面的其他资料。

纳税人已缴纳契税，但因故未履行所签订土地、房屋权属转移合同申请退税的，经旗县以上财政、税务机关审核批准，可准予退税。

第二节　东北地区契税征管制度

一、黑龙江省契税征管制度

（一）契税的纳税人

根据《黑龙江省实施〈中华人民共和国契税暂行条例〉办法》（黑龙江省人民政府令第18号）的规定，在本省行政区域内转移土地、房屋权属，承受土地、房屋权属的企业、事业单位、国家机关、军事单位、社会团体、其他组织和个体经营者以及其他个人（以下统称"单位和个人"）为契税的纳税义务人（以下简称"纳税人"），应当缴纳契税。

（二）契税的征收范围

转移土地、房屋权属是指下列行为：

(1) 国有土地使用权出让，即土地使用者向国家交付土地使用权出让费用，国家将国有土地使用权在一定年限内让予土地使用者的行为。

(2) 土地使用权转让，即土地使用者以出售、赠与、交换或者其他方式将土地使用权转移给其他单位和个人的行为。

(3) 房屋买卖，即房屋所有者将其房屋出售，由承受者交付货币、实物、无形资产或者其他经济利益的行为。

(4) 房屋赠与，即房屋所有者将其房屋无偿转让给受赠者的行为。

(5) 房屋交换，即房屋所有者之间相互交换房屋所有权的行为。

(6) 财政部确定的土地、房屋权属转移的其他行为。

第(2)项土地使用权转让，不包括农村集体土地承包经营权的转移。

土地使用权或者房屋所有权以下列方式转移的，视同土地使用权转让、房屋买卖或者房屋赠与并征收契税：

(1) 以土地、房屋权属作价投资、入股的。

(2) 以土地、房屋权属抵债的。

(3) 以获奖方式承受土地、房屋权属的。

(4) 以预购方式或者预付集资建房款方式承受土地、房屋权属的。

（三）契税的税率和计税依据

本省契税的适用税率除居民个人购买住宅房屋为3%外，其他均为5%。

契税的计税依据如下：

(1) 国有土地使用权出让、土地使用权出售、房屋买卖，计税依据为成交价格，即土地、房屋权属转移合同确定承受者应当交付的货币、实物、无形资产或者其他经济利益。

(2) 以划拨方式取得土地使用权，在有关部门批准转让权属时，应当由房地产转让者补缴契税，其计税价格为补缴的土地使用权出让费用或者土地收益。

(3) 土地使用权赠与、房屋赠与，计税依据由契税主管部门参照土地使用权出售、房屋买卖的市场价格核定。

(4) 土地使用权的交换、房屋所有权的交换或者土地使用权与房屋所有权之间互相交换，计税依据为所交换土地使用权、房屋所有权价格的差额。

(5) 纳税人承受土地、房屋部分权属的，契税主管部门按照其所承受部分权属的比例计算征收契税；纳税人将部分权属改变为全部权属的，契税主管部门按照全部权属成交价格计算征收契税，并扣除已缴纳税款。

（6）采取以国家出租土地使用权的租赁方式供地，实行土地使用权出让费用年度分解，逐年收取年度租金的，以当年收取的年度租金为计税依据征收契税。

成交价格明显低于市场价格并无正当理由的，或者所交换土地使用权、房屋所有权价格的差额明显不合理且无正当理由的，由契税主管部门参照市场价格核定。

（四）契税应纳税额的计算

契税应纳税额按照规定的计税依据和税率计算征收。其应纳税额的计算公式如下：

$$应纳税额 = 计税依据 \times 税率$$

契税应纳税额以人民币计算。转移土地、房屋权属以外汇结算的，按照纳税义务发生之日中国人民银行公布的人民币市场汇率中间价折合成人民币计算。

（五）契税的税收优惠

有下列情形之一的，减征或者免征契税：

（1）国家机关、事业单位、社会团体、军事单位承受土地、房屋用于下列设施的，免征契税：①办公室（楼）、收发室、职工食堂、职工浴池（室）、库房或者其他直接用于办公的土地、房屋。②学校（不含培训中心）的教室（楼）、图书馆、试验室、操场、食堂、学生或者教职员工单身宿舍等直接用于教学的土地、房屋。③医院（不含疗养院）的门诊部、住宅部以及其他直接用于医疗的土地、房屋。④国家科研主管部门批准建立的从事科学试验的场所以及其他直接用于科研的土地、房屋。⑤解放军部队、武警部队的地下和地上的军事指挥作战工程；军用机场、港口、码头；军用营区、库房、训练场、试验场；军用通信、导航、观测台（站）以及其他直接用于军事设施的土地、房屋。

（2）城镇职工第一次购买经县以上人民政府批准出售的公有住房，且在规定标准面积以内的，免征契税。超过国家规定标准面积的部分，应当按照规定缴纳契税。

（3）纳税人由于地震、风暴、洪水、水灾和战争等不可抗力因素灭失住房重新购买的，县（市）以上契税主管部门可以酌情决定减税或者免税。灭失的住房已经纳税的，其缴纳的税款不予退还。

（4）纳税人用国家征用（占用）其土地、房屋的补偿费，重新承受土地、房屋权属的，其重置价格没有超过土地、房屋补偿费、安置补助费的，免征契税；超出补偿费、安置补助费的部分，县（市）以上契税主管部门，可以酌情给予减征或者免征契税。

（5）纳税人承受荒山、荒沟、荒丘、荒滩土地使用权，用于农业、林业、牧业、渔业生产的，免征契税。

（6）依照国家有关法律规定以及缔结或者参加的双边和多边条约或者协定的规定应当予以免税的外国驻华机构及其外交人员承受土地、房屋权属的，经外交部确认，可以免征契税。

（7）农场、林场内部国有土地承包经营权转移，用于农业、林业、牧业、渔业生产的，免征契税。

（8）财政部规定的其他减征、免征契税的项目。

纳税人符合减征或者免征契税规定的，应当在签订土地、房屋权属转移合同后10日内，向土地、房屋所在地的县（市）以上契税主管部门申请办理减征或者免征契税手续。

纳税人改变有关土地、房屋的用途，不再属于减税或者免税范围的，应当自改变用途之日起补缴已经减征或者免征的税款。

（六）契税纳税义务发生时间与纳税期限

契税的纳税义务发生时间，为纳税人签订土地、房屋权属转移合同的当日，或者纳税人取得具有土地、房屋权属转移合同性质的契约、协议、合约、单据、确认书以及省人民政府确定的其他凭证的当日。

纳税人应当自纳税义务发生之日起10日内，向土地、房屋所在地的契税主管部门办理纳税申报，并在契税主管部门核定的期限内缴纳税款。

（七）契税的退税与完税凭证

纳税人已缴纳契税，但未履行所签订土地、房屋权属转移合同，申请退税且符合相关规定的，县（市）以上契税主管部门应当予以退税。

纳税人办理纳税事宜后，契税主管部门应当向纳税人出具国家统一制定的契税完税凭证。

(八)权属变更与委托代征

契税主管部门进行纳税鉴定应当查验纳税人前手契约,前手契约的纳税人未缴纳税款的,应当按照规定补缴税款。

纳税人应当持契税完税凭证和其他规定的文件材料,到土地管理部门、房产管理部门办理有关土地、房屋的权属变更登记手续。

纳税人未出具契税完税凭证的,土地管理部门、房产管理部门不予办理有关土地、房屋的权属变更登记手续。

契税主管部门可以自行直接征收契税或者派员进驻土地管理部门、房产管理部门负责契税征收管理工作,也可以经所在地的县(市)以上人民政府批准委托土地管理部门、房产管理部门按照规定代征、代缴契税,并付给相应的代征报酬。代征手续费的支出比例,按照财政部的规定执行。

土地管理部门、房产管理部门应当及时向契税主管部门提供办理土地、房屋权属变更登记手续的有关土地、房屋权属、土地出让费用、成交价格和代征契税等方面的资料。

(九)契税的法律责任

纳税人未按照规定期限缴纳税款的,扣缴义务人未按照规定期限解缴税款的,税务机关除责令限期缴纳外,从滞纳税款之日起,按日加收滞纳税款5‰的滞纳金。

契税主管部门和代征代缴单位工作人员在执行职务时,玩忽职守、滥用职权、徇私舞弊尚未构成犯罪的,由其单位或者其上级主管部门给予行政处分。

二、吉林省契税征管制度

(一)契税的纳税人

根据《吉林省契税实施办法》(吉林省人民政府令第89号)的规定,在本省内承受转移土地、房屋权属的单位和个人为契税的纳税人,应当按照规定缴纳契税。

（二）契税的征收范围

转移土地、房屋权属是指下列行为：

（1）国有土地使用权出让，即土地使用者向国家交付土地使用权出让费用，国家将国有土地使用权在一定年限内让予土地使用者的行为。

（2）土地使用权转让，即土地使用者以出售、赠与和交换或者其他方式将土地使用权转移给其他单位或个人的行为（不包括农村集体土地承包经营权的转移）。

（3）房屋买卖，即房屋所有者将其房屋出售，由承受者交付货币、实物、无形资产或者其他经济利益的行为。

（4）房屋赠与，即房屋所有者将其房屋无偿转让给受赠者的行为。

（5）房屋交换，即所有者之间相互交换房屋的行为。

土地、房屋权属以下列方式转移的，视同土地使用权转让、房屋买卖或者房屋赠与征收契税：

（1）以土地、房屋权属作价投资、入股。

（2）以土地、房屋权属抵债。

（3）以获奖方式承受土地、房屋权属。

（4）以预购方式或者预付集资建房款方式承受土地、房屋权属。

以划拨方式取得土地使用权的，经批准转让房地产时，应由房地产转让者补缴契税。其计税依据为补缴的土地使用权出让费用或者土地收益。

土地使用权交换、房屋交换，交换价格不相等的，由多交付货币、实物、无形资产或者其他经济利益的一方缴纳税款；交换价格相等的，免征契税。

土地使用权与房屋所有权之间相互交换，按照上述征收契税。

（三）契税的税率与计税依据

契税税率为5%，居民个人购买住宅房屋的，契税税率为3%。

契税的计税依据如下：

（1）国有土地使用权出让、土地使用权出售、房屋买卖，计税依据为成交价格；成交价格为土地、房屋权属转移合同确定的价格，包括承受者应交付的货币、实物、无形资产或者其他经济利益。

（2）土地使用权赠与、房屋赠与，计税依据由契税征收机关参照土地使用权出售、房屋买卖的市场价格核定。

（3）土地使用权交换、房屋交换，计税依据为所交换的土地使用权、房屋价格的差额。

上述成交价格明显低于市场价格并且无正当理由的，或者所交换土地使用权、房屋价格的差额明显不合理并且无正当理由的，由契税征收机关参照市场价格核定。

（四）契税应纳税额的计算

契税应纳税额的计算公式如下：

$$应纳税额 = 计税依据 \times 税率$$

契税应纳税额以人民币计算。转移土地、房屋权属以外汇结算的，按照契税纳税义务发生之日中国人民银行公布的人民币市场汇率中间价折合成人民币计算。

（五）契税的税收优惠

有下列情形之一的，减征或者免征契税：

（1）国家机关、事业单位、社会团体、军事单位承受土地、房屋直接用于业务办公、教学、医疗、科学试验和科学研究以及直接用于军事设施的，免征契税；

（2）城镇职工第一次购买在国家规定标准面积以内的公有住房，免征契税。超过国家规定标准面积的部分，仍应按照规定缴纳契税。

（3）因不可抗力（指自然灾害、战争等不能预见、不能避免并不能克服的客观情况）灭失住房而重新购买住房的，免征契税。

（4）土地、房屋被县级以上人民政府征用、占用后，重新承受土地、房屋权属，其成交价格没有超出土地、房屋补偿费、安置补助费的，免征契税。

（5）纳税人承受荒山、荒沟、荒丘、荒滩土地使用权，用于农、林、牧、渔业生产的，免征契税。

（6）国家规定的其他减征、免征契税的项目。

经批准减征、免征契税的纳税人改变有关土地、房屋的用途，不再属于减征、免征契税范围的，应当补缴已经减征、免征的税款。

纳税人符合减征或者免征契税规定的，应当在签订土地、房屋权属转移合同后10日内,向土地、房屋所在地的契税征收机关办理减征或者免征契税手续。

个人、单位申请减免契税的,应当到主管税务机关备案。

(六)契税纳税义务发生时间与纳税期限

契税的纳税义务发生时间,为纳税人签订土地、房屋权属转移合同的当日,或者纳税人取得其他具有土地、房屋权属转移合同性质凭证的当日。

上述所指具有土地、房屋权属转移合同性质凭证,包括有合同性质的契约、协议、合约、单据、确认书及由省政府确定的其他凭证。

纳税人因改变土地、房屋用途应当补缴已经减征、免征契税的,其纳税义务发生时间为改变有关土地、房屋用途的当日。

纳税人应当自纳税义务发生之日起10日内,向土地、房屋所在地的契税征收机关办理纳税申报,并在契税征收机关核定的期限内缴纳税款。

(七)契税的完税凭证与权属变更

纳税人办理纳税事宜后,契税征收机关应当向纳税人开具契税完税凭证。

纳税人应当持契税完税凭证和其他规定的文件材料,依法向土地管理部门、房产管理部门办理有关土地、房屋的权属变更登记手续。

纳税人未出具契税完税凭证的,土地管理部门、房屋管理部门不得办理有关土地、房屋的权属变更登记手续。

(八)契税的征收机关与委托代征

契税征收机关为土地、房屋所在地的税务机关。

征收机关可以根据征收管理的需要,委托土地管理部门、房产管理部门代征契税。土地管理部门、房产管理部门应当向契税征收机关提供办理土地、房屋权属变更登记手续的有关土地、房屋权属、土地出让费用、成交价格以及其他权属变更等方面的资料,并协助契税征收机关依法征收契税。

房地产开发经营单位为契税代扣代缴义务人,依据法律、法规规定代扣代缴税款。代扣代缴义务人有义务向契税征收机关提供开发经营的房地产位置、土地面积、图纸、建设商品房面积、出售商品房数量、面积、票据等资料。

契税上手白契的追缴期限以追验到上一手白契为止。

三、辽宁省契税征管制度

（一）契税的纳税人

根据《辽宁省契税暂行实施办法》（辽政办发〔1999〕61号）的规定，在辽宁省行政区域内发生转移土地、房屋权属行为，其承受土地、房屋的单位和个人为契税的纳税人，应当按照规定缴纳契税。农村集体土地承包经营权的转移，不征收契税。

（二）契税的征收机关与税率

契税由地方税务部门负责征收管理。

契税税率为4%。个人购买普通住宅的，契税税率暂减按3%征收。

（三）契税的税收优惠

契税的免税与减税：

（1）国家机关、事业单位、社会团体、军事单位承受的土地、房屋用于办公、教学、医疗、科研和军事设施的，免征契税。其中：

国家机关，是指国家权力机关、国家行政机关、国家审判机关、国家检察机关和党派团体。

事业单位和社会团体，是指由国家财政部门拨付事业经费的单位。

军事单位，是指中国人民解放军和武装警察部队。

（2）城镇职工第一次按住房制度改革政策在规定面积以内购买公有住房的，免征契税。

（3）因不可抗力灭失住房而重新购买住房的，酌情给予减征或免征契税。

（4）纳税人承受荒山、荒沟、荒丘、荒滩土地使用权，用于农、林、牧、渔业生产的，免征契税。

（5）土地、房屋被县级以上人民政府征用、占用后，纳税人重新承受土地、房屋权属的，酌情给予免征或减征契税。

（6）外国驻辽宁省的外交机构及其外交人员承受土地、房屋权属的，经外交部确认，可以免征契税。

以上免税、减税，纳税人须持有关证明材料，经征收机关审核后，报上一级主管机关批准。

经批准减征、免征契税的纳税人改变有关土地、房屋的用途,不再属于规定的减征、免征契税范围的,应当补缴已经减征、免征的税款。

(四)契税纳税义务发生时间与纳税期限

契税的纳税义务发生时间,为纳税人签订土地、房屋权属转移合同的当天,或者纳税人取得其他具有土地、房屋权属转移合同性质凭证的当天。纳税人应当自纳税义务发生之日起10日内向土地房屋所在地的契税征收机关办理纳税申报;未办理纳税申报及其过户登记手续的,地方税务机关按有关规定处理。

其他具有土地、房屋权属转移合同性质的凭证,包括具有合同效力的契约、协议、用地批复以及省地方税务局确定的其他凭证。

(五)部门协调与契税完税凭证

国土资源及房产管理部门、房地产经营企业和交易市场等有关部门和单位,应当协助征收机关做好契税征管工作,向契税征收机关提供土地使用权权属及出让转让合同、用地批复、《土地使用权证》的使用、已公布的土地基准地价、房屋权属、房地产交易、房地产开发和竣工、《房屋所有权证》的使用等与征收契税有关的资料。

纳税人未出具契税完税凭证或免税证明的,土地管理部门和房产管理部门不得办理有关土地、房屋的权属变更登记手续。

(六)契税的计税依据

契税的计税依据包括综合地价、房屋全部成交价格及与土地、房屋不可分割的附属物的价值。

土地、房屋权属发生转移,采取分期付款的,按计税依据一次性征收契税。

对土地、房屋权属的转移变动,征收机关认为计税价格不实,可以参照市场价格核定;无法核定的,由征收机关指定具有合法资格的经济鉴证中介机构进行评估,按评估价格征收契税。

(七)契税的法律责任

纳税人有隐匿产权、产价行为的,按偷税处理。

第三节　华东地区契税征管制度

一、江苏省契税征管制度

（一）契税的纳税人

根据《江苏省实施〈中华人民共和国契税暂行条例〉办法》（江苏省人民政府令第145号）的规定，在本省行政区域内转移土地、房屋权属，承受的单位和个人为契税的纳税人，应当依照规定缴纳契税。

（二）契税的征收范围

转移土地、房屋权属是指下列行为：
（1）国有土地使用权出让。
（2）土地使用权转让，包括出售、赠与和交换。
（3）房屋买卖。
（4）房屋赠与。
（5）房屋交换。

上述第（2）项土地使用权转让，不包括农村集体土地承包经营权的转移。

土地、房屋权属以下列方式转移的，视同土地使用权转让、房屋买或者房屋赠与征税：
（1）以土地、房屋权属作价投资、入股。
（2）以土地、房屋权属抵债。
（3）以获奖方式承受土地、房屋权属。
（4）以预购方式或者预付集资建房款方式承受土地、房屋权属。

（三）契税的税率和计税依据

契税税率为4%。

契税的计税依据如下：

（1）国有土地使用权出让、土地使用权出售、房屋买卖，计税依据为成交价格，即土地、房屋权属转移合同按照规定确定的价格，包括承受者应交付的货币、实物、无形资产或者其他经济利益。

（2）土地使用权赠与、房屋赠与，计税依据由征收机关参照土地使用权出售、房屋买卖的市场价格核定。

（3）土地使用权交换、房屋交换、土地使用权与房所有权之间相互交换，计税依据为所交换的土地使用权、房屋的价格的差额。

（4）以划拨方式取得土地使用权的，经批准转让房地产时，房地产转让者应当补缴契税，其计税依据为补缴的土地使用权出让费用或者土地收益。

成交价格明显低于市场价格并且无正当理由的，或者所交换土地使用权、房屋的价格的差额明显不合理并且无正当理由的，由征收机关参照市场价格核定。

土地使用权交换、房屋交换、土地使用权与房屋所有权之间相互交换，交换价格不相等的，由多支付货币、实物、无形资产或者其他经济利益的一方缴纳契税；交换价格相等的，免征契税。

（四）契税应纳税额的计算

契税应纳税额依照规定的税率和规定的计税依据计算征收。其应纳税额计算公式如下：

$$应纳税额 = 计税依据 \times 税率$$

契税应纳税额以人民币计算。转移土地、房屋权属以外汇结算的，按照纳税义务发生之日中国人民银行公布的人民币市场汇率中间价折合成人民币计算。

（五）契税的税收优惠

有下列情形之一的，减征或者免征税：

（1）国家机关、事业单位、社会团体、军事单位承受土地、房屋用于办公、教学、医疗、科研、军事设施的，免征契税。其中：

用于办公的，是指办公室（楼）、附属的职工食堂、职工浴室、库房和其他直接用于办公的土地、房屋。

用于教学的，是指教室（教学楼）、图书馆、实验室、操场和其他直接用于教学的土地、房屋。

用于医疗的，是指门诊部、住院部和其他直接用于的医疗的土地、房屋。

用于科研的，是指科学试验场所、资料馆（室）和其他直接用于科研的土地、房屋。

用于军事设施的，是指地上和地下的军事指挥作战工程，军用的机场、港口、码头，军用的库房、营区、训练场、试验场，军用的通信、导航、观测台站，其他直接用于军事设施的土地、房屋。

（2）城镇职工按规定第一次购买经县级以上人民政府批准出售的公有住房，且面积在国家规定的标准以内的，免征契税；超过国家规定标准面积的部分，应按照规定缴纳契税。

（3）因遭受自然灾害、战争等不可抗力灭失住房而重新购买住房的，给予减征或免征契税。

（4）土地、房屋被县级以上人民政府征用（占用）后，重新承受土地、房屋权属，其成交价格没有超出土地、房屋补偿费、安置补助费的，免征契税。超出土地、房屋补偿费、安置补助费的部分，纳税确有困难的，给予减征或免征契税。

（5）纳税人承受荒山、荒沟、荒丘、荒滩土地使用权，用于农、林、牧、渔业生产的，免征契税。

（6）财政部规定的其他减征、免征契税的项目。

上述享受减征或者免征契税的单位和个人，应当在签订土地、房屋权属转移合同后10日内，向土地、房屋所在地的契税征收机关办理减征或者免征契税手续。减征或者免征契税的具体审批办法由省财政厅另行制定。

（六）契税纳税义务发生时间与纳税期限

纳税人因改变有关土地、房屋的用途，不再属于规定的减征、免征契税范围的，应当补缴已经减征、免征的税款。其纳税义务发生时间为改变有关土地、房屋用途的当天。

契税的纳税义务发生时间，为纳税人签订土地、房屋权属转移合同的当天，或者纳税人取得其他具有土地、房屋权属转移合同性质凭证（包括具有合同效力的契约、协议、合约、单据、确认书等凭证）的当天。

纳税人应当自纳税义务发生之日起10日内，向土地、房屋所在地的契税征收机关办理纳税申报，并在契税征收机关核定的期限内缴纳契税。

契税征收机关核定的纳税期限不得超过 20 日。

（七）契税完税凭证与权属变更

纳税人办理纳税事宜后，契税征收机关应当向纳税人开具契税完税凭证。

纳税人应当持契税完税凭证和其他规定的文件材料，依法向土地管理部门、房产管理部门办理有关土地、房屋的权属变更登记手续。

纳税人未出具契税完税凭证的，土地管理部门、房产管理部门不予办理有关土地、房屋的权属变更登记手续。

（八）契税的征收机关与委托代征

契税由土地、房屋所在地的财政机关负责征收。

土地管理部门、房产管理部门应当定期向契税征收机关提供房地产开发计划以及办理土地、房屋权属变更登记手续有关的文件、材料、数据等，并支持、协助契税征收机关依法征收契税。

契税征收机关可以委托土地管理部门、房产管理部门、房地产开发经营单位代征契税。代征单位应当按照委托代征证书（或协议）的要求代征税款。契税征收机关按照财政部的规定支付代征手续费。

（九）契税的法律责任

纳税人有下列行为之一的，由县级以上契税征收机关按照以下规定予以处罚：

（1）纳税人未按照规定的期限办理纳税申报的，由征收机关责令限期改正，可以处 2 000 元以下的罚款；情节严重的，可以处 2 000 元以上 1 万元以下的罚款。

（2）纳税人在规定期限内不缴或者少缴应纳税款的，由征收机关责令限期缴纳，并从滞纳税款之日起，按日加收滞纳税款万分之五的滞纳金；逾期仍未缴纳的，征收机关可以处不缴或者少缴的税款 50% 以上 5 倍以下的罚款。

（3）纳税人有偷税行为的，由征收机关追缴其不缴或者少缴的税款、滞纳金，并处不缴或者少缴的税款 50% 以上 5 倍以下的罚款；构成犯罪的，依法追究刑事责任。

契税征收机关依法执行职务,任何单位和个人不得阻挠。契税征收人员应当秉公执法,忠于职守;不得索贿受贿、徇私舞弊、玩忽职守、不征或者少征应征税款;不得滥用职权多征税款或者故意刁难纳税人。

二、山东省契税征管制度

(一)契税的纳税人

根据《山东省契税征收规定》(1998年6月11日山东省人民政府令第91号公布,根据2013年1月30日《山东省人民政府关于修改〈山东省契税征收规定〉的决定》第一次修正,根据2016年2月26日《山东省人民政府关于修改〈山东省种畜禽生产经营管理办法〉等4件省政府规章的决定》第二次修正)的规定,凡在本省行政区域内转移土地、房屋权属,承受的单位和个人应当依照有关规定缴纳契税。

(二)契税的税率

契税税率为3%~5%。契税适用的具体税率由省财政部门会同地方税务机关根据实际提出建议,报省人民政府批准并向社会公布。

(三)契税的计税依据

土地使用权出让、出售及房屋买卖,其契税计税依据为合同确定的价格以及由承受方实际支付的超出合同的全部价款。

(四)契税的税收优惠

除《契税暂行条例》《契税暂行条例细则》规定的减免税范围外,国家机关、事业单位、社会团体、军事单位取得房地权属用于经营的部分,不予免征契税。

(五)契税的征收机关与法律责任

契税征收机关为土地、房屋所在地的地方税务机关。

契税征收机关及其工作人员玩忽职守、滥用职权、徇私舞弊,构成犯罪的,依法追究刑事责任;尚不构成犯罪的,依法给予行政处分。

三、浙江省契税征管制度

（一）契税的纳税人与征税范围

根据《浙江省实施〈中华人民共和国契税暂行条例〉办法》（1998年6月11日浙江省人民政府令第100号公布，根据2015年12月28日浙江省人民政府令第341号公布的《浙江省人民政府关于修改〈浙江省烟草专卖管理办法〉等23件规章的决定》修正）的规定，在本省行政区域内以受让、购买、受赠、交换等方式取得土地、房屋权属的单位和个人，应当依法缴纳契税。

土地、房屋权属以下列方式转移的，视同土地使用权转让、房屋买卖或者房屋赠与：

（1）以土地、房屋权属作价投资、入股。
（2）以土地、房屋权属抵债。
（3）以获奖方式承受土地、房屋权属。
（4）以预购方式或者预付集资建房款方式承受土地、房屋权属。

（二）契税的税率与计税依据

契税适用税率为3%。
契税的计税依据如下：

（1）国有土地使用权出让、土地使用权出售、房屋买卖，计算依据为成交价格。
（2）土地使用权赠与、房屋赠与，计税依据由征收机关参照土地使用权出售、房屋买卖的市场价格核定。
（3）土地使用权交换、房屋交换，计税依据为所交换的土地使用权、房屋价格的差额。

其中：成交价格是指土地、房屋权属转移合同中所确定的价格，包括承受者应交付的货币、实物、无形资产或者其他经济利益。成交价格明显低于市场价格且无正当理由的，或所交换土地使用权、房屋的价格的差额明显不合理且无正当理由的，由征收机关参照市场价格核定。

转移土地、房屋权属时，计税依据不明确的，由征收机关参照市场价格核定。

（三）契税的税收优惠

有下列情形之一的，减征或者免征契税：

（1）国家机关、事业单位、社会团体、军事单位承受土地、房屋用于办公、教学、医疗、科研等和军事设施的，免征契税。其中：

用于办公的，是指办公室（楼）、附属的职工食堂、职工浴室、库房和其他直接用于办公的土地、房屋。

用于教学的，是指教学（教学楼）、图书馆、实验室、操场和其他直接用于教学的土地、房屋。

用于医疗的，是指门诊部、住院部和其他直接用于医疗的土地、房屋。

用于科研的，是指科学试验场所、资料馆（室）和其他直接用于科研的土地、房屋。

用于军事设施的，是指地上和地下的军事指挥作战工程，军用的机场、港口、码头，军用的库房、营区、训练场、试验场，军用的通信、导航、观测台站，其他直接用于军事设施的土地、房屋。

（2）城镇职工按规定第一次购买公有住房并在规定住房标准面积以内的，免征契税；超过国家规定标准面积的部分，应按照规定征收契税。

（3）因自然灾害、战争等不可抗力灭失住房而重新购买住房的，准予减征或者免征契税。

（4）土地、房屋被县级以上人民政府征用、占用后，重新承受土地、房屋权属，其成交价格没有超出土地、房屋补偿费和安置补助费的，免征契税；超出土地、房屋补偿费和安置补助费的部分，准予减征或者免征契税。

（5）承受荒山、荒地、荒滩、荒涂土地使用权，用于农、林、牧、渔业生产的，免征契税。

（6）土地、房屋权属交换，交换价格相等的，免征契税；交换价格不相等的，向多交付货币、实物、无形资产或者其他经济利益的一方征收契税。

（7）国家规定的其他减征、免征契税的项目。

（四）契税纳税义务发生时间与纳税期限

契税的纳税义务发生时间为纳税人签订土地、房屋权属转移合同的当天，或者纳税人取得其他具有合同性质的契约、协议、合约、单据、确认书等凭证的当天。

纳税人应当自纳税义务发生之日起10日内，向土地、房屋所在地的契税征收机关办理纳税申报，并在契税征收机关核定的期限内缴纳契税。

(五) 特殊情形下契税的征收

以划拨方式取得土地使用权的，经批准转让房地产时，应由房地产转让者补缴契税。其计税依据为补缴的土地使用权出让费用或者土地收费。

经批准减征、免征契税的纳税人改变有关土地、房屋用途，不再属于《浙江省实施〈中华人民共和国契税暂行条例〉办法》第六条规定的减征、免征契税范围的，应当补缴已经减征、免征的契税。应当补缴的契税，其纳税义务发生时间为改变有关土地、房屋用途的当天。

(六) 契税的退税

纳税人缴纳契税后，因所签订的土地、房屋权属转移合同无法履行申请退税的，经县级以上人民政府契税征收机关审核批准，准予退税。

(七) 契税完税凭证与权属变更

纳税人办理纳税事宜后，契税征收机关应当向纳税人开具契税完税凭证。

纳税人应当持契税完税凭证和其他规定的文件材料，依法向土地管理部门、房产管理部门办理有关土地、房屋的权属变更登记手续。

纳税人未出具契税完税凭证的，土地管理部门、房产管理部门不得办理有关土地、房屋的权属变更登记手续。

(八) 契税征收机关与部门配合

土地管理部门、房产管理部门应当向契税征收机关提供有关土地、房屋权属以及成交价格、土地出让费用等资料，并协助契税征收机关依法征收契税。

契税由土地、房屋所在地的地方税务机关负责征收。

四、安徽省契税征管制度

(一) 契税的纳税人

根据《安徽省契税暂行办法》（1998年2月23日安徽省人民政府发布）的规定，在本省行政区域内转移土地、房屋权属，承受的单位或者个人为契税的纳税人，应当依照规定缴纳契税。

（二）契税的征收范围

转移土地、房屋权属是指下列行为：

（1）国有土地使用权出让。

（2）土地使用权转让，包括出售、赠与和交换。

（3）房屋买卖。

（4）房屋赠与。

（5）房屋交换。

上述第（2）项土地使用权转让，不包括农村集体土地承包经营权的转移。

以下列方式转移土地、房屋权属的，视同土地使用权转让、房屋买卖或者房屋赠与征税：

（1）以土地、房屋权属作价投资、入股。

（2）以土地、房屋权属抵债。

（3）以获奖方式承受土地、房屋权属。

（4）以预购方式或者预付集资建房款方式承受土地、房屋权属。

（三）契税的税率与计税依据

1997年10月1日起，本省行政区域内契税税率按4%执行。

契税的计税依据如下：

（1）国有土地使用权出让、土地使用权出售、房屋买卖，计税依据为成交价格。

（2）土地使用权赠与、房屋赠与，计税依据由契税征收机关参照土地使用权出售、房屋买卖的市场价格核定。

（3）土地使用权交换、房屋交换，计税依据为所交换的土地使用权、房屋的价格的差额。

上述所称成交价格，是指土地、房屋权属转移合同确定的价格，包括承受者应交付的货币、实物、无形资产或者其他经济利益。成交价格明显低于市场价格并且无正当理由的，或者所交换土地使用权、房屋的价格的差额明显不合理并且无正当理由的，由县级以上人民政府契税征收机关参照市场价格核定。

土地合作权交换、房屋交换，交换价格相等的，免征契税；交换价格不相等的，超出部分由多交付货币、实物、无形资产或者其他经济利益的一方缴纳税款。

土地使用权与房屋所有权之间相互交换，按照上述规定征税。

（四）契税应纳税额的计算

契税应纳税额依照规定的税率和规定的计税依据计算征收。其应纳税额计算公式如下：

$$应纳税额＝计税依据 \times 税率$$

契税应纳税额以人民币计算。转移土地、房屋权属以外汇结算的，按照纳税义务发生之日中国人民银行公布的人民币市场汇率中间价折合成人民币计算。

（五）契税的税收优惠

有下列情形之一，经县级人民政府契税征收机关批准，减征或者免征契税：

（1）国家机关、事业单位、社会团体和军事单位承受土地、房屋用于办公的办公室（楼），教学的教室（教学楼）、实验室、操场、图书馆、食堂、学生宿舍，医疗的门诊部、住院部，科研的试验场、实验楼，以及省人民政府确定的其他直接用于办公、教学、医疗、科研的土地、房屋，免征契税。

（2）军事单位承受土地、房屋用于地上和地下的军事指挥作战工程，军用的机场、港口、码头、库房、营区、训练场、试验场和通信、导航、观测台站，以及省人民政府确定的其他直接用于军事设施的土地、房屋，免征契税。

（3）经县级以上人民政府批准，城镇职工根据房改政策，在规定标准面积以内第一次购买公有住房的，免征契税。

（4）因自然灾害、战争等不可抗力灭失住房而重新购买住房的，酌情准予减征或者免征契税。

（5）承受荒山、荒沟、荒丘、荒滩土地使用权，用于农、林、牧、渔业生产的，免征契税。

（6）土地、房屋被县级以上人民政府征用、占用后，重新承受土地、房屋权属的，免征契税。

纳税人符合减免或者免征契税规定的，应当在签订土地、房屋权属转移合同后10日内，向土地、房屋所在地契税征收机关办理减征或者免征契税手续。

经批准减征、免征契税的纳税人改变有关土地、房屋的用途，不再属于规定的减征、免征范围的，应当补缴已经减征、免征的税款。

（六）契税纳税义务发生时间与纳税期限

契税的纳税义务发生时间，为纳税人签订土地、房屋权属转移合同的当天，或者纳税人取得其他具有土地、房屋权属转移合同性质的契约、协议、合约、单据、确认书等凭证的当天。

纳税人改变土地、房屋用途的，应当补缴已经减征、免征的契税，其纳税义务发生时间为改变有关土地、房屋用途的当天。

纳税人应当自纳税义务发生之日起 10 日内，向土地、房屋所在地的契税征收机关办理纳税申报，并在契税征收机关核定的期限内缴纳税款。

（七）契税的完税凭证与权属变更

纳税人办理纳税事宜后，契税征收机关应当向纳税人开具契税完税凭证。

纳税人应当持契税完税凭证和其他规定的文件材料，依法向土地管理部门、房地产管理部门办理有关土地、房屋的权属变更登记手续。

纳税人未出具契税完税凭证，土地管理部门、房地产管理部门不予办理有关土地、房屋的权属变更登记手续。

（八）契税的征收机关与部门配合

契税征收机关为土地、房屋所在地的各级人民政府财政部门。

土地管理部门、房地产管理部门应当向契税征收机关提供办理土地、房屋权属变更登记以及土地出让费用、成交价格等方面的资料，并协助契税征收机关依法征收契税。

契税征收机关可以根据征收管理的需要，委托土地管理部门、房地产管理部门代征契税，并按国务院财政部门的规定支付代征手续费。

五、江西省契税征管规定

（一）契税的纳税人

根据《江西省契税实施办法》（赣府发〔1998〕2 号）的规定，在本省行政区域内转移土地、房屋权属，承受的单位和个人为契税的纳税人，应当依照规定缴纳契税。其中：

土地权属，是指土地使用权。

房屋权属，是指房屋所有权。

（二）契税的征收范围

转移土地、房屋权属是指下列行为：

（1）国有土地使用权出让。

（2）土地使用权转让，包括出售、赠与和交换。

（3）房屋买卖。

（4）房屋赠与。

（5）房屋交换。

上述第（2）项土地使用权转让，不包括农村集体土地承包经营权的转移。

其中：

国有土地使用权出让，是指土地使用者向国家交付土地使用权出让费用，国家将国有土地使用权在一定年限内让予土地使用者的行为。

土地使用权转让，是指土地使用者以出售、赠与、交换或者其他方式将土地使用权转移给其他单位和个人的行为。

土地使用权出售，是指土地使用者以土地使用权作为交易条件，取得货币、实物、无形资产或者其他经济利益的行为。

土地使用权赠与，是指土地使用者将其土地使用权无偿转让给受赠者的行为。

土地使用权交换，是指土地使用者之间相互交换土地使用权的行为。

房屋买卖，是指房屋所有者将其房屋出售，由承受者交付货币、实物、无形资产或者其他经济利益的行为。

房屋赠与，是指房屋所有者将其房屋无偿转让给受赠者的行为。

房屋交换，是指房屋所有者之间相互交换房屋的行为。

土地使用权交换、房屋交换，交换价格不相等的，由多交付货币、实物、无形资产或者其他经济利益的一方缴纳税款；交换价格相等的，免征契税。

土地使用权与房屋所有权之间相互交换，按照上述规定征税。

土地、房屋权属以下列方式转移的，视同土地使用权转让、房屋买卖或者房屋赠与征税：

（1）以土地、房屋权属作价投资、入股。

（2）以土地、房屋权属抵债。

（3）以获奖方式承受土地、房屋权属。

（4）以预购方式或者预付集资建房款方式承受土地、房屋权属。

（5）以其他方式事实构成土地、房屋权属转移的。

（三）契税的税率与计税依据

本省契税适用税率为4%。

契税的计税依据如下：

（1）国有土地使用权出让、土地使用权出售、房屋买卖，计税依据为成交价格。

（2）土地使用权赠与、房屋赠与，计税依据由征收机关参照当地土地使用权出售、房屋买卖的市场价格核定。

（3）土地使用权交换、房屋交换，计税依据为所交换的土地使用权、房屋的价格的差额。

上述成交价格明显低于当地市场价格并且无正当理由的，或者所交换的土地使用权、房屋的价格的差额明显不合理并且无正当理由的，由征收机关参照当地市场价格核定。

以划拨方式取得土地使用权的，经批准转让房地产时，应由房地产转让者补缴契税。其计税依据为补缴的土地使用权出让费用或者土地收益。

（四）契税应纳税额的计算

契税的应纳税额依照规定的税率和规定的计税依据计算征收。其应纳税额的计算公式如下：

$$应纳税额 = 计税依据 \times 税率$$

契税应纳税额以人民币计算。转移土地、房屋权属以外汇结算的，按照纳税义务发生之日中国人民银行公布的人民币市场汇率中间价折合成人民币计算。

（五）契税的税收优惠

国家机关、事业单位、社会团体、军事单位承受土地、房屋免征契税的适用范围如下：

（1）用于办公的办公室（楼）以及直接为办公服务的附属建筑物，包括车库、值班室、锅炉房。

（2）用于教学的教室（教学楼）、实验室、图书馆、运动场、食堂、学生宿舍。

（3）直接为医疗服务的门诊部、住院部、检验室。

（4）用于科研的科学试验场所以及直接为科研服务的场所。

（5）用于军事的军事设施，包括：地上和地下的军事指挥作战工程，军用的机场、港口、码头，军用的库房、营区、训练场、试验场，军用的通信、导航、观测台站。

（6）其他直接用于办公、教学、医疗、科研、军事设施的土地、房屋，其具体范围由县级以上征收机关确定。

城镇职工按规定经县以上人民政府批准，在国家规定标准面积以内第一次购买公有住房的，免征契税。超过国家规定标准面积的部分，仍按照规定缴纳契税。

因自然灾害、战争等不可抗力灭失住房而重新购买住房的，酌情准予减征或者免征契税。

土地、房屋被县级以上人民政府征用、占用后，重新承受土地、房屋权属的，经县级以上人民政府批准可酌情给予减征或者免征契税。

纳税人承受荒山、荒沟、荒丘、荒滩土地使用权，用于农、林、牧、渔业生产的，免征契税。

经批准减征、免征契税的纳税人改变有关土地、房屋用途，不再属于规定的减征、免征契税范围的，应当补缴已经减征、免征的税款。

（六）契税纳税义务发生时间与纳税期限

契税的纳税义务发生时间为纳税人签订土地、房屋权属转移合同的当天，或者纳税人取得具有合同效力的契约、协议、合约、单据、确认书和其他具有土地、房屋权属转移合同性质凭证的当天。

纳税人改变土地、房屋用途的，其纳税义务发生时间为改变有关土地、房屋用途的当天。

纳税人应当自纳税义务发生之日起10日内，向土地、房屋所在地的契税征收机关办理纳税申报，并在30日内缴纳税款。

纳税人符合减征或者免征契税规定的，应当在签订土地、房屋权属转移合同后10日内，向土地、房屋所在地的契税征收机关申报减免。当地契税征收机关审核后，由县级以上契税征收机关批准。

县级以上契税征收机关须在30日内做出决定，同意减税、免税的，应当及时通知纳税人，并报上级契税征收机关备案；未经批准的，纳税人应当在接到通知后按规定期限缴纳税款。

（七）契税的完税凭证与权属变更

纳税人办理纳税事宜后，契税征收机关应当向纳税人开具契税完税凭证；对批准减、免契税的，契税征收机关应向纳税人出具契税减、免税批准文书。

契税征收机关应当对纳税人纳税、减税、免税以及土地、房屋权属的转移变更情况进行登记。

纳税人应当在办理纳税或减、免税手续后，持契税完税凭证或减、免税批准文书和有关的文件材料，依法向土地管理部门、房产管理部门办理有关土地、房屋的权属变更登记手续。

纳税人未出具契税完税凭证（或契税减、免税批准文书）的，土地管理部门、房产管理部门不予办理有关土地、房屋的权属变更登记手续。

（八）契税的征收机关与部门配合

契税征收机关为土地、房屋所在地的地税机关。

契税征收机关可以根据征收管理的需要，委托土地管理部门、房产管理部门或其他相关单位代征，也可以直接组织征收。

土地管理部门、房产管理部门和有关部门应当向契税征收机关提供办理土地、房屋权属变更登记手续的有关土地、房屋权属、土地出让费用、成交价格和其他权属变更方面的资料。

代征单位应履行代征职责，并接受契税征收机关的检查、监督。契税征收机关应按规定支付代征手续费。

第四节　华中地区契税征管制度

一、河南省契税征管制度

（一）契税的纳税人

根据《河南省契税实施办法》（河南省人民政府令第50号）的规定，在本省行政区域内承受转移土地、房屋权属的单位和个人为契税的纳税人,均应依照规定缴纳契税。

(二)契税的征税范围

土地、房屋权属是指土地使用权、房屋所有权。

土地、房屋权属转移是指下列行为:

(1)国有土地使用权出让,即土地使用者向国家交付土地使用权出让费用,国家将国有土地使用权在一定年限内让予土地使用者的行为。

(2)土地使用权转让,即土地使用者以出售、赠与、交换或者其他方式将土地使用权转移给其他单位和个人的行为,不包括农村集体土地承包经营权的转移。

(3)房屋(包括在建房屋)买卖、赠与、交换。房屋买卖是指房屋所有者将其房屋出售,由承受者交付货币、实物、无形资产或者其他经济利益的行为。房屋赠与是指房屋所有者将其房屋无偿转让给受赠者的行为。房屋交换是指房屋所有者之间相互交换房屋的行为。

土地、房屋权属以下列方式转移的,视同土地使用权转让、房屋买卖或者房屋赠与,征收契税:

(1)以土地、房屋权属作价投资、入股。

(2)以土地、房屋权属抵债。

(3)以获奖方式承受土地、房屋权属。

(4)以预购方式或预付集资建房款方式承受土地、房屋权属。

(三)契税的税率和计税依据

契税税率为4%。

契税的计税依据如下:

(1)国有土地使用权出让,计税依据为用地单位或个人为取得土地使用权所支付的一切费用。

(2)土地使用权出售、房屋买卖,计税依据为成交价格。

(3)土地使用权赠与、房屋赠与,计税依据由征收机关参照土地使用权出售、房屋买卖的市场价格核定。

(4)土地使用权交换、房屋交换、土地使用权与房屋所有权之间相互交换,计税依据为所交换的土地使用权、房屋价格的差额,由多支付货币、实物、无形资产或者其他经济利益的一方缴纳契税；交换价格相等的，免征契税。

其中：

成交价格，是指土地、房屋权属转移合同确定的价格。它包括承受者支付的货币、实物、无形资产或者其他经济利益。

以划拨方式取得土地使用权的，经批准转让房地产时，应由房地产转让者补交契税。其计税依据为补交的土地使用权出让费用或者土地收益。

（四）契税应纳税额的计算

契税应纳税额根据契税的计税依据和规定的税率计算征收。其应纳税额计算公式如下：

$$应纳税额＝计税依据 \times 税率$$

契税应纳税额以人民币计算。转移土地、房屋权属以外汇结算的，按照纳税义务发生之日中国人民银行公布的人民币市场汇率中间价折合成人民币计算。

（五）契税的税收优惠

符合下列条件之一的，经县级以上契税征收机关批准，减征或者免征契税：

（1）国家机关、事业单位、社会团体、军事单位承受土地、房屋直接用于办公、教学（包括学生公寓）、医疗、科研及军事设施的，免征契税。

（2）城镇职工根据房改政策规定，第一次购买的公有住房，免征契税。

（3）土地、房屋被县级以上人民政府征用、占用后，纳税人重新承受土地、房屋权属的，其土地、房屋面积不超过被征用、占用土地、房屋面积1.3倍的，免征契税。

（4）因不可抗力灭失住房而重新购买住房的，免征契税。其中：不可抗力是指自然灾害、战争等不能预见、不能避免并不能克服的客观情况。

（5）纳税人承受荒山、荒坡、荒丘、荒滩的土地使用权，用于农、林、牧、渔业生产的，免征契税。

（6）国家规定的其他减征、免征契税的项目。

（六）契税纳税义务发生时间与纳税期限

契税的纳税义务发生时间为纳税人签订土地、房屋权属转移合同的当天，或者纳税人取得其他具有土地、房屋权属转移合同效力的契税、协议、合约、单据、确认书等凭证的当天。

纳税人应当自纳税义务发生之日起 10 日内，向土地、房屋所在地的契税征收机关办理纳税申报，并在征收机关核定的期限内缴纳税款。

纳税人符合减征或免征规定的，应当自签订土地、房屋权属转移合同之日起 10 日内，向土地、房屋所在地的契税征收机关申请办理减征或免征契税手续。

经批准减征或免征契税的纳税人改变有关土地、房屋的用途，不再属于减征或免征契税范围的，应当自改变之日起 30 日内补交已经减征或免征的税款。

（七）契税的完税凭证与权属变更

纳税人办理纳税事宜后，契税征收机关应当向纳税人开具契税完税凭证，并在契税使用证、房产证备注栏内载明契税缴纳情况，加盖征收机关的印戳予以确认。

纳税人应当持契税完税凭证和其他规定的文件材料，依法向土地管理部门、房产管理部门办理有关土地、房屋的权属变更登记手续。

纳税人未出具契税完税凭证的，土地管理部门、房产管理不得办理有关土地、房屋的权属变更登记手续。

（八）契税的征收机关与部门配合

契税的征收管理机关为土地、房屋所在地的税务机关。

土地管理部门、房产管理部门应当向契税征收机关提供办理土地、房屋权属变更登记手续的有关土地、房屋权属、土地出让费用、成交价格、当地土地基准价格等与征收契税有关的资料，并协助征收机关依法征收契税。契税征收机关对土地、房产管理部门提供的资料应严格保密。

二、湖北省契税征管制度

（一）契税的纳税人

根据《湖北省契税征收管理实施办法》（湖北省人民政府令第 190 号）的规定，在本省行政区域内发生的转移土地、房屋权属行为，为契税征收范围。土地、房屋权属的承受单位和个人，为契税纳税人。

土地、房屋"权属"，限指土地的使用权和房屋的所有权，不包括土地的所有权和房屋的使用权。

(二) 契税的征收范围

转移土地、房屋权属是指下列行为:
(1) 国有土地使用权出让。
(2) 土地使用权转让,包括出售、赠与和交换。
(3) 房屋买卖。
(4) 房屋赠与。
(5) 房屋交换。

上述第(2)项土地使用权转让,不包括农村集体土地承包经营权的转移。

其中:

国有土地使用权出让,是指土地使用者向国家交付土地使用权出让费用,国家将国有土地使用权在一定年限内让予土地使用者的行为。

土地使用权转让,是指土地使用者以出售、赠与、交换或者其他方式将土地使用权转移给其他单位和个人的行为。

土地、房屋权属以下列方式转移的,视同土地使用权转让、房屋买卖或者房屋赠与征税:
(1) 以土地、房屋权属作价投资、入股。
(2) 以土地、房屋权属抵债。
(3) 以获奖方式承受土地、房屋权属。
(4) 以预购方式或者预付集资建房款方式承受土地、房屋权属。

其中:

房屋所有权转让,是指房屋买卖、赠与、交换等行为。

房屋买卖,是指房屋所有者将其房屋出售,取得一定货币、实物或者其他经济利益的行为。

房屋赠与,是指房屋所有者将其房屋无偿转让给受赠者的行为。

房屋交换,是指房屋所有者之间相互交换房屋所有权的行为。

(三) 契税的征收机关与税率

土地、房屋所在地的财政部门,是契税征收机关。征收机关根据需要,可以委托土地管理部门、房产管理部门代收、代缴契税。

契税税率为4%。

(四) 契税的计税依据与应纳税额的计算

契税的计税依据如下:

（1）国有土地使用权出让、出售、房屋买卖，计税依据为成交价格。

（2）土地使用权赠与、房屋赠与，计税依据由征收机关参照土地使用权出售、房屋买卖的市场价格核定。

（3）土地使用权交换、房屋交换，土地与房屋交换的，计税依据为所交换的土地使用权、房屋价格的差额。

（4）以划拨方式取得土地使用权的，经批准转让房地产时，计税依据为补交的土地使用权出让费用或土地收益。

（5）承受土地、房屋部分权属的，计税依据为所承受部分权属的成交价格；当部分权属改为全部权属时，为全部权属的成交价格，已缴的部分权属的税款应予扣除。

计税依据明显低于市场价格且无正当理由的，征收机关有权参照市场价格核定，或委托具有土地、房产评估资格的中介机构进行评估。评估费用由评估申请人支付。

上述第（3）项的纳税人为交换价格差额的支付者，第（4）项的纳税人为土地使用权转让者。

契税的计算公式如下：

$$应纳税额＝计税依据 \times 税率$$

契税应纳税额以人民币计算。以外汇结算的，按照纳税义务发生之日中国人民银行公布的市场汇率中间价折合成人民币计算。

（五）契税纳税义务发生时间与纳税期限

契税的纳税义务发生时间，为纳税人签订土地、房屋权属转移合同的当天，即纳税人到房产管理部门、土地管理部门签订标准文本合同或办理权属变更登记的当天。

纳税人应当自纳税义务发生之日起10日内，向土地、房屋所在地的征收机关办理纳税申报，并在核定的税额和期限内缴纳税款。征收机关收到税款时必须向纳税人开具契税完税凭证。

凡未实行委托征收的地方，土地管理部门、房产管理部门有义务向征收机关提供房地产资料，协助征收机关依法征税。

（六）契税完税凭证与权属变更

纳税人持契税完税凭证和规定的其他文件材料，依法向土地管理部门、房产管理部门办理有关土地、房屋权属变更登记手续。

纳税人未出具契税完税凭证的，土地管理部门、房产管理部门不予办理有关土地、房屋权属变更登记手续。

（七）契税的税收优惠

契税减征或免征范围如下：

（1）国家机关、事业单位、社会团体、军事单位承受土地、房屋用于办公、教学、医疗、科研和军事设施的，免征契税。其中：

用于办公的，是指办公楼，档案室、机关车库、职工食堂以及其他直接用于办公的土地、房屋。

用于教学的，是指各级教育行政主管部门批准设立的各类学校（幼儿园）、省劳动行政管理部门批准设立的技工学校和职业培训机构以及各类残疾人学校的教学楼、实验室、图书馆、操场、学生食宿设施以及其他直接用于教学的土地、房屋。

用于医疗的，是指门诊部、住院部、化验室、药房以及其他直接用于医疗的土地、房屋。未纳入国家事业单位管理，不按《事业单位财务规则》进行核算的医疗单位以及疗养、康复机构除外。

用于科研的，是指从事科学试验的场所以及其他直接用于科研的土地、房屋。

用于军事的，是指地上的和地下的军事指挥作战工程，军用机场、港口、码头，军用的库房、营区、训练场、试验场，军用通信、侦察、导航、观测台站以及其他直接用于军事设施的土地、房屋。

（2）城镇职工按照省以上人民政府批准的房改方案第一次购买公有住房的，免征契税。

属下列情形之一的，视为第一次购房。但所购房屋超过省规定面积的部分，以有关部门分面积、档次所收费额为依据，计征契税：①原住房未达到规定面积标准，重新购房的。②职务、职称晋升，原购住房退还，重新购房的。③职工异地调动、交流，原工作地所购住房退回，在新工作地重新购房的。

（3）因不可抗力灭失住房而重新购买住房的，因经济建设和城市发展需要，房屋被拆除后，重新购买房屋的，减征或免征契税。

（4）土地被依法征用或占用后，重新承受土地的，减征或免征契税。

（5）纳税人承受荒山、荒沟、荒丘、荒滩土地使用权用于农、林、牧、渔项目开发的，免征契税。

（6）财政部或省政府确定的其他减征、免征项目。

契税的减免，由纳税人在签订土地房屋权属转移合同之日起10日内，向土地、房屋所在地的征收机关提出申请，经核实同意后，报县（含县级市，下同）以上征收机关审批。

房屋契税减免额20万元（含20万元）以上和土地契税减免额40万元（含40万元）以上的，由省征收机关审批。

市（含地区行署、州，下同）、县征收机关减免契税的审批权限，由省征收机关规定。

（八）契税的退税与补税

纳税人已缴纳契税，但土地、房屋权属转移未能实现并申请退税的，经县以上征收机关根据土地、房产管理部门出具的书面证明审批批准，可准予退税。

纳税人改变土地、房屋用途的，按实际改变用途的土地、房屋价格补缴契税。

（九）契税的征收机关与征收经费

在武汉的中央及省直单位房产权属转移的契税征收由省财政部门负责。

国有土地使用权出让的契税征收，按照《湖北省土地管理实施办法》规定的土地征用审批权限，属哪一级政府批准的，哪一级政府财政部门为征收机关。财政部门可以委托土地管理部门代收、代缴契税。属国务院批准征用土地的契税，省财政部门、省土地管理部门分别为征收机关和代收代缴机关。所收税款按现行财政体制返还。

征收机关按年度征收的契税总额提取10%的征收经费，用于契税征收工作。

（十）契税的法律责任

纳税人逾期不办理纳税申报或者未在指定的纳税期限内缴纳税款，征收机关按日以应纳税额的2‰加收滞纳金。纳税人采用任何形式偷税、抗税的，依照《税收征收管理法》的有关条款处罚。

土地管理部门、房产管理部门为未出具契税纳税凭证的纳税人办理土地、房屋权属变更登记手续使契税流失的，由办理手续的单位补缴契税。征收机关工作人员在征收契税工作中，有营私舞弊、收受贿赂行为或与纳税人合谋偷逃契税的，由其所在单位或上级主管部门给予行政处分；情节严重的，提交司法机关追究刑事责任。

第五节　华南地区契税征管制度

一、广东省契税征管制度

（一）契税的纳税人

根据《广东省契税实施办法》（广东省人民政府令第41号）的规定，在本省行政区域内转移土地、房屋权属，承受的单位和个人为契税的纳税人，应当依照规定缴纳契税。其中：

土地、房屋权属，是指土地使用权、房屋所有权。

承受，是指以受让、购买、受赠、交换等方式取得的土地、房屋权属的行为。

单位，是指企业单位、事业单位、国家机关、军事单位和社会团体以及其他组织。

个人，是指个体经营者及其他个人。

（二）契税的征收范围

转移土地、房屋权属是指下列行为：
（1）国有土地使用权出让。
（2）土地使用权转让，包括出售、赠与和交换。
（3）房屋买卖。
（4）房屋赠与。
（5）房屋交换。

上述第（2）项土地使用权转让，不包括农村集体土地承包经营权的转移。
其中：

国有土地使用权出让，是指土地使用者向国家交付土地使用权出让费用，国家将国有土地使用权在一定年限内让予土地使用者的行为。

土地使用权转让，是指土地使用者以出售、赠与、交换或者其他方式将土地使用权转移给其他单位和个人的行为。

土地使用权出售，是指土地使用者以土地使用权作为交易条件，取得货币、实物、无形资产或者其他经济利益的行为。

土地使用权赠与，是指土地使用者将其土地使用权无偿转让给受赠者的行为。

土地使用权交换，是指土地使用者之间相互交换土地使用权的行为。

房屋买卖，是指房屋所有者将其房屋出售，由承受者交付货币、实物、无形资产或者其他经济利益的行为。

房屋赠与，是指房屋所有者将其房屋无偿转让给受赠者的行为。

房屋交换，是指房屋所有者之间相互交换房屋的行为。

土地、房屋权属以下列方式转移的，视同土地使用权转让、房屋买卖或者房屋赠与征税：

（1）以土地、房屋权属作价投资、入股。

（2）以土地、房屋权属抵债。

（3）以获奖方式承受土地、房屋权属。

（4）以预购方式或者预付集资建房款方式承受土地、房屋权属。

（三）契税的税率与计税依据

契税税率为3%。

契税的计税依据：

（1）国有土地使用权出让、土地使用权出售、房屋买卖，计税依据为成交价格。其中：成交价格是指土地、房屋权属转移合同确定的价格，包括承受者应交付的货币、实物、无形资产或者其他经济利益。

（2）土地使用权赠与、房屋赠与，计税依据由征收机关参照土地使用权出售、房屋买卖的市场价格核定。

（3）土地使用权交换、房屋交换，计税依据为所交换的土地使用权、房屋的价格的差额。

（4）以划拨方式取得土地使用权的，经批准转让房地产时，应由房地产转让者补缴契税。其计税依据为补缴的土地使用权出让费用或者土地收益。

上述成交价格明显低于市场价格并且无正当理由的,或者所交换土地使用权、房屋的价格的差额明显不合理并且无正当理由的,由征收机关参照市场价格核定。

(四)契税应纳税额的计算

契税应纳税额按照规定的税率和规定的计税依据计算征收。其应纳税额的计算公式如下:

$$应纳税额=计税依据 \times 税率$$

契税应纳税额以人民币计算。转移土地、房屋权属以外汇结算的,按照纳税义务发生之日中国人民银行公布的人民币市场汇率中间价折合成人民币计算。

(五)契税的税收优惠

有下列情形之一的,减征或者免征契税:

(1)国家机关、事业单位、社会团体、军事单位承受土地、房屋用于办公、教学、医疗、科研和军事设施的,免征契税。其中:

用于办公的,是指办公室(楼)以及其他直接用于办公的土地、房屋。

用于教学的,是指教室(教学楼)以及其他直接用于教学的土地、房屋。

用于医疗的,是指门诊部以及其他直接用于医疗的土地、房屋。

用于科研的,是指科学试验的场所以及其他直接用于科研的土地、房屋。

用于军事设施的,是指地上和地下的军事指挥作战工程,军用的机场、港口、码头,军用的库房、营区、训练场、试验场,军用的通信、导航、观测台站以及其他直接用于军事设施的土地、房屋。

上述所称其他直接用于办公、教学、医疗、科研的以及其他直接用于军事设施的土地、房屋的具体范围是指国家机关、事业单位、社会团体、军事单位用于非营利性的食堂、学生宿舍、实验室、档案资料室、库房、会议室、接待室、图书馆、住院部、体育场所等。

(2)城镇职工按规定第一次购买公有住房的,免征契税。

上述所称城镇职工按规定第一次购买公有住房的,是指经县以上人民政府批准,具有城镇常住户口的职工按住房制度改革政策在省规定标准面积以内第一次购买的公有住房。超过省规定标准面积的部分,应按照规定缴纳契税。

(3)因不可抗力灭失住房而重新购买住房的,酌情准予减征或者免征契税。

上述所称不可抗力,是指自然灾害、战争等不能预见、不能避免并不能克服的客观情况。

(4)土地、房屋被县级以上人民政府征用、占用后,重新承受土地、房屋权属,其成交价格或补偿面积没有超出规定补偿标准的,免征契税;超出的部分,应按《广东省契税实施办法》的规定缴纳契税。

(5)纳税人承受荒山、荒沟、荒丘、荒滩土地使用权,用于农、林、牧、渔业生产的,免征契税。

(6)依照我国有关法律规定以及我国缔结或参加的双边和多边条约或协定的规定应当予以免税的外国驻华使馆、领事馆、联合国驻华机构及其外交代表、领事官员和其他外交人员承受土地、房屋权属的,经外交部确认,可以免征契税。

(7)财政部规定的其他减征、免征契税的项目。

契税减征免征的具体审批管理办法由省财政厅另行规定。

经批准减征、免征契税的纳税人改变有关土地、房屋的用途,不再属于规定的减征、免征契税范围的,应当补缴已经减征、免征的税款。

土地使用权交换、房屋交换,交换价格不相等的,由多交付货币、实物、无形资产或者其他经济利益的一方缴纳税款;交换价格相等的,免征契税。

(六)契税纳税义务发生时间与纳税期限

契税的纳税义务发生时间,为纳税人签订土地、房屋权属转移合同的当天,或者纳税人取得其他具有土地、房屋权属转移合同性质凭证的当天。

纳税人因改变土地、房屋用途应当补缴已经减征、免征契税的,其纳税义务发生时间为改变有关土地、房屋用途的当天。

上述所称其他具有土地、房屋权属转移合同性质凭证,是指具有合同效力的契约、协议、合约、单据、确认书以及由契税征收机关确定的其他凭证。

纳税人应当自纳税义务发生之日起10日内,向土地、房屋所在地的契税征收机关办理纳税申报,并在契税征收机关核定的期限内缴纳税款。

纳税人符合减征或者免征契税规定的,应当在签订土地、房屋权属转移合同后10日内,向土地、房屋所在地的契税征收机关办理减征或者免征契税手续。

（七）契税的完税凭证与权属变更

纳税人办理纳税事宜后，契税征收机关应当向纳税人开具契税完税凭证，并在土地管理部门、房地产管理部门颁发的土地使用证、房地产所有权证备注栏内载明契税缴纳情况，加盖征收机关印戳予以确认。

纳税人应当持契税完税凭证和其他规定的文件材料，依法向土地管理部门、房地产管理部门办理有关土地、房屋的权属变更登记手续。

纳税人未出具契税完税凭证的，土地管理部门、房地产管理部门不予办理有关土地、房屋的权属变更登记手续。

（八）契税的征收机关与部门配合

契税的征收机关为土地、房屋所在地的财政机关。

土地管理部门、房地产管理部门应当向财政机关提供有关资料，并协助财政机关依法征收契税。

上述所称有关资料，是指土地管理部门、房地产管理部门办理土地、房屋权属变更登记手续的有关土地、房屋权属、土地出让费用、成交价格以及其他权属变更方面的资料。

二、广西壮族自治区契税征管制度

（一）契税的纳税人

根据《广西壮族自治区实施〈中华人民共和国契税暂行条例〉办法》（1998年6月30日广西壮族自治区人民政府令第5号发布，2010年11月15日广西壮族自治区人民政府令第60号第一次修正，2020年1月20日广西壮族自治区人民政府令第134号第二次修正）的规定，在本自治区行政区域内转移土地、房屋权属，承受的单位和个人为契税的纳税人，必须按照规定缴纳契税。其中：

土地、房屋权属，是指土地使用权、房屋所有权。

承受，是指以受让、购买、受赠、获奖、交换、合并、兼并、抵债及募股、集资等方式取得土地、房屋权属的行为。

单位，包括国家机关、社会团体、军事单位、企业单位、事业单位及其他组织。

个人,是指个体经营者及其他自然人,包括中国公民、外国公民、无国籍人、香港特别行政区居民、澳门及台湾同胞和海外侨胞。

(二)契税的征税范围

单位和个人以下列方式承受土地、房屋权属的,应当缴纳契税:

(1)向国家交付土地使用权出让费用,而在一定年限内取得国有土地使用权的。

(2)以支付货币、实物、无形资产或者其他经济利益而取得土地、房屋权属的。

(3)土地使用权交换、房屋交换以及土地使用权与房屋相互交换,需要支付交换价格差额的。

(4)以受赠、获奖等方式无偿获得土地、房屋权属的。

(5)以作价集资、募股方式承受土地、房屋权属的。

(6)债权人以抵债方式取得债务人的土地、房屋权属的。

(7)向房地产开发企业以预购或者预付集资建房款方式承受土地、房屋权属的。

(8)以划拨方式取得土地使用权,经依法有批准权的人民政府批准转让房地产的。

(9)法律、法规和自治区人民政府规章规定的承受土地、房屋权属的其他方式。

土地使用权交换、房屋交换以及土地使用权与房屋相互交换的,由支付交换价格差额的一方缴纳契税。

(三)契税应纳税额的计算

契税税率为3%。

契税的计税依据如下:

(1)国有土地使用权出让、土地使用权出售、房屋买卖和以土地、房屋权属作价投资、入股、抵债的,计税依据为合同确定的成交价格。

(2)土地使用权赠与、房屋赠与和以获奖方式承受土地、房屋权属的,计税依据由征收机关参照土地使用权出售、房屋买卖的市场价格核定。

(3)土地使用权交换、房屋交换以及土地使用权与房屋相互交换的,计税依据为交换价格的差额部分。

（4）以划拨方式取得土地使用权，经依法有批准权的人民政府批准转让房地产的，计税依据为补交的土地使用权出让费用或者土地收益。

成交价格和交换价格包括承包者支付的货币、实物、无形资产及其他经济利益。成交价格明显低于市场价格或者交换价格差额明显不合理并且无正当理由的，由征收机关依照有关法律、行政法规的规定进行评估或者参照市场价格核定。

契税应纳税额依照规定的税率和规定的计税依据计算征收。其应纳税额的计算公式如下：

$$应纳税额 = 计税依据 \times 税率$$

契税应纳税额以人民币计算。以外汇结算的，按照纳税义务发生之日中国人民银行公布的人民币市场汇率中间价折合成人民币计算。

（四）契税的税收优惠

有下列情形之一的，经县级以上契税征收机关批准，减征或者免征契税：

（1）国家机关、事业单位、社会团体、军事单位承受土地、房屋用于办公的办公楼，教学的教室（教学楼）、实验室、操场、图书馆、学生宿舍、食堂，医疗的门诊部、住院部，科研的试验场、实验楼，以及自治区人民政府确定的其他直接用于办公、教学、医疗、科研的土地、房屋，免征契税。

（2）军事单位承受土地、房屋用于地上和地下的军事指挥作战工程，军用的机场、港口、码头、库房、营区、训练场、试验场和通信、导航、观测台（站）以及自治区人民政府确定的其他直接用于军事设施的土地、房屋，免征契税。

（3）城镇职工第一次购买经县级以上人民政府批准出售的本单位公有住房（不包括商品房）或者无房且未能参加房改享受国家房改优惠政策而首次参加所在单位集资建房的，免征契税。

（4）遭受自然灾害、战争等不可抗力灭失住房而重新购买住房的，酌情予以减征或者免征契税。

（5）因国家建设需要，土地、房屋被县级以上人民政府批准征用或者占用后，重新承受土地、房屋权属的，免征契税。

（6）单位或者个人承受荒山、荒丘、荒沟、荒滩等荒地土地使用权，直接用于农、林、牧、渔业生产的，免征契税。

（7）土地使用权交换、房屋交换以及土地使用权与房屋相互交换，交换价格相等的，免征契税。

（8）国务院财政部门规定的其他减征、免征契税项目。

上述第（3）项规定的免征契税照顾，每户只能享受一次。

纳税人有规定的减征或者免征契税情形之一的，应当在土地、房屋权属转移合同签订或者具有合同效力的契约、协议、合约、票据、确认书以及自治区人民政府确定的其他凭证取得之日起10日内，向土地、房屋所在地的契税征收机关申请办理减征或者免征契税手续。减征、免征契税的审批程序和审批办法，由自治区契税征收主管机关制定。

（五）契税的纳税义务发生时间与纳税期限

契税的纳税义务发生时间为纳税人签订土地、房屋权属转移合同或者取得具有合同效力的契约、协议、合约、票据、确认书以及自治区人民政府确定的其他凭证的当天。

经批准减征、免征契税的纳税人改变有关土地、房屋用途，不再属于《广西壮族自治区实施〈中华人民共和国契税暂行条例〉办法》第八条规定的减征、免征契税范围的，其纳税义务发生时间为改变有关土地、房屋用途的当日。

纳税人应当向土地、房屋所在地的契税征收机关办理纳税申报。契税纳税期限为纳税人依法办理土地、房屋权属登记手续之前。

（六）契税相关凭证与部门配合

纳税人办理纳税事宜后，契税征收机关应当向纳税人开具契税完税凭证。纳税人办理减征或者免征契税手续后，契税征收机关应当开具契税减免凭证。契税完税凭证、契税减免凭证由自治区契税征收主管机关统一印制。

纳税人应当持契税完税凭证或者契税减免凭证，依法向土地管理部门、房产管理部门办理有关土地、房屋的权属变更登记手续。纳税人未出具契税完税凭证或者契税减免凭证的，土地管理部门、房产管理部门不予办理有关土地、房屋的权属变更登记手续。

契税征收机关为土地、房屋所在地的税务机关。土地管理部门、房产管理部门应当向契税征收机关提供有关土地、房屋权属、土地使用权出让费用、成交价格以及有关土地、房屋权属变更方面的其他资料，并协助契税征收机关依法征收契税。

第六节　西南地区契税征管制度

一、四川省契税征管制度

（一）契税的纳税人

根据《四川省契税实施办法》（四川省人民政府令第109号）的规定，在四川省行政区域内转移土地、房屋权属，承受的单位和个人为契税的纳税人，应当依照规定缴纳契税。

（二）契税的征收范围

转移土地、房屋权属是指下列行为：
（1）国有土地使用权出让。
（2）土地使用权转让，包括出售、赠与和交换。
（3）房屋买卖。
（4）房屋赠与。
（5）房屋交换。

上述第（2）项土地使用权转让，不包括农村集体土地承包经营权的转移。

土地、房屋权属以下列方式转移的，视同土地使用权转让、房屋买卖或者房屋赠与：
（1）以土地、房屋权属作价投资、入股。
（2）以土地、房屋权属抵债。
（3）以获奖方式承受土地、房屋权属。
（4）以预购方式或者预付集资建房款方式承受土地、房屋权属。

（三）契税的税率与计税依据

契税税率为4%，可下浮到3%。

契税的计税依据如下：

（1）国有土地使用权出让、土地使用权出售、房屋买卖，计税依据为成交价格。

（2）土地使用权赠与、房屋赠与，计税依据由征收机关参照土地使用权出售、房屋买卖的市场价格核定。

（3）土地使用权交换、房屋交换，计税依据为所交换的土地使用权与房屋所有权的价格差价。

上述成交价格明显低于市场价格并无正当理由的，或者所交换土地使用权、房屋的价格的差额明显不合理并无正当理由的，由征收机关参照市场价格核定。

以划拨方式取得土地使用权的，经批准转让房地产时，房地产转让者应补缴契税，其计税依据为补缴的土地使用权出让费用或者土地收益。房地产权属承受者仍应按规定缴纳契税。

（四）契税应纳税额的计算

契税应纳税额依照规定的税率和规定的计税依据计算征收。其应纳税额的计算公式如下：

$$应纳税额 = 计税依据 \times 税率$$

（五）契税的税收优惠

有下列情形之一的，减征或者免征契税：

（1）国家机关、事业单位、社会团体、军事单位承受土地、房屋用于办公、教学、医疗、科研和军事设施的，免征契税。

（2）城镇职工按规定第一次购买公有住房，在国家规定的标准面积以内的，免征契税。

（3）因不可抗力灭失住房而重新购买住房的，酌情准予减征或者免征契税。

（4）土地、房屋被县级以上人民政府征用、占用后，被征用、占用者重新承受土地、房屋权属的，免征契税。

（5）纳税人承受荒山、荒沟、荒丘、荒滩土地使用权，用于农、林、牧、渔业生产的，免征契税。

（6）外国驻华使馆、领事馆、联合国驻华机构及其外交代表、领事官员和其他外交人员承受土地、房屋权属的，经外交部确认，可以免征契税。

（7）财政部规定的其他减征、免征契税的项目。

符合减征或者免征契税规定的，应当在土地、房屋权属转移合同签订或者具有合同效力的契约、协议、合约、确认书等凭证取得之日起10日内，到土地、房屋所在地的契税征收机关办理减征或者免征契税手续。

（六）契税的补税与纳税义务发生时间

纳税人因改变土地、房屋用途不再属于规定的减征、免征范围的，应补缴已减征、免征的契税。其纳税义务发生时间为改变有关土地、房屋用途的当日。

纳税人应当自纳税义务发生之日起10日内，向土地、房屋所在地的征收机关办理纳税申报，并在征收机关核定的期限内缴纳税款。

（七）契税的完税凭证与权属变更

纳税人办理纳税事宜后，征收机关应当向纳税人开具契税完税或免税凭证。

纳税人向土地管理部门、房产管理部门办理有关土地、房屋的权属变更登记手续，应当持契税完税或免税凭证和其他规定的文件材料。未出具契税完税或免税凭证的，不予办理土地、房屋的权属变更登记手续。

纳税人未出具契税完税或免税凭证，土地管理部门、房产管理部门工作人员为其办理了土地、房屋权属变更登记的，由税务机关通知土地管理部门、房产管理部门改正；逾期未改正的，由税务机关报请同级人民政府责令纠正，并由有权机关对直接责任人和有关负责人给予行政处分。

（八）契税的退税与征收机关

纳税人缴纳契税后，因故未履行所签订土地、房屋权属转移合同，申请退税的，经县级以上人民政府财政机关审核批准，准予退税。

契税由各级地方税务机关负责征收，也可由地方税务机关委托有关单位代理征收。代征手续费的支付比例按国家有关规定执行。

各级人民政府土地、房产管理部门应当向征收机关提供有关土地、房屋权属变更以及土地基准地价、标定地价、房产市场交易价格等资料，支持、协助征收机关依法征收契税。

二、贵州省契税征管制度

（一）契税的纳税人与征收机关

根据《贵州省契税实施办法》（贵州省人民政府令第38号）的规定，在本省行政区域内转移土地、房屋权属，承受的单位和个人为契税的纳税人，应当依照规定缴纳契税。

契税由税务机关负责征收。

（二）契税的征收范围

转移土地、房屋权属是指下列行为：

（1）国有土地使用权出让。
（2）土地使用权转让，包括出售、赠与和交换。
（3）房屋买卖。
（4）房屋赠与。
（5）房屋交换。

土地、房屋权属转移除《契税暂行条例细则》第八条规定的情形外，以土地使用权作为条件联建房屋的，按土地使用权转让征税。

（三）契税的税率和计税依据

契税税率为3%。

契税的计税依据如下：

（1）国有土地使用权出让，其契税计税价格为承受人为取得该土地使用权而支付的全部经济利益。土地使用权转让、房屋买卖，计税依据为实际成交价格，包括承受者应交付的货币、实物、无形资产或其他经济利。

（2）土地使用权交换、房屋交换、土地使用权与房屋所有权之间相互交换，计税依据为所交换的价格的差额。

（3）土地使用权赠与、房屋赠与，计税依据由征收机关参照土地使用权出售、房屋买卖的市场价格核定。

（4）以无偿划拨方式取得土地使用权的，经批准转让房地产时，应由房地产转让者补缴契税。其计税依据为补交的土地使用权出让费用或土地收益。先以划拨方式取得土地使用权，后经批准改为出让方式取得该土地使用权的，应依法缴纳契税,其计税依据为应补缴的土地出让金和其他出让费用。

上述第(1)、第(2)项成交价明显低于市场价格并且无正当理由的,或所交换的土地使用权、房屋的价格的差额明显不合理并且无正当理由的,由征收机关参照当地市场价格核定。

(四)契税应纳税额的计算

契税应纳税额的计算公式如下:

$$应纳税额 = 计税依据 \times 税率$$

契税应纳税额以人民币计算。转移土地、房屋权属以外汇结算的,按照纳税义务发生之日中国人民银行公布的人民币市场汇率中间价折合成人民币计算。

(五)契税的税收优惠

承受土地、房屋权属,有下列情形之一的,减征或免征契税:

(1)国家机关、事业单位、社会团体、军事单位承受土地、房屋权属用于办公、教学、医疗、科研和军事设施的,免征契税。其中:

用于办公的,是指办公楼(室)、档案室、库房以及其他直接用于办公的土地、房屋。

用于教学的,是指教学楼(教室)、实验楼(室)、图书楼(馆)、场地、学生食宿设施以及其他直接用于教学的土地、房屋。

用于医疗的,是指门诊部、住院部以及其他直接用于医疗的土地、房屋。

用于科研的,是指从事科学实验的场所以及其他直接用于科研的土地、房屋。

用于军事设施的,是指地上和地下的军事指挥作战工程,军用的机场、港口、码头,库房、营区、训练场、试验场,通信、导航、观测台站以及其他直接用于军事设施的土地、房屋。

(2)城镇职工按规定第一次购买公有住房,在规定标准面积内的,免征契税;第一次购买公有住房超过规定标准面积的部分,按规定征收契税。已购公有住房经补缴土地出让金和其他出让费用成为完全产权住房的,免征土地权属转移的契税。

(3)土地、房屋被县级以上人民政府征用、占用后,重新承受土地、房屋权属，不超过原征用、占用面积的，免征契税，超过的部分减半征收；个人重新承受土地自建住宅的，在规定面积内免征契税；

（4）因不可抗力灭失住房而重新购买住房的，不超过原住房面积的部分，免征，超过的部门减半征收。

（5）承受荒山、荒沟、荒丘、荒滩土地使用权用于农、林、牧、渔业生产的，免征契税。

（6）土地使用权交换、房屋交换以及土地使用权与房屋所有权之间相互交换，其交换价值相等的，免征契税。

经批准减征、免征契税的纳税人改变原有土地、房屋的用途，不再属于减征、免征契税范围的，应当补缴已经减征、免征的税款。

（六）契税纳税义务发生时间与纳税期限

契税的纳税义务发生时间，为纳税人签订土地、房屋权属转移合同的当天，或者纳税人取得具有法律效力的契约、协议、单据、确认书、赠与文书的当天。

纳税人因改变土地、房屋用途而补缴契税的，其纳税义务发生时间为改变有关土地、房屋用途的当天。

纳税人应当自纳税义务发生之日起10日内向土地、房屋所在地的契税征收机关办理纳税申报，纳税期限为纳税人依法办理土地、房屋权属登记手续之前。

纳税人符合减征或者免征契税规定的，在签订土地、房屋权属转移合同后10日内，向土地、房屋所在地的征收机关申请办理减征或者免征手续。

（七）契税完税凭证与权属变更

纳税人持契税完税凭证和其他规定的文件材料，依法向土地、房产管理部门办理有关土地、房屋的权属变更登记手续。

纳税人未出具契税完税凭证的，土地、房产管理部门不予办理有关土地、房屋的权属变更登记手续。

（八）部门配合与法律责任

土地、房产管理部门应定期向征收机关提供办理土地、房屋变更登记时土地、房屋转移价格及转移时间等资料，并协助征收机关依法征税。

房地产经营者应按征收机关的要求提供与征税有关的资料，征收机关应对取得的资料保守秘密。

土地、房产管理部门为未出具契税完税凭证的纳税人办理土地、房屋权属变更登记手续，使契税流失的，征收机关工作人员在征收契税时玩忽职守、滥用职权、徇私舞弊的，由其上级主管部门或所在单位依法给予行政处分；情节严重，构成犯罪的，依法追究刑事责任。

三、云南省契税征管制度

（一）契税的纳税人

根据《云南省契税实施办法》（云南省人民政府令第55号）的规定，在本省行政区域内转移土地、房屋权属，承受的单位和个人为契税的纳税人，应当依照规定缴纳契税。

（二）契税的税率和应纳税额的计算

契税税率为3%。

契税的应纳税额，依照规定的税率和规定的计税依据及计算公式计征。

（三）契税的主管机关与税收优惠

省地方税务机关主管全省契税征收工作。契税征收机关为土地、房屋所在地的地、州、市、县地方税务机关及其派出机构。

国家机关、事业单位、社会团体、军事单位承受土地、房屋直接用于《契税暂行条例细则》第十二条规定范围以外的下列设施，免征契税：

（1）传达室、材料档案库（室）、车库、食堂、学生宿舍、试验室（楼）、图书馆（室）、礼堂、操场、住院部、化验室，药房等办公、教学、医疗、科研设施。

（2）军用公路、铁路、通信设施、输油输水管道等军事设施。

（3）省人民政府确认的其他办公、教学、医疗、科研和军事设施。

土地、房屋被县级以上人民政府征收、征用、占用后，重新承受土地、房屋权属，用于和原被征收、征用、占用的土地、房屋相同用途，其成交价格或者评估价格相当于补偿费的部分，免征契税，其成交价格或者评估价格超过补偿费的部分，仍征收契税。

纳税人符合减征或者免征契税规定的，应当在签订土地、房屋权属转移合同后10日内，向土地、房屋所在地的契税征收机关办理减征或者免征契税的手续。契税减征、免征的具体审批办法，由省地方税务机关另行制定。

同一土地、房屋中，既有免征或者减征部分，又有应纳税部分的，由契税征收机关参照其所占用土地面积或者建筑面积的比例确定减征、免征税额和计征税额。

纳税人因改变土地、房屋用途，需补缴减征、免征契税的，其纳税义务发生时间为改变其土地、房屋用途的当天；改变土地、房屋用途的时间难以确认的，由契税征收机关确定纳税义务发生时间。

（四）契税纳税义务发生时间与纳税期限

纳税人应当自纳税义务发生之日起10日内，向土地、房屋所在地的契税征收机关办理纳税申报，并在契税征收机关核定的期限内缴纳税款。契税征收机关核定的期限最长不得超过30日。

（五）契税的完税凭证与权属变更

纳税人在缴纳契税或者办理减征、免征契税手续后，契税征收机关应当向纳税人开具契税完税证、契税免税证等契税完税凭证。

纳税人应当持契税完税证、契税免税证等契税完税凭证和其他规定的文件资料，依法向土地管理部门、房产管理部门办理有关土地、房屋的权属变更登记手续。

纳税人未出具契税完税证、契税免税证等契税完税凭证的，土地管理部门、房产管理部门不予办理有关土地、房屋的权属变更登记手续。

（六）契税的征收机关与法律责任

契税由契税征收机关直接征收。契税征收机关可以依照国家规定提取征收经费，用于契税征收管理工作。

契税征收机关、土地管理部门、房产管理部门工作人员玩忽职守、滥用职权、徇私舞弊的，由所在单位或者上级机关给予行政处分；构成犯罪的，依法追究刑事责任。

第七节　西北地区契税征管制度

一、陕西省契税征管制度

（一）契税的纳税人

根据《陕西省契税实施办法》（陕政发〔1998〕23号）的规定，在我省行政区域内转移土地、房屋权属，承受单位和个人为契税纳税人，应当依照规定缴纳契税。其中：

土地、房屋权属，是指土地使用权和房屋所有权。

承受，是指以购买、受让、受赠、交换等方式取得土地、房屋权属的行为。

单位，是指企业单位、事业单位、国家机关、军事单位和社会团体以及其他组织。

个人，是指个体经营者及其他个人。

（二）契税的征收范围

转移土地、房屋权属是指下列行为：

（1）国有土地使用权出让。

（2）土地使用权转让，包括出售、赠与和交换。

（3）房屋买卖。

（4）房屋赠与。

（5）房屋交换。

其中：

国有土地使用权出让，是指土地使用者向国家交付土地使用权出让金，国家将国有土地使用权在一定年限内出让给土地使用者的行为。

土地使用权转让，是指土地使用者以出售、赠与、交换或者其他方式将土地使用权转移给其他单位和个人的行为，不包括农村集体土地承包经营权的转移。

土地使用权出售，是指土地使用者以土地使用权作为交易条件，取得货币、实物、无形资产或者其他经济利益的行为。

土地使用权赠与，是指土地使用者将其土地使用权无偿转让给受赠者的行为。

土地使用权交换，是指土地使用者之间相互交换土地使用权的行为，包括土地使用权与房屋所有权之间相互交换的行为。

房屋买卖，是指房屋所有者将其房屋出售，由承受者交付货币、实物、无形资产或者其他经济利益的行为。

房屋赠与，是指房屋所有者将其房屋无偿转让给受赠者的行为。

房屋交换，是指房屋所有者之间相互交换房屋的行为。

土地、房屋权属以下列方式转移的，视同土地使用权转让、房屋买卖或者房屋赠与：

（1）以土地、房屋权属作价投资、入股。

（2）以土地、房屋权属抵债。

（3）以获奖方式承受土地、房屋权属。

（4）以预购方式或者预付集资建房款方式承受土地、房屋权属。

（三）契税的税率与计税依据

契税税率为3%。

契税的计税依据如下：

（1）国有土地使用权出让、土地使用权出售、房屋买卖，计税依据为成交价格。其中：

成交价格，是指土地、房屋权属转移合同确定的价格。它包括承受者交付的货币、实物、无形资产或者其他经济利益。

（2）土地使用权赠与、房屋赠与，计税依据由征收机关参照土地使用权出售、房屋买卖的市场价格核定。

（3）土地使用权交换、房屋交换，计税依据为所交换的土地使用权、房屋的价格的差额。

成交价格明显低于市场价格并且无正当理由的，或者所交换土地使用权、房屋的价格的差额明显不合理并且无正当理由的，计税依据由征收机关参照市场价格核定。

土地使用权交换、房屋交换，交换价格不相等的，由多交付货币、实物、无形资产或者其他经济利益的一方缴纳税款。交换价格相等的，免征契税。

土地使用权与房屋所有权相互交换，按照前款征税。

以划拨方式取得土地使用权的，经批准转让房地产时，应由房地产转让者补缴契税款。其计税依据为补缴的土地使用权出让费用或者土地收益。

（四）契税应纳税额的计算

契税应纳税额依照规定的税率和规定的计税依据计算征收。其应纳税额计算公式如下：

$$应纳税额 = 计税额 \times 税率$$

契税应纳税额以人民币计算。转移土地、房屋权属以外汇结算的，按照纳税义务发生之日中国人民银行公布的人民币市场汇率中间价折合成人民币计算。

（五）契税的税收优惠

有下列情形之一的，减征或者免征契税：

（1）国家机关、事业单位、社会团体、军事单位承受土地、房屋用于本单位办公、教学、医疗、科研和军事设施的，免征契税。

（2）城镇职工按国家规定购买公有住房的，免征契税。

（3）因不可抗力灭失住房而重新购买住房的，酌情准予减征或者免征契税。

（4）土地、房屋被县级以上人民政府征用、占用后，重新承受土地、房屋权属的，免征契税。

（5）纳税人承受荒山、荒沟、荒丘、荒滩土地使用权用于农、林、牧、渔业生产的，免征契税。

（6）依照我国法律规定以及我国缔结或参加的双边和多边条约或协定的规定应当予以免税的外国驻华使馆、领事馆、联合国驻华机构及其外交代表、领使官员和其他外交人员承受土地、房屋权属的，经外交部确认可以免征契税。

（7）承受土地、房屋用于敬老院、孤儿院、幼儿园、托儿所、监狱、劳改劳教所的，免征契税。

（8）财政部规定的其他减征、免征契税的项目。

上述所称用于办公的，是指办公室（楼）以及食堂、洗澡堂、库房、绿化带等直接服务于办公的土地、房屋。

上述所称用于教学的，是指教室（教学楼）、图书馆、操场以及学生宿舍、食堂、洗澡堂、库房、绿化带等直接服务于教学的土地、房屋。

上述所称用于医疗的，是指门诊部、住院部以及食堂、洗澡堂、库房、绿化带等直接服务于医疗的土地、房屋。

上述所称用于科研的,是指科学实验的场所以及食堂、洗澡堂、库房、绿化带等直接服务于科研的土地、房屋。

上述所称用于军事设施的,是指地上和地下的军事指挥作战工程,军用机场、港口、码头,军用库房、营区、训练场、试验场,军用通信、导航、观测台站,其他直接用于军事设施的土地、房屋。

上述所称的不可抗力,是指自然灾害、战争等不能预见、不能避免并不能克服的客观情况。

纳税人享受减征或免征契税的,应当在签订土地、房屋权属转移合同后10日内,向土地、房屋所在地的契税征收机关办理减征或免征契税手续。

因不可抗力灭失住房,需要减征或者免征契税的,其审批权限为:减、免税额在5万元(含5万元)以上的,经当地财政机关核实,层报省财政厅审批;减、免税额在2万元(含2万元)以上,5万元以下的,经县级人民政府财政局核实,报地、市政府(行署)财政局审批;减、免税额在2万元以下的,由县级人民政府财政局审批。

经批准减征或者免征契税的纳税人因改变有关土地、房屋的用途,不再属于规定减征或者免征范围的,应当补缴已经减征或者免征的契税。

(六)契税纳税义务发生时间与纳税期限

契税纳税义务发生时间,为纳税人签订土地、房屋权属转移合同的当天,或者纳税人取得其他具有土地、房屋权属转移合同性质凭证的当天。

纳税人因改变用途应当补缴已经减征或者免征契税的,其纳税义务发生时间为改变有关土地、房屋用途的当天。

上述所称其他具有土地、房屋权属转移合同性质凭证,是指具有合同效力的契约、协议、合约、单据、确认书及由省人民政府确定的其他凭证。

纳税人应当自纳税义务发生之日起10日内,向土地、房屋所在地的契税征收机关办理纳税申报,并在契税征收机关核定的期限内缴纳税款。

(七)契税的完税凭证与权属变更

纳税人办理纳税事宜后,契税征收机关应当向纳税人开具契税完税凭证。

纳税人应持契税完税凭证和其他规定的文件材料,依法向土地管理部门、房产管理部门办理有关土地、房屋的权属变更登记手续。

纳税人未出具契税完税凭证的,土地管理部门、房产管理部门不予办理有关土地、房屋的权属变更登记手续。

(八)契税的征收机关与部门配合

契税征收机关为土地、房屋所在地的财政机关;需要委托代征的,由县(市、区)人民政府确定土地管理部门、房产管理部门为代征单位,代征手续费的支付比例按财政部规定执行。

土地管理部门、房产管理部门应当向契税征收机关提供有关资料,并协助契税征收机关依法征收契税。

征收机关按实征税额的5%提取征收经费,用于业务费开支。

二、甘肃省契税征管制度

(一)契税的纳税人

根据《甘肃省契税征收管理办法》(甘肃省人民政府令第19号)的规定,本省行政区域内土地使用权、房屋所有权发生转移时,承受的企业单位、事业单位、国家机关、军事单位和社会团体以及其他组织和个体经营者及其他个人为契税的纳税人,应当依照规定缴纳契税。

以划拨方式取得土地使用权的,经批准转让房地产时,房地产转让双方均为纳税人。

(二)契税的征收范围

契税的征收范围包括国有土地使用权出让、土地使用权转让(包括出售、赠与和交换)、房屋买卖、房屋赠与和房屋交换。其中,土地使用权转让不包括农村集体土地承包经营权的转移。

下列转移方式视同土地使用权转让、房屋买卖和房屋赠与征税:
(1)以土地、房屋权属抵债或作价投资、入股的。
(2)以获奖或者转移无形资产方式承受土地、房屋权属的。
(3)建设工程转让时发生土地使用权转移的。
(4)以其他方式事实构成土地、房屋权属转移的。

（三）契税的征收机关与代征

契税由土地、房屋所在地的财政部门负责征收。财政部门根据工作需要，可以委托有关单位代征或代扣代缴契税。

土地管理部门、房产管理部门应当向财政部门提供有关资料，并协助财政部门依法征收契税。

财政部门可按契税征收额的 5% 提取征收手续费，代征手续费的提取使用和管理按有关规定执行。

（四）契税的税率与计税依据

契税税率为 3%。

契税的计税依据如下：

（1）国有土地使用权出让、土地使用权出售、房屋买卖，计税依据为成交价格。

（2）土地使用权赠与、房屋赠与，计税依据由财政部门参照同类土地使用权出售、房屋买卖的市场价格或评估价格核定。

（3）土地使用权交换、房屋交换，计税依据为所交换的土地使用权、房屋价格的差额。

（4）以划拨方式取得土地使用权的，经批准转让房地产时，除承受方按规定缴纳契税外，房地产转让者应当补缴契税，计税依据为补缴的土地使用权出让费用或者土地收益。

（5）承受土地、房屋部分权属的，计税依据为所承受部分权属的成交价格；当部分权属改为全部权属时，计税依据为全部权属的成交价格，原已缴纳的部分权属的税款应予扣除。

上述成交价格明显低于市场价格并且价格的差额明显不合理又无正当理由的，由征收部门参照市场价格核定。

（五）契税应纳税额的计算

契税应纳税额依照规定的税率和计税依据计算征收。其应纳税额的计算公式如下：

$$应纳税额 = 计税依据 \times 税率$$

契税应纳税额以人民币计算。转移土地、房屋权属以外汇结算的，按照纳税义务发生之日中国人民银行公布的人民币市场汇率中间价折合成人民币计算。

(六)契税的税收优惠

有下列情形之一的,免征契税:

(1)国家机关、事业单位、社会团体、军事单位承受土地、房屋用于办公、教学、医疗、科研和军事设施以及用于非营利性的食堂、学生宿舍、实验室、档案资料室、库房、会议室、接待室、图书馆、住院部、体育场所的。

(2)城镇职工按规定标准面积第一次购买公有住房的。

(3)因不可抗力灭失住房而重新购买住房的。

(4)土地、房屋被县级以上人民政府征用、占用后,重新承受土地、房屋权属,其成交价格或补偿面积没有超出规定补偿标准的。

(5)纳税人承受荒山、荒沟、荒丘、荒滩土地使用权,用于农、林、牧、渔生产的。

(6)财政部规定的其他减征、免征的项目。

经批准减征、免征契税的纳税人改变有关土地、房屋的用途,不再属于《甘肃省契税征收管理办法》第八条规定的减征、免征契税范围的,应当补缴已经减征、免征的税款。

土地使用权交换、房屋交换,交换价格不相等的,由多交付货币、实物、无形资产或其他经济利益的一方缴纳税款。交换价格相等的,免征契税。

(七)契税纳税义务发生时间与纳税期限

契税纳税义务发生时间为纳税人签订土地、房屋权属转移合同的当天,或纳税人取得其他具有合同效力的契约、协议、合约、单据、确认书以及由省人民政府土地主管部门、房地产主管部门确定的其他凭证的当天。

纳税人因改变用途应补缴已经减征、免征的税款,其纳税义务发生时间为改变有关土地、房屋用途的当天。

纳税人应当自纳税义务发生之日起10日内,向土地、房屋所在地的财政部门办理纳税申报,并在财政部门核定的期限内缴纳税款。符合减征或免征契税规定的,应当办理减征或免征契税手续。

(八)契税完税凭证与退税

纳税人办理纳税事宜后,财政部门应当向纳税人开具契税完税凭证。纳税人应持契税完税免税凭证和其他规定的文件材料,依法向土地管理部门、房地产管理部门办理有关土地、房屋的权属变更登记手续。未出具契税完凭证的，不予办理有关土地、房屋的权属变更登记手续。

纳税人已缴纳契税，但土地、房屋权属转移未能实现而申请退税的，经县以上财政部门审批退税。

三、青海省契税征管制度

（一）契税的纳税人

根据《青海省契税征收管理办法》（青海省人民政府令第9号）的规定，凡在本省行政区域内转移土地、房屋权属，承受的单位和个人应当依照规定缴纳契税。其中：

承受，是指受让、购买、受赠、交换等合法方式取得土地、房屋权属的行为。

单位，是指国家机关、企业单位、事业单位、军事单位和社会团体以及其他组织。

个人，是指个体经营者和其他个人。

（二）契税的征收范围

土地、房屋权属以下列方式转移的，视同土地使用权转让、房屋买卖或者房屋赠与征税：

（1）以土地、房屋权属作价投资、入股。

（2）以土地、房屋权属抵债。

（3）以获奖方式承受土地、房屋权属。

（4）以预购方式或者预付集资建房款方式承受土地、房屋权属。

契税的征收范围不包括农村、牧区集体土地承包经营权的转移。

（三）契税的税率和计税依据

本省契税不分税目和地区，统一适用3%的税率。

契税的计税依据如下：

（1）国有土地使用权出让、土地使用权出售、房屋买卖的，以出让金或成交价格征收税款。

（2）土地使用权赠与、房屋赠与的，由征收机关参照土地使用权出售、房屋买卖的市场价格核定征收税款。

（3）土地使用权交换、房屋交换、土地使用权与房屋所有权之间相互交换，交换价格不相等的，由多交付货币、实物、无形资产或者其他经济利益的一方按价格的差额缴纳税款。

成交价格明显低于市场价格或土地使用权交换、房屋交换以及土地使用权与房屋所有权之间相互交换的价格差额明显不合理，且无正当理由的，由征收机关参照市场价格核定征收税款。纳税人对参照市场价格有异议的，由征收机关依据评估价格核定征收税款。评估价格应由依法取得房地产评估资质的房地产评估机构做出。其中：成交价格是指土地、房屋权属转移合同确定的价格，包括承受者应付的货币、实物、无形资产或者其他经济利益。

以划拨方式取得土地使用权，经批准转让土地、房屋权属时，由转让者补缴契税。其计税依据为补缴的土地使用权出让金或土地收益。

（四）契税应纳税额的计算

契税应纳税额的计算公式如下：

$$应纳税额 = 计税依据 \times 税率$$

契税应纳税额以人民币计算。转移土地、房屋权属以外币结算的，按照纳税义务发生之日中国人民银行公布的人民币市场汇率中间价折合人民币计算。

（五）契税的税收优惠

（1）土地使用权交换、房屋交换或土地使用权与房屋所有权之间相互交换的价格相等的，免征契税。

（2）国家机关、事业单位、社会团体承受土地、房屋直接用于办公、教学、医疗、科研的，免征契税。

（3）军事单位承受土地、房屋直接用于下列军事设施的，免征契税：①地上和地下的军事指挥作战工程。②军用的机场。③军用的库房、营区、训练场、试验场。④军用的通信、导航、观测站。⑤其他直接用于军事设施的土地、房屋。

（4）城镇职工按国家规定第一次购买公有住房或集资建房的，享受免征契税；再次购房或集资建房的，应缴纳契税。

（5）因不可抗力灭失住房而重新购买住房的，经县级以上征收机关批准，可酌情减征或免征契税。

（6）承受土地、房屋用于社会福利机构以及非营业性图书馆、文化馆（站）、博物馆、科技馆（站）以及科学技术普及、青少年活动场所的，免征契税。

（7）承受荒地（荒山、荒滩、荒坡）土地使用权，用于农、林、牧、渔业生产的，免征契税。

（8）土地、房屋被县以上人民政府征用、占用后，重新承受土地、房屋权属的，免征契税。

（9）国家财政部门对其他减征、免征契税的项目另有规定的，从其规定。

（六）契税的征收机关与纳税期限

税务机关为契税征收机关，负责契税的征收管理。

纳税人应自纳税义务发生之日起10日内缴纳税款。

（七）契税完税凭证与权属变更

纳税人缴纳税款后，契税征收机关应当为纳税人开具契税完税凭证。

纳税人应当持契税完税凭证和其他规定的文件材料，依法向土地管理部门、房产管理部门办理有关土地、房屋的权属变更登记手续。土地管理部门、房产管理部门应当向契税征收机关提供有关资料，并协助契税征收机关依法征收契税。

四、宁夏回族自治区契税征管制度

（一）契税的纳税人

根据《宁夏回族自治区实施〈中华人民共和国契税暂行条例〉办法》（宁政发〔1997〕119号）的规定，在自治区境内转移土地、房屋权属，承受的单位和个人，应当依照规定缴纳契税。其中：

土地、房屋权属，是指土地使用权、房屋所有权。

承受，是指以受让、购买、受赠、交换等方式取得土地、房屋权属的行为。

（二）契税的征收范围

转移土地、房屋权属是指下列行为：

（1）国有土地使用权出让。

（2）土地使用权转让，包括出售、赠与、交换。

（3）房屋买卖。

（4）房屋赠与，房屋交换。

土地、房屋权属以下列方式转移的，视同土地使用权转让、房屋买卖或者房屋赠与征税：

（1）以土地、房屋权属作价投资、入股。

（2）以土地、房屋权属抵债。

（3）以获奖方式承受土地、房屋权属。

（4）以预购方式或者预付集资建房款方式承受土地、房屋权属。

（5）国家规定的土地、房屋权属转移的其他方式。

（三）契税的税率与计税依据

契税税率为3%。

契税的计税依据如下：

（1）国有土地使用权出让、土地使用权出售、房屋买卖，计税依据为成交价格。成交价格是指土地、房屋权属转移合同确定的价格，包括承受者应交付的货币、实物、无形资产或者其他经济利益。

（2）土地使用权交换、房屋交换，交换价格不相等的，由多交付货币、实物、无形资产或其他经济利益的一方缴纳税款。

（3）以划拨方式取得土地使用权的，经批准转让房地产时，由房地产转让者补缴契税，其计税依据为补缴的土地使用权出让费用或者土地收益。

（4）土地使用权赠与、房屋赠与，计税依据由征收机关按照当地具有资质的评估机构出具的估价报告予以核定。

（四）契税应纳税额的计算

契税应纳税额按照规定的契税税率和规定的契税依据计算征收。其应纳税额的计算公式如下：

$$应纳税额 = 计税依据 \times 税率$$

（五）契税的税收优惠

有下列情形之一的，减征或者免征契税：

（1）土地、房屋被县级以上人民政府征用，重新承受土地、房屋权属的，免征契税。

（2）承包荒山、荒沟、荒丘、荒滩的土地使用权，用于农、牧、林、渔业生产的，免征契税。

（3）国家机关、事业单位，社会团体、军事单位承受土地、房屋直接用于办公、教学、医疗、科学试验、军事设施的，免征契税。

（4）城镇职工，按国家规定标准面积以内购买公有住房的，免征契税（此项免税照顾每户只能享受一次）。

（5）因不可抗力丧失住房而重新购买住房的，经县（市）财政局审核后，报自治区财政厅批准，予以减征或免征契税。

（6）土地使用权交换、房屋交换，交换价格相等的免征契税。

纳税人符合减征或者免征契税规定的，应当在土地、房产权属转移合同签订或者具有合同效力的契约、协议、合约、票据、确认书以及由自治区人民政府确定的其他凭证取得之日起10日内，向土地、房屋所在地的征收机关办理减征或者免征契税手续。

（六）契税纳税义务发生时间与纳税期限

纳税人因改变土地、房屋用途补缴已经减征、免征契税的，其纳税义务发生时间为改变有关土地、房屋用途的当日。

纳税义务人应当自纳税义务发生之日起10日内，向土地、房屋所在地的征收机关办理纳税申报，并在契税征收机关核定的期限内缴纳税款。

（七）契税的完税凭证与退税

纳税人办理纳税事宜后，征收机关应当向纳税人开具契税完税凭证。

纳税人应当持契税完税凭证和其他规定的文件材料，依法向土地管理部门，房产管理部门办理有关土地、房屋的权属变更登记手续。

纳税人缴纳契税后，并未履行签订土地、房屋权属转移合同，申请退税的，经县级以上人民政府财政机关审核批准，准予退税。

（八）契税的征收机关与部门配合

契税由市、县地方税务机关征收，未设立地方税务机关的市、县由当地国家税务机关征收。

各级人民政府土地、房产管理部门和公证机关应当向征收机关提供有关土地、房产使用权属变更以及土地基准地价、标定地位、房产市场交易价格等资料，支持、协助征收机关依法征收契税。

（九）契税的法律责任与争议解决

土地、房产权属承受的单位和个人未在规定期限内向征收机关申报缴纳契税的，从滞纳契税款之日起，按日加收滞纳税款 5 ‰ 的滞纳金。

纳税人与征收机关因纳税发生争议时，必须先依照规定缴纳税款及滞纳金，然后可以在收到征收机关填发的缴款凭证之日起 60 日内向上一级征收机关申请复议。上一级征收机关应当自收到复议申请之日起 60 日内做出复议决定。对复议决定不服的，可以在接到复议决定之日起 15 日内向人民法院起诉。

（十）相关解释

国有土地使用权出让，是指土地使用者向国家交付土地使用权出让费用，国家将国有土地使用权在一定年限内让予土地使用者的行为。

土地使用权转让，是指土地使用者以出售、赠与、交换或其他方式将土地使用权转移给其他单位和个人的行为。

土地使用权出售，是指土地使用者以土地使用权作为交易条件，取得货币、实物或者其他经济利益的行为。

土地使用权的交换，是指土地使用者之间交换土地使用权的行为。

房屋买卖，是指房屋所有者将其房屋出售，由承受者交付货币、实物或者其他经济利益的行为。

房屋赠与，是指房屋所有者无偿转让给受赠者的行为。

五、新疆维吾尔自治区契税征管制度

（一）契税的纳税人

根据《新疆维吾尔自治区契税实施办法》（1998 年 6 月 16 日自治区人

民政府令第 77 号发布，根据 2002 年 5 月 20 日《新疆维吾尔自治区人民政府关于废止修订部分自治区政府规章的决定》修正）的规定，在本自治区行政区域内转移土地、房屋权属，承受的单位和个人为契税的纳税人，应当依照规定缴纳契税。

（二）契税的征税范围

土地、房屋权属转移是指下列行为：
（1）国有土地使用权出让。
（2）土地使用权转让，包括出售、赠与和交换，不包括农村集体土地承包经营权的转移。
（3）房屋买卖。
（4）房屋赠与。
（5）房屋交换。
以下列方式转移土地、房屋权属，照章征收契税：
（1）以土地、房屋权属作价投资入股。
（2）以土地、房屋权属抵债。
（3）以获奖方式承受土地、房屋权属。
（4）以预购方式或者预付集资建房款方式承受土地、房屋权属。

（三）契税的税率与计税依据

契税税率为 3%。
契税的计税依据如下：
（1）国有土地使用权出让、土地使用权出售、房屋买卖，计税依据为成交价格。
（2）土地使用权赠与、房屋赠与，计税依据由征税机关参照土地使用权出售、房屋买卖的市场价格核定。
（3）土地使用权交换、房屋交换以及土地使用权与房屋所有权之间相互交换，计税依据为所交换的土地使用权、房屋的价格的差额。
（4）以划拨方式取得的土地使用权，经批准转让房地产时，由房地产转让者补缴契税，其计税依据为补缴的土地使用权出让费用或者土地收益。
上述四项成交价格明显低于市场价格并且无正当理由的，或者所交换土地使用权房屋的价格的差额明显不合理且无正当理由的，计税依据由征收机关参照市场价格核定。

（四）契税应纳税额的计算

契税应纳税额依照规定的税率和规定的计税依据计算征收。其应纳税额的计算公式如下：

$$应纳税额 = 计税依据 \times 税率$$

契税应纳税额以人民币计算。转移土地、房屋权属以外汇结算的，按照纳税义务发生之日中国人民银行公布的人民币市场汇率中间价折合成人民币计算。

（五）契税的税收优惠

有下列情形之一的，减征或者免征契税：

（1）国家机关、事业单位、社会团体、军事单位承受土地、房屋用于办公、教学、医疗、科研和军事设施的，免征契税。

（2）城镇职工按规定第一次购买公有住房的，免征契税。

（3）因不可抗力灭失住房而重新购买住房的，酌情予以减征或者免征契税。

（4）土地、房屋被县级以上人民政府征用、占用后，重新承受土地、房屋权属的，免征契税。

（5）承受荒山、荒沟、荒丘、荒滩土地使用权，用于农、林、牧、渔业生产的，免征契税。

（6）土地使用权交换、房屋交换以及土地使用权与房屋所有权交换，交换价格相等的，免征契税。

（7）财政部规定的其他减征、免征项目。

纳税人符合减征或者免征契税规定的，应当在签订土地、房屋权属转移合同后10日内，向土地、房屋所在地的契税征收机关办理减征或者免征契税手续。

（六）契税纳税义务发生时间与纳税期限

契税的纳税义务发生时间为纳税人签订土地、房屋权属转移合同的当天，或者纳税人取得其他具有土地、房屋权属转移合同性质凭证的当天。

经批准减征、免征契税的纳税人改变有关土地、房屋的用途，不属于减征、免征契税范围的，应当补缴已经减征、免征的税款。其纳税义务发生时间为土地、房屋改变用途的当天。

纳税人应当自纳税义务发生之日起10日内，向土地、房屋所在地的契税征收机关办理纳税申报，并在契税征收机关核定的期限内缴纳税款。

（七）契税的退税与完税凭证

纳税人已缴纳契税，但未履行所签订土地、房屋权属转移合同，申请退税的，经县级以上契税征收机关审核批准，可准予退税。

纳税人办理纳税事宜后，契税征收机关应当向纳税人开具契税完税凭证。

（八）契税的征收机关与代征

纳税人应当持契税完税凭证和其他规定的文件材料，依法向土地管理部门、房产管理部门办理有关土地、房屋权属变更登记手续。纳税人未出具契税完税凭证的，土地管理部门、房产管理部门不予办理有关土地、房屋的权属变更登记手续。

契税征收机关为土地、房屋所在地的财政机关。土地管理部门、房产管理部门应当向契税征收机关提供有关资料，并协助契税征收机关依法征收契税。

契税以征收机关自征为主。各级征收机关可以根据征收管理的需要，报自治区人民政府审批后，委托土地管理部门、房产管理部门代征契税。

第六章

《城市维护建设税法》释义

第一节 城市维护建设税的纳税人和计税依据

一、城市维护建设税的纳税人

（一）一般规定

根据《中华人民共和国城市维护建设税法》（2020年8月11日第十三届全国人民代表大会常务委员会第二十一次会议通过，以下简称《城市维护建设税法》）第一条的规定，城市维护建设税的纳税人是在中华人民共和国境内缴纳增值税、消费税的单位和个人。

根据《中华人民共和国城市维护建设税暂行条例》（1985年2月8日国务院发布，根据2011年1月8日国务院令第588号《国务院关于废止和修改部分行政法规的决定》修订，以下简称《城市维护建设税暂行条例》）第二条的规定，城市维护建设税的纳税人是缴纳消费税、增值税、营业税的单位和个人。

《城市维护建设税法》规定的纳税人和《城市维护建设税暂行条例》规定的纳税人基本一致，由于营业税改征增值税以后，营业税已经取消，因此，城市维护建设税的纳税人也从缴纳"三税"的单位和个人变成缴纳"两税"的单位和个人。

（二）外资企业和个人统一缴纳城市维护建设税

根据《国务院关于统一内外资企业和个人城市维护建设税和教育费附加制度的通知》（国发〔2010〕35号）的规定，为了进一步统一税制、公平税负，创造平等竞争的外部环境，根据第八届全国人民代表大会常务委员会第五次会议通过的《全国人民代表大会常务委员会关于外商投资企业和外国企业适用增值税、消费税、营业税等税收暂行条例的决定》，国务院决定统一内外资企业和个人城市维护建设税和教育费附加制度。自2010年12月1日起，外商投资企业、外国企业及外籍个人适用国务院1985年发布的《城市维护建设税暂行条例》和1986年发布的《征收教育费附加的暂行规定》。1985年及1986年以来国务院及国务院财税主管部门发布的有关城市维护建设税和教育费附加的法规、规章、政策同时适用于外商投资企业、外国企业及外籍个人。

【例6-1】甲公司为一家咨询公司，甲公司是否属于城市维护建设税的纳税人？

解析：城市维护建设税的纳税人为缴纳增值税、消费税的纳税人，甲公司为一家咨询公司，属于增值税的征税范围，应当依法缴纳增值税，因此，甲公司属于城市维护建设税的纳税人。如甲公司因享受增值税优惠而未实际缴纳增值税，则甲公司不需要实际缴纳城市维护建设税，属于潜在的城市维护建设税的纳税人。

二、城市维护建设税的计税依据

（一）实际缴纳的"两税"税额

《城市维护建设税法》第二条第一款规定："城市维护建设税以纳税人依法实际缴纳的增值税、消费税税额为计税依据。"其第二条第三款规定："城市维护建设税计税依据的具体确定办法，由国务院依据本法和有关税收法律、行政法规规定，报全国人民代表大会常务委员会备案。"

《城市维护建设税暂行条例》第三条规定:"城市维护建设税,以纳税人实际缴纳的消费税、增值税、营业税税额为计税依据,分别与消费税、增值税、营业税同时缴纳。"

《城市维护建设税法》规定的计税依据与《城市维护建设税暂行条例》规定的计税依据基本相同,由于营业税已经取消,相应的计税依据也从"三税"税额变更为"两税"税额。

【例6-2】 2020年8月,甲公司销售应税服务,应纳增值税10万元,因资金周转困难,实际向税务机关缴纳增值税5万元。甲公司计算2020年8月应纳城市维护建设税的计税依据是多少?

解析:城市维护建设税的计税依据为纳税人依法实际缴纳的增值税、消费税税额,而非应纳增值税、消费税税额。因此,甲公司计算2020年8月应纳城市维护建设税的计税依据为5万元。

(二)退税允许扣除

根据《城市维护建设税法》第二条第二款的规定,城市维护建设税的计税依据应当按照规定扣除期末留抵退税退还的增值税税额。

根据《财政部 税务总局关于集成电路企业增值税期末留抵退税有关城市维护建设税 教育费附加和地方教育附加政策的通知》(财税〔2017〕17号)的规定,享受增值税期末留抵退税政策的集成电路企业,其退还的增值税期末留抵税额,应在城市维护建设税、教育费附加和地方教育附加的计税(征)依据中予以扣除。

根据《财政部 税务总局关于增值税期末留抵退税有关城市维护建设税教育费附加和地方教育附加政策的通知》(财税〔2018〕80号)的规定,对实行增值税期末留抵退税的纳税人,允许其从城市维护建设税、教育费附加和地方教育附加的计税(征)依据中扣除退还的增值税税额。

《城市维护建设税法》将财税〔2017〕17号文件和财税〔2018〕80号文件规定的最新政策写入了法律。

【例6-3】 2020年8月,甲公司销售应税货物,应纳增值税10万元,根据相关政策,甲公司该月期末留抵退税退还的增值税税额为15万元,实际缴纳增值税数额为0。甲公司计算2020年8月应纳城市维护建设税的计税依据是多少？

解析：城市维护建设税的计税依据应当按照规定扣除期末留抵退税退还的增值税税额。因此，甲公司计算2020年8月应纳城市维护建设税的计税依据为0。另外，根据甲公司当月实际缴纳增值税0也可以判断出其当月应纳城市维护建设税的计税依据为0。

（三）进口缴纳的"两税"税额除外

根据《城市维护建设税法》第三条的规定，对进口货物或者境外单位和个人向境内销售劳务、服务、无形资产缴纳的增值税、消费税税额，不征收城市维护建设税。

根据《财政部关于城市维护建设税几个具体问题的规定》（1985年3月22日发布）的规定，海关对进口产品代征的增值税，不征收城市维护建设税。

【例6-4】 2020年8月，甲公司销售应税货物，应纳增值税10万元；甲公司进口货物，向海关实际缴纳增值税8万元。甲公司计算2020年8月应纳城市维护建设税的计税依据是多少？

解析：对进口货物缴纳的增值税税额，不征收城市维护建设税。因此，甲公司计算2020年8月应纳城市维护建设税的计税依据为10万元。进口环节缴纳的8万元增值税，不需要缴纳城市维护建设税。

（四）当期免抵的增值税税额应计入计税依据

根据《财政部 国家税务总局关于生产企业出口货物实行免抵退税办法后有关城市维护建设税 教育费附加政策的通知》（财税〔2005〕25号）的规定，经国家税务局正式审核批准的当期免抵的增值税税额应纳入城市维护建设税和教育费附加的计征范围，分别按规定的税（费）率征收城市维护建设税和教育费附加。

【例6-5】 2020年8月，甲公司销售应税货物，应纳增值税10万元；

当期免抵的增值税税额为5万元。甲公司计算2020年8月应纳城市维护建设税的计税依据是多少?

解析:经国家税务局正式审核批准的当期免抵的增值税税额应纳入城市维护建设税的计征范围。因此,甲公司计算2020年8月应纳城市维护建设税的计税依据为15元(10+5)。

第二节 城市维护建设税应纳税额的计算

一、城市维护建设税的税率

(一)一般规定

根据《城市维护建设税法》第四条的规定,城市维护建设税税率如下:
(1)纳税人所在地在市区的,税率为7%。
(2)纳税人所在地在县城、镇的,税率为5%。
(3)纳税人所在地不在市区、县城或者镇的,税率为1%。

其中:纳税人所在地是指纳税人住所地或者与纳税人生产经营活动相关的其他地点,具体地点由省、自治区、直辖市确定。

根据《城市维护建设税暂行条例》第四条的规定,城市维护建设税税率如下:纳税人所在地在市区的,税率为7%;纳税人所在地在县城、镇的,税率为5%;纳税人所在地不在市区、县城或镇的,税率为1%。

《城市维护建设税法》规定的税率与《城市维护建设税暂行条例》规定的税率完全一致,没有发生变化。

【例6-6】2020年8月,位于市区的甲公司销售应税货物,向税务机关实际缴纳增值税100万元;位于农村的乙公司销售应税货物,向税务机关实际缴纳增值税200万元。甲公司和乙公司2020年8月分别应纳多少城市维护建设税?

解析：甲公司位于市区，适用税率为7%，应纳城市维护建设税7万元（100×7%）；乙公司位于农村，适用税率为1%，应纳城市维护建设税2万元（200×1%）。

（二）工矿区适用的税率

根据《财政部关于贯彻执行〈中华人民共和国城市维护建设税暂行条例〉几个具体问题的规定》（财税〔1985〕69号）的规定，纳税单位或个人缴纳城市维护建设税的适用税率，一律按其纳税所在地的规定税率执行。县政府设在城市市区，其在市区办的企业，按市区的规定税率计算纳税。纳税人所在地为工矿区的，依照《城市维护建设税暂行条例》第四条规定，应根据行政区划分别按照7%、5%、1%的税率缴纳城市维护建设税。

（三）市区、县城、镇的范围

根据《财政部关于城市维护建设税几个具体问题的补充规定》（财税〔1985〕143号）的规定，关于市区、县城、镇的范围，应按行政区划作为划分标准。

（四）确定税率的地点

根据《财政部关于城市维护建设税几个具体问题的补充规定》（财税〔1985〕143号）的规定，城市维护建设税的适用税率，应按纳税人所在地的规定税率执行。但下列两种情况可按缴纳增值税所在地的规定税率就地缴纳城市维护建设税：

（1）由受托方代征代扣增值税的单位和个人。
（2）流动经营等无固定纳税地点的单位和个人。

（五）撤县建市城市维护建设税税率

根据《国家税务总局关于撤县建市城市维护建设税适用税率问题的批复》（税总函〔2015〕511号）的规定，《城市维护建设税暂行条例》对市区、县城、镇分别规定了7%、5%、1%的城市维护建设税税率。撤县建市后，城市维护建设税适用税率应为7%。

根据《国家税务总局关于撤县建市城市维护建设税具体适用税率的批复》（税总函〔2016〕280号）的规定，《城市维护建设税暂行条例》对市区、县城和镇等分别规定了不同的城市维护建设税税率。撤县建市后，纳税人所在地在市区的，城市维护建设税适用税率为7%；纳税人所在地在市区以外其他镇的，城市维护建设税适用税率仍为5%。

【例6-7】 2020年1月，位于A县县城的甲公司销售应税货物，向税务机关实际缴纳增值税100万元；2020年5月，A县撤县建市，甲公司所在地属于市区。2020年8月，甲公司销售应税货物，向税务机关实际缴纳增值税100万元。2020年1月和8月甲公司分别应纳多少城市维护建设税？

解析：2020年1月，甲公司位于县城，适用税率为5%，应纳城市维护建设税5万元（100×5%）；2020年8月，甲公司位于市区，适用税率为7%，应纳城市维护建设税7万元（100×7%）。

二、城市维护建设税应纳税额的计算

（一）一般规定

根据《城市维护建设税法》第五条的规定，城市维护建设税的应纳税额按照计税依据乘以具体适用税率计算。

（二）查补增值税时城市维护建设税的计算

根据《财政部关于贯彻执行〈中华人民共和国城市维护建设税暂行条例〉几个具体问题的规定》（财税字〔1985〕第069号）的规定，纳税人在被查补增值税和被处以罚款时，依照《城市维护建设税暂行条例》第五条规定，应同时对其偷漏的城市维护建设税进行补税和罚款。

【例6-8】 2020年8月，位于市区的甲公司销售应税货物，向税务机关实际缴纳增值税100万元；被税务机关查补增值税50万元，缴纳滞纳金30万元，缴纳罚款50万元。甲公司2020年8月应纳多少城市维护建设税？

解析：甲公司位于市区，适用税率为7%，实际缴纳的增值税与查补增值税都属于城市维护建设税的计税依据，但滞纳金和罚款不属于，因此，甲公司2020年8月应纳城市维护建设税10.5万元〔（100＋50）×7%〕。

（三）中外合作开采石油资源城市维护建设税的计算

根据《关于中外合作开采石油资源适用城市维护建设税教育费附加有关事宜的公告》（国家税务总局公告2010年第31号）的规定，中外合作油（气）田开采的原油、天然气，在依据《国务院关于外商投资企业和外国企业适用增值税、消费税、营业税等税收暂行条例有关问题的通知》（国发〔1994〕10号）和《国家税务总局关于中外合作开采石油资源缴纳增值税有关问题的通知》（国税发〔1994〕114号），按5%税率缴纳实物增值税后，以合作油（气）田实际缴纳的增值税税额为计税依据，缴纳城市维护建设税和教育费附加。合作油（气）田的城市维护建设税和教育费附加的申报缴纳事宜，由参与中外合作开采石油资源的中国石油公司负责办理。开采海洋石油资源的中外合作油（气）田所在地在海上，根据《城市维护建设税暂行条例》（国发〔1985〕19号）第四条的规定，其城市维护建设税适用1%的税率。中国海洋石油总公司海上自营油（气）田按照上述规定执行。

（四）异地预缴城市维护建设税的计算

根据《财政部　国家税务总局关于纳税人异地预缴增值税有关城市维护建设税和教育费附加政策问题的通知》（财税〔2016〕74号）的规定，纳税人跨地区提供建筑服务、销售和出租不动产的，应在建筑服务发生地、不动产所在地预缴增值税时，以预缴增值税税额为计税依据，并按预缴增值税所在地的城市维护建设税适用税率和教育费附加征收率就地计算缴纳城市维护建设税和教育费附加。

预缴增值税的纳税人在其机构所在地申报缴纳增值税时，以其实际缴纳的增值税税额为计税依据，并按机构所在地的城市维护建设税适用税率和教育费附加征收率就地计算缴纳城市维护建设税和教育费附加。

第三节　城市维护建设税的税收优惠

一、授权国务院减免城市维护建设税

（一）一般规定

根据《城市维护建设税法》第六条的规定，根据国民经济和社会发展的需要，国务院对重大公共基础设施建设、特殊产业和群体以及重大突发事件应对等情形可以规定减征或者免征城市维护建设税，报全国人民代表大会常务委员会备案。

（二）单独减免城市维护建设税

根据《财政部　国家税务总局关于继续免征三峡工程建设基金的城市维护建设税教育费附加的通知》（财税〔2004〕79号）的规定，为支持三峡工程建设，对三峡工程建设基金，在2004年1月1日到2009年12月31日期间，继续免征城市维护建设税和教育费附加。

根据《财政部　国家税务总局关于免征国家重大水利工程建设基金的城市维护建设税和教育费附加的通知》（财税〔2010〕44号）的规定，为支持国家重大水利工程建设，对国家重大水利工程建设基金免征城市维护建设税和教育费附加。

二、减免"两税"的同时减免城市维护建设税

（一）一般规定

根据《城市维护建设税暂行条例》第五条的规定，城市维护建设税的征收、管理、纳税环节、奖罚等事项，比照消费税、增值税的有关规定办理。

根据《财政部关于城市维护建设税几个具体问题的补充规定》（财税

〔1985〕143号）的规定，对出口产品退还增值税的，不退还已纳的城市维护建设税。对由于减免增值税而发生的退税，同时退还已纳的城市维护建设税。

城市维护建设税是以增值税的纳税额作为计税依据并同时征收的，故不应予以减免税，但对个别纳税确有困难的，可由省、市、自治区人民政府酌情予以减免税照顾。

【例6-9】 2020年8月，位于市区的甲公司销售应税货物，向税务机关实际缴纳增值税100万元，获得出口退税50万元。甲公司2020年8月应纳多少城市维护建设税？

解析：甲公司位于市区，适用税率为7%，实际缴纳的增值税是城市维护建设税的计税依据，出口退税不从城市维护建设税的计税依据中扣除，因此，甲公司2020年8月应纳城市维护建设税7万元（100×7%）。

（二）增值税的主要税收优惠

根据《财政部 税务总局关于延长小规模纳税人减免增值税政策执行期限的公告》（财政部 税务总局公告2020年第24号）及《财政部 税务总局关于支持个体工商户复工复业增值税政策的公告》（财政部 税务总局公告2020年第13号）的规定，自2020年3月1日至5月31日，对湖北省增值税小规模纳税人，适用3%征收率的应税销售收入，免征增值税；适用3%预征率的预缴增值税项目，暂停预缴增值税。除湖北省外，其他省、自治区、直辖市的增值税小规模纳税人，适用3%征收率的应税销售收入，减按1%征收率征收增值税；适用3%预征率的预缴增值税项目，减按1%预征率预缴增值税。

根据《财政部 税务总局关于二手车经销有关增值税政策的公告》（财政部 税务总局公告2020年第17号）的规定，自2020年5月1日至2023年12月31日，从事二手车经销的纳税人销售其收购的二手车，由原按照简易办法依3%征收率减按2%征收增值税，改为减按0.5%征收增值税。其中：二手车是指从办理完注册登记手续至达到国家强制报废标准之前进行交易并转移所有权的车辆，具体范围按照国务院商务主管部门出台的《二手车流通管理办法》执行。

根据《财政部 税务总局关于支持货物期货市场对外开放增值税政策的公告》（财政部 税务总局公告2020年第12号）的规定，自2018年11月30日至2023年11月29日，对经国务院批准对外开放的货物期货品种保税交割业务，暂免征收增值税。

根据《财政部 税务总局关于明确国有农用地出租等增值税政策的公告》（财政部 税务总局公告2020年第2号）的规定，纳税人将国有农用地出租给农业生产者用于农业生产，免征增值税。房地产开发企业中的一般纳税人购入未完工的房地产老项目继续开发后，以自己名义立项销售的不动产，属于房地产老项目，可以选择适用简易计税方法按照5%的征收率计算缴纳增值税。

《财政部 税务总局关于资源综合利用增值税政策的公告》（财政部 税务总局公告2019年第90号）的规定，自2019年9月1日起，纳税人销售自产磷石膏资源综合利用产品，可享受增值税即征即退政策，退税比例为70%。磷石膏资源综合利用产品，包括墙板、砂浆、砌块、水泥添加剂、建筑石膏、α型高强石膏、Ⅱ型无水石膏、嵌缝石膏、黏结石膏、现浇混凝土空心结构用石膏模盒、抹灰石膏、机械喷涂抹灰石膏、土壤调理剂、喷筑墙体石膏、装饰石膏材料、磷石膏制硫酸，且产品原料40%以上来自磷石膏。

根据《财政部 税务总局关于明确生活性服务业增值税加计抵减政策的公告》（财政部 税务总局公告2019年第87号）的规定，2019年10月1日至2021年12月31日，允许生活性服务业纳税人按照当期可抵扣进项税额加计15%，抵减应纳税额（以下简称"加计抵减15%政策"）。其中：生活性服务业纳税人是指提供生活服务取得的销售额占全部销售额的比重超过50%的纳税人。生活服务的具体范围按照《销售服务、无形资产、不动产注释》（财税〔2016〕36号印发）执行。生活性服务业纳税人应按照当期可抵扣进项税额的15%计提当期加计抵减额。按照现行规定不得从销项税额中抵扣的进项税额，不得计提加计抵减额；已按照15%计提加计抵减额的进项税额，按规定作进项税额转出的，应在进项税额转出当期，相应调减加计抵减额。

根据《财政部 税务总局关于实施小微企业普惠性税收减免政策的通知》（财税〔2019〕13号）的规定，2019年1月1日至2021年12月31日，对月销售额10万元以下（含本数）的增值税小规模纳税人，免征增值税。由省、自治区、直辖市人民政府根据本地区实际情况，以及宏观调控需要确定，对增值税小规模纳税人可以在50%的税额幅度内减征资源税、城市维护建设税、房产税、城镇土地使用税、印花税（不含证券交易印花税）、耕地占用税和教育费附加、地方教育附加。增值税小规模纳税人已依法享受资源税、城市维护建设税、房产税、城镇土地使用税、印花税、耕地占用税、教育费附加、地方教育附加其他优惠政策的，可叠加享受上述规定的优惠政策。

根据《财政部　税务总局关于明确部分先进制造业增值税期末留抵退税政策的公告》（财政部　税务总局公告2019年第84号）的规定，自2019年6月1日起，同时符合以下条件的部分先进制造业纳税人，可以自2019年7月及以后纳税申报期向主管税务机关申请退还增量留抵税额：增量留抵税额大于零；纳税信用等级为A级或者B级；申请退税前36个月未发生骗取留抵退税、出口退税或虚开增值税专用发票情形；申请退税前36个月未因偷税被税务机关处罚两次及以上；自2019年4月1日起未享受即征即退、先征后返（退）政策。其中：部分先进制造业纳税人是指按照《国民经济行业分类》，生产并销售非金属矿物制品、通用设备、专用设备及计算机、通信和其他电子设备销售额占全部销售额的比重超过50%的纳税人。上述销售额比重根据纳税人申请退税前连续12个月的销售额计算确定；申请退税前经营期不满12个月但满3个月的，按照实际经营期的销售额计算确定。

根据《财政部　税务总局关于继续执行边销茶增值税政策的公告》（财政部　税务总局公告2019年第83号）的规定，自2019年1月1日起至2020年12月31日，对边销茶生产企业（企业名单见附件）销售自产的边销茶及经销企业销售的边销茶免征增值税。其中：边销茶是指以黑毛茶、老青茶、红茶末、绿茶为主要原料，经过发酵、蒸制、加压或者压碎、炒制，专门销往边疆少数民族地区的紧压茶、方包茶（马茶）。

根据《财政部　税务总局关于延续免征国产抗艾滋病病毒药品增值税政策的公告》（财政部　税务总局公告2019年第73号）的规定，自2019年1月1日至2020年12月31日，继续对国产抗艾滋病病毒药品免征生产环节和流通环节增值税。享受上述免征增值税政策的国产抗艾滋病病毒药品，须为各省（自治区、直辖市）艾滋病药品管理部门按照政府采购有关规定采购的，并向艾滋病病毒感染者和病人免费提供的抗艾滋病病毒药品。药品生产企业和流通企业应将药品供货合同留存，以备税务机关查验。抗艾滋病病毒药品的生产企业和流通企业应分别核算免税药品和其他货物的销售额；未分别核算的,不得享受增值税免税政策。

根据《财政部 税务总局 国务院扶贫办关于扶贫货物捐赠免征增值税政策的公告》(财政部 税务总局 国务院扶贫办公告2019年第55号)的规定,自2019年1月1日至2022年12月31日,对单位或者个体工商户将自产、委托加工或购买的货物通过公益性社会组织、县级及以上人民政府及其组成部门和直属机构,或直接无偿捐赠给目标脱贫地区的单位和个人,免征增值税。在政策执行期限内,目标脱贫地区实现脱贫的,可继续适用上述政策。"目标脱贫地区"包括832个国家扶贫开发工作重点县、集中连片特困地区县(新疆阿克苏地区6县1市享受片区政策)和建档立卡贫困村。

根据《财政部 税务总局关于延续供热企业增值税、房产税、城镇土地使用税优惠政策的通知》(财税〔2019〕38号)的规定,自2019年1月1日至2020年供暖期结束,对供热企业向居民个人(以下简称"居民")供热取得的采暖费收入免征增值税。向居民供热取得的采暖费收入,包括供热企业直接向居民收取的、通过其他单位向居民收取的和由单位代居民缴纳的采暖费。免征增值税的采暖费收入,应当按照《增值税暂行条例》第十六条的规定单独核算。通过热力产品经营企业向居民供热的热力产品生产企业,应当根据热力产品经营企业实际从居民取得的采暖费收入占该经营企业采暖费总收入的比例,计算免征的增值税。

根据《财政部 税务总局 海关总署关于深化增值税改革有关政策的公告》(中华人民共和国财政部 国家税务总局 中华人民共和国海关总署公告2019年第39号)的规定,增值税一般纳税人(以下简称"纳税人")发生增值税应税销售行为或者进口货物,原适用16%税率的,税率调整为13%;原适用10%税率的,税率调整为9%。纳税人购进国内旅客运输服务,其进项税额允许从销项税额中抵扣。自2019年4月1日至2021年12月31日,允许生产、生活性服务业纳税人按照当期可抵扣进项税额加计10%,抵减应纳税额(以下简称"加计抵减政策")。其中:生产、生活性服务业纳税人是指提供邮政服务、电信服务、现代服务、生活服务(以下简称"四项服务")取得的销售额占全部销售额的比重超过50%的纳税人。四项服务的具体范围按照《销售服务、无形资产、不动产注释》(财税〔2016〕36号附件)执行。纳税人应按照当期可抵扣进项税额的10%计提当期加计抵减额。按照现行规定不得从销项税额中抵扣的进项税额,不得计提加计抵减额;已计提加计抵减额的进项税额,按规定作进项税额转出的,应在进项税额转出当期,相应调减加计抵减额。自 2019 年 4 月 1 日起,试行增值税期末留抵税额退税制度。

根据《财政部 海关总署 税务总局 药监局关于罕见病药品增值税政策的通知》(财税〔2019〕24 号)的规定,自 2019 年 3 月 1 日起,增值税一般纳税人生产销售和批发、零售罕见病药品,可选择按照简易办法依照 3% 征收率计算缴纳增值税。上述纳税人选择简易办法计算缴纳增值税后,36 个月内不得变更。纳税人应单独核算罕见病药品的销售额;未单独核算的,不得适用上述规定的简易征收政策。其中:罕见病药品是指经国家药品监督管理部门批准注册的罕见病药品制剂及原料药。

根据《财政部 税务总局关于继续实施支持文化企业发展增值税政策的通知》(财税〔2019〕17 号)的规定,2019 年 1 月 1 日至 2023 年 12 月 31 日,对电影主管部门(包括中央、省、地市及县级)按照各自职能权限批准从事电影制片、发行、放映的电影集团公司(含成员企业)、电影制片厂及其他电影企业取得的销售电影拷贝(含数字拷贝)收入、转让电影版权(包括转让和许可使用)收入、电影发行收入以及在农村取得的电影放映收入,免征增值税。一般纳税人提供的城市电影放映服务,可以按现行政策规定,选择按照简易计税办法计算缴纳增值税。对广播电视运营服务企业收取的有线数字电视基本收视维护费和农村有线电视基本收视费,免征增值税。

根据《财政部 税务总局关于金融机构小微企业贷款利息收入免征增值税政策的通知》(财税〔2018〕91 号)的规定,自 2018 年 9 月 1 日至 2020 年 12 月 31 日,对金融机构向小型企业、微型企业和个体工商户发放小额贷款取得的利息收入,免征增值税。金融机构可以选择以下两种方法之一适用免税:①对金融机构向小型企业、微型企业和个体工商户发放的,利率水平不高于中国人民银行同期贷款基准利率 150%(含本数)的单笔小额贷款取得的利息收入,免征增值税;高于中国人民银行同期贷款基准利率 150% 的单笔小额贷款取得的利息收入,按照现行政策规定缴纳增值税。②对金融机构向小型企业、微型企业和个体工商户发放单笔小额贷款取得的利息收入中,不高于该笔贷款按照中国人民银行同期贷款基准利率 150%(含本数)计算的利息收入部分,免征增值税;超过部分按照现行政策规定缴纳增值税。金融机构可按会计年度在以上两种方法之间选定其一作为该年的免税适用方法,一经选定,该会计年度内不得变更。其中:金融机构是指经中国人民银行、银保监会批准成立的已通过监管部门上一年度"两增两控"考核的机构(2018 年通过考核的机构名单以 2018 年上半年实现"两增两控"目标为准),以及经中国人民银行、银保监会、证监会批准成立的开发银行及政策性银行、外资银行和非银行业金融机构。"两增两控"是指单户授信总额 1 000 万元以下(含)小微企业贷款同比增速不低于各项贷款同比增速,有贷款余额的户数不低于上年同期水平,合理控制小微企业贷款资产质量水平和贷款综合成本(包括利率和贷款相关的银行服务收费)水平。金融机构完成"两增两控"情况,以银保监会及其派出机构考核结果为准。其中:

小型企业、微型企业,是指符合《中小企业划型标准规定》(工信部联企业〔2011〕300 号)的小型企业和微型企业。

小额贷款,是指单户授信小于 1 000 万元(含本数)的小型企业、微型企业或个体工商户贷款。

没有授信额度的,是指单户贷款合同金额且贷款余额在 1 000 万元(含本数)以下的贷款。

金融机构应将相关免税证明材料留存备查,单独核算符合免税条件的小额贷款利息收入,按现行规定向主管税务机构办理纳税申报;未单独核算的,不得免征增值税。金融机构应依法依规享受增值税优惠政策,一经发现存在虚报或造假骗取本项税收优惠情形的,停止享受本通知有关增值税优惠政策。金融机构应持续跟踪贷款投向,确保贷款资金真正流向小型企业、微型企业和个体工商户,贷款的实际使用主体与申请主体一致。

(三)消费税的主要税收优惠

根据《财政部 国家税务总局关于对废矿物油再生油品免征消费税的通知》(财税〔2013〕105 号)及《财政部 国家税务总局关于延长对废矿物油再生油品免征消费税政策实施期限的通知》(财税〔2018〕144 号)的规定,自 2013 年 11 月 1 日至 2023 年 10 月 31 日止,对以回收的废矿物油为原料生产的润滑油基础油、汽油、柴油等工业油料免征消费税。其中:废矿物油是指工业生产领域机械设备及汽车、船舶等交通运输设备使用后失去或降低功效更换下来的废润滑油。

根据《财政部 国家税务总局关于调整化妆品消费税政策的通知》(财税〔2016〕103 号)的规定,取消对普通美容、修饰类化妆品征收消费税,将"化妆品"税目名称更名为"高档化妆品"。征收范围包括高档美容、修饰类化妆品、高档护肤类化妆品和成套化妆品。税率调整为15%。高档美容、修饰类化妆品和高档护肤类化妆品是指生产（进口）环节销售（完税）价格（不含增值税）在10元/毫升（克）或15元/片（张）及以上的美容、修饰类化妆品和护肤类化妆品。

根据《财政部 国家税务总局关于对电池、涂料征收消费税的通知》（财税〔2015〕16号）的规定，自2015年2月1日起对电池、涂料征收消费税。将电池、涂料列入消费税征收范围，在生产、委托加工和进口环节征收，适用税率均为4%。对无汞原电池、金属氢化物镍蓄电池（又称氢镍蓄电池或镍氢蓄电池）、锂原电池、锂离子蓄电池、太阳能电池、燃料电池和全钒液流电池，免征消费税。对施工状态下挥发性有机物（volatile organic compounds，VOC）含量低于420克/升（含）的涂料，免征消费税。

根据《财政部 国家税务总局关于调整消费税政策的通知》（财税〔2014〕93号）的规定，取消气缸容量250毫升（不含）以下的小排量摩托车消费税；气缸容量250毫升和250毫升（不含）以上的摩托车继续分别按3%和10%的税率征收消费税；取消汽车轮胎税目；取消车用含铅汽油消费税，汽油税目不再划分二级子目，统一按照无铅汽油税率征收消费税；取消酒精消费税。取消酒精消费税后，"酒及酒精"品目相应改为"酒"，并继续按现行消费税政策执行。

【例6-10】 2020年第三季度，位于市区的增值税小规模纳税人甲公司提供咨询服务，开具增值税普通发票，发票上显示销售额为20万元，适用税率为1%，增值税税额为2 000元；开具增值税专用发票，发票上显示销售额为10万元，适用税率为1%，增值税税额为1 000元。甲公司2020年第三季度应纳多少城市维护建设税？

解析：甲公司位于市区，适用税率为7%，实际缴纳的增值税是城市维护建设税的计税依据，减免的增值税不属于城市维护建设税的计税依据。甲公司属于增值税小规模纳税人，季度销售额未超过30万元，开具增值税普通发票部分的销售额免纳增值税。开具增值税专用发票部分的销售额需要缴纳增值税。甲公司应纳增值税1 000元，因此，甲公司2020年第三季度应纳城市维护建设税70元（1 000×7%）。

第四节　城市维护建设税纳税义务发生时间与扣缴义务人

一、城市维护建设税纳税义务发生时间

（一）一般规定

根据《城市维护建设税法》第七条的规定，城市维护建设税的纳税义务发生时间与增值税、消费税的纳税义务发生时间一致，分别与增值税、消费税同时缴纳。

根据《城市维护建设税暂行条例》第五条的规定，城市维护建设税的征收、管理、纳税环节、奖罚等事项，比照消费税、增值税的有关规定办理。

（二）增值税纳税义务发生时间

根据《中华人民共和国增值税暂行条例》（1993年12月13日中华人民共和国国务院令第134号公布，2008年11月5日国务院第34次常务会议修订通过，根据2016年2月6日《国务院关于修改部分行政法规的决定》第一次修订，根据2017年11月19日《国务院关于废止〈中华人民共和国营业税暂行条例〉和修改〈中华人民共和国增值税暂行条例〉的决定》第二次修订，以下简称《增值税暂行条例》）第十九条的规定，增值税纳税义务发生时间如下：

（1）发生应税销售行为，为收讫销售款项或者取得索取销售款项凭据的当天；先开具发票的，为开具发票的当天。

（2）进口货物，为报关进口的当天。

增值税扣缴义务发生时间为纳税人增值税纳税义务发生的当天。

根据《中华人民共和国增值税暂行条例实施细则》（2008年12月18日财政部、国家税务总局令第50号公布，根据2011年10月28日《关于修改〈中

华人民共和国增值税暂行条例实施细则》和〈中华人民共和国营业税暂行条例实施细则〉的决定》修订，中华人民共和国财政部、中华人民共和国国家税务总局令第65号发布，以下简称《增值税暂行条例实施细则》）第三十八条的规定，《增值税暂行条例》第十九条第一款规定的收讫销售款项或者取得索取销售款项凭据的当天，按销售结算方式的不同，具体为：

（1）采取直接收款方式销售货物，不论货物是否发出，均为收到销售款或者取得索取销售款凭据的当天。

（2）采取托收承付和委托银行收款方式销售货物，为发出货物并办妥托收手续的当天。

（3）采取赊销和分期收款方式销售货物，为书面合同约定的收款日期的当天，无书面合同的或者书面合同没有约定收款日期的，为货物发出的当天。

（4）采取预收货款方式销售货物，为货物发出的当天，但生产销售生产工期超过12个月的大型机械设备、船舶、飞机等货物，为收到预收款或者书面合同约定的收款日期的当天。

（5）委托其他纳税人代销货物，为收到代销单位的代销清单或者收到全部或者部分货款的当天。未收到代销清单及货款的，为发出代销货物满180天的当天。

（6）销售应税劳务，为提供劳务同时收讫销售款或者取得索取销售款的凭据的当天。

（7）纳税人发生《增值税暂行条例实施细则》第四条第（三）项至第（八）项所列视同销售货物行为，为货物移送的当天。

（三）消费税纳税义务发生时间

根据《中华人民共和国消费税暂行条例》（1993年12月13日中华人民共和国国务院令第135号发布，2008年11月5日国务院第34次常务会议修订通过，以下简称《消费税暂行条例》）第四条的规定，纳税人生产的应税消费品，于纳税人销售时纳税。纳税人自产自用的应税消费品，用于连续生产应税消费品的，不纳税；用于其他方面的，于移送使用时纳税。

委托加工的应税消费品，除受托方为个人外，由受托方在向委托方交货时代收代缴税款。委托加工的应税消费品，委托方用于连续生产应税消费品的，所纳税款准予按规定抵扣。

进口的应税消费品，于报关进口时纳税。

根据《消费税暂行条例实施细则》（中华人民共和国财政部、中华人民共和国国家税务总局令第51号，以下简称《消费税暂行条例实施细则》）第五条的规定，销售是指有偿转让应税消费品的所有权；有偿是指从购买方取得货币、货物或者其他经济利益。

根据《消费税暂行条例实施细则》第六条的规定，用于连续生产应税消费品是指纳税人将自产自用的应税消费品作为直接材料生产最终应税消费品，自产自用应税消费品构成最终应税消费品的实体；用于其他方面是指纳税人将自产自用应税消费品用于生产非应税消费品、在建工程、管理部门、非生产机构、提供劳务、馈赠、赞助、集资、广告、样品、职工福利、奖励等方面。

根据《消费税暂行条例实施细则》第七条的规定，委托加工的应税消费品是指由委托方提供原料和主要材料，受托方只收取加工费和代垫部分辅助材料加工的应税消费品。由受托方提供原材料生产的应税消费品，或者受托方先将原材料卖给委托方，然后再接受加工的应税消费品，以及由受托方以委托方名义购进原材料生产的应税消费品，不论在财务上是否作销售处理，都不得作为委托加工应税消费品，而应当按照销售自制应税消费品缴纳消费税。委托加工的应税消费品直接出售的，不再缴纳消费税。委托个人加工的应税消费品，由委托方收回后缴纳消费税。

根据《消费税暂行条例实施细则》第八条的规定，消费税纳税义务发生时间，分列如下：

（1）纳税人销售应税消费品的，按不同的销售结算方式分别为：①采取赊销和分期收款结算方式的，为书面合同约定的收款日期的当天，书面合同没有约定收款日期或者无书面合同的，为发出应税消费品的当天。②采取预收货款结算方式的，为发出应税消费品的当天。③采取托收承付和委托银行收款方式的，为发出应税消费品并办妥托收手续的当天。④采取其他结算方式的，为收讫销售款或者取得索取销售款凭据的当天。

（2）纳税人自产自用应税消费品的，为移送使用的当天。

（3）纳税人委托加工应税消费品的，为纳税人提货的当天。

（4）纳税人进口应税消费品的，为报关进口的当天。

二、城市维护建设税的纳税期间

（一）一般规定

根据《城市维护建设税法》第七条的规定，城市维护建设税分别与增值税、消费税同时缴纳。因此，城市维护建设税的纳税期间与增值税、消费税的纳税期间是相同的。

（二）增值税的纳税期间

根据《增值税暂行条例》第二十三条的规定，增值税的纳税期限分别为1日、3日、5日、10日、15日、1个月或者1个季度。纳税人的具体纳税期限，由主管税务机关根据纳税人应纳税额的大小分别核定；不能按照固定期限纳税的，可以按次纳税。

纳税人以1个月或者1个季度为1个纳税期的，自期满之日起15日内申报纳税；以1日、3日、5日、10日或者15日为1个纳税期的，自期满之日起5日内预缴税款，于次月1日起15日内申报纳税并结清上月应纳税款。

扣缴义务人解缴税款的期限，依照上述规定执行。

（三）消费税的纳税期间

根据《消费税暂行条例》第十四条的规定，消费税的纳税期限分别为1日、3日、5日、10日、15日、1个月或者1个季度。纳税人的具体纳税期限，由主管税务机关根据纳税人应纳税额的大小分别核定；不能按照固定期限纳税的，可以按次纳税。

纳税人以1个月或者1个季度为1个纳税期的，自期满之日起15日内申报纳税；以1日、3日、5日、10日或者15日为1个纳税期的，自期满之日起5日内预缴税款，于次月1日起15日内申报纳税并结清上月应纳税款。

三、城市维护建设税的扣缴义务人

根据《城市维护建设税法》第八条的规定，城市维护建设税的扣缴义务人为负有增值税、消费税扣缴义务的单位和个人，在扣缴增值税、消费税的同时扣缴城市维护建设税。

根据《城市维护建设税暂行条例》第五条的规定,城市维护建设税的征收、管理、纳税环节、奖罚等事项,比照消费税、增值税的有关规定办理。

根据《国务院办公厅对〈中华人民共和国城市维护建设税暂行条例〉第五条的解释的复函》(国办函〔2004〕23号)的规定,《城市维护建设税暂行条例》第五条中的"征收、管理",包括城市维护建设税的代扣代缴、代收代缴,一律比照增值税、消费税的有关规定办理。

第五节　城市维护建设税的征收机关与法律责任

一、城市维护建设税的征收机关

(一)一般规定

根据《城市维护建设税法》第九条的规定,城市维护建设税由税务机关依照《城市维护建设税法》和《税收征收管理法》的规定征收管理。

根据《城市维护建设税暂行条例》第五条的规定,城市维护建设税的征收、管理、纳税环节、奖罚等事项,比照消费税、增值税的有关规定办理。

(二)增值税的征收机关

根据《增值税暂行条例》第二十条的规定,增值税由税务机关征收,进口货物的增值税由海关代征。

个人携带或者邮寄进境自用物品的增值税,连同关税一并计征,具体办法由国务院关税税则委员会会同有关部门制定。

(三)消费税的征收机关

根据《消费税暂行条例》第十二条的规定,消费税由税务机关征收,进口的应税消费品的消费税由海关代征。

个人携带或者邮寄进境的应税消费品的消费税，连同关税一并计征，具体办法由国务院关税税则委员会会同有关部门制定。

二、城市维护建设税的纳税地点

（一）一般规定

根据《城市维护建设税法》第七条的规定，城市维护建设税分别与增值税、消费税同时缴纳。因此，城市维护建设税的纳税地点与增值税、消费税的纳税地点是相同的。

（二）增值税的纳税地点

根据《增值税暂行条例》第二十二条的规定，增值税纳税地点如下：

（1）固定业户应当向其机构所在地的主管税务机关申报纳税。总机构和分支机构不在同一县（市）的，应当分别向各自所在地的主管税务机关申报纳税；经国务院财政、税务主管部门或者其授权的财政、税务机关批准，可以由总机构汇总向总机构所在地的主管税务机关申报纳税。

（2）固定业户到外县（市）销售货物或者劳务，应当向其机构所在地的主管税务机关报告外出经营事项，并向其机构所在地的主管税务机关申报纳税；未报告的，应当向销售地或者劳务发生地的主管税务机关申报纳税；未向销售地或者劳务发生地的主管税务机关申报纳税的，由其机构所在地的主管税务机关补征税款。

（3）非固定业户销售货物或者劳务，应当向销售地或者劳务发生地的主管税务机关申报纳税；未向销售地或者劳务发生地的主管税务机关申报纳税的，由其机构所在地或者居住地的主管税务机关补征税款。

（4）进口货物，应当向报关地海关申报纳税。扣缴义务人应当向其机构所在地或者居住地的主管税务机关申报缴纳其扣缴的税款。

（三）消费税的纳税地点

根据《消费税暂行条例》第十三条的规定，纳税人销售的应税消费品以及自产自用的应税消费品，除国务院财政、税务主管部门另有规定外，应当向纳税人机构所在地或者居住地的主管税务机关申报纳税。

委托加工的应税消费品，除受托方为个人外，由受托方向机构所在地或者居住地的主管税务机关解缴消费税税款。

进口的应税消费品，应当向报关地海关申报纳税。

三、城市维护建设税的法律责任

（一）一般规定

根据《城市维护建设税法》第十条的规定，纳税人、税务机关及其工作人员违反《城市维护建设税法》规定的，依照《税收征收管理法》和有关法律法规的规定追究法律责任。

（二）刑事责任

1. 逃税罪

根据《中华人民共和国刑法》[1979年7月1日第五届全国人民代表大会第二次会议通过，1997年3月14日第八届全国人民代表大会第五次会议修订，根据1998年12月29日《全国人民代表大会常务委员会关于惩治骗购外汇、逃汇和非法买卖外汇犯罪的决定》、1999年12月25日《中华人民共和国刑法修正案》、2001年8月31日《中华人民共和国刑法修正案（二）》、2001年12月29日《中华人民共和国刑法修正案（三）》、2002年12月28日《中华人民共和国刑法修正案（四）》、2005年2月28日《中华人民共和国刑法修正案（五）》、2006年6月29日《中华人民共和国刑法修正案（六）》、2009年2月28日《中华人民共和国刑法修正案（七）》、2009年8月27日《全国人民代表大会常务委员会关于修改部分法律的决定》、2011年2月25日《中华人民共和国刑法修正案（八）》、2015年8月29日《中华人民共和国刑法修正案（九）》、2017年11月4日《中华人民共和国刑法修正案（十）》修正，以下简称《刑法》]第二百零一条的规定，纳税人采取欺骗、隐瞒手段进行虚假纳税申报或者不申报，逃避缴纳税款数额较大并且占应纳税额10%以上的，处3年以下有期徒刑或者拘役，并处罚金；数额巨大并且占应纳税额30%以上的，处3年以上7年以下有期徒刑，并处罚金。

扣缴义务人采取上述所列手段，不缴或者少缴已扣、已收税款，数额较大的,依照前款的规定处罚。对多次实施上述行为,未经处理的,按照累计数额计算。

有上述行为,经税务机关依法下达追缴通知后,补缴应纳税款,缴纳滞纳金,已受行政处罚的,不予追究刑事责任;但是,5年内因逃避缴纳税款受过刑事处罚或者被税务机关给予二次以上行政处罚的除外。

2. 抗税罪

根据《刑法》第二百零二条的规定,以暴力、威胁方法拒不缴纳税款的,处3年以下有期徒刑或者拘役,并处拒缴税款1倍以上5倍以下罚金;情节严重的,处3年以上7年以下有期徒刑,并处拒缴税款1倍以上5倍以下罚金。

3. 逃避追缴欠税罪

根据《刑法》第二百零三条的规定,纳税人欠缴应纳税款,采取转移或者隐匿财产的手段,致使税务机关无法追缴欠缴的税款,数额在1万元以上不满10万元的,处3年以下有期徒刑或者拘役,并处或者单处欠缴税款1倍以上5倍以下罚金;数额在10万元以上的,处3年以上7年以下有期徒刑,并处欠缴税款1倍以上5倍以下罚金。

4. 骗取出口退税罪

根据《刑法》第二百零四条的规定,以假报出口或者其他欺骗手段,骗取国家出口退税款,数额较大的,处5年以下有期徒刑或者拘役,并处骗取税款1倍以上5倍以下罚金;数额巨大或者有其他严重情节的,处5年以上10年以下有期徒刑,并处骗取税款1倍以上5倍以下罚金;数额特别巨大或者有其他特别严重情节的,处10年以上有期徒刑或者无期徒刑,并处骗取税款1倍以上5倍以下罚金或者没收财产。

5. 虚开增值税专用发票、用于骗取出口退税、抵扣税款发票罪

根据《刑法》第二百零五条的规定,虚开增值税专用发票或者虚开用于骗取出口退税、抵扣税款的其他发票的,处3年以下有期徒刑或者拘役,并处2万元以上20万元以下罚金;虚开的税款数额较大或者有其他严重情节的,处3年以上10年以下有期徒刑,并处5万元以上50万元以下罚金;虚开的税款数额巨大或者有其他特别严重情节的,处10年以上有期徒刑或者无期徒刑,并处5万元以上50万元以下罚金或者没收财产。

单位犯本罪的,对单位判处罚金,并对其直接负责的主管人员和其他直接责任人员,处3年以下有期徒刑或者拘役;虚开的税款数额较大或者有其

他严重情节的，处3年以上10年以下有期徒刑；虚开的税款数额巨大或者有其他特别严重情节的，处10年以上有期徒刑或者无期徒刑。

虚开增值税专用发票或者虚开用于骗取出口退税、抵扣税款的其他发票，是指有为他人虚开、为自己虚开、让他人为自己虚开、介绍他人虚开行为之一的。

6. 虚开发票罪

根据《刑法》第二百零五条之一的规定，虚开《刑法》第二百零五条规定以外的其他发票，情节严重的，处2年以下有期徒刑、拘役或者管制，并处罚金；情节特别严重的，处2年以上7年以下有期徒刑，并处罚金。

单位犯本罪的，对单位判处罚金，并对其直接负责的主管人员和其他直接责任人员，依照上述规定处罚。

7. 伪造、出售伪造的增值税专用发票罪

根据《刑法》第二百零六条的规定，伪造或者出售伪造的增值税专用发票的，处3年以下有期徒刑、拘役或者管制，并处2万元以上20万元以下罚金；数量较大或者有其他严重情节的，处3年以上10年以下有期徒刑，并处5万元以上50万元以下罚金；数量巨大或者有其他特别严重情节的，处10年以上有期徒刑或者无期徒刑，并处5万元以上50万元以下罚金或者没收财产。

单位犯本罪的，对单位判处罚金，并对其直接负责的主管人员和其他直接责任人员，处3年以下有期徒刑、拘役或者管制；数量较大或者有其他严重情节的，处3年以上10年以下有期徒刑；数量巨大或者有其他特别严重情节的，处10年以上有期徒刑或者无期徒刑。

8. 非法出售增值税专用发票罪

根据《刑法》第二百零七条的规定，非法出售增值税专用发票的，处3年以下有期徒刑、拘役或者管制，并处2万元以上20万元以下罚金；数量较大的，处3年以上10年以下有期徒刑，并处5万元以上50万元以下罚金；数量巨大的，处10年以上有期徒刑或者无期徒刑，并处5万元以上50万元以下罚金或者没收财产。

9. 非法购买增值税专用发票、购买伪造的增值税专用发票罪

根据《刑法》第二百零八条的规定，非法购买增值税专用发票或者购买伪造的增值税专用发票的，处5年以下有期徒刑或者拘役，并处或者单处2万元以上20万元以下罚金。

10. 非法制造、出售非法制造的用于骗取出口退税、抵扣税款发票罪

根据《刑法》第二百零九条的规定，伪造、擅自制造或者出售伪造、擅自制造的可以用于骗取出口退税、抵扣税款的其他发票的，处 3 年以下有期徒刑、拘役或者管制，并处 2 万元以上 20 万元以下罚金；数量巨大的，处 3 年以上 7 年以下有期徒刑，并处 5 万元以上 50 万元以下罚金；数量特别巨大的，处 7 年以上有期徒刑，并处 5 万元以上 50 万元以下罚金或者没收财产。

11. 持有伪造的发票罪

根据《刑法》第二百一十条之一的规定，明知是伪造的发票而持有，数量较大的，处 2 年以下有期徒刑、拘役或者管制，并处罚金；数量巨大的，处 2 年以上 7 年以下有期徒刑，并处罚金。

单位犯本罪的，对单位判处罚金，并对其直接负责的主管人员和其他直接责任人员，依照上述规定处罚。

四、实施日期与旧法废止

根据《城市维护建设税法》第十一条的规定，该法自 2021 年 9 月 1 日起施行。1985 年 2 月 8 日国务院发布的《中华人民共和国城市维护建设税暂行条例》同时废止。

根据《城市维护建设税暂行条例》第六条的规定，城市维护建设税应当保证用于城市的公用事业和公共设施的维护建设，具体安排由地方人民政府确定。

根据《城市维护建设税暂行条例》第七条的规定，纳税人所在地不在市区、县城或镇的，按照规定缴纳的税款，应当专用于乡镇的维护和建设。

根据《城市维护建设税暂行条例》第八条的规定，开征城市维护建设税后，任何地区和部门，都不得再向纳税人摊派资金或物资。遇到摊派情况，纳税人有权拒绝执行。

上述内容因为主要涉及税款的使用以及禁止摊派等内容，这些制度已经由《中华人民共和国预算法》等其他法律法规予以规范，《城市维护建设税法》不再保留这些内容。

第七章

契税与城市维护建设税纳税筹划典型案例讲解

第一节　契税纳税筹划典型案例

一、将房地产出售改为房地产出租

房地产出售属于契税的征税范围,但房地产出租不属于契税的征税范围。在一定条件下,将房地产出售改为房地产出租可以避免缴纳契税。

【例7-1】 甲公司准备购置一处房地产用于经营,房地产不含增值税购置价格为1 000万元,当地适用契税税率为3%。如甲公司长期租赁该处不动产,每年不含增值税租金为50万元。甲公司应购置不动产还是租赁不动产?

解析:按照国际公认的合理售租比(1∶250),甲公司购置该处房地产与租赁该处不动产的成本基本是一致的,在不考虑房地产升值或贬值以及甲公司未来经营风险等前提下,甲公司应在比较购置房地产和租赁房地产的税收负担后做出选择。

如甲公司购置房地产,需要缴纳契税30万元(1 000×3%)。如甲公司租赁房地产,不需要缴纳契税。甲公司购置房地产的成本可以在企业所得税税前扣除，甲公司租赁房地产的成本同样可以在企业所得税税前扣除，两者的税收待遇基本一致。甲公司购置房地产后需要每年缴纳房产税和城镇土地使用税，甲公司租赁房地产不需要缴纳房产税和城镇土地使用税。

综合来看，甲公司租赁房地产的税负较轻。

二、将房地产出售转变为公司股权转让

房地产出售属于契税的征税范围，公司股权转让不属于契税的征税范围。在投资房地产时，纳税人可以通过公司来持有房地产，未来可以通过转让公司股权来实质转让房地产。

【例7-2】 张先生手中有若干闲置资金，计划以个人名义在某商业圈购置两处商铺，用于对外出租，价格合适时再对外出售。

假设两处商铺性质完全相同，市场价合计为1 000万元。购置后出租，每年取得租金100万元。5年之后，张先生以1 500万元的价格将两处商铺出售。当地契税适用税率为3%。个人转让不动产，土地增值税按3%核定征收，不动产转让适用增值税税率9%，不动产租赁适用增值税征收率5%。

以张先生的名义购置商铺，需要缴纳契税27.52万元［1 000÷（1＋9%）×3%］。

张先生出租商铺取得租金，需要缴纳增值税及其城市维护建设税、教育费附加和地方教育附加5.33万元［100÷（1＋5%）×5%×（1＋7%＋3%＋2%）］。

张先生出租商铺取得租金，需要缴纳房产税11.43万元［100÷（1＋5%）×12%］。

张先生出租商铺取得租金，需要缴纳个人所得税13.41万元｛［100÷（1＋5%）－11.43］×（1－20%）×20%｝。

5年后张先生出售商铺，需要缴纳增值税及其附加28.62万元｛［1 500÷（1＋5%）－1 000÷（1＋9%）］×5%×（1＋7%＋3%＋2%）｝。

5年后张先生出售商铺，需要缴纳土地增值税42.86万元［1 500÷（1＋5%）×3%］。

5年后张先生出售商铺，需要缴纳个人所得税71.64万元｛［1 500÷（1＋5%）－1 000－27.52－42.86］×20%｝。

5年后张先生出售商铺，购买方需要缴纳契税42.86万元［1 500÷（1＋5%）×3%］。

以上合计纳税243.67万元。

解析：如果张先生设立张氏投资公司，张氏投资公司之下设立甲、乙两家公司，每家公司各购置一处商铺，以公司名义经营和转让商铺。

甲、乙公司购置商铺，需要缴纳契税27.52万元［1 000÷（1＋9%）×3%］。

甲、乙公司出租商铺取得租金，需要缴纳增值税及其附加5.33万元［100÷（1＋5%）×5%×（1＋7%＋3%＋2%）］。

甲、乙公司出租商铺取得租金，需要缴纳房产税11.43万元［100÷（1＋5%）×12%］。

甲、乙公司出租商铺取得租金，需要缴纳企业所得税4.19万元｛［100÷（1＋5%）－11.43］×25%×20%｝。

张氏投资公司以1 500万元的价格转让甲、乙公司的股权。在转让之前，张氏投资公司先将甲、乙公司的未分配利润全部分配给张氏投资公司。假设甲、乙公司的实收资本等于购置两处商铺的金额，即1 000万元。

张氏投资公司转让甲、乙公司的股权，需要缴纳印花税0.75万元（1 500×0.05%）。

购买方需要缴纳印花税0.75万元（1 500×0.05%）。

张氏投资公司分2年转让甲、乙公司的股权，第一年应纳税所得额为249.62万元（750－500－0.375）；应纳企业所得税19.96万元［100×25%×20%＋（249.62－100）×50%×20%］；2年合计缴纳企业所得税39.92万元（19.96×2）。

以上合计纳税89.89万元，节税153.78万元。

三、利用房产交换契税优惠

土地使用权交换、房屋交换，契税的计税依据为所交换的土地使用权、房屋的价格的差额。土地使用权交换、房屋交换，交换价格不相等的，由多交付货币、实物、无形资产或者其他经济利益的一方缴纳税款。交换价格相等的，免征契税。如果房产交换可以满足纳税人的需求，可以通过房产交换来实现房产买卖的目的。

【例7-3】 李先生在甲市A区拥有一套价值500万元的房产，为子女上学方便，准备在B区购置一套价值600万元的学区房，未来还准备将该学区房再以700万元的价格售出，在C区以800万元购置一套别墅，已知当地契税税率为4%（仅考虑契税，不考虑其他税费）。

上述三次房产交易，交易当事人合计需要缴纳契税84万元［（600＋700＋800）×4%］。

如李先生可以找到合适的房源，可以考虑与对方互换房产，即用A区的房产换购B区的房产，支付100万元差价，未来再用B区房产换购C区别墅，支付100万元差价，合计仅需缴纳契税8万元。

通过纳税筹划，李先生减轻契税负担76万元（84－8）。

四、购置享受契税优惠的房产

自2016年2月22日起，个人购买家庭唯一住房（家庭成员范围包括购房人、配偶以及未成年子女，下同），面积为90平方米及以下的，减按1%的税率征收契税；面积为90平方米以上的，减按1.5%的税率征收契税。

北京市、上海市、广州市、深圳市以外的地区，个人购买家庭第二套改善性住房，面积为90平方米及以下的，减按1%的税率征收契税；面积为90平方米以上的，减按2%的税率征收契税。家庭第二套改善性住房是指已拥有一套住房的家庭，购买的家庭第二套住房。

纳税人在购置房产时，在条件基本相当时，应选择享受税收优惠的房产。

【例7-4】 孙先生看重两套房源，第一套房产的面积为90平方米，不含增值税价格为180万元；第二套房产的面积为91平方米，不含增值税价格为182万元。两套房源的单价是相同的，户型也基本一致。目前孙先生及其家庭成员名下尚无房产。

如孙先生购买第一套房产，需要缴纳契税1.8万元（180×1%）。如孙先生购买第二套房产，需要缴纳契税2.73万元（182×1.5%）。如果考虑契税，第一套房产的单价为2.02万元［（180＋1.8）÷90］；第二套房产的单价为 2.03 万元 [（182 + 2.73）÷ 91]。第二套房产的单价较高，应选择第一套房产。

五、通过房产代持减少房产过户次数

房产过户需要缴纳契税，房产过户次数越多，契税负担就越重。在满足一定条件时，纳税人可以通过房产代持减少房产过户次数，从而降低契税负担。

【例7-5】 刘先生准备收购一批房产，不含增值税收购价为5 000万元，适用契税税率为3%，未来条件合适时再转让给他人，假设不含增值税转让价格为6 000万元。

按照通常的买卖程序，刘先生在收购房产时，需要缴纳契税150万元（5 000×3%）。刘先生在转让房产时，购买方需要缴纳契税180万元（6 000×3%）。

如刘先生购置房产以后，暂不过户，而是通过房产代持和抵押担保等法律制度来持有该批房产，等找到买家后，再由原所有人直接过户至买家，仅需由买家缴纳180万元的契税，刘先生则避免了150万元契税的负担。

第二节　城市维护建设税纳税筹划典型案例

一、利用小微企业免增值税优惠

自2019年1月1日至2021年12月31日，月销售额在10万元以下（含本数）的增值税小规模纳税人，免征增值税；小规模纳税人发生增值税应税销售行为，合计月销售额未超过10万元（以1个季度为1个纳税期的，季度销售额未超过30万元，下同）的，免征增值税；小规模纳税人发生增值税应税销售行为，合计月销售额超过10万元，但扣除本期发生的销售不动产的销售额后未超过 10 万元的,其销售货物、劳务、服务、无形资产取得的销售额免征增值税。纳税人可以充分利用上述小微企业免征增值税的优惠政策来减轻增值税负担,从而减轻城市维护建设税负担。

【例7-6】 甲公司为增值税小规模纳税人,每季度含税销售额为32万元左右。由于不符合小微企业免增值税的条件,每季度依法缴纳增值税。

甲公司每季度含税销售额为32万元,则其每季度不含税销售额为31.07万元[32÷(1+3%)],由于超过了30万元的优惠标准,因此,每季度应当依法缴纳增值税0.93万元[32÷(1+3%)×3%],全年需要缴纳增值税3.72万元(0.93×4)。甲公司应如何进行纳税筹划?

解析:甲公司可以通过合理控制每季度销售额以及发票开具等方式,将3个季度含税销售额控制在30.9万元以内,剩余1个季度的含税销售额为35.3万元,全年含税销售额为128万元(30.9×3+35.3),与纳税筹划前的全年含税销售额保持一致。由于其3个季度的含税销售额均为30.9万元,即不含税销售额为30万元[30.9÷(1+3%)],没有超过30万元,可以享受免征增值税的优惠。其中1个季度应当缴纳增值税1.03万元[35.3÷(1+3%)×3%]。

通过纳税筹划,甲公司减轻增值税负担2.69万元(3.72-1.03)。如城市维护建设税适用税率为7%,可以减轻城市维护建设税负担1 883元(26 900×7%)。

二、利用近亲属赠与住房免增值税优惠

涉及家庭财产分割的个人无偿转让不动产、土地使用权免征增值税。家庭财产分割,包括下列情形:离婚财产分割;无偿赠与配偶、父母、子女、祖父母、外祖父母、孙子女、外孙子女、兄弟姐妹;无偿赠与对其承担直接抚养或者赡养义务的抚养人或者赡养人;房屋产权所有人死亡,法定继承人、遗嘱继承人或者受遗赠人依法取得房屋产权。纳税人可以充分利用上述家庭财产分割免征增值税优惠来减轻增值税负担,从而减轻城市维护建设税负担。

【例7-7】 王女士想为自己的儿子在北京购买一套住房,由于他们均无北京户籍,而在北京缴纳社保和个人所得税的时间刚满4年,不具备在北京购买住房的资格。王女士便以其哥哥(具有北京户籍)的名义在北京购房,1年之后,等自己与儿子具备在北京买房资格后再过户到儿子名下。假设所涉住房购买时的价款为300万元,过户到王女士儿子名下时的市场价格为500万元(含增值税)。

该套住房过户时,王女士的哥哥需要缴纳增值税23.81万元[500÷(1+5%)×5%],需要缴纳城市维护建设税、教育费附加和地方教育费附加2.86万元[23.81×(7%+3%+2%)];王女士的儿子需要缴纳契税14.29万元[500÷(1+5%)×3%],需要缴纳个人所得税92.38万元{[500÷(1+5%)−14.29]×20%},合计税收负担133.34万元(23.81+2.86+14.29+92.38)。王女士应如何进行纳税筹划?

解析:建议王女士的哥哥将房产先赠与王女士,由于两人是兄妹关系,根据现行税收政策,可以免征增值税和个人所得税,在过户时,王女士需要缴纳契税14.29万元[500÷(1+5%)×3%]。随后,王女士可以再将住房赠与自己的儿子,由于两人是母子关系,根据现行税收政策,可以免征增值税和个人所得税,在过户时,王女士的儿子需要缴纳契税14.29万元[500÷(1+5%)×3%]。合计税收负担28.58万元(14.29+14.29)。

通过纳税筹划,王女士等人减轻税收负担104.76万元(133.34−28.58)。

三、利用持有满2年转让住房免增值税优惠

个人将购买不足2年的住房对外销售的,按照5%的征收率全额缴纳增值税;个人将购买2年以上(含2年)的住房对外销售的,免征增值税。上述政策适用于北京市、上海市、广州市和深圳市之外的地区。

个人将购买不足2年的住房对外销售的,按照5%的征收率全额缴纳增值税;个人将购买2年以上(含2年)的非普通住房对外销售的,以销售收入减去购买住房价款后的差额按照5%的征收率缴纳增值税;个人将购买2年以上(含2年)的普通住房对外销售的,免征增值税。上述政策仅适用于北京市、

上海市、广州市和深圳市。

纳税人在转让住房时，尽量满足持有满2年的条件，这样可以享受增值税优惠政策，从而减轻城市维护建设税负担。

【例7-8】 刘先生2019年8月10日在北京市区购买了一套普通住房并取得了房产证，总价款为480万元，2021年2月10日，刘先生因急需用钱，准备将该套住房以500万元的价格转让给他人（仅考虑增值税及其附加，不考虑其他税费）。

如果此时转让，刘先生需要缴纳增值税23.81万元［500÷（1+5%）×5%］，需要缴纳城市维护建设税、教育费附加和地方教育费附加2.86万元［23.81×（7%+3%+2%）］，合计税收负担26.67万元（23.81+2.86）。刘先生应如何纳税筹划？

解析：由于刘先生急需用钱，此时已经无法等到持有满2年再销售住房了，为了享受满2年免增值税的政策，刘先生可以先实际销售住房，等待满2年后再办理房产过户手续。为保证购房者的利益并预防刘先生未来再将住房销售给他人或者不办理房产过户手续，双方可以签订一个抵押借款协议。刘先生向购房者借款500万元，以该套住房作为抵押，并办理抵押登记。这样，不经过购房者同意，刘先生是不可能再将住房销售给他人的。

同时，刘先生再与购房者签订一个购买该套住房的协议，协议约定住房办理过户的日期为2021年8月10日，如果刘先生拖延办理住房过户手续，可以约定每拖延一日支付一定数额的违约金；如果刘先生拒绝办理住房过户手续，可以约定一个比较高的违约金，这样就可以预防刘先生再以高价将住房出售给他人。

通过纳税筹划，刘先生减轻增值税及其附加税费负担26.67万元。

四、利用资产重组免征增值税优惠

纳税人在资产重组过程中，通过合并、分立、出售、置换等方式，将全部或者部分实物资产以及与其相关联的债权、负债和劳动力一并转让给其他单位和个人，不属于增值税的征税范围，其中涉及的货物转让，不征收增值税。

在资产重组过程中,通过合并、分立、出售、置换等方式,将全部或者部分实物资产以及与其相关联的债权、负债和劳动力一并转让给其他单位和个人,其中涉及的不动产、土地使用权转让行为不征收增值税。

纳税人可以充分利用上述增值税优惠政策,从而减轻城市维护建设税负担。

【例7-9】甲公司准备与乙公司进行资产互换,其中涉及的不动产、土地使用权转让以及机器设备等转让的不含税销售额约1亿元,其中,适用13%增值税税率的销售额约3 000万元,适用9%增值税税率的销售额约7 000万元。甲公司与乙公司应计算增值税销项税额1 020万元(3 000×13%+7 000×9%)。甲、乙公司应如何进行纳税筹划?

解析:建议甲公司和乙公司将简单的资产互换设计为资产置换,不仅将全部实物资产互换,其中所涉及的债权、负债和劳动力也一并互换,这样,其中所涉及的货物转让、不动产转让和土地使用权转让均不征收增值税。

通过纳税筹划,减轻增值税负担1 020万元;如城市维护建设税适用税率为7%,可以减轻城市维护建设税负担71.4万元(1 020×7%)。

五、将资产转让变为股权转让

资产转让需要缴纳增值税,而非上市公司的股权转让不需要缴纳增值税。纳税人可以利用上述税收政策来减轻增值税负担,从而减轻城市维护建设税负担。

【例7-10】甲公司计划将一些无形资产、不动产和货物转让给乙公司,但该行为并不符合资产重组的定义,经初步核算,上述资产转让中,适用13%增值税税率的销售额约为1 000万元,适用9%增值税税率的销售额约为2 000万元。甲公司应计算增值税销项税额310万元(1 000×13%+2 000×9%)。如何进行纳税筹划?

解析:建议甲公司将这些计划转让的无形资产、不动产和货物出资设立全资子公司——丙公司,然后将丙公司的股权转让给乙公司,股权转让不征收增值税，由此可以减轻增值税负担310万元。未来，如果乙公司不想保留丙公司，可以通过资产重组与丙公司合并，此时发生的资产转让行为也不征收增值税。如城市维护建设税适用税率为7%，可以减轻城市维护建设税负担21.7万元（310×7%）。

第八章

契税征管典型案例讲解

第一节 契税纳税人典型案例

一、非同一纳税人缴纳的契税不能扣除案

（一）基本案情

上诉人广州市元凤房地产开发有限公司（以下简称"元凤公司"）因诉被上诉人国家税务总局广州市白云区税务局景泰税务所（原广州市白云区地方税务局三元里税务所，以下简称"三元里税务所"）、国家税务总局广州市白云区税务局（原广州市白云区地方税务局，以下简称"白云税务局"）税收征管及行政复议一案，不服广州铁路运输法院〔2018〕粤7101行初5214号行政判决，向广州铁路运输中级人民法院（本院）提起上诉。本院依法组成合议庭进行审理，现已审理终结。

原审法院经审理查明，2004年6月28日，广州市健康房地产开发有限公司（以下简称"健康房地产"）、广州市白云区交通局机动车驾驶员培训中心（以下简称"白云区驾培中心"）与深圳市镇安物业管理有限公司（以下简称"镇安物业公司"）签订《广州市国有土地使用权转让合同书》（协

议交易方式），约定转让位于白云区新市镇远景村机场路西侧（第三期用地）的土地使用权，镇安物业公司支付地价款1 310万元，缴纳契税42.57万元，并办理了过户手续。

2004年11月30日，原告元凤公司成立，法定代表人为郑某某，镇安物业公司为其中的一个法人股东。

2004年12月20日，镇安物业公司与元凤公司签订《广州市国有土地使用权转让合同书》（协议交易方式），约定转让上述土地使用权，原告元凤公司支付地价款1 000万元，缴纳契税41.07万元，并办理了过户手续登记。

2018年1月10日，三元里税务所完成原告元凤公司元凤华庭项目的土地增值税清算，向原告做出并送达了《土地增值税清算决定书》，要求原告元凤公司自收到通知后90日内补缴土地增值税4 938 108.75元，但原告元凤公司逾期未补缴。2018年5月3日，三元里税务所向原告做出并送达《责令限期改正通知书》（云三限改〔2018〕001号），根据《税收征收管理法》第二十五条、第三十一条，要求其于2018年5月18日前申报缴纳上述土地增值税，原告不服三元里税务所做出的上述《责令限期改正通知书》，于2018年6月28日向白云税务局申请行政复议，白云税务局于当日受理，并向原告送达了《行政复议受理通知书》，于次日给三元里税务所送达了《提出行政复议答复通知书》，2018年7月6日，三元里税务所向白云税务局递交《行政复议答复书》及相关材料，白云税务局于2018年8月23日做出《行政复议决定书》（云税行复〔2018〕1号），做出以下复议决定："被申请人做出的《责令限期改正通知书》（云三限改〔2018〕001号）事实清楚，证据确凿，适用法律正确，程序合法，内容适当，决定维持"。原告对行政复议决定不服，向原审法院提起行政诉讼。起诉前，原告已按照前述《责令限期改正通知书》要求向三元里税务所补缴了相关税款和滞纳金。

另经庭审查明：镇安物业公司是原告元凤公司的股东之一，持股50%，另郑某某持股45%，徐文芝持股5%，镇安物业公司不具备房地产开发资质。原告元凤公司成立2004年11月30日，其具备房地产开发资质，注册地地址为广州市白云区。

（二）一审法院观点

原审法院认为：诉讼中当事人对两被告的行政职权无异议、对镇安物业公司为购买涉案地块已向健康房地产、白云区驾培中心支付地价款1 310万元和42.57万元契税及涉案行政行为做出后原告元凤公司向三元里税务所缴纳涉案土地的土地增值税款 4 938 102.75 元及滞纳金 177 771.92 元的事实均无异议，对此原审法院均予以确认。本案诉争焦点为涉案税费的追征时效及镇安物业公司支付的上述 1 310 万元地价款和 42.57 万元契税款可否抵换原告应缴税款的问题。

关于涉案税款的追征时效问题：《中华人民共和国土地增值税暂行条例实施细则》规定，土地增值税分为预缴税款和清算税款。本案中，三元里税务所做出的《责令限期改正通知书》（云三限改〔2018〕001 号）所涉税款为清算税款。《土地增值税清算管理规程》第九条、第十条规定，清算又分为应当清算和可以清算两种清算情形，应当清算的，追缴时效自符合清算条件之日起算；可以清算的，在税务机关决定清算前，不存在追征时效问题。本案所涉税款属于可以清算情形，故不存在追征时效问题。原告关于本案所涉税款已过追征时效的主张缺乏事实和法律依据，原审法院不予支持。

关于镇安物业公司支付的上述 1 310 万元地价款和 42.57 万元契税款，可否抵换原告应缴税款的问题：《中华人民共和国土地增值税暂行条例》第二条规定："转让国有土地使用权、地上的建筑物及其附着物并取得收入的单位和个人，为土地增值税的纳税义务人，应当依照本条例缴纳土地增值税。"《国家税务总局关于房地产开发企业土地增值税清算管理有关问题的通知》第一条规定："土地增值税以国家有关部门审批的房地产开发项目为单位进行清算，对于分期开发的项目，以分期项目为单位清算。"本案查明的事实表明：《广州市房地产权属证明书》（NO.B××××××4）和广东省广州市商品房预售许可证（编号：穗房预售字第 2××××××4 号）显示，原告为坐落于白云区新市镇远景村机场路西侧（第二期用地）元凤华庭项目（下称"元凤华庭项目"）的开发企业和权属人，其开发了元凤华庭项目并取得了销售收入，故原告是元凤华庭项目土地增值税纳税义务人和清算主体。

《中华人民共和国土地增值税暂行条例实施细则》第七条第一款规定："取得土地使用权所支付的金额，是指纳税人为取得土地使用权所支付的地价和按国家统一的规定缴纳的有关费用。"2004 年 12 月 20 日，原告向镇安物业公司支付土地使用权价款 1 000 万元及缴纳的契税 41.07 万元符合上述规定，三元里税务所已在元凤华庭项目的土地增值税清算中予以扣除。该抵扣行为合法有据，并无不妥之处。虽然镇安物业公司是原告的法人股东，但与原告并非同一法律主体，镇安物业公司向健康房地产公司、白云区驾培中心的交易行为发生在原告元凤公司成立之前及元凤华庭立项之前，镇安物业公司不是元凤华庭项目的土地增值税纳税义务人和清算主体，因此，2004年6月28日镇安物业公司向健康房地产公司、白云区驾培中心支付的土地使用权转让价款1 310万元及缴纳的契税42.57万元，不符合《中华人民共和国土地增值税暂行条例实施细则》第七条第一款的规定，应不予扣除。原告要求撤销三元里税务所做出的《责令限期改正通知书》（云三限改〔2018〕001号）并退回其已缴纳的土地增值税款4 938 102.75元及滞纳金177 771.92元及其相应利息的主张及诉求，均缺乏事实和法律依据，原审法院不予支持。

三元里税务所于2018年1月10日做出《土地增值税清算决定书》，要求原告自收到该决定书后90日内补缴土地增值税4 938 108.75元及相关滞纳金并无不妥。三元里税务所工作人员在送达上述税务文书过程中由于原告在场人员拒绝签收，三元里税务所工作人员采取现场张贴的留置送达方式亦合法合规，并无不当。因此，三元里税务所要求原告于2018年5月18日前申报缴纳上述土地增值税，并做出的上述《责令限期改正通知书》（云三限改〔2018〕001号）合法有据，程序得当。

《中华人民共和国行政复议法》（以下简称《行政复议法》）第十二条第一款规定："对县级以上各级人民政府部门的具体行政行为不服的，由申请人选择，可以向该部门的本级人民政府申请行政复议，也可以向上一级主管部门申请行政复议。"本案中，原告不服三元里税务所做出的《责令限期改正通知书》，向白云税务局申请行政复议，白云税务局有权依法进行行政复议。《行政复议法》第二十八条规定："行政复议机关负责法制工作的机构应当对被申请人做出的具体行政行为进行审查，提出意见，经复议机关的负责人同意或者集体讨论后，按照下列规定做出行政复议决定：（一）具体行政行为认定事实清楚、证据确凿、适用法律正确、程序合法、内容适当的，决定维持……"白云税务局在全面审查三元里税务所做出的具体行政行为后，根据《行政复议法》第二十八条第一款第（一）项的规定做出维持涉案的《责令限期改正通知书》的复议决定，适用法律正确，程序合法。

综上所述，三元里税务所做出的《责令限期改正通知书》和白云税务局做出的《行政复议决定书》，事实清楚、程序合法，适用法律准确。原告要求撤销上述《责令限期改正通知书》《行政复议决定书》并退回原告已缴纳的土地增值税款4 938 102.75元及滞纳金、利息理由均不成立，原审法院不予支持。依照《中华人民共和国行政诉讼法》（以下简称《行政诉讼法》）第六十九条、第七十九条的规定，判决驳回原告广州市元凤房地产开发有限公司的诉讼请求。

（三）上诉人上诉意见

上诉人元凤公司不服原审判决，向本院上诉称：①原审判决遗漏足以影响判决结果的重要事实，涉案土地是镇安物业公司通过受让健康房地产、白云区驾培中心位于白云区新市镇远景村机场路西侧（第三期）用地的土地使用权后，再转让给上诉人元凤公司这一事实，上诉人不持异议，但是对于镇安物业公司向健康房地产、白云区驾培中心支付地价款1 310万元、缴纳契税42.57万元（以下简称"涉案两笔款项"），最终是由上诉人支付的事实，原审法院没有审查，事实是上诉人向镇安物业公司实际支付涉案两笔款项，在上诉人申报企业所得税时，税务机关将涉案两笔款项在所得中做税前扣除。②被上诉人在毫无依据的情况下，将《土地增值税清算决定书》留置张贴在303房门上，其送达程序缺乏合法性，原审法院认定被上诉人送达程序并无不妥是错误的。③上诉人与镇安物业公司于2004年12月20日签订的《广州国有土地使用权转让合同书》约定的价格条款中没有记载合同价款，无法明确按实际交易金额2 310万元还是以涉案土地转让差额1 000万元确定合同价款所致，在此情况下，土地转让价款应以双方实际交易金额予以确定。④上诉人与广州市国土资源和房屋管理局于2008年6月19日签署的《国有土地使用权出让合同变更协议》所约定变更事由明确为：涉案土地的用地单位由广州市健康房地产开发有限公司、广州市白云区交通局机动车驾驶员培训中心变更为本协议受让方（即上诉人），可知，作为土地主管部门，广州市国土资源和房屋管理局确认了涉案土地的用地单位变更是发生在上诉人与广州市健康房地产开发有限公司、广州市白云区交通局机动车驾驶员培训中心之间，且该土地的交易过程应视为一次性交易。⑤根据《中华人民共和国土地增值税暂行条例》《关于房地产开发企业土地增值税清算管理有关问题的通知》的相关规定，土地增值税以"房地产开发项目"为单位清算，而非以"房地产开发主体"为单位清算，原审判决以清算主体代替清算单位，做法不当。⑥原审法院错误适用《中华人民共和国土地增值税暂行条例》第七条第一款的规定——该条规定所强调的是"支付"，即涉案两笔款项是否上诉人实际发生的支出，只要是上诉人为取得土地使用权所实际发生的有关"地价款和按国家统一规定缴纳的有关费用"的支出，均应作为计算增值额的扣除项目。⑦涉案两笔款项已在上诉人企业所得税征缴中作为成本予以扣除的事实是清楚的，税务机关在审核上诉人企业所得税时，已经对该两笔款项作为扣除成本审核无误并予以确认，但在上诉人就同一土地成本向被上诉人申报土地增值税时，被上诉人却不予扣除，对同一土地成本，在有关法律规定基本一致的情况下，税务机关采取截然不同的认定标准，有违行政一致性原则。综上，请求二审法院撤销一审判决，并撤销被诉责令限期改正通知和复议决定，判决被上诉人退回上诉人已缴纳的税款和滞纳金。

（四）二审法院观点

被上诉人三元里税务所、白云税务局在二审期间未提交书面答辩意见。

经审理查明，原审判决查明的事实清楚并有相应的证据予以证实，本院予以确认。

本院认为，本案审查的是三元里税务所责令上诉人申报土地增值税和白云税务局做出的复议决定是否合法适当。关于两被上诉人的行政职权，涉案土地增值税的追征时效、纳税主体和清算单位等问题，本院经审查后同意原审认定，原审判决阐述的理由充分，二审不再赘述。本案二审争议的焦点在于：一是镇安物业公司向健康房地产、白云区驾培中心支付地价款1 310万元、缴纳契税42.57万元是否可以作为上诉人涉案土地增值税清算的扣除成本；二是涉案清算决定的送达是否符合法律规定。

关于第一项争议焦点，《中华人民共和国土地增值税暂行条例实施细则》第七条规定了计算增值额的扣除项目，包括纳税人为取得土地使用权所支付的地价款和按国家统一规定缴纳的有关费用。本案中，上诉人元凤公司为取得土地使用权向镇安物业公司所支付的1 000万元和契税41.07万元，三元里税务所在审核时已将该笔费用列入元凤华庭项目土地增值税清算的扣除成本。上诉人上诉主张镇安物业公司向健康房地产、白云区驾培中心支付地价款1 310万元、缴纳契税42.57万元最终由其支付，亦应作为成本予以扣除。

经审查在案证据：①健康房地产公司、白云驾培中心与镇安物业公司签订《广州市国有土地使用权转让合同》将涉案土地使用权转让给镇安物业公司，合同约定地价为1 310万元，《广东省广州市地方税收税控专用发票》《中华人民共和国契税完税证》显示由镇安物业公司支付地价1 310万元和契税42.57万元。②之后镇安物业公司与元凤公司签订《国有土地使用权转让合同》将涉案土地使用权转让给元凤公司，虽然合同约定的地价金额为空白，但广州市××《土地使用权交易登记申请表》显示的交易金额为1 000万元，《广东省广州市地方税收税控专用发票》《中华人民共和国契税完税证》亦显示由元凤公司支付合同约定的地价 1 000 万元及契税 41.07 万元。综合前述情况可知，镇安物业公司向健康房地产、白云区驾培中心支付的地价款 1 310 万元、缴纳契税 42.57 万元系该公司取得土地使用权而支付的费用，虽然镇安物业公司为元凤公司的控股公司，但双方属于两个不同企业法人，各自具备独立法人资格，镇安物业公司所支付的地价和契税不能在元凤公司作为纳税义务人和清算主体的土地增值税的中作为成本予以扣除。上诉人主张该笔费用最终由其支付，与本案查明的事实不符。三元里税务所责令上诉人限期申报税款的行为符合法律规定，白云税务局予以维持，并无不妥，原审判决处理正确，应予维持。上诉人上诉理由不成立，本院不予采纳。

关于第二项争议焦点，《中华人民共和国民事诉讼法》第八十六条规定，受送达人或者他的同住成年家属拒绝接收诉讼文书的，送达人可以邀请有关基层组织或者所在单位的代表到场，说明情况，在送达回证上记明拒收事由和日期，由送达人、见证人签名或者盖章，把诉讼文书留在受送达人的住所；也可以把诉讼文书留在受送达人的住所，并采用拍照、录像等方式记录送达过程，即视为送达。本案在案证据显示，三元里税务所的工作人员前往元凤公司的登记营业地广州市白云区某地送达相关文书时发现其登记营业场所并非其实际经营场所，三元里税务所的送达人员遂将清算决定留置在其经营场所广州市白云区某地，拍照记录了送达过程，亦有棠景街道办和棠景街流管中心的工作人员见证。送达人还以手机短信形式通知了上诉人的法定代表人、财务负责人、办税人前述文书的留置送达情况。上诉人主张该送达程序不合法的理由不能成立，本院不予支持。

（五）二审法院判决

2019 年 12 月 5 日，二审法院依照《行政诉讼法》第八十九条第一款第（一）项的规定，判决如下：驳回上诉，维持原判。二审案件受理费 50 元，由上诉人广州市元凤房地产开发有限公司负担。

二、司法拍卖中的契税纳税人案

（一）基本案情

上诉人徐州海杰商贸有限公司（以下简称"海杰公司"）因诉江苏省徐

州地方税务局、江苏省徐州地方税务局第一税务分局、中国建设银行股份有限公司徐州分行（以下简称"建行徐州分行"）、江苏倍力投资发展集团有限公司（以下简称"江苏倍力"）税务行政管理（税务）行政复议一案，不服徐州铁路运输法院（2017）苏8601行初735号行政判决向江苏省徐州市中级人民法院（下称"本院"）提起上诉。本院依法组成合议庭，于2018年3月6日公开审理本案。上诉人海杰商贸的委托代理人桓某，被上诉人江苏省徐州地方税务局的委托代理人闫某某，被上诉人江苏省徐州地方税务局第一税务分局的委托代理人吕某某，原审第三人建行徐州分行的委托代理人刘某及王某，原审第三人江苏倍力的委托代理人周某某到庭参加庭审。在庭审后，因机构改革，被上诉人江苏省徐州地方税务局更名为国家税务总局徐州市税务局（以下简称"徐州市税务局"），江苏省徐州地方税务局第一税务分局职能转变至国家税务总局徐州市税务局第二税务分局（以下简称"税务二分局"）。本案现已审理终结。

原审法院查明，2015年5月21日10时至2015年5月22日10时，海杰公司法定代表人邵某通过淘宝网司法拍卖网络平台以最高价竞得拍卖标的物，即位于徐州市经济开发区蟠桃山路××商业、办公用途房地产、自建建筑物及其他附属物，成交价为2752.83万元人民币。徐州市中级人民法院2015年6月20日的拍卖成交确认书对上述事实予以记载，同时载明"六、对拍卖标的的过户、违章记录处理、过户费用、其他所涉税、运输费等均由买受人自行承担，对由此而造成的无法过户与拍卖人无涉"。2015年6月23日，徐州市中级人民法院做出〔2014〕徐执字第167号民事裁定书，裁定江苏倍力投资发展集团有限公司所有的位于徐州经济开发区蟠桃山路××号商业办公楼（房屋所有权证号：国徐房权证金山桥字第××号，建筑面积6216.05平方米；土地使用权证号：徐土国用〔2009〕第×××号，面积5628.2平方米）及附属物归买受人徐州海杰商贸有限公司所有。后，海杰公司依照拍卖成交确认书的约定，就上述房地产交易行为申报纳税。2017年2月23日，第三人第一税务分局开具了（165）苏地现04××621号、（165）苏地现04×××622号税收缴款书，其中（165）苏地现040××21号载明纳税人为徐州海杰商贸有限公司，税种为印花税（13 764.2元）、契税（795 694.29元）；（165）苏地现04×××622号税收缴款书载明纳税人为江苏倍力投资发展集团有限公司，税种为增值税（100 5157.14元）、城市维护建设税（70 361元）、地方教育附加（20 103.14元）、教育费附加（30 154.71元）、土地增值税（6 791 069.17元）。因对第一税务分局计征上述8 726 303.65元税款的行为有异议，海杰公司向被告徐州地税局申请行政复议，要求复议机关确认上述征税行为违法，并责令第一税务分局重新按照涉案房地产评估价格 20 427 652 元计征相关税款。后，原告海杰公司就上述复议请求做出说明，即对票号为（165）苏地现04×××621 号的税收缴款书中的印花税、契税的征收没有异议，复议请求不含该两种税种；对票号为（165）苏地现04×××622 号税收征缴书中的增值税、土地增值税及其他税费征收有异议，复议请求含这些税种。被告徐州地税局于 2017 年 4 月 27 日做出徐地税复受字〔2017〕1 号受理行政复议申请通知书，载明："徐州海杰商贸有限公司：你单位不服江苏省徐州地方税务局第一税务分局 2017 年 2 月 23 日做出的税收缴款书（税务收现专用）（165）苏地现04×××622 的复议申请收悉。经审查，决定自收到补正复议申请之日（2017 年 4 月 27 日）起予以受理"。2017 年 6 月 15 日，被告徐州地税局做出徐地税复驳字〔2017〕1 号驳回行政复议申请决定书，认为江苏省徐州地方税务局第一税务分局做出的税收缴款书（税务收现专用）（165）苏地现04×××622 中的纳税人为江苏倍力投资发展有限公司，申请人并不是被申请人做出税费征收行为的行政相对人，申请人与具体行政行为没有法律上的利害关系，不符合《中华人民共和国行政复议法实施条例》（以下简称《行政复议法实施条例》）第二十八条第一款第（二）项之规定，对该复议申请不再予以实体审理，遂驳回了申请人海杰公司的行政复议申请，并将复议决定书邮寄送达海杰公司。原告海杰公司不服上述复议决定，诉至本院，诉请如下：请求法院依法撤销被告江苏省徐州地方税务局做出的徐地税复驳字〔2017〕1号驳回行政复议申请决定书，判令被告对原告的行政复议申请做出实体审查，本案的诉讼费用由被告承担。

（二）一审法院观点

原审法院认为，根据《行政复议法实施条例》第二十八条第（二）项之规定，行政复议受理的条件之一是申请人与具体行政行为有利害关系。根据该实施条例第四十八条第一款第（二）项的规定，受理行政复议申请后，发现该行政复议申请不符合行政复议法和本条例规定的受理条件的，行政复议机关应当决定驳回行政复议申请。本案中，原告海杰公司向被告徐州地税局申请行政复议，对票号为（165）苏地现04×××622 号税收缴款书中的增值税、土地增值税及其他税费征收有异议，要求确认上述征税行为违法并责令第一税务分局重新按照涉案房地产评估价格 20 427 652 元计征上述相关税款。该税收缴款书中载明的是第一税务分局向倍力公司征收涉案税费的行为。虽然涉案税款实际由原告海杰公司向第一税务分局缴纳，但该代为缴纳税款行为的基础系原告与倍力公司之间的民事法律关系，原告并不能够基于其以第三人倍力公司的名义实际缴纳了相应的税款而成为税收行为的行政相对人，其也与原告持有异议的税收缴款书所载明的征收税费行为无利害关系。故，被告以原告与被申请复议的行政行为之间无利害关系为由驳回原告的复议申请，并无不当。综上，依照《行政诉讼法》第六十九条的规定，判决如下：驳回原告徐州海杰商贸有限公司的诉讼请求。案件受理费50元，由原告徐州海杰商贸有限公司负担。

（三）上诉意见与答辩意见

上诉人海杰商贸上诉称，一、一审判决对证据的认定错误。上诉人在一审中提供的、一审判决标注序号为证据10-14、16的证据与本案被诉的行政复议行为具有关联性。通过法庭调查，已经确认江苏倍力与建行徐州分行在涉案房产交易及申报纳税过程中存在提供虚假资料等行为，被上诉人市地税局在没有重新计算其偷逃税款的前提下向上诉人征收税款，明显加重了上诉人的税赋，严重损害了上诉人的合法权益。二、上诉人是涉案税款的实际缴纳者，在上诉人提供的徐州市中级人民法院做出的〔2014〕徐执字第167号民事裁定书及其他相关证据均能证实涉案税款实际由上诉人承担。所以涉案税款的计算和征缴与上诉人具有事实上和法律上的利害关系。依据《中华人民共和国行政复议法》第二条、第九条及《税务行政复议规则》第二条、第二十四条之规定，上诉人有权以自己的名义单独申请行政复议。三、被上诉人做出的徐地税复驳字〔2017〕1号驳回行政复议申请决定书，没有事实和法律依据，依法应当予以撤销。综上，请求二审人民法院依法裁决撤销一审判决或发回重审，由被上诉人承担本案的诉讼费用。

被上诉人徐州市税务局辩称，上诉人在上诉状中所称的原审中提供的证据，被上诉人均在一审程序中进行质证并明确意见，原审第三人倍力公司及建设银行均不予认可。上诉人提出倍力公司和建设银行之间2006年左右存在偷税行为与税务机关本次计算缴纳倍力公司应缴纳的土地增值税并没有直接关系。至于上诉人与本案所涉的税款缴纳行为是否具有法律上的利害关系，我们认同一审判决观点。综上，请求驳回上诉，维持原判。

被上诉人税务二分局意见同市地税局的答辩意见。

原审第三人建行徐州分行称意见同一审答辩意见。

原审第三人江苏倍力述,本案的税费征收行为是发生在上诉人和第三人之间,该费用虽然是上诉人代为缴纳但不能因此当然取得行政异议权。倍力公司先后作为涉案房产的买方及卖方均依法缴纳税款,在税务机关未对倍力公司是否具有违反税法行为做出认定前,上诉人对倍力公司的纳税行为无权提出异议。综上,一审判决事实清楚,适用法律得当,上诉人的上诉理由不能成立,依法应予驳回上诉,维持原判。

(四)二审法院观点

二审中,各方当事人均未提供新证据。各方当事人向原审法院提供的证据、依据均已随案卷移送至本院,本判决书不再累述。

本院经审查,双方当事人对原审查明的事实部分均无异议,二审予以确认。

本院认为,《行政复议法》第二条规定,"公民、法人或者其他组织认为具体行政行为侵犯其合法权益,向行政机关提出行政复议申请,行政机关受理行政复议申请、做出复议决定,适用本法。"《行政复议法实施条例》第二十八条规定"行政复议申请符合下列规定的,应当予以受理:(二)申请人与具体的行政行为有利害关系"。本案中,上诉人海杰公司与其申请复议的行为是否具有利害关系决定了其是否具备向被上诉人申请复议的主体资格。根据查明事实,2015年5月21日海杰公司法定代表人邵某通过淘宝网司法拍卖网络平台以最高价竞得拍卖标的物,徐州市中级人民法院〔2014〕徐执字第167号民事裁定书裁定:"江苏倍力投资发展集团有限公司所有的位于徐州经济开发区蟠桃山路××号商业办公楼及附属物归买受人徐州海杰商贸有限公司所有"。徐州市中级人民法院在拍卖成交确认书载明:"六、对拍卖标的的过户、违章记录处理、过户费用、其他所涉税、运输费等均由买受人自行承担,对由此而造成的无法过户与拍卖人无涉。"海杰公司亦依照拍卖成交确认书的约定,就上述房地产交易行为申报纳税。虽然纳税义务人及(165)苏地现04××622税收缴款书中记载纳税人为江苏倍力,但本案存在特殊情况,上诉人海杰公司是根据司法拍卖相关要求履行纳税义务的实际纳税人,纳税主体事实上已发生改变,该增值税部分税收的核定对实际交税人的利益在客观上是存在影响的。故在税收缴款书记载的缴款人江苏倍力投资发展有限公司具备法定资格但其不行使相关权利的情况下,应当赋予上诉人海杰公司单独申请行政复议的权利,其申请符合上述行政复议法及实施条例关于申请人资格的规定,被上诉人依法应予受理。被上诉人徐州市税务局以上诉人不是原税务一分局做出税费征收行为的行政相对人、仅是代履行交税行为为由而认定上诉人与具体行政行为没有法律上的利害关系无事实和法律依据，依法应予撤销。原审法院在审理过程中亦认定海杰公司非具体行政行为的行政相对人，不具备提起行政复议的主体资格，亦属于认定事实错误，依法应予撤销。

（五）二审法院判决

2019年10月8日，二审法院依照《行政诉讼法》第七十条："行政行为有下列情形之一的，人民法院判决撤销或者部分撤销，并可以判决被告重新做出行政行为：（一）主要证据不足；（二）适用法律法规错误的"，第八十九条第一款"人民法院审理上诉案件，按照下列情形，分别处理：（二）原判决、裁定认定事实错误或者适用法律、法规错误的，依法改判、撤销或者变更"之规定，判决如下：一、撤销国家税务总局徐州市税务局（原江苏省徐州地方税务局）做出的徐地税复驳字〔2017〕1号驳回行政复议申请决定书；二、撤销徐州铁路运输法院〔2017〕苏8601行初735号行政判决书；三、由被上诉人国家税务总局徐州市税务局在60日内重新做出行政复议决定。一审案件受理费50元及上诉案件受理费50元，均由被上诉人国家税务总局徐州市税务局承担。

第二节 契税税率典型案例

一、面积超标契税优惠税率适用案

（一）基本案情

原告毛某某诉被告鹤壁市地方税务局契税税务分局、鹤壁市地方税务局税务行政征收一案，于2018年6月6日向鹤壁市山城区人民法院（下称"本院"）提起行政诉讼，本院于2018年6月6日立案后，本院依法组成合议庭，于 2018 年 7 月 25 日公开开庭审理了本案。原告毛某某，被告鹤壁市地方税务局契税税务分局行政机关负责人白某某及委托代理人李某某、杜某，被告鹤壁市地方税务局行政机关负责人陈某及委托代理人刘某某、曹某某到庭。本案现已审理终结。

被告鹤壁市地方税务局契税税务分局于 2014 年 3 月 12 日做出（141）豫地现契耕 00255720 税收缴款书，向原告毛某某征收税款 9 652.04 元，又于 2018 年 1 月 17 日分别做出（162）豫地现契耕 00429634、（162）豫地现契耕 00429635 税收缴款书，向原告毛某某征收税款 185.32 元、9 652.04 元。

被告鹤壁市地方税务局于 2018 年 5 月 16 日做出鹤地税复决〔2018〕1 号行政复议决定书。

（二）纳税人起诉理由

原告毛某某诉称，诉讼请求：鹤壁市地方税务局契税税务分局（以下简称"契税分局"）按照 1.5% 的税率对原告所购的房产征收契税，退还多征收的契税款 12 180.87 元；撤销鹤壁市地方税务局（以下简称"市地税局"）做出的鹤地税复决〔2018〕1 号行政复议决定书。

事实和理由：原告于 2013 年 10 月 28 日购买鹤壁市淇滨区未来凤凰城小区商品房 1 套（期房），面积 143.76 平方米。2014 年 3 月 12 日，原告按家庭首套房税率 2% 向被告契税分局缴纳契税。2015 年 6 月 30 日该期房交房。2018 年 1 月 17 日，原告办理不动产证，因房屋实测面积变为 145.14 平方米，同时购房合同进行了修改。被告契税分局要求原告按 4% 税率补缴税款，不能按照《关于调整房地产交易环节契税 营业税优惠政策的通知》文件规定享受 1.5% 的税率。2018 年 3 月 19 日，原告向被告市地税局申请行政复议。2018 年 5 月 16 日，被告市地税局做出《税务行政复议决定书》，二被告存在明显不当，适用法律法规错误，故诉至法院。

原告向本院提交以下证据：

鹤地税复决〔2018〕1 号税务行政复议决定书；

税收缴款书（141）豫地现契耕 00255720；

税收缴款书（162）豫地现契耕 00429635；

税收缴款书（162）豫地现契耕 00429634；

销售不动产发票（票号：00104436）。

（三）被告答辩意见

被告契税分局辩称：我局对原告做出的按 4% 的契税税率征缴契税决定的行政行为证据确凿，适用法律、法规正确，符合法定程序；原告的补缴契税行为不适用财政部国家税务总局住房城乡建设部《关于调整房地产交易环节契税营业税优惠政策的通知》（财税〔2013〕23 号）文件规定的 1.5% 契税税率优惠政策；我局依法行政，按税率征税，不存在因人设税、因人征税、执法不公问题。

被告契税分局向本院提交以下证据、依据：

第一组证据（纳税凭证）：①河南省契税纳税申报表，证据来源是征管档案 2014 年 3 月第 24 册。②中华人民共和国税收缴款书，证据来源是票证档案 2014 年 3 月第 3 册，证据 1、2 证明第一次申报计税依据、适用税率、税款计算方法以及原告已完税。③增量房申报表，证据来源是征管档案 2018 年 1 月第 38 册。④中华人民共和国税收缴款书，证据来源是票证档案 2018 年 1 月第 3 册，证据③、证据④证明补充申报的计税依据、适用税率、税款计算方法以及原告已完税。

第二组证据（原告所购房屋基本信息）：①商品房买卖合同复印件。②销售不动产统一发票复印件。③商品房买卖合同复印件。④销售不动产统一发票复印件。⑤鹤壁市房产分户图复印件，证据①、证据②来源是征管档案 2014 年 3 月第 24 册、证据③、证据④来源是票证档案 2018 年 1 月第 3 册，以上证据证明房屋买卖行为的产生、原告纳税义务的发生以及该房屋的基本属性信息。

第三组证据（原告基本信息）：①原告夫妻双方的身份证复印件。②原告的户口本复印件。③原告配偶的常住人口登记表复印件。④原告的结婚证复印件。⑤购房所在地及户口所在地房管部门出具的书面咨询证明。⑥诚信纳税保证书，以上证据来源是征管档案 2014 年 3 月第 24 册，证明第一次申报享受减半征收契税优惠政策的依据。

第四组证据（政策依据）：①《中华人民共和国契税暂行条例》，证明纳税义务发生时间及缴款期限的确认。②《河南省契税实施办法》，证明适用税率、计税依据及税款计算方法的准确性。③河南省财政厅关于贯彻《国家税务总局 财政部 建设部关于加强房地产税收管理的通知》的意见，证明对普通和非普通住宅界定的准确性。④《财政部国家税务总局住房和城乡建设部关于调整房地产交易环节契税个人所得税优惠政策的通知》，证明对原告第一次申报减半征收契税的依据。⑤《财政部 国家税务总局 住房城乡建设部关于调整房地产交易环节契税营业税优惠政策的通知》，证明90㎡以上唯一住房减按1.5%征收契税优惠政策发布时间。⑥《河南省地方税务局关于契税征收有关问题的通知》，证明原告2018年的补充申报不属于财税〔2016〕23号文件规定的范围，与原告同一楼内的其他纳税人在2016年2月22日及以后第一次申报可以享受新优惠政策及不加收滞纳金的依据。⑦《国家税务总局纳税服务司关于配合做好调整房地产交易环节契税营业税优惠政策宣传解答工作的通知》，证明附件2优惠政策问答口径第五条，用于证明新契税优惠政策执行时间。⑧12366纳税服务业务知识库截图，证明在2016年2月22日前缴纳契税、在2月22日之后补缴面积差契税的行为属于第一次申报行为的延续和补充，应按照第一次申报时的政策适用税率。⑨12366纳税服务业务知识库截图，证明用于证明与原告同一楼内的其他纳税人在2016年2月22日及以后第一次申报不加收滞纳金的依据。⑩《中华人民共和国税收征收管理法》《中华人民共和国税收征收管理法实施细则》《河南省地方税务局关于鹤壁市地方税务局契税和耕地占用税征管职责划转后机构编著问题的通知》《河南省地方税务局关于契税和耕地占用税征收管理机构更名的通知》，证明契税税务分局具有契税征收管理的职责权限。

（四）复议机关答辩意见

被告市地税局辩称：我局行政复议行为程序合法；契税分局契税征收行为认定事实清楚、证据充分、适用法律正确。

被告市地税局向本院提交以下证据、依据：

（1）行政复议申请书、申请人身份证复印件、申请人提交的税收缴款书、行政复议受理审批表、受理复议通知书、送达回证，证明受理行为合法.

（2）提出答复通知书、送达回证、被申请人提交材料清单、答复书，被申请人按期相关资料，被申请人的行政征收行为依据充分、证据确凿。

（3）行政复议决定审批表、行政复议决定书、送达回证，证明决定合法。

（4）复议人员执法证件，证明复议人员身份合法。

（5）统一社会信用代码证、法定代表人身份证明，证明被告市地税局的身份。

（五）庭审质证

经庭审质证，原被告发表质证意见如下：

原告毛某某的质证意见：对被告契税分局及被告市地税局提供的证据均无异议。

被告契税分局的质证意见：对原告毛某某及被告市地税局提供的证据均无异议。

被告市地税局的质证意见：对原告毛某某及被告契税分局提供的证据均无异议。

（六）法院认定事实

本院对上述证据认证如下：原告毛某某、被告契税分局及被告市地税局提供的证据经审查，与本案具有关联性，且内容真实，形式合法，证据间能相互印证，且各方当事人均无异议，故本院均予以采信。

经审理查明，2013年10月28日原告毛某某与鹤壁未来房地产开发有限公司签订了商品房买卖合同，合同约定：该商品房建筑面积共143.76平方米。2013年11月7日，原告毛某某向鹤壁市地税局契税税务分局申报契税纳税。2014年3月12日，鹤壁市地税局契税税务分局出具（141）豫地现契耕00255720税收缴款书，原告毛某某按照4%的税率减半缴纳税款9 652.04元，2015年5月27日，鹤壁市房地产测绘队出具鹤壁市房产分户图，实测该商品房面积为145.14平方米。2018年1月17日，鹤壁市地税局契税税务分局出具（162）豫地现契耕00429634税收缴款书，向原告毛某某按照4%的税率征收应补缴税款185.32元，同日因原告毛某某不再符合第一次缴纳税款时的优惠政策（减半缴纳税款）出具（162）豫地现契耕00429635税收缴款书，向原告毛某某征收税款9 652.04元，原告毛某某按照4%的税率补缴税款9 652.04元。原告毛某某不服被告鹤壁市地税局契税税务分局征收税款的行政行为，于2018年3月19日向市地税局提起行政复议。2018年5月16日，鹤壁市地方税务局做出鹤地税复决（2018）1号税务行政复议决定书，决定维持原行政行为。

（七）法院观点

原告毛某某与鹤壁未来房地产开发有限公司签订了商品房买卖合同，合同约定所购房屋建筑面积为143.76平方米，交付期限为2015年6月28日之前，原告毛某某购买的房屋符合《财政部 国家税务总局 住房城乡建设部关于调整房地产交易环节契税个人所得税优惠政策的通知》(财税〔2010〕第94号)"对个人购买普通住房,且该住房属于家庭(成员范围包括购房人、配偶以及未成年子女)唯一住房的,减半征收契税"及河南省财政厅关于贯彻《国家税务总局财政部建设部关于加强房地产税收管理的通知》的意见(豫财办农税〔2015〕15号)"各市、县人民政府要及时公布普通住宅单套建筑面积标准,超过标准的,属非普通住宅。未公布标准的市、县,单套面积大于144平方米的,属非普通住宅。非普通住宅,按4%的税率征收契税"的规定,契税分局按照《中华人民共和国契税暂行条例》第八条、第九条及《河南省契税实施办法》第五条、第六条第一款第二项、第八条第一款的规定及河南省财政厅关于贯彻《国家税务总局 财政部 建设部关于加强房地产税收管理的通知》的意见第一项、《财政部 国家税务总局住房城乡建设部关于调整房地产交易环节契税个人所得税优惠政策的通知》的规定,向原告毛某某减半征收税款9 652.04元的行为符合法律规定。2015年5月27日,鹤壁市房地产测绘队实测原告毛某某所购的房屋面积145.14平方米,增量1.38平方米,超过144平方米,属于非普通住宅,不再符合原告毛某某第一次缴纳税款时的优惠政策,应按照4%的税率补缴税款,故被告契税分局依照上述规定向原告毛某某征收应补缴税款符合法律规定,因此被告契税分局做出的税款征收行为适用法律、法规正确,符合法定程序。

关于原告毛某某认为被告契税分局应按照《财政部 国家税务总局 住房城乡建设部关于调整房地产交易环节契税营业税优惠政策的通知》(财税〔2016〕23号)"对个人购买家庭唯一住房(家庭成员范围包括购房人、配偶以及未成年子女),面积为90平方米以上的,减按1.5%的税率征收契税"的规定向其征收补缴税款的问题,经审查,本案中,原告毛某某申报缴纳税款的时间为2013年11月7日并实际缴纳契税9 652.04元,后2015年5月27日鹤壁市房地产测绘队实测该房屋145.14平方米。2018年1月17日,毛某某补缴税款的行为属于面积补差行为,系其于2013年11月7日申报缴纳税款行为的延续、补充,不是独立的申报行为,根据《河南省地方税务局关于契税征收有关问题的通知》(豫地税发〔2016〕16号)第一项"个人购买住房,于2016年号文件规定的税收优惠条件的,均可享受优惠政策"的规定,应按照原告毛某某第一次申报缴纳税款(2013年11月7日)的政策适用税率,即4%的税率。故原告毛某某要求被告契税分局按照1.5%的税率对原告毛某某所购房产征收契税并退还多征收的其税款的请求本院不予支持。

关于原告毛某某要求撤销被告市地税局做出的鹤地税复决〔2018〕1号税务行政复议决定书，本院认为，被告契税分局做出的具体行政行为认定事实清楚，证据确凿，适用依据正确，内容适当，被告市地税局按照《中华人民共和国行政复议法》第二十八条第一款第（一）项的规定做出的《税务行政复议决定书》符合法律规定，故本院对原告毛某某的该项诉讼请求本院不予支持。

（八）法院判决

2018年9月13日，案经合议庭评议，依据《中华人民共和国行政诉讼法》第六十九条、《中华人民共和国行政复议法》第二十八条第一款第（一）项之规定，判决如下：驳回原告毛某某的诉讼请求；案件受理费50元，由原告毛某某负担。

二、公寓契税优惠税率适用案

（一）基本案情

原告李某某诉被告驻马店市地税局契税税务分局税务行政管理一案，原告向驻马店市驿城区人民法院（下称"本院"）提起行政诉讼，本院于2013年6月7日立案受理后，向被告送达了起诉状及应诉通知书。本院依法组成合议庭，于2013年8月9日进行了公开审理，原告李某某，被告法定代表人林某某、委托代理人王某到庭参加了诉讼。本案现已审理终结。

被告于2012年12月7日，向原告征收房产买卖税，其主要内容为：征收机关驻马店市地税局契税税务分局；纳税人名称李某某，识别号居民身份证号；房地产位置解放路南侧450号中乐国际公馆2幢16层1607号房，合同签订日期2012年12月7日，房地产类别房产；税目房产买卖税，房地产权属转移面积88.68平方米，计税金额为378 586元，税率为4%，计征税额为15 143.44元，减免税额为0，实收税额为15 143.44元；逾期每日按滞纳税款加收0.5‰的滞纳金。

（二）纳税人起诉意见

原告起诉称：本人2012年11月在驻马店市解放路南侧450号中乐国际

公馆2幢16层购买一套商品房,面积为88.86平方米。同年12月7日,缴纳房产买卖契税时,被告按4%计算,收取原告税金15143.44元。被告按4%税率没有法律依据,应按1%的税率向原告收税;原告购买的属于普通住房,不应该按非普通住房征收契税。请求法院依法撤销被告向原告的征收行为,并责令被告退还多征收的11 357.58元契税。

递交的证据材料有:①身份证、户口登记簿,证明原告身份及家庭成员。②确山县房产登记管理部门证明,证明原告及家庭成员此前没有购买过房屋,应享有国家购房优惠政策。③商品房买卖合同,证明原告购买的是住宅用房。④纳税票据,证明被告向原告收缴4%税费。⑤复议决定书,证明原告已经过复议,但复议书维持了被告非法征收行为。⑥国务院55号令,证明住宅用地为70年。⑦国办发〔2005〕26号文、国税发〔2005〕89号文、河南省地税局〔2010〕202号文、河南省财政厅〔2005〕15号文规定、驻马店市驻政〔2011〕69号文、豫地税函〔2005〕102号文,证明原告购买的房产符合普通住房标准,应享有法定的购房纳税优惠政策。

(三)被告答辩意见

被告答辩称:原告起诉没有事实根据,所引用法律与事实不符;被告对原告按4%征收买房税,有明确的事实和法律依据;原告购买的属于公寓房,不享受1%税费标准和国家优惠政策。请求法院驳回原告的诉讼请求,维持正常的税收秩序。

递交的证据材料有:①李某某的商品房买卖合同、商品房预售许可证,证明原告购房的事实。②驻规建字第411701201000019号建设工程规划许可证、河南浙商置业投资有限公司证明,证明原告购买的是公寓性房屋,非普通住房。③财税〔2010〕94号文、豫财税政〔2010〕59号文、驻财办税政〔2010〕14号文,证明原告不符合或享有按1%普通住房优惠政策的条件。④原告纳税申报表、契税缴纳凭证、行政复议书,证明收税程序并经过复议。⑤《中华人民共和国契税暂行条例》《河南省契税实施办法》、财税〔2010〕94号文、驻政〔2009〕207号文,证明被告征收的法律依据。

(四)庭审质证与事实认定

经过庭审质证,原告对被告方递交的证据真实性不持异议,对证明的问题有异议，认为被告认定本人购买的房产属于非普通住房依据不充分；被告没有履行告知义务，程序违法。被告对原告的证据材料的真实性无异议，但对证明的问题有异议，认为原告提供的法律不能证明原告购买的住房是普通住房，可以享有减免税优惠政策。

本院认为上述原、被告的证据材料来源合法，与本案有关联性，能够证明本案事实，均可作为本案定案的依据。

依照上述证据材料，本院认定下列事实：2010年4月，河南浙商置业投资有限公司获得由驻马店市住房和城乡建设局批准的《建设工程规划许可证》（驻规建字第41170120100019号），建设位置解放大道中段南侧（原军分区院），建设项目名称中乐国际公馆住宅小区等内容。在《建设工程规划审批单》中标明，商住楼2#一、二层为商业，面积为5 075.87平方米；三至三十三层为公寓，面积为19 171平方米。2011年6月8日，该公司申请办理了《商品房预售许可证》〔2011〕驻房管预字第20110608号，其中标明2#号楼用途为商业用房，住宅公寓。

2012年11月，本案原告在中乐国际公馆2幢16层购买一套商品房，面积为88.86平方米。同年12月7日，原告向被告缴纳房产买卖契税时，递交了按普通住房并享有优惠政策的减免税申请。被告认为原告购买的是非普通住房，不符合减免税条件，按照《河南省契税实施办法》第五条规定的契税税率4%的计算方法，收取原告税金15 143.44元，并向原告出具了〔2011〕豫地契0822909号《契税完税证》。原告不服，提出复议，经驻马店市地方税务局复议认为被告按4%税率征收原告房产税的行为正确，遂做出了维持决定。原告认为被告应按1%的税率向原告收税，被告的执法行为错误，并因此向本院提起行政诉讼，要求撤销被告的征收行为，退还多缴纳的11 357.58元房产契税及利息。

（五）法院观点

依照《中华人民共和国契税暂行条例》第十二条的规定，被告具有征收房产契税的法定职权。被告依照申请人李某某的纳税申请，审核后认为申请人所购房产属于非普通住房，依照《河南省契税实施办法》第五条契税税率4%的计算方法，收取原告税金15 143.44元，该行为并无不当。

但是，原告在申请纳税时，向被告递交了可以享有优惠政策的减免税申请，被告认为原告的申请不符合条件，未向原告做出决定或明示，属于程序瑕疵，尚不足以达到影响其征收行为合法性的程度。

原告提出自己所购房产符合国家规定的普通住房标准，本人及家庭又是初次购房，可以享受政府优惠政策问题。《国务院办公厅转发建设部等部门关于做好稳定住房价格工作意见的通知》（国办发〔2005〕26号）和《关于做好稳定住房价格工作的意见》第五条规定了对中小套型、中低价位普通住房享受优惠政策的住房原则上应同时满足以下条件：住宅小区建筑容积率在1.0以上，单套建筑面积在120平方米以下，实际成交价格低于同级别土地上住房平均交易价格1.2倍以下。该规定属于限制性规定，并不意味着符合上述条件都可以享受优惠政策，而是个人或家庭在符合申请优惠政策条件的情况下，购买不超过上述标准的房屋能够享受税收优惠政策。而本案原告所购买的属于非普通住房，不符合适用该规定的前提条件。参照驻政〔2009〕207号文，"房屋规划用途，以规划部门建设工程规划许可证批准的用途为准"。从规划部门批准的《建设工程规划许可证》看，中乐国际公馆住宅小区2#楼为"商业用房、住宅公寓"，其中三至三十三层为住宅公寓，不属于普通住房，因此应属于非普通住房。

对于个人购买非普通住房的，国家尚无规定可以享有减免税的优惠政策。按照《中华人民共和国契税暂行条例》第三条第一款"契税税率为3%～5%"，该条第二款规定了各省、自治区、直辖市在前款规定幅度内确定本地（税率），《河南省契税实施办法》第五条确定了本地的契税税率4%的计算方法，该实施办法没有违反上位法的规定。

综上，原告要求撤销被告征收房产契税的行为、退还多征收税金的请求，理由不充分，不予采信。

（六）法院判决

2013年8月21日，一审法院依照《最高人民法院关于执行〈中华人民共和国行政诉讼法〉若干问题的解释》第五十六条第四项之规定，判决如下：驳回原告李某某对被告驻马店市地税局契税税务分局的各项诉讼请求。案件受理费50元，由原告李某某负担。

第三节 契税计税依据典型案例

一、核定契税计税依据案

（一）基本案情

上诉人周某某诉被上诉人国家税务总局淮安市税务局（以下简称"淮安市税务局"）、被上诉人国家税务总局江苏省税务局（以下简称"江苏省税务局"）税收行政管理及行政复议一案，不服淮安市淮阴区人民法院〔2018〕苏0804行初81号行政判决，向江苏省淮安市中级人民法院（下称"本院"）提起上诉。本院于2019年5月10日立案受理后，依法组成合议庭公开审理了本案。本案现已审理终结。

一审法院经审理查明：2018年7月12日，周某某、苗某和陈某某、李某某签订《房屋买卖合同》，约定陈某某、李某某将自有坐落于荷花池小区3号楼701室的房屋以72万元的价格转让于周某某、苗某。同年7月19日，上述买卖双方至被告淮安市税务局税务窗口办理存量房交易的纳税申报。被告按规定使用全省统一的存量房交易计税价格评估系统对申报交易的涉案存量房进行现场评估，评估系统所需录入的项目内容均从纳税人提供的房产证和网签合同信息中直接获取。评估系统生成的评估价格为983 663.06元。窗口工作人员打印系统文书《存量房交易计税价格核定明细单（确认书）》，交由买卖双方阅读并陈述意见。陈述栏中有A、B两类打印意见，A项为"我已对上述内容阅知，对核定的计税价格无异议（√）"，B项为"对价格有异议，不能接受，申请转交相关评估机构进行再评估（　）"。买卖双方阅后在该确认书中签字，对上述勾选事项做出确认。随后，原告方向被告缴纳了作为买方的相关税费9 836.64元。

后原告不服，向江苏省税务局提起行政复议。被告江苏省税务局依法受理后，通知被告淮安市税务局提交书面答复和证据材料，淮安市税务局在法定期限内提交行政复议答复书及证据材料。2018年10月29日，被告江苏省税务局做出苏税复决字〔2018〕2号《税务行政复议决定书》，决定对淮安市税务局做出的核定税款行为予以维持。

原告认为被告淮安市税务局未告知原告相关权利，程序违法，侵犯其合法权益，遂诉至一审法院，请求判决确认被告淮安市税务局的核税行为违法，并判决撤销被告江苏省税务局做出的苏税复决字〔2018〕2号《税务行政复议决定书》。

（二）一审法院观点

一审法院认为：

一、关于计税依据。根据《中华人民共和国契税暂行条例》第四条第二款的规定，被告在发现纳税人的申报价格明显低于市场价格时，被告有权参照市场价格核定计税依据。同时，《财政部 国家税务总局关于推广应用房地产估价技术加强存量房交易税收征管工作的通知》规定，自2012年7月1日起对存量房交易价格进行全面评估，严格禁止不经评估直接按申报的交易价格征税。而《江苏省地方税务局存量房评估工作管理办法》对评估的规范也做出了具体的规定。该案中，被告淮安市税务局通过全省统一开发的价格评估系统现场评估后，根据系统反馈的价格和提示，发现原告申报的交易价格明显偏低，且原告并不能说明其具备的正当理由，被告根据上述评估工作办法依照系统生成的交易价格进行计税，符合法规和规范性文件的规定。

二、关于计税价格争议的处理。针对纳税人对税务机关核定的计税价格有异议的，《江苏省地方税务局存量房交易计税价格争议处理办法》对争议处理程序做出了明确规定。该案中，原告虽主张被告没有告知提出异议的权利，但从确认书中能够清楚表明，被告向原告告知了陈述申辩的权利，而原告通过签字确认的方式表示对系统生成的评估价格并无异议，被告也就无从启动争议处理程序，因此，原告的主张没有事实依据，法院不予支持。

三、关于行政复议程序的合法性。一审法院认为，被告江苏省税务局收到原告的行政复议申请后，经通知被申请人答复、举证后，依法做出行政复议决定并送达双方，该行政复议符合法定程序。综上，被告淮安市税务局的核税行为依据的事实清楚，程序合法，适用法律正确，被告江苏省税务局所作行政复议决定的程序合法，原告周某某的诉请无事实和法律依据，法院不予支持。根据《中华人民共和国行政诉讼法》第六十九条之规定，判决驳回原告周某某的诉讼请求。

（三）上诉意见与答辩意见

上诉人周某某上诉称：①一审法院依据窗口工作人员打印系统文书《存量房交易计税价格核定明细单（确认书）》认定上诉人的主张没有事实根据。该确认书陈述栏中A、B两类打印意见的勾选项在上诉人现场签字时未做勾选，上诉人当时就核税价格有异议，现场便提出，现场工作人员不能现场解决，持续数小时，上诉人现场签字时得到现场工作人员的答复是签字后便可以提起价格异议。签字后，上诉人很快到税务机关提起复议。②涉案房屋买卖双方系亲属关系（李某某与周某某系姐弟），该房屋买卖与正常的房屋买卖具有明显区别，具有赞助的情况。综上，请求撤销一审判决，判决淮安市税务局核税行为违法，判令江苏省税务局撤销行政复议决定，判令两被上诉人共同承担诉讼费用。

被上诉人淮安市税务局、江苏省税务局均未提交书面答辩意见。

（四）相关证据与事实认定

各方当事人在一审中提交的证据均已随卷移送本院。

二审中，上诉人周某某提交以下证据：①《证明》。②《常住人口登记表》，旨在证明涉案房屋买卖双方的亲属关系，也证明区别于一般的房屋买卖，不管是哪种亲属关系被上诉人都应该考虑。被上诉人淮安市税务局、江苏省税务局质证认为，证据的真实性、合法性无异议，关联性有异议，缴税现场询问上诉人交易价格明显低于评估价格的原因，上诉人提出的理由是装潢比较差，并未提出其他理由和证据，复议过程中亦未提出，即使上诉人现在提出异议，其提出的理由也不属于正当理由。经审查，以上证据不属于法律规定的新的证据，无正当理由未在法定举证期限内提交，本院不予采纳。

本院经审理查明的事实与一审认定事实一致，本院予以确认。

（五）二审法院观点

本院认为：《中华人民共和国税收征收管理法》第三十五条第一款规定："纳税人有下列情形之一的，税务机关有权核定其应纳税额：……（六）纳税人申报的计税依据明显偏低，又无正当理由的"。《中华人民共和国契税暂行条例》第四条规定："契税的计税依据：（一）国有土地使用权出让、土地使用权出售、房屋买卖，为成交价格：……前款成交价格明显低于市场价格并且无正当理由的，或者所交换土地使用权、房屋的价格的差额明显不合理并且无正当理由的，由征收机关参照市场价格核定。"《财政部　国家税务总局关于推广应用房地产估价技术加强存量房交易税收征管工作的通知》（财税〔2011〕61号）规定："二、严格按照规定推行存量房评估工作（一）积极推进存量房评估工作，自2012年7月1日起对纳税人所申报的存量房交易价格要进行全面评估。严格禁止不经评估即直接按纳税人申报的交易价格征税，……（二）严格按照规定实施存量房评估。对于评估认定申报交易价格偏低的，应进一步经过规定程序确认申报交易价格偏低是否有正当理由。有正当理由的，按申报交易价格征税；没有正当理由的，按核定计税价格征税。"《江苏省地方税务局存量房评估工作管理办法》（苏地税发〔2012〕89号）对存量房评估亦做出了具体的规定。本案中，被上诉人淮安市税务局根据上述规定，使用全省统一的评估系统对涉案存量房进行评估，并对评估价格和申报价格进行比对，申报价格明显偏低且无正当理由，被上诉人淮安市税务局按照评估系统生成的评估价格核定计税价格，其核税行为并无不当。

关于上诉人主张其对核定的计税价格有异议，现场签字时未在《存量房交易计税价格核定明细单（确认书）》纳税人陈述栏选项中进行过勾选的问题。本院认为，被上诉人所举证的《存量房交易计税价格核定明细单（确认书）》中，"纳税人陈述（选择打'√'）"一栏载明勾选的是"A.我已对上述内容阅知，对核定的计税价格无异议"，并由包含上诉人在内的买卖双方签字。上诉人主张其当时并未勾选，系被上诉人工作人员事后勾选，对此主张并未在法定举证期限内提供证据予以证明。同时，在该栏目内除上述A选项外，亦明确载有"B.我已对上述内容阅知，对核定的计税价格存在异议，不能接受，申请转交相关评估机构进行再评估"，上诉人如果对核定的计税价格存在异议，可以勾选B选项，但是其并未对B选项进行勾选，亦与常理不符。上诉人该上诉理由不能成立，本院不予采纳。

关于上诉人主张涉案房屋买卖双方系姐弟关系，该房屋买卖与正常房屋买卖具有明显区别，被上诉人对此应予考虑的问题。本院认为，上诉人在行政程序中并未提出过上述理由及相关证据，且《关于进一步加强存量房评估工作的通知》（苏地税发〔2014〕58号）中规定，"四、严格按照规定进行争议处理。……以下情况可视为正当理由：（一）法院判决；（二）亲属（三代以内直系血亲）间交易；（三）房屋客观上有明显缺损等严重质量问题；（四）

税务机关认定的其他情形。"上诉人该理由不属于"正当理由",其认为无论是何种亲属关系均应予以考虑的主张,缺乏法律依据,本院不予支持。

关于被上诉人江苏省税务局所作行政复议决定是否合法的问题。本院认为,被上诉人江苏省税务局在收到上诉人周某某的复议申请后,履行了受理、通知答复等程序,在法定期限内做出维持原行政行为的复议决定,并无不当。上诉人诉请撤销该行政复议决定的理由亦不能成立,本院不予支持。

综上,一审判决认定事实清楚,适用法律正确,程序合法,应予维持。上诉人周某某的上诉理由不能成立,其上诉请求本院不予支持。

(六)二审法院判决

2019年7月29日,二审法院依照《中华人民共和国行政诉讼法》第八十六条、第八十九条第一款第(一)项之规定,判决如下:驳回上诉,维持原判。二审案件受理费50元,由上诉人周某某负担。

二、契税计税依据具体范围纠纷案

(一)基本案情

上诉人山西甲房地产开发有限公司(以下简称"甲公司")因诉被上诉人闻喜县地方税务局稽查局(以下简称"闻喜地税稽查局")税务行政处罚争议一案,不服夏县人民法院〔2017〕晋0828行初51号行政判决,向山西省运城市中级人民法院(下称"本院")提起上诉。本院依法组成合议庭,于2018年2月2日公开开庭审理了本案。上诉人甲公司的委托代理人孙某、谷某某,被上诉人闻喜地税稽查局局长杨某某及委托代理人秦某某、刘某某,到庭参加诉讼。本案现已审理终结。

一审法院查明,原告甲公司成立于2010年3月26日,在闻喜仅开发银河都城项目。2016年9月2日,被告闻喜地税稽查局因上级交办对原告甲公司涉嫌逃避缴纳税款进行立案查处,于2016年9月5日做出闻地税稽检通一〔2016〕3号税务检查通知书载明,对原告2010年03月25日至2016年06月30日期间涉税情况进行检查,该通知书于当日向原告送达。在税收违法案件检查过程中,被告先后5次对检查时限进行了延长。被告通过核查原告的账簿及相关资料、询问案件有关当事人等调查取证,认定原告存在少记预收收入造成少缴税款的行为，于 2017 年 6 月 14 日做出闻地税稽罚告〔2017〕1 号税务行政处罚事项告知书并于 2017 年 6 月 16 日向原告送达，该告知书中载明了税务行政处罚的事实依据、法律依据、拟做出的行政处罚以及原告享有的陈述、申辩及听证权利。原告收到该告知书后于 2017 年 6 月 17 日向被告提交了书面的陈述、申辩意见，未提出听证，被告对原告的陈述申辩意见未予采纳。2017 年 6 月 29 日，被告做出闻地税稽处〔2017〕1 号税务处理决定书和被诉处罚决定书并于次日向原告送达，该处罚决定书认定原告甲公司于 2010 年 3 月 25 日至 2016 年 6 月 30 日期间少缴纳营业税 2 111 301.2 元、少缴纳城市维护建设税 104 335.07 元、少缴纳教育费附加 63 339.04 元、少缴纳地方教育附加 42 226.02 元、少缴纳印花税 22 644.02 元、少缴纳契税 201 513.47、少申报缴纳契税 11 466.8 元、少缴纳城镇土地使用税 1 847.48 元、少预缴土地增值税 795 235.73 元、少缴纳企业所得税 944 249.96 元，根据《中华人民共和国税收征收管理法》第六十三条第一款及第六十二条之规定，决定对原告甲公司少缴纳的营业税 2 111 301.2 元、少缴纳的城市维护建设税 104 335.07 元、少缴纳的印花税 20 813.02 元、少缴纳的契税 34 508 元、少缴纳的城镇土地使用税 1 847.48 元、少缴纳的企业所得税 944 249.96 元，合计少缴纳的税款 3 217 054.73 元的行为处以 50% 的罚款 1 608 527.55 元，对其未按规定办理契税纳税申报的行为，责令限期改正，处以 5 000 元罚款。原告对该处罚决定不服，于 2017 年 9 月 13 日向本院提起行政诉讼。

（二）一审法院观点

一审法院认为：根据《税收征收管理法》第十四条"本法所称税务机关是指各级税务局、税务分局、税务所和按照国务院规定设立的并向社会公告的税务机构"以及《中华人民共和国税收征收管理法实施细则》第九条第一款"税收征管法第十四条所称按照国务院规定设立的并向社会公告的税务机构，是指省以下税务局的稽查局。稽查局专司偷税、逃避追缴欠税、骗税、抗税案件的查处"的规定，被告闻喜地税稽查局具有做出被诉处罚决定的主体资格与职权。被告认定原告存在少记预收收入造成少缴税款的违法事实，有其提供的原告公司的相关账册凭证、收费票据、收据、资产负债表、利润表等予以证实，事实清楚，证据确凿。被告根据《税收征收管理法》第六十三条第一款"纳税人伪造、变造、隐匿、擅自销毁账簿、记账凭证，或者在账簿上多列支出或者不列、少列收入，或者经税务机关通知申报而拒不申报或者进行虚假的纳税申报,不缴或者少缴应纳税款的,是偷税。对纳税人偷税的,由税务机关追缴其不缴或者少缴的税款、滞纳金,并处不缴或者少缴的税款50%以上5倍以下的罚款;构成犯罪的,依法追究刑事责任"及第六十二条"纳税人未按照规定的期限办理纳税申报和报送纳税资料的,或者扣缴义务人未按照规定的期限向税务机关报送代扣代缴、代收代缴税款报告表和有关资料的,由税务机关责令限期改正,可以处2 000元以下的罚款;情节严重的,可以处2 000元以上1万元以下的罚款"之规定,决定对原告甲公司少缴纳税款3 217 054.73元的行为处以50%的罚款1 608 527.55元;对其未按规定办理契税纳税申报的行为,责令限期改正,处以5 000元罚款。其适用法律正确,处罚幅度亦在上述法律规定范围内。被告依照法定程序,履行了调查、取证、告知的程序,且听取了原告的陈述、申辩,并依法进行了立案、实施检查、审理、做出处罚决定书并送达给原告,其行政程序合法。原告称被告不听取其陈述、申辩、听证,与庭审查明事实不符。

关于原告在庭审中提出被告应在认定少缴税款中扣减法院查封、拍卖房屋款、代收天然气接口费款和退房款的问题,本院认为,关于法院查封、拍卖房屋款项,根据《房地产开发经营企业所得税处理办法》第七条"企业将开发产品用于捐赠、赞助、职工福利、奖励、对外投资、分配给股东或投资人、抵偿债务、换取其他企事业单位和个人的非资产性货币等行为,应视同销售"规定,法院对原告房屋的查封、拍卖所得,属于上述规定中"抵偿债务"的情形,应视同原告的销售收入计算应纳税额,不存在扣减的情形;关于代收天然气接口费款项和退房款,本院已在证据认定部分进行过阐述,原告没有有效证据证明。故对原告提出被告应在认定少缴税款中扣减法院查封、拍卖房屋款、代收天然气接口费款和退房款的主张,本院不予支持。

综上,被告所作被诉处罚决定书,认定事实清楚,程序合法,适用法律法规正确,原告要求撤销该被诉处罚决定书,没有事实和法律依据,本院不予支持。据此,依照《中华人民共和国行政诉讼法》第六十九条之规定,判决:驳回原告甲公司的诉讼请求。

(三)上诉意见

甲公司不服一审判决,上诉称:①法院查封房屋共计47套,尚未拍卖或抵偿,该部分房屋的销售款要退回买受人,不应计入销售收入缴纳营业税、企业所得税等税款。②上诉人有22套房屋在预售后被退回,该部分购房款

5 266 679 元全部退还给了买受人，不应再计入销售收入计算应纳税额。③燃气设施安装费 691 300 元属于代收款项，不应计入销售收入计算应纳税额。④上诉人与闻喜县国土局签订的《国有建设用地使用权出让合同》约定土地使用权成交价 540 万元，上诉人以该合同价为计税依据缴纳了契税，540 万元土地使用权成交价中包含 341 万元拆迁补偿费，上诉人不存在少缴纳拆迁补偿费的契税的情形。⑤上诉人 2011 年至 2014 年企业所得税征收方式是查账征收，稽查处罚中按核定征收方式错误，造成少缴税款数额计算错误。⑥企业所得税款为预缴，预缴中少缴不应作为偷税处理，不能适用《税收征收管理法》第六十三条第一款规定进行处罚。⑦被上诉人一审证据 100～101 页中的拆迁搬运费，属于劳务费，不应收契税而计算了契税。⑧2016 年 6 月因营改增后闻喜县税务局系统更新升级上诉人未能申报税款，责任不应由上诉人承担。

另外，上诉人在上诉状中提出的被上诉人对其申辩未依法复核，以及一审法院违反审理程序代替被告提交法律依据的上诉理由，在本院二审庭审中表示放弃。

上诉人请求：①撤销夏县人民法院〔2017〕晋 0828 行初 51 号行政判决，根据基础事实改判支持上诉人一审诉讼请求。②一、二审诉讼费用由被上诉人承担。

（四）答辩意见

被上诉人闻喜地税稽查局答辩称：①上诉人提出的法院查封房屋的销售款，属于上诉人的收入，应缴纳相应税款。②上诉人没有提供房屋预售后退款手续，不能证明发生退房退款的事实，其不应计税的理由不成立。③天然气安装费，上诉人无证据证明属于代收款项。④依据上诉人在稽查期间提交的票据，其并未缴纳拆迁补偿费的契税，被上诉人对上诉人少缴契税的事实认定正确。⑤依据《税收征收管理法》第三十五条规定，上诉人虽设置账簿，但账目混乱、成本资料、收入凭证、费用凭证残缺不全，难以查账，被上诉人有权核定征收。⑥被上诉人根据上诉人每个年度汇算清缴后少缴企业所得税进行认定，不存在"对预缴中少缴税款"作处理的情形。⑦拆迁搬运费应当缴纳契税。⑧营改增之前系统正常，上诉人并没有按时申报。被上诉人认为其行政处罚决定证据确凿，适用法律法规正确，符合法定程序，请求维持一审判决。

（五）相关证据

上诉人一审中提交了以下证据：

证据一：①运城市中级人民法院〔2013〕运中商协字第 2 号协助执行通知书。②查封证明。③运城市中级人民法院评估、拍卖公告，以上证据证明因原告与运城市经济技术开发区中兴物资有限公司合同纠纷一案，运城市中级人民法院查封了原告开发的银河都城小区 1 号楼 21 套房，目前该案已经进入执行程序，运城市中级人民法院已对上述房屋组织评估、拍卖。④房款收据，证明上述被查封、拍卖的房屋中，有 17 套房屋已出售并收取购房款 3 407 002 元，现因原告无法向买受人交付该部分房屋，因此应将该 3 407 002 元购房款退还给买受人，该部分购房款不属于原告销售房屋的收入，不应缴纳税款。

证据二：①闻喜县人民法院〔2015〕闻民保字第 20 号民事裁定书。②闻喜县人民法院〔2015〕闻协字第 20 号协助执行通知书，以上证据证明因原告与支乐红民间借贷纠纷一案，闻喜县人民法院查封了原告开发的银河都城小区 1 号楼 1 单元 12 套门面房。③房款收据，证明上述被查封、拍卖的房屋中，有 10 套房屋已出售并收取购房款 1 217 309 元，现因原告无法向买受人交付该部分房屋，因此应将该 1 217 309 元购房款退还给买受人，该部分购房款不属于原告销售房屋的收入，不应缴纳税款。

证据三：①闻喜县人民法院〔2016〕晋 0823 财保 1 号民事裁定书。②闻喜县人民法院〔2016〕晋 0823 财保协字 1-1 号协助执行通知书。③闻喜县人民法院查封公告，证明因原告与张军民民间借贷纠纷一案，闻喜县人民法院查封了原告开发的银河都城小区房屋及门面房共 14 套。④房款收据，证明上述被查封、拍卖的房屋中，有 12 套房屋已出售并收取购房款 2 983 804 元，现因原告无法向买受人交付该部分房屋，因此应将该 2 983 804 元购房款退还给买受人，该部分购房款不属于原告销售房屋的收入，不应缴纳税款。

证据一、二、三共同证明：原告预售的房屋中，有部分房屋被法院查封或已进入拍卖程序，原告预收的该部分房屋价款共计 7 608 115 元需要退给房屋买受人，因此该部分房款不属于原告的收入，不应缴纳营业税金及附加、印花税、企业所得税等税款。

证据四：收据 108 张，证明原告所出售的房屋中有 22 套房屋被退回，涉及购房款共计 5 266 679 元，原告已将该部分购房款全部退还给买受人，但收据存根未及时销毁。该部分购房款不属于原告销售房屋的收入，不应缴纳税款。

证据五：①城镇燃气设施建设合同2份。②发票7张，证明原告在开发银河都城小区过程中，代闻喜洁能燃气有限公司收取691 300元，该部分款项属于代收款项，原告已经全部交给闻喜洁能燃气有限公司，不属于原告出售房屋的收入，不应缴纳税款。

被上诉人在一审提交的证据如下：

第一组证据：①运城市地方税务局稽查局税收违法案件运城税稽交〔2016〕3号交办函。②案源登记表。③税务稽查审批表，上述证据证明根据运城市地方税务局稽查局的交办函，被告对原告涉嫌少缴税款的行为进行立案查处。

第二组证据：①《税务稽查任务通知书》。②税务稽查项目书。③检查实施方案。④闻地税稽检通一〔2016〕3号税务检查通知书。⑤闻地税稽检通一〔2016〕3号税务检查通知书送达回证。⑥出示税务检查证情况反馈卡。⑦闻地税稽检通二〔2016〕1号税务检查通知书。⑧闻地税稽检通二〔2016〕1号税务检查通知书送达回证。⑨出示税务检查证情况反馈卡。⑩闻地税稽询〔2016〕1号询问通知书。⑪闻地税稽询〔2016〕1号询问通知书送达回证，上述证据证明被告将该案移交检查部门进行查处，被告检查部门接到《税务稽查任务通知书》后，安排人员实施检查，制定了检查实施方案，确定相应的检查方法向原告及相关单位送达税务检查通知书，向证人送达询问通知书等，进行调查。

第三组证据：①孙某某调查笔录。②周某某调查笔录。③耿某某调查笔录两份。④胡某某调查笔录。⑤李某某调查笔录，上述证据证明被告检查人员依法对证人进行询问调查。

第四组证据：①闻地税稽税通〔2016〕600004号税务事项通知书（2016年12月20日）。②闻地税稽税通〔2016〕600004号税务事项通知书送达回证。③原告提供的被查单位基本情况、营业执照等各种证照以及土地使用权、售房收据。④税务稽查工作底稿。上述证据证明被告依法责令原告提供与银河都城开发项目有关的文件、证明材料和有关资料，原告提交了包括营业执照等各种证照以及土地使用权、售房收据等证据，根据调查结果，检查人员依法制作了税务稽查工作底稿，记录案件事实，归集了相关证据材料。

第五组证据：①闻地税稽税通〔2017〕5号税务事项通知书。②闻地税稽税通〔2017〕5号税务事项通知书送达回证。③陈述申辩材料。④税收违法问题归集计算表。上述证据证明经被告检查部门检查，发现原告有税收违法行为，然后根据检查结果，制作了税务事项通知书，向原告进行送达，原告进行了陈述申辩，检查人员听取了原告的陈述申辩，检查人员根据检查结果制作了税务稽查报告。

第六组证据：①移交清单。②税务稽查项目书。③税务稽查审理报告。④税收违法案件集体审理纪要。上述证据证明被告检查部门依照规定将该案移交审理部门进行审理，审理部门依法对移交的材料逐项进行审核，出具了书面意见，并按照规定进行了集体审理。

第七组证据：①闻地税稽罚告〔2017〕1号税务行政处罚事项告知书。②闻地税稽罚告〔2017〕1号税务行政处罚事项告知书送达回证。③陈述申辩材料及证据材料。④陈述申辩笔录。⑤税务稽查审批表。上述证据证明被告对拟做出的处罚决定向原告进行了告知，告知其有陈述、申辩权和听证权，原告提供材料和证据进行申辩，明确告知其不需要听证。被告依照规定对拟做出的处罚决定进行审批。

第八组证据：①重大税务案件审理提起书。②文书审批表。③重大税务案件审理案卷交接单。④闻地税重审受字〔2017〕1号受理通知书。⑤重大税务案件书面审理通知书。⑥重大税务案件书面审理意见表六份。⑦初审意见。⑧重大税务案件审理审委员会会议纪要。⑨补正材料通知书。⑩重大税务案件审理案卷交接单。上述证据证明因本案重大复杂，被告依照法律规定提请闻喜县地方税务局审理委员会审理，采取书面审理和会议审理相结合的方式进行审理，出具了审理意见书和补正材料通知书，将案卷移交被告。

第九组证据：①税务稽查项目书。②税务稽查报告附拟查补、退税款汇总表。③税务稽查审理报告。④重大税务案件审理案卷交接单。⑤重大税务案件书面审理通知书。⑥重大税务案件书面审理意见表六份。⑦初审意见。⑧重大税务案件审理审委员会会议纪要。⑨重大税务案件审理委员会审理意见书。上述证据证明被告根据重大税务案件审理委员会的补正意见进行补正，提交重大税务案件审理委员会进行审理，重大税务案件审理委员会采取书面审理和会议审理相结合的方式进行审理，认为认定案件事实清楚证据充分确凿，执法程序合法，适用法律正确，案件定性准确，拟处理意见适当。

第十组证据：①重大税务案件审理案卷交接单。②闻地税稽处〔2017〕1号税务处理决定书。③闻地税稽处〔2017〕1号税务处理决定书送达回证。④被诉处罚决定书。⑤被诉处罚决定书送达回证。上述证据证明重大税务案件审理委员会将案卷移交被告,被告依法对原告做出处罚决定。

第十一组证据:①延长税收违法案件检查时限审批表6份。②监督卡回执联。上述证据证明本案的办理期限符合法律规定,检查人员无违法行为。被告对原告的处罚事实清楚、程序合法、证据确凿,被告告知原告有听证的权利,原告明确放弃听证,提起诉讼。

提交的法律依据:①《税收征收管理法》。②《中华人民共和国企业所得税法》。③《中华人民共和国行政处罚法》。④《税收征收管理法实施细则》。⑤《中华人民共和国营业税暂行条例》。⑥《中华人民共和国城市维护建设税暂行条例》。⑦《征收教育费附加的暂行规定》。⑧《中华人民共和国契税暂行条例》。⑨《中华人民共和国城镇土地使用税暂行条例》。⑩《中华人民共和国印花税暂行条例》。⑪《中华人民共和国土地增值税暂行条例实施细则》。⑫《山西省土地增值税预征收管理办法》。⑬《国务院关于教育费附加征收问题的紧急通知》。⑭《关于统一地方教育费附加政策有关问题的通知》财综〔2010〕98号。⑮《财政部国家税务总局关于国有土地使用权出让等有关契税问题的通知》财税(2004)134号。⑯《房地产开发经营业务企业所得税处理办法》国税发(2009)31号。⑰《税务行政复议规则》。⑱《税务稽查工作规程》。⑲《重大税务案件审理办法》。

上述证据均已随卷移送本院。一审判决记载了双方当事人对证据的质证意见,二审庭审时,双方未发表新的质证意见,对一审证据的认定未提出异议。经审查,一审法院采信的证据符合行政诉讼证据有关真实性、合法性和关联性的要求,本院予以确认。

上诉人在二审中提交的证据有:①上诉人2013年、2014年《查账征收企业所得税月季度申报表》,证明上诉人2011年至2014年企业所得税系查账征收方式。②售出房屋退回的证人证言1份,退回房屋另行出售的合同3份、收据3张,证明22套房款5 266 679元退回买受人并有3套另行出售的事实。③上诉人给房屋买受人出具的天然气接口费154张,证明有691 300元属于代收款项,不应计税。④《国有建设用地使用权出让合同》及税收通用完税证,证明土地使用权成交价540万元,以该价格为计税依据缴纳了包括契税在内的全部税款。⑤上诉人2016年7、8月地方税(费)综合申报表,证明上诉人当时曾申报税款,因税务局系统更新升级未能申报。

被上诉人认为上诉人二审提交的以上证据,均不属于新证据,不予质证。

第八章　契税征管典型案例讲解

本院认证如下：证据①《查账征收企业所得税月季度申报表》，证据②中售出房屋退回的证人证言1份，证据⑤地方税（费）综合申报表，上诉人在第一审程序中无正当事由未提供而在第二审程序中提供，依据《最高人民法院关于行政诉讼证据若干问题的规定》第七条之规定，本院不予接纳。证据②中退回房屋另行出售的合同3份、收据3张，与本案中待证事实即销售（房）款是否退回给买受人，不具有关联性，本院不予采信。证据③即154张收据，上诉人表示系其二审期间开具，并非收款当时开具，不具有原始真实性，本院不予采信。证据⑤《国有建设用地使用权出让合同》及完税证，不能证明本案中待证事实即341万元拆迁补偿费是否包含在540万元土地使用权成交价款中，该证据相应的证明力，本院不予认定。

（六）二审事实认定

关于本案中相关事实认定：①上诉人称其22套房屋预售后退回而给买受人退回购房款5 266 679元，没有相关的买受人身份证明、房屋退回及退款等手续予以证实，一审中提交的上诉人出具的购房款收据（单联），只能证明收取而不能证明其退回购房款，二审提供的证据不具有关联性，本院不采纳，因此上诉人所称退回购房款的事实，本院不予认定。②上诉人认为燃气设施安装费691 300元属于代收款项，但是一审没有提交其收取买受人安装费的收据，二审期间提交的新开的收据不具有原始真实性，本院不予采信，其主张本院不予支持。③上诉人称341万元拆迁补偿费包含于540万元土地使用权价款中，其在被上诉人稽查处理程序中未提出，在一审程序中未提出，二审中无相应证据予以证实，该事实本院不予认定。此外，一审法院认定的其他事实，双方当事人无异议，本院予以确认。

（七）二审法院观点

本院认为，根据《税收征收管理法》第十四条、《税收征收管理法实施细则》第九条第一款规定，被上诉人依法具有对上诉人的税务违法行为进行稽查，并做出处罚决定的职权。

关于被诉行政处罚决定的执法程序方面，上诉人无异议。本院审查表明，被上诉人在做出被诉行政处罚决定过程中，进行了立案、通知、实施检查、移交审理部门审理，处罚事项告知，报请闻喜县税务局重大税务案件审理委员会集体审理,制作税务处理处罚决定并送达被上诉人,被诉行政处罚决定程序合法。

关于被诉行政处罚决定的证据事实和法律适用方面,被上诉人一审提交的相关会计凭证、会计账簿、财务会计报告,自制收据,合同文书,调查笔录,陈述申辩等证据,能够证明上诉人存在少列收入造成少缴税款、未按照规定期限办理契税申报等违法事实。被上诉人对少缴各种税款的计算方式,符合相关税收行政法规规定,计算结果无误。基于上诉人的违法事实,被上诉人根据《税收征收管理法》第六十三条第一款及第六十二条之规定,做出被诉行政处罚决定。该处罚决定认定事实清楚,证据确凿,适用法律正确。

关于上诉人称法院查封房屋的销售款要退回买受人,不应计入销售收入缴纳营业税、企业所得税的意见。《营业税暂行条例》第五条规定:"纳税人的营业额为纳税人提供应税劳务、转让无形资产或者销售不动产收取的全部价款和价外费用。"《企业所得税法》第三条规定:"居民企业应当就其来源于中国境内、境外的所得缴纳企业所得税",上诉人所有的房屋销售款作为销售收入均应缴纳营业税、企业所得税。上诉人销售的房屋在收取销售款后被法院查封,该销售款并无法律规定不属于销售收入,亦无法律规定该部分收入不缴、免缴或者扣除营业税及企业所得税,因此,上诉人的意见,于法无据,本院不予采纳。

关于上诉人称有22套房屋5 266 679元销售款全部退还给了买受人,不应再计入销售收入计算应纳税额的意见。上诉人无证据证实已经退还5 266 679元给买受人,该意见无事实依据,本院不予采纳。

关于上诉人提出的燃气设施安装费691 300元属于代收款项,不应计入销售收入计算应纳税额的意见。上诉人无证据证实该燃气设施安装费单列于房价之外,属于代收代交;相反,其与案外人签订的《城镇燃气设施建设合同》,表明该款项属于其与案外人之间的工程款,被上诉人认定事实清楚,上诉人意见不予支持。

关于上诉人称2011年至2014年企业所得税稽查处罚中按核定征收方式错误,少缴税款数额计算错误的意见。被上诉人在税务稽查中发现上诉人存在虽设置账簿但账目混乱,成本资料、收入凭证、费用凭证残缺不全,难以查账的情形,依据《税收征收管理法》第三十五条第一款第四项规定,有权以核定征收的方式核定上诉人应纳税额,上诉人的意见,本院不予支持。

关于上诉人提出的企业所得税款为预缴,预缴中少缴不应作为偷税处理的意见。2007年《企业所得税法》第五十三条、第五十四规定:"企业所得税按年度计算。""企业应当自年度终了之日起五个月内,向税务机关报送年度企业所得税纳税申报表,并汇算清缴,结清应缴应退税款。"企业所得税款虽分月或者分季预缴,但是有法定的汇算清缴的期限,被上诉人根据上诉人每个纳税年度汇算清缴期限后少缴部分核算少缴所得税数额,符合法律规定;上诉人认为企业所得税款为预缴,无视法律规定的汇算清缴期限,其意见不符合法律规定,本院不予采纳。

关于上诉人提出540万元土地使用权价款中包含341万元拆迁补偿费,其不存在少缴纳拆迁补偿费的契税的意见,上诉人提出被上诉人一审证据(一审卷宗2中P100、101)中的拆迁搬运费属于劳务费,不应缴纳契税的意见。上述意见中涉及的契税,均是计算在2010年少缴纳契税中,被上诉人2017年6月27日《山西甲房地产开发有限公司审理报告》明确:"2010年少缴纳的契税167 005.47元,不予处罚",被诉处罚决定针对2012年、2013年少缴纳契税34 508元处以50%的罚款,并不涉及2010年契税,2010年契税的计算问题不属于本案审理范围,本院不予审理。

关于上诉人称2016年6月因营改增后闻喜县税务局系统更新升级上诉人未能申报税款,责任不应由其承担。《营业税暂行条例》第十五条规定:"营业税的纳税期限分别为5日、10日、15日、1个月或者1个季度。"《营业税暂行条例实施细则》第十六条规定:"纳税人应当向应税劳务发生地、土地或者不动产所在地的主管税务机关申报纳税而自应当申报纳税之月起超过6个月没有申报纳税的,由其机构所在地或者居住地的主管税务机关补征税款。"法律规定了营业税申报纳税的期限,上诉人营改增之前超过期限未申报即应承担相应责任,2016年6月营改增系统更新升级,不影响上诉人此前责任的承担,上诉人的主张不予采纳。

综上,上诉人的上诉理由不能成立,其上诉请求应予驳回;被诉行政处罚决定认定事实清楚,程序合法,适用法律正确;一审判决认定事实清楚,适用法律正确,应予维持。

(八)二审判决

2018年3月30日,二审法院依照《中华人民共和国行政诉讼法》第八十九条第一款第一项之规定,判决如下:驳回上诉,维持原判。二审案件受理费50元,由上诉人山西甲房地产开发有限公司负担。

第四节　契税纳税义务发生时间典型案例

一、签订预售房合同即发生纳税义务

（一）基本案情

原告周某诉洛阳市地方税务局契税税务分局（下称"契税分局"）税务行政管理纠纷一案，2014年8月5日洛阳市洛龙区人民法院（下称"本院"）审查立案后，依法组成合议庭，于2014年9月19日公开开庭审理了本案。庭审中原告周某，被告契税分局委托代理人张某、雷某某到庭参加诉讼。本案现已审理终结。

原告诉称：原告于2011年3月24日签订房屋购买合同，购买洛阳宝龙城市广场商铺一套（10-1-101），但一直没有缴纳契税。原告于2014年5月准备办理房产证，缴纳契税时被告知需要在房屋买卖合同签署1个月内纳税，逾期的要缴纳滞纳金。而在此之前，原告并未收到任何税务机关书面或口头的催缴通知。由此原告在2014年5月10日缴纳了总计30 492.82元的契税滞纳金。

（二）原告起诉意见

原告认为，被告对法律法规适用性理解错误。被告对原告做出的缴纳滞纳金的依据是1997年国务院颁布的《契税暂行条例》第八条规定"契税的纳税义务发生时间，为纳税人签订土地、房屋权属转移合同的当天，或者纳税人取得其他具有土地、房屋权属转移合同性质凭证的当天。"以及《契税暂行条例细则》第八条"土地、房屋权属以下列方式转移的，视同土地使用权转让，房屋买卖或者房屋赠与征税：……（四）以预购方式或者预付集资建房款方式承受土地、房屋权属。"原告认同《契税暂行条例》第八条规定，但不认同被告根据《契税暂行条例细则》第八条推定商品房预售合同等同于房屋权属转移合同，即签订商品房预售合同的时间为契税的纳税义务发生时间。根据2007年全国人民代表大会颁布的《中华人民共和国物权法》（以下简称《物权法》)第九条"不动产物权的设立、变更、转让和消灭,经依法登记,发生效力;未经登记,不发生效力,但法律另有规定的除外",第十条"不动产登记,由不动产所在地的登记机构办理",第十四条"不动产物权的设立、变更、转让和消灭,依照法律规定应当登记的,自记载于不动产登记簿时发生效力",原告认为:房屋是不动产,适用于《物权法》。根据《物权法》的规定,房屋权属的设立,变更,转让和消灭,依法登记,发生效力,未经登记,不发生效力。而商品房预售合同的签订不属于依法登记的行为,即签订商品房预售合同不等于房屋权属的转移。根据全国人民代表大会于2000年颁布的《中华人民共和国立法法》第七十九条规定"法律的效力高于行政法规、地方性法规、规章"。本案被告依据的《契税暂行条例细则》是国务院颁布的行政法规,而全国人民代表大会颁布的《物权法》是法律。法律的效力高于行政法规,因此在确定房屋权属的转移上,应当适用于上位法,而非下位法。所以,契税的纳税义务发生时间,应为《物权法》所规定的不动产登记的时间,而非《契税暂行条例细则》所规定的商品房预售合同签订时间。

庭审中,原告还提出,根据2011年颁布的《中华人民共和国行政强制法》(以下简称《行政强制法》)第三十五条的规定"行政机关做出强制决定前,应当事先催告当事人履行义务。催告应当以书面形式做出"以及第三十八条规定"催告书、行政强制执行决定书应当直接送达当事人",原告认为,行政强制法是关于滞纳金的基本法,行政强制法关于催告程序、告知程序、当事人的陈述权和申辩权则是关于滞纳金的程序性原则。关于滞纳金的特别法也不能违反行政强制法规定的加处滞纳金的基本原则。原告自始至终没有收到任何来自税务机关口头或书面的催缴通知。被告在执行法律法规上没有遵守法律要求的程序。综上,被告做出的对原告缴纳契税滞纳金的决定,在适用法律存在严重的错误和缺失。恳请法院撤销并退还对原告征收的契税滞纳金30 492.82元。

原告没有向法庭提供证据。

(三)被告答辩意见

被告契税分局辩称:周某签字确认的《河南省契税纳税申报表》及申报缴纳契税时提供的《商品房预售合同》(编号为YS0098369)显示,周某为购买宝龙城市广场AB地块Ⅱ区商业街10-1-101号房与开发商签订《商品房预售合同》的时间为2011年3月24日,所购房屋性质为商业用房,成交价格为 1 369 848 元，申报缴纳契税的时间为 2014 年 5 月 10 日。契税分局对周某取收契税滞纳金的法律依据为《税收征收管理法》《契税暂行条例》《契税暂行条例细则》《河南省财政厅关于契税征收管理具体问题的通知》（豫财农税字〔1997〕第 53 号）《河南省契税实施办法》（省政府第 50 号令）《国家税务总局关于偷税税款加收滞纳金问题的批复》（国税函〔1998〕291 号）河南省契税征管程序（河南省财政厅豫财农税办〔2007〕20 号）《河南省财政厅关于如何确定契税滞纳金计征时间的批复》（豫财办农税〔2005〕23 号）。

本案中，契税分局确定周某契税纳税义务发生时间依据是《中华人民共和国契税暂行条例》第八条"契税的纳税义务发生时间，为纳税人签订土地、房屋权属转移合同的当天，或者纳税人取得其他具有土地、房屋权属转移合同性质凭证的当天"。依据该规定，周某契税纳税义务发生时间为他签订房屋权属转移合同的当天。合同是当事人或当事双方之间设立、变更、终止民事关系的协议，房屋权属转移合同是当事人双方就房屋权属转移所达成的协议。《契税暂行条例细则》第八条规定："土地、房屋权属以下列方式转移的，视同土地使用权转让、房屋买卖或者房屋赠与征税：……（四）以预购方式或者预付集资建房款方式承受土地、房屋权属。"依据此规定，以预购方式承受房屋权属属于房屋权属转移的一种方式，即购房人与开发商签订《商品房预售合同》购买房屋是房屋权属转移的一种方式，当事人双方签订的《商品房预售合同》是双方就房屋权属转移所达成的协议，具有房屋权属转移合同的性质。本案中，周某与开发商于 2011 年 3 月 24 日签订的编号为 YS0098369 的《商品房预售合同》，即为他与开发商就涉案房屋达成的房屋权属转移合同。

契税分局依据《契税暂行条例》第八条的规定，认定周某契税纳税义务发生时间为 2011 年 3 月 24 日符合法律规定。《契税暂行条例》第九条规定："纳税人应当自纳税义务发生之日起 10 日内，向土地、房屋所在地的契税征收机关办理纳税申报，并在契税征收机关核定的期限内缴纳税款。"《河南省财政厅关于契税征收管理具体问题的通知》（豫财农税字〔1997〕第 53 号）第七条规定："契税的纳税时间：契税纳税义务发生时间，为纳税人签订土地、房屋权属转移合同的当天，或者纳税人取得其他具有土地、房屋权属转移合同性质凭证的当天。纳税人应当从纳税义务发生之日起 10 日内，向土地、房屋所在地的契税征收机关办理纳税申报，并在 20 日内缴纳税款。"《河南省财政厅关于如何确定契税滞纳金计征时间的批复》（豫财办农税〔2005〕23号）规定："……已经发生了纳税义务，纳税人应在10日内向征收机关办理纳税申报。如纳税义务发生30日内，纳税人未到征收机关办理纳税申报，且未缴纳契税的，征收机关在纳税义务发生30日后，按日加收应纳税额万分之五的滞纳金。"依据上述规定，纳税人应当在纳税义务发生之日起30日内向土地、房屋所在地的契税征收机关缴纳税款。本案中，周某纳税义务发生之日为2011年3月24日，依法应当在2011年3月24日起30日内缴纳税款，实际缴税时间为2014年5月10日，逾期1 113天。

《税收征收管理法》第三十二条规定："纳税人未按照规定期限缴纳税款的，扣缴义务人未按照规定期限解缴税款的，税务机关除责令限期缴纳外，从滞纳税款之日起，按日加收滞纳税款万分之五的滞纳金"。周某应缴纳的契税数额为54 793.92元，逾期1 113天，滞纳金数额应为30 492.82元（54 793.92×1 113×0.05%），与契税分局实际收取的滞纳金数额相符。

《税收征收管理法》第三十二条规定："纳税人未按照规定期限缴纳税款的，扣缴义务人未按照规定期限解缴税款的，税务机关除责令限期缴纳外，从滞纳税款之日起，按日加收滞纳税款万分之五的滞纳金。"《国家税务总局关于偷税税款加收滞纳金问题的批复》第一条规定："根据《中华人民共和国税收征收管理法》及其实施细则的规定，滞纳金不是处罚，而是纳税人或者扣缴义务人因占用国家税金而应缴纳的一种补偿。只要纳税人或者扣缴义务人未按照法律，行政法规规定或者税务机关依法确定的期限缴纳或者解缴税款的，税务机关均应当从滞纳税款之日起，按日加收滞纳税款千分之二的滞纳金。"依据上述规定可知，纳税人因逾期缴纳契税而缴纳滞纳金是法律明确规定的义务，是纳税人或者扣缴义务人因占用国家税金而应缴纳的一种补偿，不是行政处罚，也不属行政强制，无须税务机关催告，纳税人应主动履行。

2014年5月10日，周某到市政服务中心地税窗口办理纳税申报，契税分局的工作人员根据周某提供的纳税申报资料核定了契税税款，告知其依法应缴纳滞纳金及滞纳金的加收方法，并将应缴税款、滞纳金及滞纳金的加收方法等打印到《河南省契税纳税申报表》上，周某在《河南省契税纳税申报表》上对其内容进行了签字确认。依据《契税暂行条例》第九条"纳税人应当自纳税义务发生之日起10日内，向土地、房屋所在地的契税征收机关办理纳税申报,并在契税征收机关核定的期限内缴纳税款",契税征收为申报制,纳税人应在法定期限内主动申报,契税分局在周某申报前无法发现其逾期纳税的事实,必须经原告申报后才能发现。在其申报前,契税分局并不负有催缴的义务。契税分局审查原告周某提供的纳税申报资料发现其逾期纳税的事实后,立即告知周某应缴纳滞纳金及加收方法和数额,并打印到《河南省契税纳税申报表》上,原告对此进行了签字认可并主动缴纳了滞纳金。因此,契税分局向原告周某收取契税滞纳金的程序合法。

原告周某认为自己不应缴纳契税滞纳金的理由,认为《契税暂行条例细则》第八条与《物权法》第九条、第十条、第十四条存在法律冲突,应适用上位法物权法的规定,周某的上述理由是对法律的错误理解。他所称的法律冲突并不存在,《契税暂行条例细则》第八条规定:"土地、房屋权属以下列方式转移的,视同土地使用权转让、房屋买卖或者房屋赠与征税:(一)以土地、房屋权属作价投资、入股;(二)以土地、房屋权属抵债;(三)以获奖方式承受土地、房屋权属;(四)以预购方式或者预付集资建房款方式承受土地、房屋权属。"《物权法》第九条规定:"不动产物权的设立、变更、转让和消灭,经依法登记,发生效力;未经登记,不发生效力,但法律另有规定的除外。依法属于国家所有的自然资源,所有权可以不登记。"《物权法》第十条规定:"不动产登记,由不动产所在地的登记机构办理。国家对不动产实行统一登记制度。统一登记的范围、登记机构和登记办法,由法律、行政法规规定。"《物权法》第十四条规定:"不动产物权的设立、变更、转让和消灭,依照法律规定应当登记的,自记载于不动产登记簿时发生效力。"

从以上法条可知,《契税暂行条例细则》第八条是对土地、房屋权属转移的方式所做的规定,《物权法》第九条、第十条、第十四条是对不动产权属转移发生效力的条件所做的规定,两者规范的对象不同,并不存在法律冲突的问题。

本案中,周某认为商品房预售合同不属于房屋权属转移合同,他的这一认识是错误。依据《契税暂行条例细则》第八条的规定,以预购方式承受房屋权属属于房屋权属转移的一种方式,即购房人与开发商签订《商品房预售合同》购买房屋是房屋权属转移的一种方式,当事人双方签订的《商品房预售合同》是双方就房屋权属转移所达成的协议,当然具有房屋权属转移合同的性质。

原告认为不动产权登记时间为契税的纳税义务发生时间,观点是错误的。

物权变动模式大体上分为意思主义和形式主义模式两种。所谓意思主义，就是指依据当事人的意思表示（如当事人达成合意）即可发生物权变动的效力，除此之外不再需要其他的要件；所谓形式主义，则是指物权变动除了当事人的意思表示之外，还必须具备一定的形式。形式主义的物权变动模式又可分为物权形式主义的变动模式和债权形式主义的变动模式。前者是指物权变动需要一个单独的物权行为，才能导致物权的变动，即认为物权变动仅有债权法上的意思表示还不够，还需有当事人独立的物权合意，并且这种合意需通过一种法定的外在形式——交付或登记表现出来，物权才发生变动；后者是指物权因法律行为发生变动时，当事人除了债权合意外，还必须履行登记或交付的法定方式，即在承认债权意思的同时，承认物权变动的公示原则。我国《物权法》采用债权形式主义的变动模式，物权变动首先要达成债权合意（一般表现形式为签订权属转移合同），其次还要履行登记或交付（以交付作为动产物权的公示方法，登记作为不动产物权的公示方法）的法定方式后才产生变动的效力。

本案中，周某与开发商于 2011 年 3 月 24 签订《商品房预售合同》时就房屋权属转移达成了合意，依照《契税暂行条例》第八条的规定，此时契税的纳税义务已经发生，原告主张不动产登记时（即产生房屋权属转移效力时）契税的纳税义务发生违背法律规定的观点是错误的。

综上所述，契税分局向周某收取契税滞纳金，认定事实清楚，证据确实充分，适用法律正确，程序合法，原告的起诉理由不能成立，请求法院依法驳回被答辩人的诉讼请求。

被告向法庭提交以下证据：

证据一：①《商品房预售合同》（编号为 YS0098369）1 份。②周某身份证复印件 1 份。

证明：原告与洛阳宝龙置业发展有限公司签订《商品房预售合同》，购买宝龙城市广场 AB 地块 Ⅱ 区商业街 10-1-101 号房，房屋性质为商业用房，成交价格为 1 369 848 元，合同签订时间为 2011 年 3 月 24 日。

证据二：《收据》3 份。

证明：原告履行《商品房预售合同》向洛阳宝龙置业发展有限公司缴纳了 719 848 元购房款。

证据三：《河南省契税纳税申报表》1 份。

证明：①原告为其所购买的宝龙城市广场 AB 地块 Ⅱ 区商业街 10-1-101

号房向被告进行契税纳税申报的时间为2014年5月10日,房屋成交价格为1 369 848元,签订《商品房预售合同》时间为2011年3月24日。②被告将逾期天数(1 113天)、滞纳金加收方法和应缴滞纳金数额(30 492.82元)告知了原告。③原告对该《河南省契税纳税申报表》签字认可,并确信该表是真实的、可靠的、完整的,自愿缴纳契税及滞纳金。

证据四:税收缴款书1份。

证明:原告于2014年5月10按照《河南省契税纳税申报表》填写的数额主动缴纳了所购房屋的契税和滞纳金,被告向其出具了完税证明。

法律依据如下:

(1)《税收征收管理法》。

(2)《契税暂行条例》。

(3)《契税暂行条例细则》。

(4)《河南省契税实施办法》(省政府第50号令)。

(5)《河南省财政厅关于契税征收管理具体问题的通知》(豫财农税字〔1997〕第53号)。

(6)《国家税务总局关于偷税税款加收滞纳金问题的批复》(国税函〔1998〕291号)。

(7)《河南省契税征管程序》(河南省财政厅豫财农税办〔2007〕20号)。

(8)《河南省财政厅关于如何确定契税滞纳金计征时间的批复》(豫财办农税〔2005〕23号)。

(9)河南省地方税务局关于严格执行契税纳税期限的通知(豫地税函〔2012〕234号)。

(10)《行政强制法》。

(四)事实认定

经过庭审交换证据,双方质证、认证,查明以下案件事实:

原告周某于2011年3月24日与洛阳宝龙置业发展有限公司签订房屋预售合同,2014年5月10日申报缴纳契税。契税分局认定原告纳税义务发生时间为2011年3月24日,并从纳税义务发生30日后,按日加收了应缴纳税额5‰的滞纳金共计30 492元。周某同日也按规定缴纳了契税和滞纳金,但认为契税分局对其征收契税的滞纳金错误,于2014年6月6日向河南省洛阳市地方税务分局提起行政复议。2014年7月21日洛阳市地方税务分局以豫洛地税复决字〔2014〕1号行政复议决定书维持了对周某征收契税滞纳金的行为，并对其提出的赔偿差旅费和误工费的请求不予支持。原告周某不服又提起行政诉讼，要求判令契税分局退还征收的契税滞纳金30 492.82元。

（五）法院观点

税收的征收管理是国家赋予税务机关的法定职责。依法纳税是公民应尽的法律义务。本案中，原告周某于2011年3月24日与洛阳市宝龙置业发展有限公司签订了房屋预售合同，其应依照规定的期限按期申报缴纳契税税款。

2014年5月10日，原告周某向税务机关申报缴纳契税，契税分局依据《税收征收管理法》（中华人民共和国主席令〔2001〕49号）《契税暂行条例》（国务院令〔1997〕第224号）《契税暂行条例细则》（财法字〔1997〕52号）《河南省契税实施办法》（省政府第50号令）《河南省财政厅关于契税征收管理具体问题的通知》（豫财农税字〔1997〕第53号）《国家税务总局关于偷税税款加收滞纳金问题的批复》（国税函〔1998〕291号）《河南省契税征管程序》（河南省财政厅豫财农税办〔2007〕20号）《河南省财政厅关于如何确定契税滞纳金计征时间的批复》（豫财办农税〔2005〕23号）河南省地方税务局关于严格执行契税纳税期限的通知（豫地税函〔2012〕234号）《行政强制法》的相关规定，认定周某的纳税义务发生时间为2011年3月24日依法应当在2011年3月24日起30日内缴纳税款，并从纳税义务发生30日后，按日加收5‰的滞纳金的征收行为事实清楚、程序合法、适用法律准确。

原告周某主张纳税义务发生时间应当为办理房屋所有权的时间，且契税分局对其征收滞纳金在法律适用上存在严重错误和缺失的主张，系对相关法律规定的误解，理由不能成立，依法不予支持。

（六）法院判决

2014年9月20日，一审法院依据《关于执行〈最高人民法院关于《中华人民共和国行政诉讼法》若干问题的解释〉》第五十六条第四项的规定判决如下：驳回原告的诉讼请求。诉讼费50元由原告承担。

二、缴纳购房款即发生纳税义务

（一）基本案情

原告任某某诉被告安阳市契税分局履行法定职责一案，于2015年1月27日向安阳县人民法院（下称"本院"）提起行政诉讼。本院于当日受理后，于当日向被告送达了起诉状副本及应诉通知书。本院依法组成合议庭，于2015年3月12日公开开庭审理了本案。原告任某某，被告安阳市契税分局委托代理人宋某某、师某某到庭参加了诉讼。本案现已审理终结。

原告任某某于2014年10月28日向被告安阳市契税分局口头提出要求退还7 276.32元契税滞纳金的申请，被告在原告起诉前以口头方式对原告的申请做出了答复，告知原告其申请不符合退税条件，不予退税。

（二）原告起诉意见

原告任某某诉称，2000年原告购买安阳市文峰区彰德路安居二期17号楼2单元2层202安居房一套，并没有签订购买合同。2001年3月19日取得安阳市房产确认注册登记凭证。2014年10月21日被审批为经济适用房后，同月28号，原告及时缴纳契税2 667.32元，同时被被告加收契税滞纳金7 276.32元。而事实上原告在当时根本没有违反任何税收相关法律，故被告做出的加收契税滞纳金无任何事实和法律依据。要求撤销被告做出的加收原告契税滞纳金7 276.32元的决定，并责令被告依法退还原告7 276.32元。

原告提交的证据材料有：①2000年3月6日河南省安阳市销售不动产专用发票（未标经济适用房字样）。②0016440确权登记凭证。③安阳市经济适用住房购买申请审批表。④税收缴款书收据。

（三）被告答辩意见

被告安阳市契税分局辩称，原告于2000年3月6日购买了安阳市文峰区彰德路安居二期17号楼2单元2层202安居房1套，于2014年10月28日缴纳了契税2 667.27元和滞纳金7 276.32元。有原告提供的2000年3月6日购房交款发票和河南省纳税契税申报表为据，故我单位依据《税收征收管理法》《税收征收管理法实施细则》《契税暂行条例》《河南省财政厅关于如何确定契税滞纳金计征时间的批复》及国税发〔2001〕110号文规定，收取任某某契税滞纳金事实清楚，法律适用恰当。

原告认为自己是在2014年10月28日才取得其他具有土地、房屋权属转移合同性质凭证是对法律误解。

原告是在2000年3月6日缴纳了购房款，根据《契税暂行条例》第八条"契税的纳税义务发生时间为纳税人签订土地、房屋权属转移合同的当天或纳税人取得其他土地、房屋权属转移合同性质凭证的当天"和《河南省契税实施办法》第十条"契税的纳税义务发生时间为纳税人签订土地、房屋权属转移合同的当天或纳税人取得其他土地、房屋权属转移合同效力的契约、协议、合约、单据、确认书凭证的当天"的规定，可以看出申请人的纳税时间应在2000年3月6日。

2012年《行政强制法》实施之前，答辩人计算滞纳金到2011年12月31日。2012年1月1日之后，未收取申请人的滞纳金。

答辩人在收取税款和滞纳金时，使用的电脑程序都是由河南省地方税务局统一设定自动生成，答辩人无权变动电脑程序。

综上，我单位收取原告契税滞纳金合法，要求驳回原告的诉讼请求。

被告提交的证据材料有：①河南省契税纳税申报表。②2000年3月6日未加盖经济适用房印章的，安阳市销售不动产专用发票副联。③任某某身份证复印件。④税收缴款书（收款凭证）。⑤安政复决〔2014〕347号行政复议决定书。

（四）庭审质证与事实认定

经庭审质证，本院对以下证据做如下确认：原告提交的证据取得程序和收集方法合法，本院予以认定；被告提交的证据取得程序和收集方法合法，本院予以认定。

经审理查明，2014年10月28日，原告任某某申请对购买的安阳市南关相西路安居园二期17号楼2单元2层202号住宅房缴纳契税。同时，原告向被告提供了2000年3月6日安阳市房屋住宅开发公司为任某某出具的购房发票。该发票记载上述房屋价值125 895.65元，地下室价值7 467.9元。被告安阳市契税分局于2014年10月28日以经济适用房缴纳税率收取了原告任某某所买上述房屋的房屋所有权买卖契税，计2 667.27元，同时收取2000年3月6日至2014年10月28日逾期5 319天的滞纳金，计9 943.59元，在分别扣除了 2000 年 3 月 6 日至 2000 年 4 月 5 日、2012 年 1 月 1 日至 2014 年 10 月 28 日期间的滞纳金后，实收滞纳金 7 276.32 元。原告对所收取的滞纳金提出异议，当天向被告口头提出申请要求退还所收的 7 276.32 元滞纳金款，被告对原告提出申请的事实无异议，但主张所收滞纳金符合法律规定，予以拒绝。原告不服遂向安阳市人民政府提出复议，安阳市人民政府于 2015 年 1 月 14 日做出安政复决〔2014〕347 号行政复议决定，维持被告安阳市契税分局 2014 年 10 月 28 日征收原告任某某滞纳金的具体行政行为。原告仍不服诉至本院。

（五）法院观点

被告安阳市契税分局作为《税收征收管理法》第十四条规定的税务机关，依法享有对辖区内转移土地、房屋权属依法征收契税的职权。另根据《契税暂行条例》第八条"契税的纳税义务发生时间，为纳税人签订房屋权属转移合同的当天，或纳税人取得其他具有房屋权属转移合同性质凭证的当天"以及《契税暂行条例细则》第十八条"条例所称其他具有土地、房屋权属转移合同性质凭证，是指具有合同效力的契约、协议、合约、单据、确认书及由省、自治区、直辖市人民政府确定的其他凭证"的规定，原告提供的 2000 年 3 月 6 日购房发票属于房屋权属转移合同性质凭证，被告据此认定原告作为纳税人其纳税义务发生时间为 2000 年 3 月 6 日无不当。

另原告主张该套房于 2014 年 10 月 21 日审批为经济适用房，纳税义务发生时间应为 2014 年 10 月 21 日，但根据法律规定契税的纳税义务发生时间，为纳税人签订房屋权属转移合同的当天，或纳税人取得其他具有房屋权属转移合同性质凭证的当天。而非所购房屋的性质确定时间，故原告的上述主张不成立。

又根据《税收征收管理法》第三十二条规定，纳税人未按照规定期限缴纳税款的，扣缴义务人未按照规定期限解缴税款的，税务机关除责令限期缴纳外，从滞纳税款之日起，按日加收滞纳税款 5‰的滞纳金。《行政强制法》第四十五条第二款规定，加处罚款或者滞纳金的数额不得超出金钱给付义务的数额。但《行政强制法》于 2012 年 1 月 1 日起施行，根据法不溯及既往的原则，被告收取原告滞纳金截至 2011 年 12 月 31 日即《行政强制法》施行前，不违反《行政强制法》的规定。

综上，被告实施的对原告收取滞纳金 7 276.32 元的行为无不当。原告主张要求被告查实并办理原告的退税申请的理由不成立，本院不予支持。

(六) 法院判决

2015年4月21日，一审法院根据《最高人民法院关于执行〈中华人民共和国行政诉讼法〉若干问题的解释》第五十六条第一项的规定，判决如下：驳回原告任某某的诉讼请求。案件受理费50元，由原告任某某负担。

第五节　契税税收优惠典型案例

一、拆迁补偿契税优惠案

(一) 基本案情

上诉人谢某某诉被上诉人安阳市地方税务局契税税务分局（以下简称"市地税局契税分局"）履行法定职责一案，不服安阳县人民法院于2014年12月11日做出的〔2014〕安行初字第00067号行政判决，向安阳市中级人民法院（下称"本院"）提起上诉。本院依法组成合议庭，于2015年2月3日公开开庭审理了本案。上诉人谢某某的委托代理人王某某和被上诉人市地税局契税分局的委托代理人宋某某、师某某到庭参加了诉讼。本案现已审理终结。

一审法院审理查明：谢某某原有位于安阳市文峰中路临河路的房屋一套，房屋面积为106.1平方米。2012年，因安阳市文峰中路西段拓宽工程的需要被征收拆迁。在房屋征收补偿过程中，谢某某选择了货币补偿的征收补偿方式，获得各类补偿金额1 018 397.80元。2013年7月8日，谢某某以3 464 932元的价格购买了位于安阳市文峰区中华路与迎春东街交叉口东南角（即安阳市万达广场）建筑面积为136.3平方米的商品房一套。2014年6月30日，谢某某向市地税局契税分局缴纳契税80 139.22元。2014年8月14日，谢某某委托河南某律师事务所律师向市地税局契税分局邮寄了谢某某申请退税请求回复律师函，申请该局依《河南省契税实施办法》的规定退回其应免征的80 139.22元税款。庭审中，市地税局契税分局认可已收到该申请，但认为根据《财政

部 国家税务总局关于城镇房屋拆迁有关税收政策的通知》（财税〔2005〕45号）关于"一、对被拆迁人按照国家有关城镇房屋拆迁管理办法规定的标准取得拆迁补偿款，免征个人所得税；二、对拆迁居民因拆迁重新购置住房的，对购房成交价格中相当于拆迁补偿款的部分免征契税，成交价格超过拆过补偿款的，对超过部分征收契税"的规定，谢某某应就超过拆迁补偿款的部分缴纳契税。但谢某某认为依据《河南省契税实施办法》第九条第三款关于"土地、房屋被县级以上人民政府征用、占用后，纳税人重新承受土地、房屋权属的，其土地、房屋面积不超过被征用、占用土地、房屋面积1.3倍的，免征契税"的规定，其重新购置的房产未超过被征收、征用房产的1.3倍，符合该免税情况，市地税局契税分局不应对其购房行为征收契税，并申请该局依法退回多收契税。另查明，市地税局契税分局依据的财税〔2005〕45号文已被财税〔2012〕82号文所吸收。

（二）一审法院观点

根据法律规定市地税局契税分局作为地方契税税务机关，依法享有对辖区内的土地、房屋依法收取契税的职权。本案中，市地税局契税分局根据《财政部、国家税务总局关于城镇房屋拆迁有关税收政策的通知》（财税〔2005〕45号）的规定，对谢某某购买的位于安阳市文峰区中华路与迎春东街交叉口东南角（即安阳市万达广场）建筑面积为136.3平方米的商品房，在免征购房成交价格中相当于拆迁补偿款的部分契税后，对成交价格超过拆迁补偿款的部分征收80 139.22元税款，于法有据，并无不当。谢某某称其在房屋拆迁后，虽选择了货币补偿的补偿方式，但重新购置的房屋符合《河南省契税实施办法》，是重新承受土地、房屋权属的情况，应按该规定对不超过被征用、占用土地、房屋面积1.3倍的，免征契税的主张，本院认为，该规定是对房屋征收中采用产权调换补偿方式取得房屋所缴纳契税的征收方式，不适用货币补偿后又重新购买房屋后缴纳契税的情况，故其上述主张不成立。综上，根据市地税局契税分局对谢某某在房屋拆迁后，重新购置的房屋136.3平方米在免征购房成交价格中相当于拆迁补偿款的部分契税后，对成交价格超过拆迁补偿款的部分征收其80 139.22元税款的行为并无不当，谢某某申请市地税局契税分局查实并办理其退税申请的理由不成立，本院不予支持。根据《最高人民法院关于执行〈中华人民共和国行政诉讼法〉若干问题的解释》第五十六条第一项的规定，判决驳回谢某某的诉讼请求。案件受理费50元，由谢某某负担。

（三）纳税人上诉观点

谢某某上诉称：

（1）一审法院认定事实和适用依据错误，我的房屋被安阳市人民政府征收后，我于 2013 年 7 月重新购置房屋，新房屋不超过被征收房屋的 1.3 倍。应按照《河南省契税实施办法》第九条第三款的规定免征契税，但被上诉人于 2014 年 6 月 30 日对我新购的房屋征税契税，所依据的却是财税〔2005〕45 号文，该文件在 2012 年 12 月 16 日已废止，征税行为缺乏合法性。

（2）一审法院对不同法律规范效力的认定错误。一审法院认定财税〔2005〕45 号文已被财税〔2012〕82 号文所吸收，即使被上诉人对我征收契税时适用财税〔2012〕82 号文也不合法，该文件的内容和《河南省契税实施办法》的内容有冲突，其只是部委的规范性文件，而《河南省契税实施办法》是地方政府规章，根据有关法律规定，地方政府规章的效力高于部委规范性文件的效力，且《河南省契税实施办法》是根据河南省的实际情况做出的具体规定，应当优先适用。

（3）一审法院认为，《河南省契税实施办法》第九条第三款仅适用以房换房方式，不适用选择货币补偿后重新购买房屋的情况，这一解释不仅属于无权解释，而且是限制性曲解。该规定的实质是指不管是以房换房还是选择货币补偿后又重新购买房屋的，都属于重新承受的范围，应依法对符合规定的免征契税。要求撤销一审判决，依法判令市地税局契税分局为我办理退税手续。

（四）税务机关答辩意见

市地税局契税分局答辩称：关于征税法律依据问题，对谢某某征税的法律依据确实应适用财税〔2012〕82 号文，而不应该适用财税〔2005〕45 号文。但我们在办理征税手续时用的是由省厅确定的统一制式程序，征税的法律依据是该程序中固定的内容，我们没有更改权限。后来我们发现该程序对征税依据的表述错误后，向省厅做了汇报。在一审期间省厅已对该程序进行了更改，把征税的法律依据由财税〔2005〕45 号文变更为财税〔2012〕82 号文。这是工作失误。另外，财税〔2005〕45 号文的第二条是财税〔2012〕82 号文第三条内容的一部分，财税〔2012〕82 号文吸收了财税〔2005〕45 号文的内容，两者并不冲突。关于财税〔2012〕82 号文和《河南省契税实施办法》的选择适用问题，我国契税征收的规范性文件除了有法律、法规、规章外，大量的是由规范性文件和政策调整的。财政部的规范性文件是在全国通行的，全国各地都是如此执行。财税〔2012〕82号文明确规定了以房换房和领取货币两种方式，被征收房屋居民选择货币补偿的，新购房成交价超过货币补偿的，对差价部分按规定征收契税。

（五）二审法院查明事实

一审中各方当事人提交的证据材料均随一审卷宗移送本院审查。

本院审理查明的事实除与一审查明的事实一致外，另查明：2012年谢某某的106.1平方米房屋被征收后，获得了各类补偿金额共计1 310 980.92元。

（六）二审法院观点

谢某某的房屋被政府征收后选择了货币补偿方式，对其新购房屋购房成交价格超过货币补偿但房屋面积未超过被征收面积1.3倍的是否应该征收契税，财政部的非立法性规范性文件和地方政府规章规定的内容发生冲突。

实践中，国务院、国务院各部委在法律、行政法规规定的职权范围内行使行政管理职能时，除颁布行政法规、部门规章外，还制定了相当数量的非立法性规范性文件，这些规范性文件同样被各级行政机关作为执法的依据。对于国务院和国务院各部门制定的非立法性规范性文件和地方政府规章发生冲突时应该如何选择适用，目前没有明确的法律予以规定。就本案来讲，财政部、国家税务总局颁布的财税〔2012〕82号文和《河南省契税实施办法》具有同源性，可以追根溯源，从其上位法的规定进行探究。从《契税暂行条例》第六条第（四）项关于"有下列情形之一的，减征或者免征契税：（四）财政部规定的其他减征、免征契税的项目"的规定看，除了该行政法规规定的减征、免征契税的项目外，其他减征、免征契税项目由财政部规定，即财政部是有权决定减征、免征契税项目的行政机关，其可以通过制定部门规章的形式也可以采取其他方式规定减征、免征契税的项目。财政部虽然授权省、自治区、直辖市对本辖区土地、房屋被县级以上人民政府征用、占用后重新承受土地、房屋确定是否减征或者免征契税，但省级政府规章规定的减征、免征项目显然以不与财政部规定的减征、免征契税项目相冲突为前提。如有冲突，自然应以财政部规定的减征、免征项目为准。

财政部、国家税务总局联合发布的财税〔2005〕45号文和财税〔2012〕82号文都规定了居民因个人房屋被征收选择货币补偿后又重新购置房屋时，购房成交价格超过货币补偿的，对差价部分按规定征收契税，市地税局契税分局对谢某某征收契税并无不当。谢某某主张应以《河南省契税实施办法》

的规定免征其契税的上诉理由不能成立。

市地税局契税分局对谢某某征收契税的行为发生于2013年7月，适用的规范性文件应该是财税〔2012〕82号文而不是已经失效的财税〔2005〕45号文，其适用财税〔2005〕45号文属适用法律错误。但该错误明显是因为工作失误造成，且两个文件规定的内容基本一致，无论适用哪个规范性文件，对谢某某的新购房屋都应征收相同数额的契税，该适用法律错误问题并没有使谢某某合法权益受到不利影响。

综上所述，谢某某要求撤销一审判决，依法判令市地税局契税分局为其办理退税手续的上诉理由不能成立。

（七）二审判决

2015年2月13日，二审法院依照《中华人民共和国行政诉讼法》第六十一条第（一）项之规定，判决如下：驳回上诉，维持原判。二审案件受理费50元，由上诉人谢某某负担。

二、拍卖成交价是否含增值税案例

（一）基本案情

上诉人米某某因诉被上诉人国家税务总局深圳市税务局税务行政复议决定一案，不服广东省深圳市盐田区人民法院〔2018〕粤0308行初1320号行政判决，向深圳市中级人民法院（下称"本院"）提起上诉。本院依法组成合议庭，对本案进行了审理，现已审理终结。

原审认定，2017年11月28日，原告通过淘宝司法拍卖竞得标的物"深圳市罗湖区太白路南太阳新城×栋1×F"，成交价格为4 010 759元。2017年12月19日，原告为办理涉案房产转移登记，向深圳市不动产登记中心提交了不动产登记申请表、执行裁定书、拍卖成交确认书等相关材料。2018年2月26日，原深圳市罗湖区地方税务局做出深地税罗审〔2018〕104号《房地产交易税费审核通知书》（以下简称"104号《通知书》"），显示原告应缴税费情况如下：增值税162 578.71元，城市维护建设税11 380.51元，教育费附加4 877.36元，地方教育附加3251.57元，契税57 722.70元。同日，原告缴清上述税费并领取不动产证书。后原告因不服上述税款金额，于2018年3月2日向被告提出复议申请，请求更正原深圳市罗湖区地方税务局104

号《通知书》；退还多缴纳的税费。被告原深圳市地方税务局于2018年3月9日依法受理原告复议申请并送达《行政复议受理通知书》，同月12日向原深圳市罗湖区地方税务局依法做出《行政复议答复通知书》并送达。原深圳市罗湖区地方税务局于同月22日答复。被告因复议案件情况复杂，于2018年4月27日做出《行政复议延期审理通知书》，并于次日送达原告。2018年5月30日，被告做出深地税复字〔2018〕2号《复议决定书》（以下简称"2号《复议决定书》"），认为原深圳市罗湖区地方税务局做出的104号《通知书》认定涉案房产的实际成交价4 010 759元为含税价格，属于基础事实认定不清，遂根据《行政复议法》第二十八条第三款的规定，决定撤销原深圳市罗湖区地方税务局做出的104号《通知书》，并责令原深圳市罗湖区地方税务局在60日内对原告的涉案房产交易相关税费重新计征。国家税务总局深圳市罗湖区税务局于2018年7月23日做出深税罗审〔2018〕00202008号《房地产交易税费审核通知书》，将涉案房产的实际成交价4 010 759元作为不含税价格，并以此为计税依据重新核定了涉案房产转移的应缴纳税款。另，原深圳市地方税务局（即本案被告）与原深圳市国家税务局于2018年6月15日正式合并，成立国家税务总局深圳市税务局。

（二）一审法院观点

原审认为，被告做出的被诉2号《复议决定书》撤销了原深圳市罗湖区地方税务局做出的104号《通知书》，因此，本案在审查被诉复议决定的合法性时，必须涉及对作为原具体行政行为的104号《通知书》合法性的相关审查。具体而言，104号《通知书》，一方面在涉案房产司法拍卖成交价格性质上，认定其为含税价格，并以此为计税依据；另一方面在《深圳市规划和国土资源委员会关于深圳市2015年享受优惠政策普通住房价格标准的通告》（以下简称《通告》）中规定的"所在区域普通住房价格标准"性质上，亦认定其为含税价格，从而原告拍卖所得涉案房产不属于享受税收优惠政策的普通住房，并据此核定了相关税款。被诉复议决定则认为涉案房产司法拍卖成交价格属不含税价格，104号《通知书》有关第一个问题认定错误，属于基础事实认定不清；同时认为普通住房价格标准为含税价格，即认可了104号《通知书》中有关第二个问题认定的合法性。因此，本案审理的焦点仍在于被诉复议决定对这两个问题认定的合法性。有关涉案房产司法拍卖成交价格性质上，深圳市福田区人民法院于2017年10月20日发布的竞买公告第八条明确载明"拍卖成交时，成交价不包含转让时双方的一切税、费、应补地价、土地使用费；

过户时所产生的转让双方的一切税、费（包括但不限于所得税、土地增值税、营业税及其附加、印花税、契税等）、应补地价、土地使用费均由买受人承担"。同时，涉案房产的拍卖成交确认书第八条载明"经买受人认可的拍卖须知等拍卖资料是本拍卖成交确认书的组成部分"，作为买受人的原告对该拍卖成交确认书亦已签字确认。据此，拍卖相关法律文件中已明确了拍卖成交价格的性质不含税价格，即拍卖人与买受人已对拍卖成交价格不含税做出了特别约定。被诉复议决定认为104号《通知书》以拍卖成交价格作为含税价格属于基础事实认定不清，依据充分，法院予以确认。原告有关竞卖公告第八条只是约定纳税义务的转移而并非对税费的计税依据进行定义解释的主张，与公告本身文字表述不符，法院不予支持。

有关"所在区域普通住房价格标准"性质上，《国务院办公厅转发建设部等部门关于做好稳定住房价格工作意见的通知》（国办发〔2005〕26号）在第五条中规定，"享受优惠政策的住房原则上应同时满足以下条件：住宅小区建筑容积率在1.0以上、单套建筑面积在120平方米以下、实际成交价低于同级别土地上住房平均交易价格1.2倍以下。各省、自治区、直辖市要根据实际情况，制定本地区享受优惠政策普通住房的具体标准"。《国家税务总局　财政部　建设部关于加强房地产税收管理的通知》第二条进一步对国办发〔2005〕26号文中的普通住房价格标准如何测定进行规定，"2005年5月31日以前，各地要根据国办发〔2005〕26号文规定，公布本地区享受优惠政策的普通住房标准（以下简称'普通住房'）。其中，住房平均交易价格，是指报告期内同级别土地上住房交易的平均价格，经加权平均后形成的住房综合平均价格"。据此，《通告》规定，"享受优惠政策的普通住房，应当同时满足以下三个条件：住宅小区建筑容积率在1.0（含本数）以上；单套住房套内建筑面积120（含本数）平方米以下或者单套住房建筑面积144（含本数）平方米以下；实际成交价低于本通告规定的所在区域普通住房价格标准"。因此，"普通住房价格标准"与"住房平均交易价格"为同一口径。根据《中华人民共和国增值税暂行条例》第五条、第六条和第八条的规定，在没有特别约定下，增值税应税商品的成交价格包含了应税商品的销售额和增值税税额。由此，"住房平均交易价格"属含税价格，"普通住房价格标准"亦应为含税价格。被诉复议决定及104号《通知书》就此均认定正确，被诉复议决定认定涉案房产交易不符合享受上述增值税优惠政策依据充分。原告以《通告》中规定的罗湖普通住房价格标准390万元系整数，不可能是经加权平均后形成的住房综合平均价格,而只可能是评估数据为由主张该价格标准应为不含税价格。然而,一方面,此仅系推断,而并无实在依据;另一方面国办发〔2005〕26号文在第五条中规定,各省、自治区、直辖市有权制定本地区享受优惠政策普通住房的具体标准,并允许价格标准在不超过20%的幅度内适当向上浮动;即深圳市规划和国土资源委员会2015年公告的罗湖390万元系在20%的幅度内具体确定。因此,原告上述理由不能成立,法院不予支持。

被告在做出被诉行政复议决定前依法履行了受理、送达答复通知书、延长期限等程序,复议程序符合法律规定,法院予以确认。综上,被告做出的2号《复议决定书》认定事实清楚、适用法律正确、符合法定程序。原告有关撤销被诉复议决定的诉讼请求不能成立,法院予以驳回。因被诉复议决定撤销了104号《通知书》,原告对该《通知书》予以更正的诉讼请求亦不能成立。国家税务总局深圳市罗湖区税务局在104号《通知书》被撤销后已经重新核定了税款,故原告有关退还税费及利息的请求,法院亦不予支持。为此,依照《中华人民共和国行政诉讼法》第六十九条的规定,判决驳回原告米某某的诉讼请求。

(三)上诉人上诉意见

上诉人不服原审判决,上诉请求:①撤销原判。②撤销被上诉人的行政复议决定。③撤销国家税务总局深圳市罗湖区税务局做出的深税罗审〔2018〕00202008号《房地产交易税费审核通知书》。④更正原深圳市罗湖区地方税务局做出的104号《通知书》。⑤退还多缴纳的税费及利息185 274.69元。

主要事实和理由是:①涉案房产司法拍卖成交价应为包含增值税的价格。根据2017年1月1日实施的《最高人民法院关于人民法院网络司法拍卖若干问题的规定》第三十条,人民法院并无权力确定成交价格是否含增值税,而是由税务主管部门负责。从合同解释、交易习惯、诚实信用原则看,拍卖成交价应为含税价,本案税务部门做出104号《通知书》亦认定拍卖成交价为含税价,计税时扣除了增值税。②深圳普通住房价格标准作为享受优惠政策的普通住房认定条件之一,是区分房屋的价值尺度,为评估数据而非统计数据,应为不含税价格,与营改增后实际成交价格含税口径不一致。被上诉人的官方渠道咨询答复上诉人时也认为普通住房标准价格为不含税价格。原深圳市罗湖区地方税务局和被上诉人做出税务决定时认为普通住房价格标准为含税价格,与事实不符,自相矛盾,造成计税标准口径混乱。③被上诉人作为复议机关,在上诉人复议请求范围内,做出复议决定加重上诉人的税务负担,违反《行政复议法实施条例》第五十一条的规定。

(四) 被上诉人答辩意见

被上诉人答辩主要称, ①司法拍卖成交价为不含增值税价格。《司法拍卖竞买公告》第八条已经明确拍卖成交价不含转让时双方的一切税费, 税费由买受人承担, 因此已经明确约定拍卖成交价为不含税价格。原罗湖区地方税务局未经核实, 错误认定拍卖成交价 4 010 759 元为含税价格并进行税务处理, 属于对主要事实认定不清, 被上诉人复议予以撤销, 符合法律规定。②普通住房价格标准为含税价。判断普通住房的标准之一为实际成交价与普通住房价格标准相比较, 而普通住房价格标准与住房平均交易价格的口径一致, 住房平均交易价格为住房交易的平均价格加权平均后形成的住房综合平均价格, 并未规定不含增值税。③被上诉人查明原行政行为主要事实不清, 复议撤销原行政行为, 责令重新计征税款, 符合《税务行政复议规则》第七十六条第二款的规定, 符合税收法定原则, 不属于《行政复议法实施条例》第五十一条禁止的范围。

(五) 二审法院观点

本院经审理查明的事实与原审认定的事实一致, 予以确认。另查明, 2015 年 9 月 25 日, 深圳市规划和国土资源委员会发布的《通告》, 规定 2015 年享受优惠政策的普通住房价格标准, 以房屋总价计, 罗湖区为 390 万元及以下, 自 2015 年 10 月 1 日起执行。至上诉人竞买取得房屋办理转移登记, 未有新的普通住房价格标准。上诉人竞买涉案房屋后, 福田区人民法院执行裁定载明, 涉案房屋成交价格共计人民币 4 010 759 元, 已由上诉人付清拍卖款。2018 年 4 月, 深圳市地方税务局向深圳市规划和国土资源委员会发函, 询问是否可以将司法拍卖房产成交价与普通住房价格标准直接进行对比。2018 年 5 月, 深圳市规划和国土资源委员会向深圳市地方税务局做出深规土函〔2018〕1556 号复函, 答复称: "享受优惠政策的普通住房应同时满足通告中明确的三个条件。目前, 我市有关住房交易的成交价格均依据房地产买卖合同约定的价格确定。据了解, 目前我委不动产登记中心在房地产交易过程中代征相关税费时, 是将成交价在代征系统中填报后提交至你局, 由你局核定具体税费金额并返回登记中心, 其依据你局最终核定的税费金额予以代征。来函咨询问题不涉及我委职能范围, 如有疑问建议咨询法院"。

本院认为, 本案为单独起诉复议机关复议决定案件, 审查的是被上诉人撤销原行政行为并责令重新计征税款的复议决定是否合法。上诉人申请复议的理由，是认为罗湖区普通住房价格标准390万元应当为不含税价格，故含税拍卖成交价4 010 759元扣除增值税计税扣除项后的价格3 819 770.48元（4 010 759÷1.05）低于普通住房价格标准，应享受税收优惠政策。被上诉人复议审查时，根据普通住房价格标准的政策依据和形成方法，认定普通住房价格标准为含税价格；根据司法拍卖文件，认定司法拍卖成交价格有明确约定为不含税价格，认定原罗湖区地方税务局未查明司法拍卖成交价为不含税价格的主要事实。因此，复议决定撤销104号《通知书》，责令重新计征税款，依据的事实和法律正确，复议程序合法，不违反禁止复议不利于申请人的原则。上诉人关于普通住房价格标准为不含税价格、司法拍卖成交价为含税价格的理由，均不成立，本院不予支持。原审判决认定事实清楚，适用法律正确，依法应予维持。

（六）二审法院判决

2019年12月24日，二审法院依照《行政诉讼法》第八十九条第一款第一项之规定，判决如下：驳回上诉，维持原判。二审案件受理费人民币50元，由上诉人米某某负担。

第六节　契税纳税申报典型案例

一、邮寄办理契税案

（一）基本案情

上诉人国家税务总局广州市荔湾区税务局因与被上诉人胡伟然行政不作为一案，不服广州铁路运输法院做出的〔2019〕粤7101行初155号行政判决，向广州铁路运输中级法院（下称"本院"）提起上诉，本院依法组成合议庭，对本案进行了审理。现已审理终结。

原审法院经审理查明，原告于2018年6月22日通过EMS特快专递的方式向原广州市荔湾区地方税务局邮寄提交《申请出具不征契税证明》，要求被告向其出具《不征契税证明》用于办理广州市荔湾区其中71平方米的房屋继承过户。原告提交的涉案EMS查询记录显示，上述邮件于2018年6月23日完成投递并签收，签收人显示为"他人收"。由于一直未收到相应的处理答复，原告不服，诉至原审法院。

诉讼中，被告主张其没有收到原告邮寄提交的《申请出具不征契税证明》，并主张契税业务必须到现场窗口办理，不能通过邮寄的方式办理，原告的申请不符合法定程序，且本案不属于可免征契税的法定情形。

另查明，因机构改革，国家税务总局广州市荔湾区税务局于2018年7月20日正式挂牌，承继原广州市荔湾区地方税务局的税费征管等职责。

（二）一审法院观点

原审法院认为，依据《税收征收管理法》（2015年修订）第五条第一款"国务院税务主管部门主管全国税收征收管理工作。各地国家税务局和地方税务局应当按照国务院规定的税收征收管理范围分别进行征收管理"，《契税暂行条例》第十二条"契税征收机关为土地、房屋所在地的税务机关"，《行政诉讼法》第四十七条第一款"公民、法人或者其他组织申请行政机关履行保护其人身权、财产权等合法权益的法定职责，行政机关在接到申请之日起两个月内不履行的，公民、法人或者其他组织可以向人民法院提起诉讼。法律、法规对行政机关履行职责的期限另有规定的，从其规定"，本案中，原告于2018年6月22日向原广州市荔湾区地方税务局邮寄提交《申请出具不征契税证明》，且该邮件已于次日被签收，上述事实有原告提交的相关证据证实，原审法院予以确认；被告主张其没有收到原告的上述申请，与涉案证据反映的事实不符，原审法院不予采信。被告于2018年7月20日承继原广州市荔湾区地方税务局的税费征管等职责，系涉案房屋所在地的税务机关，却未在法律规定的期限内对原告的上述申请进行处理并将处理结果告知原告，属于逾期未履行法定职责，违反上述规定。被告的相关抗辩缺乏事实与法律依据，原审法院不予支持。至于原告的上述申请是否符合法定程序、涉案房屋权属转移是否属于可免征契税的法定情形等相关问题，被告可在处理结果告知中一并做出相应的办理指引或答复，原审法院在此不作处理。

综上所述，依照《行政诉讼法》第七十二条的规定，原审法院判决被告国家税务总局广州市荔湾区税务局于本判决发生法律效力之日起60日内对原告胡伟然于2018年6月22日邮寄提交的《申请出具不征契税证明》做出处理。

（三）上诉人上诉意见

上诉人国家税务总局广州市荔湾区税务局不服原审判决，上诉称：①原审判决仅对被上诉人于2018年6月22日通过EMS快递提交的《申请出具不征契税证明》做出认定，存在事实遗漏和认定不清。首先，2016年12月12日，被上诉人曾到办税大厅前台提交涉案房产过户的办税资料，上诉人已当场向其出具了荔地税房通〔2016〕11510号《存量房产交易价格计税核定通知书》，该通知书明确表明被上诉人取得涉案房产需要按核定价格征缴税款，但是被上诉人表示需要考虑，不予签收和计税。同时，被上诉人也未按该通知书要求依法提出异议申请或在清缴税款后在法定期限内提起行政复议或行政诉讼。2017年4月，被上诉人通过广州"云信访"再次就房产过户问题提出信访，反映办理房产继承征税问题。上诉人在收到广州市信访局转来的信访事项登记表（编号：GZ17032800117）后，向被上诉人致电再次解释了相关税收政策，并结合具体情况指引信访人需要准备的材料。同时，上诉人以穗地税荔发〔2017〕31号复函回复广州市荔湾区信访局。被上诉人提交的涉案申请系信访案件的重复行为，且上诉人实际上并未收到被上诉人寄出的该邮件，即使收到该申请，该申请文件也应当认定为被上诉人对〔2016〕11510号《存量房产交易价格计税核定通知书》不服的信访。其次，被上诉人通过邮寄申请方式要求办理法定继承不征契税不符合法定程序，其应当到实体办税大厅直接办理。再次，涉案房屋是因被上诉人与案外人胡某某等人达成合意而取得的，而非从其母亲处继承进行的转移登记，故涉案房屋不属于可免征契税的法定情形。且被上诉人在签署〔2016〕粤01民终602号《民事调解书》和咨询荔湾区房地产登记交易所咨询相关工作人员时，已清楚知道本次过户是需缴纳契税的，不属于可免征契税的法定情形。最后，被上诉人在提出涉案申请之前，已经在办税大厅和通过广州"云信访"信访涉案税务业务，上诉人已明确告知被上诉人相关的税收政策，并指引其准备相关材料。原审判决要求上诉人对涉案申请做出处理，并要求在处理结果告知中一并做出相应的办理指引和答复，这明显是要求上诉人对同一事项做出重复的处理，没有任何的事实和法律依据。②上诉人的诉讼请求属于税收征收范围，被上诉人作为税收机关行使的是税收征收权，原审法院适用《行政诉讼法》第十二条第一款第（六）项及第四十七条第一款规定做出判决，明显存在法律适用错误。首先，被上诉人邮寄涉案申请不征契税的行为属于信访案件的重复行为，根据《最高人民法院关于适用〈中华人民共和国行政诉讼法〉的解释》第一条第二款的规定，本案不属于人民法院行政诉讼的受案范围。其次，原审判决根据《行政诉讼法》第四十七条第一款的规定，将涉案申请认定是申请行政机关履行保护人身权、财产权等合法权益，是明显错误的。即使原审法院认为应当受理本案，也是应当适用《行政诉讼法》第十二条"人民法院受理公民、法人或者其他组织提起的下列诉讼……（九）认为行政机关违法集资、摊派费用或者违法要求履行其他义务的……"的规定受理。最后，有关征收引起的争议，应适用税法的规定。根据《税收征收管理法》第八十八条及《税收征收管理法实施细则》第一百条规定，在纳税上发生争议时，纳税人应先缴纳纳税款或提供纳税担保，才能依法申请行政复议，对行政复议不服，才可依法向人民法院起诉，故上诉人直接提起本案诉讼，与法律规定不符。

综上，上诉请求：①撤销原审判决，并驳回原审原告的起诉或全部诉讼请求。②由被上诉人承担本案诉讼费用。

（四）二审法院观点

被上诉人二审期间未提交答辩意见。

经审查，本院对原审判决查明的事实予以确认。

本院认为，本案审查的是上诉人是否履行法定职责。本案中，被上诉人于2018年6月22日向原广州市荔湾区地方税务局邮寄提交《申请出具不征契税证明》，该邮件已于次日被签收，但上诉人在被上诉人提起本案诉讼时，并未就被上诉人的申请做出处理，原审判决认定上诉人逾期未履行法定职责并无不当，本院予以支持。上诉人认为其未收到被上诉人的该项履职申请理据不足，本院不予支持。

对于上诉人认为被上诉人提出本案诉讼是信访案件的重复行为主张。首先，涉案《存量房交易价格计税核定通知书》并未有证据显示已经送达给上诉人，被上诉人亦否认收到，故不能以此来认定上诉人已知晓该通知。其次，上诉人提出被上诉人已就涉案房产需要征税进行信访，其已做出信访答复，告知被上诉人涉案房产需征税,但并未有证据予以证明。因此,上诉人的上述主张,缺乏事实依据,本院不予支持。

对于上诉人主张被上诉人的诉讼请求属于税收征收范围,应适用《税收征收管理法》第八十八条以及《税收征收管理法实施细则》第一百条的规定,即在纳税上发生争议时,纳税人应先缴纳纳税款或提供纳税担保,才能依法申请行政复议,对行政复议不服,才可依法向人民法院起诉。本院认为,该案是被上诉人申请上诉人履行法定职责,并不是纳税争议案件,故上诉人的该项主张,本院不予支持。

综上所述,原审判决认定事实清楚,适用法律正确,程序合法,本院予以维持。上诉人的上诉请求不能成立,本院不予支持。

(五)二审法院判决

2019年11月21日,二审法院依据《行政诉讼法》第八十九条第一款第(一)项的规定,判决如下:驳回上诉,维持原判。二审案件受理费50元,由上诉人国家税务总局广州市荔湾区税务局负担。

二、纳税申报缺少发票纠纷案

(一)基本案情

上诉人连某因诉被上诉人国家税务总局日照市岚山区税务局(以下简称"岚山区税务局")不履行法定职责一案,不服日照市岚山区人民法院〔2018〕鲁1103行初9号行政判决,向山东省日照市中级人民法院(下称"本院")提起上诉。本院受理后,依法组成合议庭审理了本案。现已审理终结。

原审认定,2018年5月17日,连某在日照市中级人民法院案件执行程序中通过网络司法拍卖平台,以14.9万元的最高价竞得其中的位于日照市岚山区轿顶山花园的43号楼1单元2001号的房地产一处。原房产权人系日照岚山焦化房地产有限公司。该房产建筑面积为49.40平方米,拍卖评估价为17.39万元。法院因流拍而降价再次拍卖,后由连某竞得。连某已于2018年5月21日将拍卖余款交至日照市中级人民法院。日照市中级人民法院于2018年5月23日做出〔2017〕鲁11执189号之五执行裁定书,裁定被执行人日照岚山焦化房地产有限公司名下位于轿顶山花园的43号楼1单元2001号项下的房地产归买受人连某所有,该财产权自该裁定送达买受人连某时起转移。日照市中级人民法院并出具〔2017〕鲁11执189号之五协助执行通知书。连某持上述手续于2018年7月18日到日照市岚山区房地产管理所办理房屋权属转移申请登记手续,该所向其出具了《协助征收税税函》。连某持函及相关手续到岚山区税务局办理契税纳税申报,岚山区税务局工作人员告知其应当提交销售不动产发票该项材料,连某为此做出解释,但因连某未能提供销售不动产发票,岚山区税务局拒绝办理,并于当日以连某申报不符合受理条件为由出具不予受理通知书。连某不服岚山区税务局的不予受理行为,连某认为岚山区税务局对契税缴纳申报不作为并向原审法院提起诉讼。

日照市中级人民法院于2018年4月25日制作并发布《竞买公告》。其中《竞买公告》第六条规定:"拍卖成交买受人付清全部拍卖价款后,买受人依据法院出具的拍卖成交确认执行裁定书及拍卖成交确认书自行至登记机构办理标的物的相关产权过户登记手续。办理所涉及的一切税、费和所需补交的相关税、费(包括但不限于所得税、营业税、土地增值税、契税、过户手续费、印花税、权证费、水利基金费、出让金以及房产及土地交易中规定缴纳的各种费用)及有可能存在的物业费、水、电等欠费均由买受人自行承担,具体费用请竞买人于拍卖前至相关单位自行查询,与拍卖人无涉。"对《竞买公告》规定的此项内容,连某认为,司法拍卖公告不是民事行为,也不是合同,它是一种司法行为。如果把所有的税费都由买受人来承担,那么对于买受人来讲,他的负担是不确定性的,这也违反了民法的相关法律原理。

2018年7月12日,原房产权人日照岚山焦化房地产有限公司向岚山区税务部门提交一份《说明》,也主要阐明了应当按照《竞买公告》第六条规定由竞买人办理所涉及的一切税、费和所需补交的相关税费及有可能存在的物业、水、电等欠费,并提出近期有四位买受人未通过其公司开具销售不动产发票但岚山区税务局却为其办理了契税缴纳的情况,致使公司受到了严重经济损失,对这些买受人违反司法拍卖程序造成公司损失的行为将依法行使追偿权,并要求岚山区税务局按照法院拍卖程序依法办理契税缴纳业务,需要由买受人先到其公司开具销售不动产发票方可办理征收契税等。

2018年8月10日,原房产权人又向岚山区税务局提交一份《关于焦化房产相关房源司法拍卖的说明》,请求对买受人未能按《竞买公告》承担相关税费的情况不予办理契税征收申报。岚山区税务局认为,不单是因为原房产权人提出请求,而是应当依照《税收管理通知》(国税发〔2005〕82号)第二条第一项规定,征收机关要对纳税申报表及有关附件资料的完整性、准确性进行审核为前提和必要,且不具有《契税纳税申报公告》解读中的特殊情形,仅因为连某能够提供销售不动产发票而不提供,才导致了岚山区税务局无法给予其办理契税缴纳申报。连某对此认为,连某通过司法拍卖程序取得房产所有权,然后再去找被强制执行人开具销售不动产发票,也不符合逻辑,并且,岚山区税务局毕竟也已经给其他具有相同情况的买受人如张京涛、魏艳艳等办理了契税征收手续。为了保持法律的一致性,如果给其他的买受人办理了契税征收手续是违法的,那么,岚山区税务局就应当予以撤销。

另查明,岚山区税务局对连某竞得房产以拍卖价 14.9 万元核定税费,卖方应缴纳的税费为:增值税 7 450 元,城市维护建设税 521.5 元,教育费附加 223.5 元,地方教育费附加 149 元,水利建设基金 37.25 元,印花税 74.5 元,土地增值税 2 980 元,合计 11 435.75 元。买方应缴纳的税费为:在建筑面积 90 平方米以下,按成交价的 1% 征收契税。

(二) 一审法院观点

原审认为,本案争议的焦点是:基于人民法院在案件执行过程中网络司法拍卖活动,连某通过竞拍方式取得了房屋所有权,在依法办理权属登记前应当先行缴纳契税,但在连某申报缴纳契税时,是否应当先按竞拍时日照市中级人民法院发布的《竞买公告》与竞买人约定的税费承担契税后,并向岚山区税务部门提供销售不动产发票,作为岚山税务部门受理连某纳税申报的材料,否则不符合受理条件,以及日照市中级人民法院发布的《竞买公告》中,对交易过程中产生的相关房屋税费由买受人自行承担的约定,是否符合有关法律行政法规规定的问题。

关于以上焦点问题,因连某通过司法拍卖程序取得房产的情形,岚山区税务局也并非要求竞买人在办理契税缴纳时必须附送或者提交销售不动产发票,只是经审查,发现连某申报缴纳契税时不具有国家税务总局关于《契税纳税申报公告》解读的特殊情形,即连某能够开具销售不动产发票而未开具,应当提供销售不动产发票而未能提供。按照《税收管理通知》第二条第一项的规定,税务征收机关依然要对当事人的契税纳税申报表及有关附件资料的完整性、准确性进行审核,没有附送销售不动产发票,不符合受理纳税申报条件。只要连某的契税纳税申报符合上述规定的条件,岚山区税务局没有理由不予受理纳税申报。岚山区税务局还表示,即便在连某按约定承担了相关税费后遇有原房产权人不予开具销售发票的情况，岚山区税务局也可以代为开具，并对拒不开具销售不动产发票的行为依法做出相应处理。连某认为，所谓能够开具销售不动产发票，要求连某必须提供销售不动产发票，实质上就是由其自认除买受人应当缴纳的契税以外还要负担本应该依照法律法规由原房产权人缴纳的各种税费。对于其他房屋税费的缴纳，应当按照有关税法规定及税收政策执行。所以，连某不能接受岚山区税务局的不予受理行为及其理由。原审法院对上述事实和证据进行分析认定如下：

（1）连某在申报缴纳契税时应当提供销售不动产发票。连某通过司法拍卖取得的房屋财产权，根据《契税纳税申报公告》第一条的规定："根据人民法院、仲裁委员会的生效法律文书发生土地、房屋权属转移，纳税人不能取得销售不动产发票的，可持人民法院执行裁定书原件及相关材料办理契税纳税申报，税务机关应予受理"。但是，连某的纳税申报，并不具有国家税务总局对《契税纳税申报公告》第一条进行解读的特殊情形。解读中有："公告明确了不再要求契税纳税人在申报时必须提供销售不动产发票的两类情形，并就不同情形下纳税人申报时应提供的材料及税务机关的受理条件提出了要求。"第一类情形是："根据人民法院、仲裁委员会的生效法律文书发生土地、房屋权属转移，纳税人不能取得销售不动产发票的情形，比如原权利人已失踪、死亡或者拒不执行等。对此类情形，公告规定，纳税人可持人民法院执行裁定书原件及相关材料办理契税纳税申报，税务机关应予受理。"岚山区税务局认为连某的契税缴纳申报不存在"不能取得销售不动产发票"的特殊情况，不符合《契税纳税申报公告》解读的第一类情形当中的有关特殊情形，因此，连某在进行缴纳契税申报时还应当提供销售不动产发票的材料。原审法院认为，连某能够提供销售不动产发票，不属于"不能提供销售不动产发票"的情形，对此予以认定。岚山区税务局在办理连某的契税纳税申报时，依然要依规审查并做出由连某提供销售不动产发票的要求事项。

（2）连某在按日照市中级人民法院发布的《竞买公告》载明的相关税费由竞买人自行承担的约定履行义务后可取得销售不动产发票这项材料。日照市中级人民法院《竞买公告》第六条规定的内容，属于委托拍卖人以公告方式与竞买人之间进行的一项有关税费承担的约定，该约定不违反法律行政法规的强制性规定，应当认定为有效。竞买人如果参与竞买纯属自愿，并且必须接受该约定的约束。竞买人是否参与竞买完全可以由其自行决定和选择，竞买人对此具有充分的意思自治权。《网络司法拍卖规定》第六条规定："实施网络司法拍卖的,人民法院应当履行下列职责:(一)制作、发布拍卖公告;(二)查明拍卖财产现状、权利负担等内容,并予以说明;……(六)制作拍卖成交裁定……"第十三条规定:"实施网络司法拍卖的,人民法院应当在拍卖公告发布当日通过网络司法拍卖平台公示下列信息:(一)拍卖公告;……"第十四条规定:"实施网络司法拍卖的,人民法院应当在拍卖公告发布当日通过网络司法拍卖平台对下列事项予以特别提示:(五)竞买人决定参与竞买的,视为对拍卖财产完全了解,并接受拍卖财产一切已知和未知瑕疵。"人民法院在司法拍卖过程中应当依法发布公告。连某参与并完成竞买的行为,已表明其完全接受日照市中级人民法院的《竞买公告》当中所载明各项内容,并对该内容予以知晓和认可。对该事实,原审法院予以认定。连某如对《竞买公告》中的相关内容有异议,应当在参与竞买前提出,在司法拍卖活动及竞买行为已全部完成的情况下如再对公告的相关内容提出异议,将对所有竞买人产生不公平,故对连某的此项理由,原审法院不予采纳。连某对此提供了江苏省高级人民法院电传文件一份,以证明公告中的相关内容不符合法规规定,不具有法律效力,原审法院认为,该份证据的效力,不具有普遍的约束力,故对连某的证明事项,不予采信。本案所称的其他相关税费已由岚山区税务局核定,对已由岚山区税务局核定的税费共计11 435.75元,原审法院予以确认。

(3)本案中的有关房屋税费并不包括在评估价格当中。审理中连某提出,房屋评估价格为市场价且已包含了相应税费。《契税暂行条例细则》第七条规定:"条例所称房屋买卖,是指房屋所有者将其房屋出售,由承受者交付货币、实物、无形资产或者其他经济利益的行为。"第九条规定:"条例所称成交价格,是指土地、房屋权属转移合同确定的价格。包括承受者应交付的货币、实物、无形资产或者其他经济利益。"根据连某提供的《房地产司法鉴定估价报告》证据,在报告"价格类型"一项内容中,已经非常明确地指出:"本估价结果是估价对象在报告已说明的假设和限制条件下于公开市场上最可能形成的价值""未考虑房地产拍卖(变卖)成交后交易的税费以及税费的转移分担"。故对连某的此项理由,原审法院不予采纳。

(4)岚山区税务局做出不予受理行为符合依法履行法定职责的要求。依法征收各种税费是税务部门依法履行的职责。岚山区税务部门依据《税收通知》的有关规定应当对缴纳契税的申报表及有关附件材料进行审核,对符合条件的予以受理,对不符合条件的不予受理,并告知应当补交的材料,故岚山区税务局对连某的纳税申报履行审核义务,并经审核认定事实清楚,适用法律、行政法规正确,程序合法。

综上所述,现行法律行政法规不禁止税费的转移分担,按照日照市中级人民法院的《竞买公告》,连某负有承担其竞拍的不动产契税以外的其他房屋税费,应当履行该约定。岚山区税务局经审查连某的纳税申报不具有"不能提供销售不动产发票"的情形,事实清楚。故岚山区税务局做出不予受理的行政行为合法;连某向原审法院提出的诉讼请求,理由不成立,不予支持。至于岚山区税务局在此之前是否已经为其他具有同样情形的竞买人办理完毕契税缴纳手续,并由竞买人已领取到了房屋产权证的情况,连某认为对同一事实不应做出不同的行政行为,不属于本案的审理范围,对此,连某作为公民有权对岚山区税务局的不公正现象进行监督。依照《中华人民共和国行政诉讼法》第六十九条的规定,原审判决驳回连某的诉讼请求。案件受理费50元,由连某负担。

(三)上诉意见

上诉人连某上诉称:被上诉人不履行法定职责的行为严重违法,应依法确认违法并判令其依法办理。

(1)日照岚山焦化房地产有限公司应缴纳何种税费是自身的问题,法院不能替其设立由上诉人代交。法院的《竞买公告》也应当遵守法律和上级法院的规定。①《山东省地方税务局、山东省高级人民法院关于完善人民法院不动产强制执行与地税机关税费征缴协同联动机制的指导意见》(鲁地税发〔2017〕42号)第四条第(二)项对此问题进行了明确规定。②地方法院、地方税务局和被执行人均不能改变纳税的义务人。纳税的义务由税法及相关的法律、法规明确进行了规定,地方法院、地方税务局和被执行人均不能改变纳税的义务人。如参考《江苏省高级人民法院关于正确适用〈最高人民法院关于人民法院网络司法拍卖若干问题的规定〉若干问题的通知》,关于税费的负担中明确规定因网络司法拍卖产生的税费,按照《网络司法拍卖规定》第三十条的规定,由相应主体承担。在法律、行政法规对税费负担主体有明确规定的情况下,人民法院不得在拍卖公告中规定一律由买受人负担,该法律规定应具有普遍的约束力。

(2)据《国家税务总局关于进一步加强房地产税收管理的通知》(国税发〔2005〕82号)《国家税务总局关于契税纳税申报有关问题的公告》(国

家税务总局2015年第67号）的规定，被上诉人做出不予受理的行为是否适用整个《国家税务总局关于进一步加强房地产税收管理的通知》，一审法院对此问题没有做出解释和说明。

（3）日照岚山焦化房地产有限公司属于"拒不执行"的情形。如果其执行生效判决，日照市中级人民法院就不会对其房产进行拍卖。依据《国家税务总局关于契税纳税申报有关问题的公告》（国家税务总局公告2015年第67号）的规定"据房地产权属转移契税征管中遇到的实际情况，现将下列情形契税纳税申报有关问题公告如下：一根据人民法院、仲裁委员会的生效法律文书发生土地、房屋权属转移，纳税人不能取得销售不动产发票的，可持人民法院执行裁定书原件及相关材料办理契税纳税申报，税务机关应予受理"，被上诉人应依法为上诉人办理契税纳税申报。

（4）日照岚山焦化房地产有限公司的说明成为被上诉人向上诉人缴纳本应属日照岚山焦化房地产有限公司应缴纳税费的依据是不合理的。

（5）上诉人要缴纳不属于自己应缴纳的税收，如果可以给上诉人开具自己名下的征税通知单，上诉人可以交。

（6）请法院明查全国除了被上诉人之外的还有没有第二家税务局要求因被拍卖人拒不执行生效判决，其财产被拍卖后，还需拒不执行生效判决的被拍卖人（拒不执行生效判决的被执行人）开具发票的情况。

（7）上诉人只是去交契税，如果属于被上诉人的范围，应收；不属于被上诉人的范围，不收。

综上，被上诉人作为国家行政机关，本应做执法守法的规范，甚至在委托代理人时都违背相关政策和法律法规的规定，派两名律师直接出庭。

请二审法院：①依法撤销日照市岚山区人民法院于2018年9月18日做出的〔2018〕鲁1103行初9号《行政判决书》。②依法判决确认被上诉人于2018年7月18日做出的不予受理行政行为违法。③依法判决被上诉人立即履行其法定职责，对上诉人缴纳契税的事项予以办理。④本案一、二审诉讼费用由被上诉人承担。

（四）答辩意见

被上诉人岚山区税务局答辩称：

（1）关于上诉人上诉理由"日照岚山焦化房地产有限公司应缴纳何种税费是自身的问题，法院不能替其设立由上诉人代交，法院的《竞买公告》也应遵守法律和上级法院的规定"。①法院的《竞买公告》不违反税法强制性规定。《税收征收管理法》第四条规定:"法律、行政法规规定负有纳税义务的单位和个人为纳税人。"根据税收法定的原则,我国税法关于纳税人的规定是强制性规定,但《竞买公告》涉及税收条款约定内容并不是纳税人,而是负税人。纳税人和负税人是两个不同的概念。纳税人即纳税主体,是指税法上规定的直接负有纳税义务的单位和个人。无论是自然人还是法人,凡发生应税行为,取得应税收入,负有直接的纳税义务的就是纳税人,必须依法履行纳税义务。而负税人是指税收的最终负担者,即实际负担税款的经济主体。纳税人不一定就是负税人。因此,从纳税人和负税人的定义可见,《竞买公告》中约定变更的实则是负税人而不是纳税人。虽然我国税法明确规定了各税种的纳税义务人,但是未明确禁止纳税义务人与合同相对人约定由纳税义务人以外的人缴纳税款。最高人民法院〔2007〕民一终字第62号民事判决书(《最高人民法院公报》2008年第3期公报案例)中,法院认定,我国税法对于税种、税率、税额的规定是强制性的,但对于由谁实际缴纳税款未做出强制性规定或禁止性规定,因此类似本案中《竞买公告》的税款转嫁约定并不违反税法强制性规定。《竞买公告》对税费负担条款的约定,只要不违反税收法律、行政法规对于税种、税率等要素的强制性规范,不损害国家税收利益,且不违反我国《合同法》的相关规定,在合同当事人之间有效,形成合法有效的债权债务关系。②上诉人提出的《山东省地方税务局、山东省高级人民法院关于完善人民法院不动产强制执行与地税机关税费征缴协同联动机制的指导意见》(鲁地税发〔2017〕42号)《江苏省高级人民法院关于正确适用〈最高人民法院关于人民法院网络司法拍卖若干问题的规定〉若干问题的通知》中规定的涉税内容,是对《税收征收管理法》及《国家税务总局关于人民法院强制执行被执行人财产有关税收问题的复函》(国税函〔2005〕869号)文件的补充,符合现行的税收法律、法规规定。上述财产拍卖两种涉税操作模式,是司法机关和税务机关在实际工作联络过程中,协作落实司法处置、税收管理、保护国家税收权益的两种不同的处理方式,两者之间并不存在冲突,都不违背现行法律、法规规定。

(2)关于上诉人上诉理由"日照岚山焦化房地产有限公司属于'拒不执行'的情形。如果其执行生效判决,又何来日照市中级人民法院对其房产的拍卖"?被上诉人认为法院对被执行人有关财产的司法处置,并不能直接证明被执行人本身"拒不执行"法院有关判决的情形。"拒不执行"是存在主观故意，表现形式或积极作为，常用词语如隐藏、转移、隐匿或暴力行为等；或消极的不作为方式，常用词语如置之不理、躲藏、逃避等。不能将执行结果或执行手段作为认定被执行人"拒不执行"的情形。法院拍卖被执行人财产是财产所有权的一种确权方式，而《国家税务总局关于契税纳税申报有关问题的公告》（国家税务总局公告 2015 年第 67 号）解读"第一类情形是，根据人民法院、仲裁委员会的生效法律文书发生的土地、房屋权属转移，契税纳税人不能取得销售不动产发票的情形，比如原产权人已失踪、死亡或者拒不执行等。公告中规定的纳税人可持人民法院执行裁定书原件及相关材料办理契税纳税申报，税务机关应予受理"中的"拒不执行"，被上诉人认为仅是指房地产权属转移契税征管过程中遇到的原产权人拒不过户、据不配合协助过户或者阻挠过户的积极作为或消极不作为的情形，目前无任何证据直接证明原房产权人日照岚山焦化房地产有限公司存在此类情形，上诉人也未提供其他证据予以证明，上诉人存在主观臆断现象。

（3）关于上诉人上诉其他理由，如日照岚山焦化房地产有限公司说明成为被上诉人向上诉人缴纳本应属于日照岚山焦化房地产有限公司应缴纳的依据等。原房产权人日照岚山焦化房地产有限公司是正常税收管辖的企业，成立于 2005 年 5 月 30 日，纳税人识别号：××，法定代表人：李新亚，经营地址：山东省日照市岚山区安东卫轿顶山路与玉泉一路交汇处，经营范围：房地产开发经营、物业管理、建筑材料销售等。该企业正常进行纳税申报和领购发票，不存在"房地产开发企业已办理注销税务登记或者被税务机关列为非正常户等原因，致使纳税人不能取得销售不动产发票的情形"。上诉人契税申报资料中缺少销售不动产发票，且上诉人未向被上诉人提供证据证明其确实无法取得销售不动产发票，也未向被上诉人对原房产权人日照岚山焦化房地产有限公司未开具发票情形进行投诉。基于以上事实，被上诉人按照《税收征收管理法》第二十五条第一款："纳税人必须依照法律、行政法规规定或者税务机关依照法律、行政法规的规定确定的申报期限、申报内容如实办理纳税申报，报送纳税申报表、财务会计报表以及根据税务机关实际需要要求纳税人报送的其他纳税资料"，《国家税务总局关于进一步加强房地产税收管理的通知》（国税发〔2005〕82 号）第二条第一款"纳税人申报缴纳契税时，要填报总局统一制定的契税纳税申报表，并附送购房发票、房地产转让合同和有效身份证件复印件等"，《国家税务总局关于实施房地产税收一体化管理若干问题的通知》（国税发〔2005〕156 号）第二条"在契税纳税申报环节,各地应要求纳税人报送销售不动产发票,受理后将发票复印件作为申报资料存档;对未报送销售不动产发票的纳税人,应要求其补送,否则不予受理",《国家税务总局关于契税纳税申报有关问题的公告》(国家税务总局公告2015年第67号)规定,在上诉人未能说明其确实无法取得销售不动产发票的情况下,被上诉人不予受理上诉人契税申报完全符合政策规定,不存在违法情形,是被上诉人依法审慎审查的义务,是依法履行其法定职责的具体体现。关于上诉人诉称的其不应是缴纳除契税以外的其他税费的主体、《竞买公告》无权约定税款承担主体等主张,上诉人的上诉请求中没有包含该项内容,请求法院对上诉人此诉讼内容不予审查。

综上,原审判决认定事实清楚,适用法律、法规正确,依法应予判决驳回上诉,维持原判。

(五) 相关证据

一审中各方当事人提交的证据均已随案移送本院,二审中上诉人提交山东省地方税务局、山东省高级人民法院鲁地税发〔2017〕42号文,证明被上诉人要求上诉人到房地产开发商处开具发票所应缴纳的土地征收税、城市维护建设税、教育费附加、地方教育费附加、水利建设基金、印花税、土地增值税,甚至房地产开发商要求上诉人缴纳已经被国家发改委等部门明令禁止的相关费用,如燃气开口费、有线初装费。缴纳上述费用之后才给上诉人开具发票,根据该文件第4页,在执行过程中买受方应当缴纳的税费仅包括印花税和契税,相关的其他企业应当承担的费用,应当由被上诉人向房地产开发商进行征收,或者通过法院在拍卖款中优先受偿。在一审中提交了房地产司法鉴定估价报告,在第8页报告采用的价值为市场价值,包括房屋所有权价值、应分摊的国有出让建设用地使用权价值、应享有的公共通行权水电等公共设施使用权价值,说明上诉人买的是市场价值的房屋,相应的土地增值税已经包括在内,上诉人到开发商的售楼处咨询,对外销售的市场价格是包括上述除了契税和印花税之外的所有的税费,一审中说提交的不是原件,上诉人拿到的本来不是原件,是从中院的执行局拿到的。

被上诉人质证认为,上诉人提到在该文件第4页在执行过程中买受方应当缴纳的税费仅包括印花税和契税,相关的其他企业应当承担的费用,应当由被上诉人向房地产开发商进行征收,或者通过法院在拍卖款中优先受偿。该规定并不违反我国《税收征收管理法》关于纳税义务人的规定。因为上诉人是在司法拍卖过程中受让取得的本案当中的标的房产,在对该房屋进行司法拍卖之前发布的拍卖公告中的《竞买公告》第六条和《竞买须知》第十二条已经规定了标的房产的相关税费由买受人承担的内容,并且上诉人已经拍得该标的房产,在拍卖成交确认书上签字,这就说明上诉人已经做出了标的房产的相关税费由其缴纳的承诺,这并不违反我国关于税收法定原则,上诉人应受上述约定约束。该证据与本案无关,是关于上诉人与税务机关在纳税上发生的争议,根据《税收征收管理法》第八十八条的规定,纳税人、扣缴义务人、纳税担保人同税务机关在纳税上发生争议时必须先依照税务机关的纳税决定缴纳或者解缴税款及滞纳金,或者提供相应的担保,然后可以依法申请行政复议,对行政复议决定不服的可以依法向人民法院起诉。

对上述证据,本院认为上诉人在原审审理过程中能够提交而未提交,不属于二审期间的新证据,对上诉人提交的上述证据,本院不予采纳。

(六)二审法院观点

本院认为:本案争议的焦点在于被上诉人做出不予受理通知书是否合法,被上诉人是否应履行上诉人所述的具体职责。我国税收征管方面的法律法规未对纳税义务人之外的他人承担税款做出禁止性规定,日照市中级人民法院的《竞买公告》确定由买受人承担相关税费的规定不违反税法的强制性规定,上诉人通过司法拍卖程序拍得涉案房地产,表明上诉人对《竞买公告》中所载明的内容予以知晓和认可,且同意《竞买公告》的相关约定。根据《国家税务总局关于实施房地产税收一体化管理若干问题的通知》(国税发〔2015〕156号)第一条"加强销售发票管理。在契税纳税申报环节,各地应要求纳税人报送销售不动产发票,受理后将发票复印件作为申报材料存档;对于未报送销售不动产发票的纳税人,应要求其报送,否则不予受理",上诉人契税申报资料中缺少销售不动产发票,且不属于纳税人不能取得销售不动产发票的情形,岚山区税务局据此做出不予受理的决定事实清楚、证据确凿,适用法律法规正确,程序合法,不存在被上诉人不履行法定职责的情形。上诉人的上诉理由均不成立,本院不予支持。原审法院认定事实清楚,适用法律法规正确,程序合法。

(七)二审法院判决

2018年12月21日,二审法院依据《行政诉讼法》第八十九条第(一)项的规定,判决如下:驳回上诉,维持原判。二审案件受理费50元,由上诉人连某负担。

第七节 契税退税典型案例

一、契税退税不受退税期限约束案

(一) 基本案情

沈某诉国家税务总局北京市西城区税务局（以下简称"西城税务局"）做出的通知及国家税务总局北京市税务局（以下简称"市税务局"）行政复议一案，西城税务局不服北京市西城区人民法院（以下简称"一审法院"）所作〔2017〕京0102行初812号行政判决（以下简称"一审判决"），向北京市第二中级人民法院（下称"本院"）提起上诉。本院依法组成合议庭，于2019年8月19日公开开庭进行了审理，上诉人西城税务局负责人周某某及委托代理人何某某、王某某，一审被告市税务局之委托代理人黄某某、焦某某，一审第三人刘某某之委托代理人张某某，到庭参加诉讼。本案现已审理终结。

2016年12月19日，西城税务局做出京地税西税通〔2016〕31385号《税务事项通知书》（以下简称"被诉通知书"），主要内容为，沈某（纳税人识别号：110108197304122212）；事由：退抵税（费）审批通知；依据：《税收征收管理法》第五十一条；通知内容：你（单位）于2016年12月13日提出的退抵税（费）审批收悉，经审核，不符合要求，不予审批。

沈某不服被诉通知书，向市税务局提起行政复议。市税务局于2017年7月31日做出京地税复字〔2017〕4号《税务行政复议决定书》（以下简称"被诉复议决定"），认为西城税务局做出的被诉通知书认定事实清楚、证据充分、适用依据正确、程序合法、内容适当，依据《行政复议法》第二十八条第一款第（一）项、《税务行政复议规则》第七十五条第一项的规定，维持被诉通知书。

沈某向一审法院诉称，2011年，刘某某欲将位于北京市西城区菜市口大街6号院3号楼6单元203室房屋（以下简称"涉案房屋"）通过出售的方式过户给沈某。2011年9月5日，沈某向西城税务局缴纳契税25 500元。在涉案房屋交易过程中，刘某某前夫王某某发现其对涉案房屋的权利受到侵害，因此与刘某某之间产生系列诉讼，最终法院判决认定涉案房屋权属归王某某所有，导致沈某与刘某某之间的房屋交易失败。依照法律规定，契税是在房屋交易成功的情况下税务机关收取的，现沈某与刘某某之间的房屋交易失败，西城税务局应予退回。沈某向西城税务局申请退契税，西城税务局于2016年12月19日做出被诉通知书。沈某不服，于2017年1月9日向市税务局申请行政复议，市税务局2017年7月31日做出被诉复议决定维持被诉通知书，沈某于2017年8月2日收到。现诉至法院，请求法院：①撤销西城税务局做出的被诉通知书，撤销市税务局做出的被诉复议决定。②判令西城税务局向沈某退契税25 500元。③诉讼费用由西城税务局、市税务局承担。

西城税务局向一审法院辩称，①西城税务局做出的被诉通知书认定事实清楚、法律适用正确、程序合法。2011年9月5日，沈某委托刘某某持民事调解书、强制执行裁定书等资料到西城税务局所辖第七税务所申报缴纳将涉案房屋由刘某某过户给沈某发生的税费，第七税务所向沈某征收契税25 500元。2016年12月13日，沈某向西城税务局所辖第二税务所提出退税申请。经查验，第二税务所依法受理退税申请后，将退税申请材料交西城税务局办理。西城税务局经审核发现，沈某于2011年9月5日缴纳契税，于2016年12月13日提出退税申请，已超过《税收征收管理法》第五十一条规定的3年退税申请期限，据此做出被诉通知书并向沈某送达。②沈某主张"契税是在房屋交易成功的情况下税务机关收取的，现刘某某与沈某之间的房屋交易失败，西城税务局应予退回"没有法律根据，不能成立。《税收征收管理法》第五十一条规定"超过应纳税额缴纳的税款"的产生原因有多种，包括因法律原因、技术原因以及其他原因导致的多缴税款。该条还规定，应退还的纳税人多缴的税款有两类：一是由税务机关发现，二是由纳税人自己发现。由纳税人发现的多缴税款，可以自结算缴纳税款之日起3年内向税务机关要求退还。根据上述规定，纳税人自己发现多缴税款，无论是什么原因造成的，都应在结算缴纳税款之日起3年内申请退还，纳税人超过3年申请退税的，税务机关不能为其办理退还手续。本案中，沈某缴纳契税的时间是2011年9月5日，提出退税申请的时间是2016年12月13日，已超过法定的3年退税申请期限，因此，其提出的退税申请不符合退税条件，西城税务局据此做出不予退税的被诉通知书并无不当。综上，沈某所诉事由没有法律依据，请求法院判决驳回沈某的诉讼请求。

市税务局向一审法院辩称，①市税务局受理沈某提出的行政复议申请并做出被诉复议决定，履行了行政复议的法定职责，程序合法。2017年1月9日，沈某不服西城税务局做出的被诉通知书向市税务局提出行政复议，要求"责令西城税务局将沈某缴纳的契税退回"。2017年1月12日，市税务局决定受理沈某的行政复议申请，2017年1月13日，向沈某邮寄送达《行政复议申请受理通知书》，向西城税务局送达《行政复议答复通知书》。2017年1月20日，西城税务局提交《行政复议答复书》及相关证据、法律依据等有关材料。经审理，市税务局认为本案情况复杂，不能在规定期限内做出行政复议决定，根据《行政复议法》第三十一条第一款、《税务行政复议规则》第八十三条第一款的规定，决定延长案件审理期限30日，并于2017年3月10日将《行政复议延期通知书》邮寄送达沈某。由于本案涉及退税相关政策的法律适用问题需有权机关做出解释或者确认，根据《中华人民共和国行政复议法实施条例》第四十一条第一款第六项、《税务行政复议规则》第七十九条第一款第七项的规定，市税务局决定自2017年3月22日起中止该案审理。中止原因消除后，于2017年7月21日决定恢复审理。2017年7月31日做出被诉复议决定并邮寄送达沈某。②西城税务局做出的被诉通知书认定事实清楚、证据确凿、适用法律正确、程序合法。沈某所称"契税是在房屋交易成功的情况下，税务机关收取的，现其与刘某某之间的房屋交易失败，西城税务局应予退回"没有法律根据，不能成立。综上，被诉复议决定认定事实清楚、证据确实充分、适用法律正确，沈某的诉讼请求没有事实和法律依据，请求法院驳回沈某的诉讼请求。

刘某某向一审法院述称，同意沈某的意见。

王某某未向一审法院陈述意见。

（二）一审法院查明事实

一审法院经审理查明：

2009年3月3日，刘某某与北京某房地产有限公司签订《商品房预售合同》，约定刘某某购买涉案房屋，总价款为1 465 156元。2009年3月6日，刘某某与王某某登记结婚。2010年1月26日，刘某某与王某某协议离婚，并在离婚协议中约定涉案房屋归男方所有，女方协助办理过户，所欠贷款由王某某偿还。

2010年4月1日，因刘某某与范某某民间借贷纠纷，北京市海淀区人民法院（以下简称"海淀法院"）做出〔2010〕海民初字第9925号民事调解书，确定刘某某在约定时间内偿还范某某85万元借款，如未按期还款，刘某某应将涉案房屋过户给范某某或范某某指定的第三人。同月，因刘某某未履行调解书确定的还款义务，海淀法院做出〔2010〕海民执字第4656号强制执行裁定书，将涉案房屋过户给范某某指定的第三人沈某。

2011年4月28日，王某某向海淀法院起诉刘某某，要求确认涉案房屋归王某某所有。2011年8月29日，海淀法院做出〔2011〕海民初字第17526号民事判决书，判决因涉案房屋尚未办理产权证书，无法确认涉案房屋产权人，离婚协议书约定的条件尚未成立，故驳回王某某的诉讼请求。王某某不服提起上诉，2011年10月30日，北京市第一中级人民法院（以下简称"一中院"）做出〔2011〕一中民终字第15498号民事判决书，驳回上诉，维持原判。

2011年9月5日，刘某某到西城税务局第七税务所申报缴纳了涉案房屋过户给沈某产生的营业税42 500元、城市维护建设税2 975元、教育费附加1 275元，共计46 750元，同时代理沈某申报缴纳了契税25 500元。

2011年11月4日，一中院指令海淀法院对刘某某、范某某民间借贷纠纷案件自行审查处理。海淀法院按照一中院的要求，对〔2010〕海民初字第9925号民事调解书进行再审，于2012年4月20日做出〔2012〕海民再初字第37号民事判决书，判决撤销〔2010〕海民初字第9925号民事调解书，刘某某偿还范某某85万元。后范某某提起上诉，2012年9月18日，一中院做出〔2012〕一中民再终字第07154号民事判决书，判决驳回上诉，维持原判。

2012年，王某某将刘某某诉至一审法院，要求法院判令将涉案房屋过户到王某某名下。一审法院于2012年3月20日做出〔2012〕西民初字第4807号民事判决书，判决刘某某协助王某某办理将涉案房屋所有权证登记于王某某名下的手续。刘某某不服，提起上诉，2012年11月9日，一中院做出〔2012〕一中民终字第6209号民事判决书，驳回上诉，维持原判。现涉案房屋已登记于王某某名下。

2016年6月14日，刘某某向海淀法院起诉王某某不当得利纠纷，请求法院判决王某某返还其垫付的购房款及税费。后对返还税款22 127.17元不再主张，海淀法院做出〔2016〕京0108民初20622号民事判决书，判决王某某于本判决生效后10日内返还刘某某53.247万元；驳回刘某某其他诉讼请求。刘某某、王某某不服，提起上诉。2017年3月24日，一中院做出〔2017〕京01民终669号民事判决书，判决撤销〔2016〕京0108民初20622号民事判决书；王某某于本判决生效后10日内返还刘某某53.247万元，并按中国人民银行公布的同期贷款利率给付2013年3月7日至实际返还之日止的利息；驳回刘某某的其他诉讼请求；驳回王某某的上诉请求。

2016年12月13日，刘某某代沈某向西城税务局第二税务所提出退税申请，请求退还沈某于2011年9月5日缴纳的契税25 500元。西城税务局经审查，于2016年12月19日做出被诉通知书并送达沈某。

2017年1月9日，沈某向市税务局提出行政复议申请，复议请求为，责令西城税务局将沈某缴纳的契税退回。2017年1月12日，市税务局决定受理沈某的行政复议申请并向沈某邮寄送达《行政复议申请受理通知书》，向西城税务局送达《行政复议答复通知书》。2017年1月20日，西城税务局提交《行政复议答复书》及证据、依据等相关材料。市税务局经审理认为本案情况复杂，不能在规定期限内做出行政复议决定，根据《行政复议法》第三十一条第一款、《税务行政复议规则》第八十三条第一款的规定，于2017年3月10日做出《行政复议延期通知书》决定延长案件审理期限30日，并邮寄送达沈某及西城税务局。由于本案涉及退税相关政策的法律适用问题需有权机关做出解释或者确认，根据《行政复议法实施条例》第四十一条第一款第六项、《税务行政复议规则》第七十九条第一款第七项的规定，市税务局于2017年3月22日做出《行政复议中止通知书》决定中止案件审理并送达沈某及西城税务局；中止原因消除后，于2017年7月21日做出《行政复议恢复审理通知书》并送达沈某及西城税务局；于2017年7月31日做出被诉复议决定并邮寄送达沈某及西城税务局。

（三）一审法院观点

一审法院认为，归纳本案的审理焦点为：①沈某缴纳契税的性质如何认定，是否应予退还。②西城税务局适用《税收征收管理法》第五十一条做出被诉通知书是否正确。

关于焦点①，一审法院认为，沈某曾缴纳的税款自其与刘某某基于以房抵债的行为不具备法律效力时，已不符合税的根本属性，不具备课税要素条件和税收依据，依法应予退还，否则将有违税法的立法精神和宗旨。

1. 税收的概念和基本构成要素

税收或称租税、赋税、税金等，简称税，是国家为实现其公共职能，满足社会公共需要而凭借其政治权力，按照预定的标准和程序，无偿地、强制地取得财政收入的一种活动或手段，具有国家单方强制性、无偿征收性、标准确定性等特征，应遵循一定的原则并按照规定的标准得以实施。课税要素是指国家征税必不可少的要素即必须具备的条件，从狭义上说主要针对税收实体法要素，包括征税主体、征税客体、税率等。课税要素理论是判定相关主体的纳税义务是否成立以及国家是否有权征税的标准，只有满足课税要素，相关主体才能成为税法上的纳税人并负有依法纳税的义务，国家才能作为征收主体对其征收税款。其中征税客体即主要解决对什么征税的问题，一般界定为物，主要涉及商品、所得以及财产等，如具有收益性和营利性则一般可以征税，如具有一定的公益性和非营利性则一般不予征税。

本案中，2011年9月5日，刘某某和沈某分别缴纳营业税、城市维护建设税、教育费附加及契税，其缴税基础源于〔2010〕海民初字第9925号民事调解书所确定的刘某某基于对范某某以房抵债行为而将涉案房屋过户给沈某的民事义务。此时，依据税法理论和规定，因房屋权属发生移转变更的事实，应由承受房屋所有权的人即沈某作为纳税主体缴纳契税，相对出让房屋所有权的人即刘某某作为纳税主体缴纳营业税、城市维护建设税、教育费附加，征税客体为涉案房屋，因具有财产收益性故满足课税要素的基本构成要件。此后，海淀法院于2012年4月20日做出〔2012〕海民再初字第37号民事判决书，判决撤销〔2010〕海民初字第9925号民事调解书，刘某某偿还范某某人民币85万元。一中院于2012年9月18日二审予以维持。本院于2012年3月20日做出〔2012〕西民初字第4807号民事判决书，判决刘某某协助王某某办理将涉案房屋所有权证登记于王某某名下的手续。一中院于2012年11月9日二审予以维持。至此，刘某某与沈某之间基于涉案房屋的以房抵债行为灭失，其缴纳的税款性质要结合课税要素、税收依据等因素加以综合判定。

税收依据指纳税人据以缴纳税款的原因和国家可以据以征收税款的理由，国家征收是否有法可依、有据可循是征收活动是否合法有效进行的基础性前提，如征税无据则国家可能涉嫌侵权。国家税务总局《关于无效产权转移征收契税的批复》（国税函〔2008〕438号）中明确，按照现行契税政策规定，对经法院判决的无效产权转移行为不征收契税。法院判决撤销房屋所有权证后，已纳契税款应予退还。财税〔2011〕32号文中明确，对已缴纳契税的购房单位和个人，在未办理房屋权属变更登记前退房的，退还已纳契税；在办理房屋权属变更登记后退房的，不予退还已纳契税。结合本案事实，刘某某与沈某之间基于以房抵债的行为失去法律效力后，从税收主体上看，刘某某不会基于涉案房屋过户而获取收益，沈某亦不能取得涉案房屋所有权的实质利益，两者均已不具备纳税人的基本构成要件，国家不再具有征税的基础和理由，其与纳税人之间已不具备特定的征纳关系；从税收客体上看，涉案房屋不再涉及以房抵债之客观条件且未发生房屋权属变更登记至沈某名下的基础事实，税收客体亦不复存在。刘某某与沈某曾缴纳的税款已不符合课税要素的必要条件，不具备税收依据的基础，不再符合税的根本属性。

2. 税收原则和税法宗旨

税收原则是在税制设计和实施都应遵循的，同时也是评价税制优劣和考核税务机关行政管理状况的基本准则。一般认为，我国当代税收原则主要包括税收财政、公平、效率、适度、法治原则等，其中税收是否公平通常认为是税制制定和实施的首要原则，也成为涉税行政诉讼案件司法审查的重点。《税收征收管理法》第一条规定："为了加强税收征收管理，规范税收征收和缴纳行为，保障国家税收收入，保护纳税人的合法权益，促进经济和社会发展，制定本法。"该法律条款明确规定税法的立法目的，必然要求制定明确稳定的税收征收标准，确立税法基本原则并体现在课税要素的诸项规定之中。根据对涉案事实的分析，原告缴纳的税款性质发生变化，国家作为公权力在已不具备课税要素以及税收依据的前提下应予以退还，如若不然，将不符合税收公平、适度、法治等基本原则，相对于个人私权而言，涉嫌存在税收利益的不平衡和不合理，有违保护纳税人合法权益，促进经济和社会发展的税法立法宗旨，违背法的公平正义的基本价值取向。

关于焦点②，一审法院认为，税务机关针对纳税人提出的退税申请，应遵循税法的立法精神，秉承行政合法性原则为基础、行政合理性原则为补充的执法理念，正确行使税收管理职责，切实维护行政相对人的合法权益。

具体到本案中，主要涉及退税制度的法律适用问题。退税制度由纳税人退还请求权的实现和征税主体的退还义务两部分构成，主要解决纳税人因超出应纳税额缴税、误缴或不应缴纳税款等多种因素引发的税款是否应予退还等问题。目前，我国税收管理领域关于退税制度的法律规定主要是《税收征收管理法》第五十一条，即纳税人超过应纳税额缴纳的税款，税务机关发现后应当立即退还；纳税人自结算缴纳税款之日起3年内发现的，可以向税务机关要求退还多缴的税款并加算银行同期存款利息，税务机关及时查实后应当立即退还；涉及从国库中退库的，依照法律、行政法规有关国库管理的规定退还。此外，国税函〔2008〕438号明确无效产权转移行为不征收契税；《财政部　国家税务总局关于购房人办理退房有关契税问题的通知》（财税〔2011〕32号）明确在未办理房屋权属变更登记前退房的，退还已纳契税。

关于如何理解和适用上述法律及相关规定，在学界以及税收行政管理执法实践中均存在较大争议，集中体现在何种情况下适用以及如何适用《税收征收管理法》第五十一条中关于3年退税期限的规定。沈某代表一方观点，即认为其曾缴纳的税款不再属于税款性质，不应受《税收征收管理法》第五十一条超过应纳税额缴纳的税款之前提条件，进而不应适用3年退税申请期限的限制；西城税务局及市税务局代表另一方观点，即认为沈某2011年9月5日结算缴纳税款，2016年12月13日申请退税，已超过3年退税申请期限，故不应予以退还。对此，一审法院结合行政执法理念与司法审查标准，做如下分析。

1. 行政合法性原则的基本要求

行政合法性原则是行政法上的基本原则，也是行政诉讼法上应当遵循的基本原则，合法行政既要保障行政相对人的合法权益，又要求行政机关及时、正确行使行政职权。《税收征收管理法》第五十一条是目前我国税收管理领域中关于退税的法律依据，其中针对纳税人超过应纳税额缴纳的税款，主要分两种情况予以处理：一是税务机关发现应当立即退还；二是纳税人自结算缴纳税款之日起3年内发现的，可以向税务机关要求退还多缴的税款，税务机关及时查实后应当立即退还。税务机关在行政执法过程中，应基于行政合法性原则，针对具体涉案事实所对应的法律适用情形，严格依法履职，不作当然的扩大解释或缩小解释。本案中，如焦点①所述，刘某某与沈某曾缴纳的税款已不符合税的根本属性，不具备税收依据，国家作为征税主体依法应予退还，但《税收征收管理法》第五十一条中没有与之完全相对应的适用情形，在此情况下，需要行政机关运用行政合理性原则，正确行使自由裁量权。

2. 行政合理性原则的有益补充

行政合理性原则主要体现在行政机关自由裁量权的行使过程中，不仅应当按照法律、法规规定的条件、种类和幅度范围实施行政管理，且要符合法律的意图、精神和宗旨，符合公平正义等法的价值目标。随着行政法治的发展和我国依法治国方略的确立，行政诉讼司法审查不仅限于对行政行为合法性的审查，最终目标是实现行政争议的实质性解决，行政行为是否合理、适当亦成为目前我国行政诉讼司法审查的内容之一。

行政机关如何运用行政权解决行政争议，是对其执法水平和能力提出的更高要求。《税收征收管理法》第五十一条规定"纳税人超过应纳税额缴纳

第八章 契税征管典型案例讲解

的税款，税务机关发现后应当立即退还"，其主旨也是考虑本着税收公平、公正等基本原则，赋予税务机关针对客观上确应予以退税的情形，不以期限限制而运用行政自由裁量权加以甄别和判断，以确保依法及时退还多缴税款，最大程度保护纳税人及相关利害关系人的合法权益。本案中，西城税务局已明知沈某就退税问题引发争议且应属退税情形，应遵循税法立法精神和税收法定、公平、公正等基本原则，综合考虑刘某某一直通过民事诉讼等途径主张纳税损失等具体情况，对沈某提出的退税申请予以全面、客观、正确的评价和考量并做出实质性判定，切实解决在房产交易经司法审查不能继续履行的情况下，如何最大程度保护行政相对人合法权益的问题，不宜对纳税人应在 3 年内就发现多缴的税款申请退税作形式理解，苛以更为严格的义务，使行政执法缺乏合理性和必要性，让行政相对人或公众质疑行政执法的可信度，降低执法公信力。

需要指出的是，目前我国公民总体法律意识仍然处于较低水平，法律意识体现着社会成员对国家法律制度的认知水平、价值取向、行为自觉性以及对法律制度的支持态度和心里接受能力。具体到本案，沈某因对我国现行税收管理制度和相关法律规定不甚了解，致使其未能及时向税务主管部门主张退税的合法权利，这也从另一角度真实反映出我国公民普遍存在的，对纳税知识、税收管理法律规定知之甚少的现状，究其原因是多方面的。鉴于此，对公民个人而言，不能因不知法抗辩不守法，而要积极学习法律，践行法律，逐步提高全民法律素养，正确运用法律手段维护自身合法权益；对税务机关而言，根据我国目前公民对税收政策和法律规定知悉程度不高的现状，应更为广泛的宣传税收法律、行政法规，普及纳税知识，无偿地为纳税人提供咨询服务，制定更有针对性的纳税人基本权利保护制度，如完善纳税人在缴纳税款时对退税、复议诉讼等权利救济途径的释明和告知程序等，使公民对税法的认知水平逐步提高，以期进一步规范税收征管秩序，营造良好的执法环境。税收主管部门在行政执法过程中，应依法依规并结合个案具体情形，坚持服务与执法并重，在实事求是的基础上正确行使行政职权，让行政相对人得以信服，从而提升执法公信力，实现法的价值的内在要求，促进经济和社会良性、稳定、健康发展。

本案中，西城税务局过于严格要求沈某对税收法律制度明确知悉，并适用《税收征收管理法》第五十一条纳税人应在缴纳税款之日起 3 年内提出退税申请，缺乏行政合理性，适用法律错误。市税务局在行政复议程序中，就涉案事实进行核查，对所确认的事实部分一审法院不持异议；其严格按照法律规定履行受理、审查、请示、延期、中止、恢复审理等事项，执法程序并无不当；其对西城税务局适用《税收征收管理法》第五十一条是否合法的问题已予以高度关注并报请国家税务总局，但依然未从税收的性质、课税要素以及税法宗旨等方面并结合涉案事实予以综合考量，将沈某不应缴纳的契税，适用《税收征收管理法》第五十一条加以退税期限3年的时限约束，有违合理行政原则。据此，市税务局依据《行政复议法》第二十八条第一款第（一）项、《税务行政复议规则》第七十五条第（一）项的规定维持被诉通知书，适用法律错误。

综上，西城税务局做出的被诉通知书以及市税务局做出的被诉复议决定适用法律错误，依法应予撤销。沈某主张撤销被诉通知书及被诉复议决定的诉讼请求于法有据，应予支持；沈某主张判令西城税务局向沈某退契税25 500元的诉讼请求，因系行政机关行政权的行使范围，司法权不宜介入，西城税务局应对沈某主张退还已缴税款的申请，遵循税法宗旨、税收基本原则，兼具行政合法性和行政合理性的执法理念，结合具体涉案事实重新予以处理。综上，一审法院依照《行政诉讼法》第七十条第（二）项、第七十九条的规定，判决：①撤销被诉通知书。②撤销被诉复议决定③西城税务局于本判决生效后，对沈某2016年12月13日提出退契税的申请重新进行处理。

（四）上诉意见

西城税务局不服一审判决，提出上诉，请求撤销一审判决，改判驳回沈某的诉讼请求，诉讼费由沈某承担。理由如下：①沈某向税务机关缴纳及申请退还的款项均是税费，其性质没有发生根本变化。②沈某主张"契税是在房屋交易成功的情况下税务机关收取的，现刘某某与沈某之间的房屋交易失败，西城税务局应予退回"没有法律根据，不能成立。《税收征收管理法》第五十一条规定"超过应纳税额缴纳的税款"的产生原因有多种，包括因法律原因、技术原因以及其他原因导致的多缴税款。该条还规定，应退还的纳税人多缴的税款有两类：一是由税务机关发现；二是由纳税人自己发现。由纳税人发现的多缴税款，无论什么原因造成，都应在结算缴纳税款之日起3年内申请退还，超过3年申请退税的，税务机关不能办理退还手续。本案中，沈某缴纳契税的时间是2011年9月5日，提出退税申请的时间是2016年12月13日，已超过法定的3年退税申请期限，因此，其提出的退税申请不符合退税条件，西城税务局据此做出不予退税的被诉通知书认定事实清楚、适用法律正确、程序合法，并无不当。

市税务局同意西城税务局的意见。

沈某、刘某某同意一审判决，请求予以维持。

王某某未陈述意见。

（五）相关证据

沈某在法定期限内向一审法院提交了如下证据：

（1）2011年9月5日契税专用税收缴款书，证明沈某2011年9月5日缴纳了税款。

（2）〔2010〕海民初字第9925号民事调解书、〔2011〕海民初字第17526号民事判决书、〔2012〕西民初字第4807号民事判决书、〔2012〕海民再初字第37号民事判决书、〔2012〕一中民再终字第07154号民事判决书、〔2013〕一中民终字第09728号民事裁定书、〔2014〕一中民终字第09839号民事调解书、〔2016〕京0108民初20622号民事判决书、〔2017〕京01民终669号民事判决书，证明刘某某一直在进行民事诉讼主张自己的合法权益，要求退还税款和尾款。

西城税务局在法定期限内向一审法院提交了如下证据：

（1）《退（抵）税申请表》及所附材料，证明沈某于2011年9月5日在办理涉案房屋产权过户之前依法申报缴纳了相关税费，于2016年12月13日向西城税务局提出退税申请，超过《税收征收管理法》第五十一条规定的3年退税期限。

（2）《税务事项通知书》（京地税西二税通〔2016〕30644号）及送达回证，证明经查验，西城税务局所辖第二税务所依法受理沈某的退税申请，程序合法。

（3）被诉通知书，证明西城税务局做出不予退税的被诉通知书并依法送达沈某。

市税务局在法定期限内向一审法院提交了如下证据：

（1）《接收行政复议申请材料收据》《行政复议申请书》及所附材料，证明沈某2017年1月9日向市税务局提出行政复议申请，2017年4月提交了补充材料。

（2）《行政复议申请受理通知书》、EMS邮寄单及邮寄查询记录，证明市税务局依法受理沈某的行政复议申请。

（3）《行政复议答复通知书》及送达回证，证明市税务局通知西城税务局在 10 日内提出书面答复并提交相关证据、依据和有关材料。

（4）西城税务局提交的《行政复议答复书》、证据和法律依据，证明西城税务局做出行政复议答复并提交相关证据、依据和有关材料。

（5）《行政复议延期通知书》、EMS 邮寄单及邮寄查询记录、送达回证，证明市税务局依法决定对行政复议案件进行延期审理。

（6）《行政复议中止通知书》、EMS 邮寄单、邮寄查询记录、送达回证及《行政复议恢复审理通知书》、EMS 邮寄单、邮寄查询记录、送达回证，证明市税务局依法中止行政复议案件的审理，并在中止原因消除后恢复审理。

（7）《关于行政复议案件中相关法律适用问题的请示》及答复意见，证明市税务局依法向上级机关进行法律适用问题的请示并收到答复意见。

（8）被诉复议决定的 EMS 邮寄单、邮寄查询记录及送达回证，证明市税务局将做出的被诉复议决定依法送达沈某和西城税务局。

刘某某、王某某在法定期限内未向一审法院提交证据。

一审法院对上述经质证的证据材料作如下确认：西城税务局提交的证据（3）系本案行政行为的载体，不作证据使用。西城税务局提交的其他证据，沈某及市税务局提交的全部证据，形式上符合《最高人民法院关于行政诉讼证据若干问题的规定》中规定提供证据的要求，内容真实，与本案具有关联性，予以采纳。

一审法院已将上述证据材料全部移送本院，本院审查后认定，一审法院对上述证据材料所作认证符合《最高人民法院关于行政诉讼证据若干问题的规定》的有关规定，经本院审查属实，亦予以确认。

根据上述被认定合法有效的证据，本院认定一审法院审理查明的事实成立。

（六）二审法院观点

本院认为，根据《税收征收管理法》第五条、第十四条的规定，西城税务局负责本行政区域内税务征收管理工作，具有对退税申请予以审查并处理的法定职责。根据《税务行政复议规则》第十七条、《行政复议法》第十二条的规定，市税务局作为西城税务局的上一级主管部门，具有对西城税务局做出行政行为不服提起行政复议予以受理、审查并做出处理的法定职责。

《税收征收管理法》第四条规定"法律、行政法规规定负有纳税义务的单位和个人为纳税人",第五十一条规定"纳税人超过应纳税额缴纳的税款,税务机关发现后应当立即退还;纳税人自结算缴纳税款之日起三年内发现的,可以向税务机关要求退还多缴的税款并加算银行同期存款利息,税务机关及时查实后应当立即退还;涉及从国库中退库的,依照法律、行政法规有关国库管理的规定退还"。根据前述规定,依法负有应纳税义务的纳税人多缴税款后,应适用《税收征收管理法》第五十一条的规定,对多缴纳的税款予以退还。在税收征缴过程中,当事人缴纳了相关款项,但经查明实际上不负有纳税义务的,以缴纳税款名义实际缴纳的款项,该种情形不属于第五十一条规定的"超过应纳税额缴纳"问题,对该款项的退还,亦不宜适用前述第五十一条的规定。

本案中,沈某2011年9月5日应缴纳税费的民事基础行为已被法院生效判决予以撤销,其已不负有纳税义务,其实际缴纳的款项,不属于《税收征收管理法》第五十一条规定的"超过应纳税额缴纳"情形。西城税务局做出的被诉通知书及市税务局做出的被诉复议决定适用法律错误,依法应予撤销。对沈某请求判令西城税务局退还契税25 500元的主张,应由西城税务局根据法律法规的规定,结合本案具体情况,对沈其申请重新予以处理。一审判决认定事实清楚,程序合法,适用法律正确,本院予以维持。西城税务局的上诉请求缺乏事实及法律依据,本院不予支持。

(七)二审判决

2020年4月28日,二审法院依照《行政诉讼法》第八十九条第一款第(一)项之规定,判决如下:驳回上诉,维持一审判决。一审案件受理费50元,由国家税务总局北京市西城区税务局、国家税务总局北京市税务局负担;二审案件受理费50元,由国家税务总局北京市西城区税务局负担(已缴纳)。

二、退税申请不符合条件申请行政赔偿案

(一)基本案情

上诉人苟某甲因行政赔偿一案,不服上海铁路运输法院〔2018〕沪7101行赔初2号行政赔偿判决,向上海市第三中级人民法院(下称"本院")提起上诉。本院于2018年8月15日受理后,依法组成合议庭于2018年10月11日公开开庭审理了本案。上诉人苟某甲,被上诉人国家税务总局上海市普

陀区税务局（原上海市地方税务局普陀区分局，以下简称"普陀税务局"）行政机关负责人任某某及委托代理人袁某某、朱某，被上诉人上海市普陀区人民政府（以下简称"普陀区政府"）委托代理人邵某到庭参加诉讼。现已审理终结。

原审查明，2015年11月25日，上海市普陀区人民法院就苟某甲与苟某乙、何某某所有权确认纠纷一案，做出〔2015〕普民四（民）初字第49号《民事判决书》，判决上海市普陀区宁夏路×××弄×××号×××室房屋（以下简称"涉案房屋"）所有权归苟某甲所有，苟某乙、何某某应于该判决生效之日起10日内协助苟某甲办理该房屋产权过户手续，将产权人变更为苟某甲，相关过户费用由苟某甲自愿承担。2016年2月1日，上海市普陀区人民法院做出〔2016〕沪0107执105号《协助执行通知书》，请普陀税务局协助执行办理将涉案房屋的权利人登记为苟某甲的相关手续。2016年3月16日，苟某甲缴纳契税人民币（币种下同）56 250元；以苟某乙（等）作为缴款人缴纳个人所得税37 500元。嗣后涉案房屋登记权利人为苟某甲。2017年6月9日，苟某甲向普陀税务局第十三税务所申请退还契税56 250元，并交齐相关申请材料，该税务所于同日予以受理，并提出初步处理意见，报普陀税务局审批。普陀税务局经审查，认为苟某甲申请退税不符合要求，决定不予退税，于2017年7月7日做出沪地税普通〔2017〕3408号《税务事项通知书》（以下简称"被诉通知书"）并送达苟某甲。苟某甲不服，向普陀区政府申请行政复议，要求撤销被诉通知书并退还契税56 250元。普陀区政府2017年9月4日收到后，于次日决定予以受理。普陀区政府经复议审理，于2017年11月30日做出普府复〔2017〕第100号行政复议决定（以下简称"被诉行政复议决定"），维持普陀税务局做出的被诉通知书，并送达苟某甲。苟某甲仍不服，诉至原审法院，请求法院判决普陀税务局赔偿2016年3月17日起至今征收苟某甲契税56 250元的利息损失。原审另查明，苟某甲向原审法院提起行政诉讼，要求撤销被诉通知书和被诉行政复议决定，并责令普陀税务局退还契税56 250元，及附带要求普陀税务局赔偿苟某甲2016年3月17日起至今征收其契税56 250元的利息损失。原审法院就苟某甲提出的要求撤销被诉通知书和被诉行政复议决定，并责令普陀税务局退还契税56 250元的诉讼请求，于2018年1月11日立案，案号为〔2018〕沪7101行初60号，于2018年7月2日做出行政判决，认为被诉通知书和被诉行政复议决定并无不当而驳回苟某甲的诉讼请求。

（二）一审法院观点

原审认为，《中华人民共和国国家赔偿法》（以下简称《国家赔偿法》）第二条第一款规定："国家机关和国家机关工作人员行使职权，有本法规定的侵犯公民、法人和其他组织合法权益的情形，造成损害的，受害人有依照本法取得国家赔偿的权利。"故当事人有权取得行政赔偿的前提是，国家机关或其工作人员实施了《国家赔偿法》第三条、第四条规定的侵犯当事人合法权益的行为，并造成当事人的损害。本案中，根据〔2015〕普民四（民）初字第49号民事判决，苟某甲取得涉案房屋权属并登记为权利人，属于承受房屋权属，且根据该民事判决，苟某甲之所以取得涉案房屋权属，基于的基础法律关系为房屋买卖。故普陀税务局参照房屋买卖的契税税率，根据苟某甲实际取得房屋权属时房屋的市场价值收取其契税，符合相关契税征收法律规定。苟某甲亦不符合《契税暂行条例》及《契税暂行条例细则》等相关规定中减征或者免征契税的情形，故普陀税务局针对苟某甲退还契税的申请，经审核，决定不予退税，并无不当。普陀区政府于2017年9月4日收到苟某甲的行政复议申请后，予以受理并经复议审理，在法定延长期限内做出被诉行政复议决定，维持被诉通知书，符合法律规定。因此，普陀税务局和普陀区政府并无侵犯苟某甲合法权益的违法行为，无需赔偿苟某甲2016年3月17日起至今征收其契税56 250元的利息损失。综上，苟某甲的诉讼请求缺乏事实根据和法律依据，原审法院不予支持。据此，原审遂依照《最高人民法院关于审理行政赔偿案件若干问题的规定》第三十三条的规定，于2018年7月3日判决驳回苟某甲的诉讼请求。判决后，苟某甲不服，上诉至本院。

（三）上诉意见与答辩意见

上诉人苟某甲上诉称：上诉人取得涉案房屋并登记为房屋权利人是通过法院的民事判决，不是通过买卖取得的，也没有相关的收益，被上诉人在征收相关契税的时候未考虑上诉人取得房屋的缘由，属重复征税；上诉人与苟某乙之间是一种房屋权属的交换，根据规定不应缴纳契税。故上诉人应该获得赔偿，原审判决错误，请求法院撤销原审判决，改判支持其原审诉讼请求。

被上诉人普陀税务局辩称：税务机关对上诉人不存在重复征税的事实，涉案房屋存在两次房屋权属转移行为且属于两个独立的应税行为。上诉人主张其与苟某乙等是一种房屋交换行为而不需再缴税，没有事实与法律依据。

被上诉人普陀税务局不存在应承担行政赔偿责任的违法情形,也没有对上诉人的合法权益造成损害。原审判决认定事实清楚,适用法律正确,请求驳回上诉,维持原判。

被上诉人普陀区政府辩称:同意被上诉人普陀税务局的答辩意见。被诉行政复议决定主体合法,程序合法,认定事实清楚,适用依据正确。被上诉人普陀区政府并无侵犯上诉人合法权益的违法行为。请求法院驳回上诉,维持原判。

(四)二审法院观点

经审理查明,原审判决认定事实清楚,本院依法予以确认。

另查明,根据《国家税务总局上海市税务局关于区级税务机构改革有关事项的公告》(国家税务总局上海市税务局公告2018年第8号),2018年7月5日,国家税务总局上海市税务局区级税务机构正式挂牌。国家税务总局上海市税务局区级税务机构挂牌后以新机构名称开展工作,原区级税务机构名称不再使用。原上海市地方税务局普陀区分局新挂牌名称为国家税务总局上海市普陀区税务局。

本院认为:《国家赔偿法》第二条第一款规定,国家机关和国家机关工作人员行使职权,有本法规定的侵犯公民、法人和其他组织合法权益的情形,造成损害的,受害人有依照本法取得国家赔偿的权利。本案争议焦点在于被上诉人普陀税务局做出的被诉通知书是否合法有据,上诉人苟某甲缴纳契税是否符合相关法律规定。本案中,涉案房屋登记的原权利人为苟某乙等,上诉人依据生效的民事判决取得涉案房屋所有权并办理了房屋产权过户手续,涉案房屋权属发生转移,被上诉人普陀税务局下属的税务所据此认定上诉人为承受房屋权属的个人,要求其缴纳契税,并未违反《契税暂行条例》第一条、《契税暂行条例细则》第三条的规定,且上诉人承受涉案房屋权属的上述情形亦不属于《契税暂行条例》第六条、《契税暂行条例细则》第十五条以及财政部的相关规定中所列明的减征或者免征契税的项目。上诉人主张其依据民事判决取得涉案房屋权属,并非通过买卖获得,且当初购买涉案房屋时,已经缴纳契税,被上诉人属重复征税。对此本院认为,根据上述法律规定,承受房屋权属的方式并不仅限于购买,且涉案房屋购买之初,缴纳契税的纳税人为苟某乙等,并非上诉人,不存在向上诉人重复征税的情形,故上诉人的该项主张,本院不予认可。此外,根据《契税暂行条例细则》第十条规定,房屋交换价格相等的，免征契税。但根据该细则第七条第三款规定，房屋交换是指房屋所有者之间交换房屋的行为，并非指上诉人所称的其与其姐之间就涉案房屋权属的交换，上诉人以此认为其不应缴纳契税，于法无据，本院不予支持。至于上诉人因民事纠纷取得涉案房屋所有权过程中支付的相关费用或遭受的损失，应当通过合法途径向相关过错方另行主张。综上，被上诉人普陀税务局经审查后，认定上诉人退税申请不符合要求，并做出被诉通知书，认定事实清楚、适用法律并无不当。上诉人主张被上诉人普陀税务局应赔偿其2016年3月17日起至今征收契税56 250元的利息损失，缺乏事实和法律依据。原审判决驳回上诉人的赔偿请求正确，应予维持。

（五）二审法院判决

2018年10月26日，二审法院依据《中华人民共和国行政诉讼法》第八十六条、第八十九条第一款第（一）项之规定，判决如下：驳回上诉，维持原判。

第八节 契税追征期纠纷典型案例

一、海南契税追征期纠纷案

（一）基本案情

上诉人国家税务总局海南省税务局（以下简称"省税务局"）、上诉人国家税务总局海南省税务局第三稽查局（以下简称"第三稽查局"）与被上诉人海南亨利投资有限公司（以下简称"亨利公司"）行政复议一案，不服海口市中级人民法院〔2018〕琼01行初101号行政判决，向海南省高级人民法院（下称"本院"）提起上诉。本院依法组成合议庭，对本案进行了审理，现已审理终结。

2017年2月7日，原海南省地方税务局第二稽查局（以下简称"原第二稽查局"）做出琼地税二稽处〔2017〕6号《税务处理决定书》（以下简称

"6号处理决定"),认定亨利公司存在少缴应纳税款的违法行为,决定对亨利公司少缴的税款予以追缴,并对逾期已缴纳的税款及查补税款加收滞纳金,对多缴、多预缴的税款及滞纳金按照《中华人民共和国税收征收管理法》相关规定办理。亨利公司不服,提起行政复议,原海南省地方税务局(以下简称"原省地税局")于2018年1月31日做出琼地税复决字〔2017〕6号《行政复议决定书》(以下简称"6号复议决定"),维持6号处理决定。亨利公司不服,提起本案行政诉讼,请求撤销原第二稽查局做出6号处理决定及原省地税局做出6号复议决定的行政行为。

一审查明:

(1)2016年9月18日,原第二稽查局向亨利公司发出《税务检查通知书》(琼地税稽二局检通一〔2016〕34号),告知:自2016年9月18日起对亨利公司2011年1月1日至2016年4月30日期间(如检查发现此期间以外明显的税收违法嫌疑或线索不受此限)涉税情况进行检查。2016年11月15日,原第二稽查局做出《税务事项通知书》(琼地税稽二局通〔2016〕42号),通知亨利公司应补缴营业税金及附加、个人所得税、印花税、契税;对多缴的土地增值税及土地使用税按照《税收征收管理法》相关规定处理;另对检查中发现的5张"不合规"发票将按税法有关规定处理,对亨利公司涉案发票1份,涉案票面金额为10 000元,受让伪造、变造发票入账的违法行为,拟处20 400元罚款。2016年12月7日,原第二稽查局做出《税务行政处罚事项告知书》(琼地税二稽罚告〔2016〕26号),告知税务行政处罚的事实和法律依据、拟做出的行政处罚决定以及亨利公司享有陈述、申辩与提出听证申请的权利等内容。同年12月14日,亨利公司提出书面申辩意见,未提出书面听证申请。2017年2月7日,原第二稽查局分别做出6号处理决定、琼地税二稽罚〔2017〕4号《税务行政处罚决定书》(以下简称"4号处罚决定")。亨利公司不服,向原省地税局申请行政复议。2018年1月31日,原省地税局做出6号、7号复议决定,维持原第二稽查局做出的6号处理决定、4号处罚决定。

(2)6号处理决定认定亨利公司存在税收违法行为,根据《税收征收管理法》第六十四条第二款、第六十九条、《国家税务总局关于贯彻〈中华人民共和国税收征收管理法〉及其实施细则若干问题的通知》(国税发〔2003〕47号)第二条第三款的规定,做出如下处理决定:①对少缴的营业税210 532.26元、城市维护建设税13 089.10元、教育费附加6 315.90元、地方教育附加

4 719.15 元、印花税 9 497.10 元、契税 39 646.61 元；共计税款 283 800.12 元予以追缴。②责成亨利公司将少代扣代缴"利息、股息、红利所得"个人所得税 896 000 元及时补扣入库。③滞纳金。首先，对亨利公司 2008 年 1 月至 2015 年 12 月未按照规定期限正确申报缴纳的营业税、城市维护建设税、预缴土地增值税、印花税、契税，从税款滞纳之日起至实际缴纳税款时间止，按日加收滞纳税款 5‰的滞纳金，经计算：逾期已缴的税款应加收滞纳金合计 1 312 697.88 元（其中：营业税滞纳金 1 067 482.78 元、城市维护建设税滞纳金 53 374.12 元、预征土地增值税滞纳金 189 568.56 元、印花税滞纳金 1 137.10 元、契税滞纳金 1 135.32 元）。其次，查补税款加收滞纳金，对应补缴的营业税、城市维护建设税、印花税、契税，所产生的滞纳金从滞纳税款之日起至缴纳税款入库之日由金税三期税收管理系统自动计算生成。④以上查补的税费合计 1 179 800.12 元，逾期已缴纳的税款加收滞纳金合计 1 312 697.88 元，两项合计 2 492 498 元。截至 2016 年 11 月 28 日，亨利公司已补缴入库营业税 211 554.31 元、城市维护建设税 13 140.21 元、教育费附加 6 346.56 元、地方教育附加 891.37 元、个人所得税 896 000 元、印花税 9 497.10 元、契税 39 646.61 元、滞纳金 1 335 672.02 元（其中：逾期已缴纳的税款加收滞纳金 1 293 584.86 元、查补税款金税三期税收管理系统自动计算滞纳金 42 087.16 元），还应补缴税费、滞纳金合计 22 940.80 元，其中：地方教育附加 3 827.78 元、滞纳金 19 113.02 元。根据《税收征收管理法》第六十四条第二款的规定，对应补缴地方教育附加、滞纳金合计 22 940.80 元予以追缴。⑤多缴、多预缴税款及滞纳金按照《税收征收管理法》相关规定办理。

（3）2010 年至 2016 年 4 月份，亨利公司销售房产及收取的价外费用取得的应税收入：① 2010 年度销售房产取得应税收入 70 488 784 元。② 2011 年度销售房产取得应税收入 51 571 248 元，价外费用取得应税收入 3 842 311 元，合计 55 413 559 元。③ 2012 年度销售房产取得应税收入 92 516 897 元，价外费用取得应税收入 1 545 037 元，合计 94 061 934 元。④ 2013 年度销售房产取得应税收入 167 138 453.17 元。⑤ 2014 年销售房产取得应税收入 103 431 934.04 元。⑥ 2015 年销售房产取得应税收入 71 278 283.13 元。⑦ 2016 年 1 月至 4 月销售房产取得应税收入 55 090 815 元。

（4）2010 年至 2016 年 4 月，亨利公司营业税缴纳情况：2010 年度应缴纳营业税 3 524 439.20 元，已申报缴纳营业税 3 549 864.70 元，多缴营业税 25 425.50 元；2011 年应缴纳营业税 2 770 677.95 元，已申报缴纳营业税 2 217 309.85 元，应补缴营业税 553 368.10 元；2012 年应缴纳营业税 4 703 096.70 元，已申报缴纳营业税 4 594 634.25 元，应补缴营业税 108 462.45 元；2013 年应缴纳营业税 8 356 922.66 元，已申报缴纳营业税 4 343 332.85 元，应补缴营业税 4 013 589.81 元；2014 年应缴纳营业税 5 171 596.70 元，已申报缴纳营业税 11 004 642.55 元，多缴营业税 5 833 045.85 元；2015 年应缴纳营业税 3 563 914.16 元，已申报缴纳营业税 3 606 580.51 元，多缴营业税 42 666.35 元；2016 年 1～4 月份应缴纳营业税 2 754 540.75 元，已申报缴纳营业税 1 318 291.15 元，应补缴营业税 1 436 249.60 元。亨利公司 2010 年度至 2016 年 4 月 30 日合计应缴营业税 30 845 188.12 元，已申报缴纳 30 634 655.86 元。

（5）亨利公司 2010 年至 2016 年 4 月城市维护建设税缴纳情况：亨利公司 2010 年应缴城市维护建设税 176 221.96 元，已申报缴纳 177 493.25 元，多缴城市维护建设税 1 271.29 元；2011 年应缴城市维护建设税 138 533.90 元，已申报缴纳 110 865.51 元，应补缴城市维护建设税 27 668.38 元；2012 年应缴城市维护建设税 235 154.84 元，已申报缴纳 229 731.71 元，应补缴城市维护建设税 5 423.12 元；2013 年应缴城市维护建设税 417 846.13 元，已申报缴纳 217 166.65 元，应补缴城市维护建设税 200 679.48 元；2014 年应缴城市维护建设税 258 579.84 元，已申报缴纳 550 232.13 元，多缴城市维护建设税 291 652.30 元；2015 年应缴城市维护建设税 178 195.71 元，已申报缴纳 177 766.51 元，应补缴城市维护建设税 429.20 元；2016 年 1～4 月份应缴城市维护建设税 137 727.04 元，已申报缴纳 65 914.56 元，应补缴城市维护建设税 71 812.51 元。亨利公司 2010 年度至 2016 年 4 月 30 日合计应缴城市维护建设税 1 542 259.41 元，已申报缴纳 1 529 170.32 元。

（6）亨利公司 2010 年至 2016 年 4 月教育费附加缴纳情况：2010 年应缴教育费附加 105 733.18 元，已申报缴纳 106 495.96 元，多缴教育费附加 762.80 元；2011 年应缴教育费附加 83 120.34 元，已申报缴纳 66 519.30 元，应补缴教育费附加 16 601.04 元；2012 年应缴教育费附加 141 092.90 元，已申报缴纳 137 839.03 元，应补缴教育费附加 3253.85 元；2013 年应缴教育费附加 250 707.68 元，已申报缴纳 130 299.98 元，应补缴教育费附加 120 407.70 元；2014 年应缴教育费附加 155 147.90 元，已申报缴纳 330 139.27 元，多缴教育费附加 174 991.37 元；2015 年应缴教育费附加 106 917.42 元，已申报缴纳 108 197.42 元，多缴教育费附加 1280 元；2016 年 1～4 月份应缴教育费附加 82 636.22 元，已申报缴纳 39 548.74 元，应补缴教育费附加 43 087.48 元。亨利公司 2010 年度至 2016 年 4 月 30 日合计应缴教育费附加 925 355.64 元，已申报缴纳 919 039.70 元。

（7）亨利公司2011年至2016年4月地方教育附加缴纳情况：2011年应缴地方教育附加55 413.56元，已申报缴纳44 346.20元，应补缴地方教育附加11 067.38元；2012年应缴地方教育附加94 016.93元，已申报缴纳91 892.69元，应补缴地方教育附加2169.24元；2013年应缴地方教育附加167 138.45元，已申报缴纳86 866.67元，应补缴地方教育附加80 271.78元；2014年应缴地方教育附加103 431.93元，已申报缴纳220 092.85元，多缴地方教育附加116 660.92元；2015年应缴地方教育附加71 278.28元，已申报缴纳72 131.61元，多缴地方教育附加853.33元；2016年1~4月份应缴地方教育附加55 090.82元，已申报缴纳26 365.82元，应补缴地方教育附加28 725.00元。亨利公司2011年度至2016年4月30日合计应缴地方教育附加546 414.98元，已申报缴纳541 695.84元。

（8）亨利公司2012—2015年土地增值税缴纳情况：2012年应预缴土地增值税568 21.04元，已缴纳447 018.39元，应补预缴土地增值税121 192.65元；2013年应预缴土地增值税2 035 363.48元，已缴纳1 040 488.61元，应补预缴土地增值税994 874.87元；2014年应预缴土地增值税2 002 068.24元，已缴纳4 185 177.02元，多预缴土地增值税2 183 108.78元；2015年应预缴土地增值税1 310 938.70元，已缴纳2 696 659.07元，多预缴土地增值税1 385 720.38元。亨利公司2012—2015年应预缴土地增值税5 916 581.46元，已缴纳8 369 343.09元，多预缴纳土地增值税2 452 761.64元。

（9）亨利公司个人所得税代扣代缴情况：亨利公司2015年度应补代扣代缴"利息、股息、红利所得"个人所得税896 000元。

（10）亨利公司2011—2015年印花税缴纳情况：2011年应缴纳印花税36 154.50元，已申报缴纳印花税35 687.40元，应补缴印花税467.20元；2012年应缴纳印花税43 928.50元，已申报缴纳印花税54 402.80元，多缴印花税10 474.30元；2013年应缴纳印花税54 574.40元，已申报缴纳印花税57 019.99元，多缴印花税2445.60元；2014年应缴纳印花税131 106.60元，已申报缴纳印花税111 480.30元，应补缴印花税19 626.30元；2015年应缴纳印花税63 190.60元，已申报缴纳印花税60 867.02元，应补缴印花税2323.50元。亨利公司2011—2015年合计应缴纳印花税328 954.60元，已申报缴纳319 457.50。

（11）亨利公司2011—2015年城镇土地使用税缴纳情况：亨利公司2011年应缴纳城镇土地使用税334 981.71元，已申报缴纳城镇土地使用税345 699.92

元,多缴城镇土地使用税10 718.21元;2012年应缴纳城镇土地使用税296 575.66元,已申报缴纳城镇土地使用税345 699.92元,多缴城镇土地使用税49 124.26元;2013年应缴纳城镇土地使用税256 971.51元,已申报缴纳城镇土地使用税345 699.92元,多缴城镇土地使用税88 728.41元;2014年应缴纳城镇土地使用税406 422.35元,已申报缴纳城镇土地使用税505 323.80元,多缴城镇土地使用税98 810.45元;2015年应缴纳城镇土地使用税292 778.67元,已申报缴纳城镇土地使用税386 740.96元,多缴城镇土地使用税98 962.29元。亨利公司2011—2015年应缴纳城镇土地使用税1 587 729.90元,已申报缴纳1 929 073.52元,多缴城镇土地使用税341 343.62元。

(12)亨利公司2008—2015年契税缴纳情况:2008年应缴纳契税649 949.62元,已申报缴纳契税466 330元,应补缴契税183 649.62元;2009年应缴纳契税76 144.65元,已申报缴纳契税61 771元,应补缴契税14 373.65元;2010年度应补缴契税82 965.24元;2011年应缴纳契税567 580.86元,已申报缴纳契税549 300元,应补缴契税18 280.86元;2012年度应补缴契税1 780.77元;2013年应缴纳契税196 886.35元,已申报缴纳契税292 646.64元,多缴契税95 760.29元;2014年应缴纳契税64 478.74元,已申报缴纳契税36 213.16元,应补缴契税28 265.58元;2015年应缴纳契税6 418.54元,已申报缴纳契税200 327.36元,多缴契税193 908.82元。亨利公司2008—2015年应缴纳契税1 646 204.77元,已申报缴纳契税1 606 558.16元。

(13)亨利公司2011—2012年其他收支情况:2011年,亨利公司收取业主办证税费3 842 311元;2012年1~6月,收取业主办证税费1 545 037元,记入"其他应付款——有线电视费"账户。2011—2016年,亨利公司向中国有线电视网络有限公司五指山分公司支付有线电视安装费630 206元。2011年10月20日,亨利公司转账支付安宪福3 678 451元,并支付银行手续费74.07元。2011年10月31日,亨利公司记账凭证会计分录,借记"其他应付款——有线电视费"账户3 678 451.00元,借记"财务费用——手续费"账户74.07元,贷记"银行存款——农行五指山支行"账户3 678 525.07元。

(二)一审法院观点

一审认为:

(1)关于在稽查所属期间亨利公司欠缴的部分税款是否超过追征期及如何处理问题。根据《税收征收管理法》第五十二条第二款规定,因纳税人、扣缴义务人计算错误等失误，未缴或者少缴税款的，税务机关在3年内可以追征税款、滞纳金；有特殊情况的，追征期可以延长到5年。《税收征收管理法实施细则》第七十九条规定，当纳税人既有应退税款又有欠缴税款的，税务机关可以将应退税款和利息先抵扣欠缴税款；抵扣后有余额的，退还纳税人。判定税款是否超过追征期须明确：在稽查所属期间应先用多缴的税款抵扣欠缴税款，后适用追征期追缴，还是反之。税法上规定追征期主要目的是促使税务机关及时行使权力、履行职责，避免使纳税人的义务长期处于不确定的状态，维护国家财政税收稳定。国家税款征收原则是将纳税人的应纳税款及时、足额入库，追征期是对税款征收在时间上的强制要求。以退抵欠是税务机关计算确定纳税人应纳税义务的一项税款结算制度，方便征纳双方税款结算。根据两者的性质及制定目的，当纳税人既存在多缴纳的税款，又存在未缴少缴税款时，应当在追征期限内适用以退抵欠税款结算。若先适用税款抵扣制度，则变相延长税款追征期限。本案中，亨利公司在税务稽查所属期间存在部分税款未进行申报纳税的事实，根据《国家税务总局关于未申报税款追缴期限问题的批复》（国税函〔2009〕326号）规定，纳税人不进行纳税申报造成不缴或少缴应纳税款的情形不属于偷税、抗税、骗税，其追征期按照《税收征收管理法》第五十二条规定的精神，一般为3年，特殊情况可以延长至5年。《税收征收管理法实施细则》第八十二条规定："《税收征收管理法》第五十二条所称特殊情况，是指纳税人或者扣缴义务人因计算错误等失误，未缴或者少缴、未扣或者少扣、未收或者少收税款，累计数额在10万元以上的。"同时，《税收征收管理法实施细则》第八十三条规定："税收征管法第五十二条规定的补缴和追征税款、滞纳金的期限，自纳税人、扣缴义务人应缴未缴或者少缴税款之日起计算。"2010年至2016年4月，亨利公司营业税金及附加少缴税款数额累计超过10万元；2008—2015年，契税少缴税款数额累计超过10万元，上述税款的追征期为5年。印花税在2011—2015年少缴税款数额累计未超过10万元，印花税的追征期为3年。原第二稽查局于2016年9月18日向亨利公司发出《税务检查通知书》（琼地税稽二局检通一〔2016〕34号），自亨利公司应缴未缴、少缴税款之日起计算，至2016年9月18日止，营业税金及附加、契税在2011年9月之前未缴少缴的税款已经超过追征期；印花税在2013年9月之前未缴少缴的税款已超过追征期。对于超过税款追征期部分，税务机关应不予追缴。6号处理决定将整个稽查所属期间税款，经过以退抵欠税款结算，将超过追征期的少缴税款予以抵扣，计算应追缴的税款及滞纳金,属于认定事实不清,适用法律错误。亨利公司主张部分税款超过追征期,应不予追缴的理由成立,应予支持。

(2)关于亨利公司向业主收取的"有线电视费"是否应当认定为价外费用的问题。纳税人应当缴纳营业税的营业额认定应当适用当时的法律。本案中,亨利公司收取业主的款项记入"其他应付款——有线电视费"账户中作为负债核算,在明细账中,亨利公司将有线电视费列入亨利公司的价外费用,且实际支付给中国有线电视网络有限公司五指山分公司。对于该笔其他应付款,亨利公司主张其用于代付住房专项维修基金、价格调节基金等项目支出,但此主张与其提交的记账凭证会计分录及相应发票等相关证据无法一一对应。故不予支持。因此,根据《中华人民共和国营业税暂行条例》第五条、《中华人民共和国营业税暂行条例实施细则》第十三条规定,亨利公司向业主收取的"有线电视费"应当认定为价外费用。原第二稽查局将亨利公司向业主收取的"有线电视费"认定为价外费用,作为应税收入,征收相关税款,认定事实清楚。

综上,6号处理决定整体上认定事实不清,适用法律错误,应予撤销。6号复议决定适用法律错误,应予撤销。依照《行政诉讼法》第七十条第(一)、第(二)项的规定,判决:①撤销6号处理决定。②撤销6号复议决定。案件受理费50元,由原第二稽查局负担。

(三)上诉人上诉意见

上诉人第三稽查局上诉称,一审判决认定事实不清。一审法院对税收征管制度及税收法律法规不甚了解,对追征期计算错误。先适用税款抵扣再适用追征期的做法符合相关法律规定以及税收征管的实际情况。

一、根据《税收征收管理法》第二十五条第一款的规定,纳税人具有主动、如实申报纳税的强制性义务。税收申报、缴纳由于涉及不同的税种,纳税人在申报缴纳税款时,各个税种存在交织的可能,一个税种或税款的变化有可能引起其他税种或税款的变化。因此,实际中普遍存在企业存在少缴和多缴税款的情况。

二、根据《税收征收管理法实施细则》第七十九条的规定,在长期的税务稽查实践中,当纳税人既存在多缴税款,又存在未缴或少缴税款时,通常先适用税款抵扣,再适用追征期。主要原因为:①作为纳税主体未申报缴纳税款的行为,该违法行为具有连续或继续状态,应当作为一个整体进行法律评价。故针对该状态产生的多缴或少缴的税款，税务机关在征收税款时，先抵扣完毕再根据追征期追缴税款。同时，这种税款结算方式在保护国家的税收秩序和税收收入的同时，也最大限度地保护纳税人的合法权益，减少纳税人因少缴税款而产生的滞纳金，否则可能会导致纳税人欠缴税款、滞纳金的大幅增加，给纳税人造成不必要的税收负担。②不考虑税收征管的实际情况，只认定3年或5年的追征期，在追征期限内适用以退抵欠税款结算，将导致纳税人故意不申报、隐瞒申报或者不如实申报纳税的比例增多等问题，使国家税收秩序和税收法制环境遭到严重破坏，最终导致国家税款的大量流失，给国家造成巨大的经济损失，这与《税收征收管理法》第一条的制定目的相悖。

（3）对亨利公司欠缴税款的追征符合法律规定。2016年，对亨利公司进行税务检查之前，所有超过追征期的税款均已抵扣完毕，故不存在一审判决认定"变相延长税款追征期限"的问题。亨利公司作为纳税主体，未申报缴纳涉案税款的行为违反相关税收管理制度，具有连续或继续状态，应当作为一个整体进行法律评价。

综上，一审判决认定事实不清，适用法律错误。请求：撤销原判，驳回亨利公司的诉讼请求。

上诉人省税务局上诉称：

（1）6号处理决定认定事实清楚，适用法律正确，应予维持。①根据《税收征收管理法实施细则》第七十九条的规定，按照先适用税款抵扣的方式对亨利公司应退税款和欠缴税款进行抵扣，再适用追征期进行税款结算，既符合《税收征收管理法》的立法目的及税收相关法律法规的规定，也符合我省税务稽查工作的实际情况。②在涉案税务检查之前，亨利公司欠缴的契税已经得到全额的抵减。③根据《契税暂行条例》第九条、第十条、第十一条第一款、第十一条第二款的规定，2012年5月31日之前，契税的纳税期限为办理土地、房屋权属变更登记手续前，故亨利公司受让国有土地使用权应缴契税的纳税期限为2013年11月23日前。④依照《税收征收管理法》第五十二条、《税收征收管理法实施细则》第八十二条及《国家税务总局关于未申报税款追缴期限问题的批复》（国税函〔2009〕326号）的规定，亨利公司2011年少缴契税的追征期为3年，于2016年9月18日向亨利公司发出《税务检查通知书》展开追征，并未超过追征期。⑤2012年6月1日起，我省契税申报纳税规定了具体的纳税期限，亨利公司应自纳税义务发生之日起最长90日内缴税。本案追征的税款为2013年1月以后的契税，并未超过追征期。

（2）6号复议决定认定事实清楚，适用法律正确，程序合法，应予维持。

综上，一审判决认定事实不清，适用法律错误。请求：撤销原判，驳回亨利公司的诉讼请求。

（四）被上诉人答辩意见

被上诉人亨利公司答辩称：

（1）关于税务稽查期间的问题。根据《税收征收管理法》第五十二条规定，纳税人依法纳税，税务机关应依法在法定期限内追征税款，不得随意追溯，否则有违立法本意。在追征期内，多缴和欠缴税款的互抵是为了方便计算和避免退税程序复杂而采取的简便方式，不应改变税款的所属期间，更不应变相延长追征期。

（2）关于代收款项是否应作为营业税应税收入的问题。①代收代缴契税不应认定为营业税价外费用而作为计税收入计征营业税。②亨利公司依财政部门及税务部门下达的相关文件，并接受税务机关的委托代收代缴，既方便税务机关征收，也方便纳税人缴纳，该责任不应转嫁给亨利公司。

综上，请求：驳回上诉，维持原判。

（五）二审法院观点

一审期间，双方当事人提交的证据均已移送至本院。经审查，本院确认一审判决对上述证据的认证意见正确。根据上述有效证据，本院对一审判决认定的事实予以确认。

本院认为，本案审查的是6号处理决定、6号复议决定的合法性。根据查明的事实，亨利公司欠缴、少缴同时又多缴部分税款的事实清楚，税务部门经抵扣后做出6号处理决定，对涉案税款予以追缴，不违反《税收征收管理法》第五十二条、《税收征收管理法实施细则》第七十九条的规定。《税收征收管理法》第五十一条规定："纳税人超过应纳税额缴纳的税款，税务机关发现后应当立即退还；纳税人自结算缴纳税款之日起三年内发现的，可以向税务机关要求退还多缴的税款并加算银行同期存款利息，税务机关及时查实后应当立即退还；涉及从国库中退库的，依照法律、行政法规有关国库管理的规定退还。"本案中，亨利公司在个别年度多缴税款，至今未提出退还要求，税务部门先予以折抵，有利于维护纳税人的合法权益。至于亨利公司向业主收取的"有线电视费"是否应当认定为价外费用的问题。《税收征收管理法实施细则》第十三条关于价外费用的规定，目的是防止代收款被占用、挪用损害缴款人合法权益，亨利公司主张其用于代付住房专项维修基金、价格调节基金等项目支出，但其提交的证据不能证明该事实，故该项费用应当计入营业税额，作为应税收入。6号处理决定、6号复议决定认定事实清楚，适用法律正确，程序合法，应予以维持。

综上，6号处理决定、6号复议决定认定事实清楚，适用法律正确，处理结果并无不当。原审判决认定事实清楚，但适用法律和处理结果错误，应予撤销。上诉人第三稽查局、省税务局的上诉请求和理由成立，本院予以支持。

（六）二审判决

2019年4月16日，二审法院依照《行政诉讼法》第八十九条第一款第（二）项、第八十九条第三款、第六十九条的规定，判决如下：①撤销海南省海口市中级人民法院〔2018〕琼01行初101号行政判决。②驳回海南亨利投资有限公司的诉讼请求。一、二审案件受理费各50元，共100元，由被上诉人海南亨利投资有限公司负担。

二、北京契税追征期纠纷案

（一）基本案情

郭某某因诉国家税务总局北京市丰台区税务局第三税务所（以下简称"第三税务所"）、国家税务总局北京市丰台区税务局（以下简称"丰台税务局"）征税行为及行政复议决定一案，不服北京市丰台区人民法院（以下简称"一审法院"）所做〔2019〕京0106行初192号行政判决（以下简称"一审判决"），向北京市第二中级人民法院（下称"本院"）提起上诉。本院依法组成合议庭审理了本案，现已审理终结。

2018年8月20日，原北京市丰台区地方税务局第二税务所（以下简称"原第二税务所"，因机构调整，原第二税务所相关职能现由第三税务所承担）向郭某某追征北京市丰台区××东里×号楼×层×单元××号房屋（以下简称××号房屋）2012年5月7日交易契税7896元及滞纳金7896元（以下简称"被诉征税行为"）。郭某某对该征税行为不服，于2018年10月

15日向丰台税务局申请行政复议。丰台税务局于2019年1月9日做出京丰税复字〔2018〕1号《行政复议决定书》（以下简称"被诉复议决定"），维持了被诉征税行为。

郭某某向一审法院诉称，其作为房屋买受人，与出卖人刘福英于2012年4月28日签订了××号房屋的买卖合同，并于2012年5月7日在丰台区房地产交易大厅办理房产过户时缴纳税款，办理了上述房屋的过户手续，取得房屋所有权证书。2018年8月20日，郭某某在原第二税务所办税大厅缴纳了契税7 896元、滞纳金7 896元，总计15 792元。原第二税务所认定郭某某截至2018年8月20日并未到其单位申报及缴纳涉案房屋交易产生的契税，事实不清、证据不足，郭某某少交税款税务机关存在一定责任。即便无法认定因税务机关的责任，也不存在《税收征收管理法》第五十二条第三款的情形，案涉征税事项早已超过《税收征收管理法》第五十二条第一款、第二款规定的法定追征期限。丰台税务局做出被诉复议决定存在事实认定不清、证据不足，缺少法律依据和程序违法等问题。故提起诉讼，请求法院判决撤销被诉征税行为；撤销被诉复议决定中针对被诉征税行为予以维持的部分。

第三税务所辩称，原第二税务所向郭某某征收契税及滞纳金的行政行为事实清楚，证据确凿，适用法律法规正确，符合法定程序，郭某某的诉讼请求没有事实根据和法律依据，请求法院依法驳回。

丰台税务局辩称，该机关依法受理郭某某的行政复议申请，并做出被诉复议决定，履行了行政复议的法定职责，程序合法。郭某某的诉讼请求没有事实根据和法律依据，请求法院依法驳回。

（二）一审法院观点

一审法院经审理认为：《税收征收管理法》（2001年修订）第十四条规定，本法所称税务机关是指各级税务局、税务分局、税务所和按照国务院规定设立的并向社会公告的税务机构。据此，原第二税务所具有征税的法定职权。

《税收征收管理法》（2001年修订）第四条第一款规定，法律、行政法规规定负有纳税义务的单位和个人为纳税人。《契税暂行条例》第一条规定，在中华人民共和国境内转移土地、房屋权属，承受的单位和个人为契税的纳税人，应当依照本条例的规定缴纳契税。第四条规定，契税的计税依据：一是国有土地使用权出让、土地使用权出售、房屋买卖，为成交价格；二是土地使用权赠与、房屋赠与，由征收机关参照土地使用权出售、房屋买卖的市场价格核定；三是土地使用权交换、房屋交换，为所交换的土地使用权、房屋的价格的差额。前款成交价格明显低于市场价格并且无正当理由的，或者所交换土地使用权、房屋的价格的差额明显不合理并且无正当理由的，由征收机关参照市场价格核定。《契税暂行条例》第五条规定，契税应纳税额，依照本条例第三条规定的税率和第四条规定的计税依据计算征收。应纳税额计算公式为：应纳税额＝计税依据×税率。《国家税务总局关于个人转让房屋有关税收征管问题的通知》（国税发〔2007〕33号）第一条第（三）项规定，纳税人申报的房屋销售价格高于各地区确定的最低计税价格的，应按纳税人申报的销售价格计算征税；纳税人申报的房屋销售价格低于各地区确定的最低计税价格的，应按最低计税价格计算征税。《关于调整房地产交易环节契税个人所得税优惠政策的通知》（财税〔2010〕94号）第一条第（一）项规定，对个人购买普通住房，且该住房属于家庭（成员范围包括购房人、配偶以及未成年子女）唯一住房的，减半征收契税。对个人购买90平方米及以下普通住房，且该住房属于家庭唯一住房的，减按1%税率征收契税。《契税暂行条例》第八条规定："契税的纳税义务发生时间，为纳税人签订土地、房屋权属转移合同的当天，或者纳税人取得其他具有土地、房屋权属转移合同性质凭证的当天。"《契税暂行条例》第九条规定："纳税人应当自纳税义务发生之日起10日内，向土地、房屋所在地的契税征收机关办理纳税申报，并在契税征收机关核定的期限内缴纳税款。"《契税暂行条例》第十一条第一款规定："纳税人应当持契税完税凭证和其他规定的文件材料，依法向土地管理部门、房产管理部门办理有关土地、房屋的权属变更登记手续。"《税收征收管理法》（2001年修订）第三十二条规定："纳税人未按照规定期限缴纳税款的，扣缴义务人未按照规定期限解缴税款的，税务机关除责令限期缴纳外，从滞纳税款之日起，按日加收滞纳税款5‰的滞纳金。"《税收征收管理法实施细则》（2002年施行）第七十五条规定："税收征管法第三十二条规定的加收滞纳金的起止时间，为法律、行政法规规定或者税务机关依照法律、行政法规的规定确定的税款缴纳期限届满次日起至纳税人、扣缴义务人实际缴纳或者解缴税款之日止。"《税收征收管理法》（2001年修订）第五十二条规定："因税务机关的责任，致使纳税人、扣缴义务人未缴或者少缴税款的，税务机关在三年内可以要求纳税人、扣缴义务人补缴税款，但是不得加收滞纳金。因纳税人、扣缴义务人计算错误等失误，未缴或者少缴税款的，税务机关在三年内可以追征税款、滞纳金；有特殊情况的，追征期可以延长到五年。对偷税、抗税、骗税的，税务机关追征其未缴或者少缴的税款、滞纳金或者所骗取的税款，不受前款规定期限的限制。"《税收征收管理法实施细则》（2002年施行）第八十条规定："税收征管法第五十二条所称税务机关的责任，是指税务机关适用税收法律、行政法规不当或者执法行为违法。"《税收征收管理法实施细则》（2002年施行）第八十一条规定："税收征管法第五十二条所称纳税人、扣缴义务人计算错误等失误，是指非主观故意的计算公式运用错误以及明显的笔误。"

本案中，郭某某于2012年5月7日办理××号房屋过户手续，但未按照法律规定申报缴纳契税，原第二税务所依据相关法律规定追征郭某某受让××号房屋的契税及滞纳金，并无不当。被诉征税行为事实清楚，证据确凿，适用法律法规正确，程序合法。丰台税务局接到郭某某的复议申请后，履行了受理、调查、送达等程序，做出被诉复议决定，并无不当。郭某某的诉讼请求，缺乏事实根据和法律依据，故不予支持。综上，一审法院依照《行政诉讼法》第六十九条的规定，判决驳回郭某某的诉讼请求。

（三）上诉意见与答辩意见

郭某某不服，向本院提起上诉，请求撤销一审判决，改判撤销被诉征税行为；撤销被诉复议决定，诉讼费用由第三税务所及丰台税务局承担。郭某某的上诉理由如下：第三税务所认定其截至2018年8月20日未向该单位申报及缴纳涉案房屋交易产生的契税，及认为不能认定是税务机关的责任导致纳税人少缴税款，属认定事实不清，证据不足。被诉复议决定及一审判决认同第三税务所前述观点，亦属认定事实不清，证据不足。同时，其并不符合"不受追征期限制"的情形，被诉征税行为及被诉复议决定、一审判决适用法律错误。一审判决不符合法定形式，应予纠正。

第三税务所、丰台税务局同意一审判决，请求予以维持。

（四）相关证据

在一审诉讼期间，第三税务所在举证期限内提交并在庭审中出示了下列证据：①送达回证。②存量房屋买卖合同、×京房权证丰字第××××号《房屋所有权证》。③检察院来源第一批次99户未交契税名单户。④契税专用税收缴款书，金税三期税收管理系统、北京市网上税务局系统查询记录。⑤税务部门与郭某某联系情况记录。⑥税务事项通知书、EMS快递单及邮件查询结果。⑦税务事项通知书、EMS快递单及邮件查询结果。⑧询问（调查）笔录两份、税收完税证明。⑨国家税务总局北京市丰台区税务局关于税务机构改革有关事项的公告及附件。

在举证期限内，丰台税务局向一审法院提交以下证据材料：①行政复议申请书、授权委托书、顺丰速运单、行政复议申请受理通知书、EMS快递单及邮件查询结果。②行政复议答复通知书及送达回证。③行政复议答复书、证据清单、法律依据清单。④行政复议延期通知书、EMS快递单、邮件查询结果、送达回证。⑤被诉复议决定及送达回证。

在举证期限内，郭某某向一审法院提交以下证据材料，以支持其诉讼请求：①郭某某身份证，证明郭某某身份信息。②契税专用税收缴款书，证明郭某某于2012年5月7日在丰台区房地产交易大厅办理房产过户时已缴纳过税款。③税收完税证明，证明2018年8月20日郭某某向原第二税务所缴纳了税款、滞纳金。④税收完税证明，证明2018年8月20日郭某某迫于压力向原第二税务所代卖方刘福英缴纳了税款、滞纳金。⑤新闻报道，证明税务机关在涉案房屋交易纳税申报环节存在责任。

经过庭审质证，一审法院对上述证据作如下认证：郭某某的证据①、证据③及第三税务所和丰台税务局的证据，具备真实性、合法性及与本案的关联性，证明目的成立，予以采信；郭某某的证据②、证据⑤证明目的不能成立，郭某某的证据④与本案不具关联性，不予采用。

一审法院已将上述证据材料全部移送本院，本院审查后认定：一审法院对上述证据材料所作认证符合《最高人民法院关于行政诉讼证据若干问题的规定》的有关规定，是正确的，本院做相同认定。

（五）二审法院认定事实

根据上述被认定合法有效的证据，本院认定如下案件事实：2012年4月28日，郭某某与刘福英签订关于受让××号房屋的《存量房屋买卖合同》，该合同载明房屋建筑面积40平方米，成交价格76万元，并于2012年5月7日办理该房屋过户手续。2016年1月，北京市丰台区人民检察院向原北京市丰台区地方税务局提供郭某某受让××号房屋时未依法纳税的案件信息。经税务机关核查，郭某某办理××号房屋过户时无申报和缴税记录。2018年7月10日，原第二税务所向郭某某做出《税务事项通知书》，通知其如实办理受让××号房屋的纳税申报手续,依法履行纳税义务。2018年7月14日,郭某某收到该通知书。2018年7月30日,原第二税务所向郭某某做出《税务事项通知书》,再次通知其如实申报缴纳受让××号房屋的税款及滞纳金。2018年8月2日,郭某某收到该通知书。2018年8月20日,郭某某缴纳××号房屋的房屋交易契税7 896元、滞纳金7 896元,共计15 792元。郭某某不服被诉征税行为,向丰台税务局提出行政复议申请,丰台税务局于2019年1月9日做出被诉复议决定,维持了被诉征税行为。郭某某仍不服,提起本案诉讼。

(六)二审法院观点

《税收征收管理法》第四条第一款规定:"法律、行政法规规定负有纳税义务的单位和个人为纳税人。"《契税暂行条例》第一条规定:"在中华人民共和国境内转移土地、房屋权属,承受的单位和个人为契税的纳税人,应当依照本条例的规定缴纳契税。"第八条规定:"契税的纳税义务发生时间,为纳税人签订土地、房屋权属转移合同的当天,或者纳税人取得其他具有土地、房屋权属转移合同性质凭证的当天。"第九条规定:"纳税人应当自纳税义务发生之日起10日内,向土地、房屋所在地的契税征收机关办理纳税申报,并在契税征收机关核定的期限内缴纳税款。"第十一条第一款规定:"纳税人应当持契税完税凭证和其他规定的文件材料,依法向土地管理部门、房产管理部门办理有关土地、房屋的权属变更登记手续。"《税收征收管理法》第三十二条规定:"纳税人未按照规定期限缴纳税款的,扣缴义务人未按照规定期限解缴税款的,税务机关除责令限期缴纳外,从滞纳税款之日起,按日加收滞纳税款5‰的滞纳金。"

《税收征收管理法》第五十二条规定:"因税务机关的责任,致使纳税人、扣缴义务人未缴或者少缴税款的,税务机关在三年内可以要求纳税人、扣缴义务人补缴税款,但是不得加收滞纳金。因纳税人、扣缴义务人计算错误等失误,未缴或者少缴税款的,税务机关在三年内可以追征税款、滞纳金;有特殊情况的,追征期可以延长到五年。"《税收征收管理法实施细则》(2002年施行)第八十条规定:"税收征管法第五十二条所称税务机关的责任,是指税务机关适用税收法律、行政法规不当或者执法行为违法。"第八十一条规定:"税收征管法第五十二条所称纳税人、扣缴义务人计算错误等失误,是指非主观故意的计算公式运用错误以及明显的笔误。"

本院认为，本案中，郭某某于 2012 年 5 月 7 日取得涉案房屋的所有权证，应当依法缴纳契税。其未按照规定期限缴纳税款的，税务机关除责令限期缴纳外，有权从滞纳税款之日起，按日加收滞纳税款 5‰的滞纳金。郭某某向法院提交的证据，并不能有效证明其在受让××号房屋及取得房屋所有权证后，曾向税务机关缴纳契税。郭某某以其委托中介代为缴纳契税，并取得涉案房屋的产权证，无理由知道契税专用税收缴款书系假票据为由，主张其已尽到纳税义务的诉讼意见缺乏事实根据，不能成立，税务机关依法应当对郭某某追征其未缴纳的契税以及滞纳金。

此外，从在案证据来看，不能认定原第二税务所具有《税收征收管理法》第五十二条第一款所规定的因税务机关的责任，致使纳税人未缴税款的情形；亦无法认定郭某某具备第五十二条第二款所规定的因计算错误等失误未缴税款的情形，故原第二税务所对其追征契税及滞纳金的行为，并不违反追征期限的相关法律规定。郭某某所持其缴纳契税事项已过追征期的诉讼主张不能成立，本院不予支持。

综上，一审法院判决驳回郭某某的诉讼请求是正确的，应予维持。郭某某所持上诉意见不能成立，本院不予支持。

（七）二审法院判决

依照《行政诉讼法》第八十九条第一款第（一）项之规定，判决如下：驳回上诉，维持一审判决。一、二审案件受理费各 50 元，均由郭某某负担（已缴纳）。

三、青岛契税追征期纠纷案

（一）基本案情

上诉人青岛甲置业有限公司因诉被上诉人国家税务总局青岛市税务局稽查局（以下简称"税务稽查局"）、青岛市人民政府税务行政处罚及行政复议一案，不服青岛市市南区人民法院〔2018〕鲁 0202 行初 10 号行政判决，在法定期间内向青岛市中级人民法院（下称"本院"）提起上诉。本院受理后，依法组成合议庭，于 2018 年 9 月 26 日在二十七审判庭公开开庭审理了本案。上诉人青岛甲置业有限公司委托代理人张某，被上诉人税务稽查局委托代理人姜某、赵某，被上诉人青岛市人民政府委托代理人曲某某到庭参加诉讼。本案现已审理终结。

原审法院经审理查明，2009年10月，原告青岛甲置业有限公司与青岛乙房地产开发有限公司签订《在建工程项目转让协议书》及补充协议，受让位于青岛市××书院路、××、××路围合地块项目，协议第三条转让价格包括：①以5 300万元对价转让全部项目资产。②确定的债务数额为10 216.95万元。③因项目已签订的所有拆迁安置补偿合同中的回迁安置面积，项目竣工后交付。双方签订的《补充协议（二）》将项目转让价款由5 300万元变更为103 508 151.77元。回迁安置面积房产实际成本为67 396 653.38元。上述三部分合计金额为273 074 305.15元（103 508 151.77＋102 169 500＋67 396 653.38）。2009年，原告缴纳契税5 855 085元。原告2011年12月"办公费"列支88 000元、2012年7月"办公费"列支293 000元。原告存在依照相关法律应调整税额的事实：①为支付个人礼品招待费用，未按规定代扣代缴个人所得税，根据《中华人民共和国个人所得税法》第一条、第二条和《财政部 国家税务总局关于企业促销展业赠送礼品有关个人所得税问题的通知》（财税〔2011〕50号）第二条的规定，应按20%税率代扣代缴2011年12月"其他所得"个人所得税17 600元、2012年7月"其他所得"个人所得税58 600元，合计76 200元。②为支付礼品用于个人招待费用，未作为"业务招待费"调整应纳税所得额，根据《中华人民共和国企业所得税法》第一条、第八条及《中华人民共和国企业所得税法实施条例》第四十三条规定，应调增2011年应纳税所得额35 200元、调增2012年应纳税所得额117 200元，应按25%税率补缴2011年企业所得税8 800元、2012年企业所得税29 300元。原告开发的甲电器胶东半岛总部项目可售面积为93 603.89平方米，2012年应结转营业成本158 049 197.39元，原告2012年企业所得税汇算清缴已申报营业成本175 816 655.05元，未调整应纳税所得额。根据《中华人民共和国企业所得税法》第一条、第八条的规定，应调增应纳税所得额17 767 457.66元，应按25%税率补缴2012年企业所得税4 441 864.42元。

2011年9月16日，甲电器集团有限公司通过董事会决议，该董事会决议载明"因集团战略要求，我司预计2011年意向购买青岛甲置业有限公司在青岛所开发的商业房产用于连锁经营，预计总投资7亿元，具体房产位置待双方协商后确认并签订正式合同后生效"。2011年11月24日，原告做出会议纪要，"内容"部分载明"青岛甲置业有限公司于2011年工程项目已接近尾声，春季前有大量工程款需要支付，为了维护公司良好的企业形象，履行社会义务，公司申请向甲电器集团有限公司于2011年11月无息资金拆借4.193亿元，用于支付项目工程款及日常经营用款，借款期限为3个月，后期用房屋销售款归还"。"会议结果"部分载明"一致同意青岛甲置业有限公司向甲电器集团有限公司拆借4.193亿元"。2011年12月，原告收取了甲电器集团有限公司的购房诚意金4.193亿元。2012年11月23日，甲电器集团有限公司做出会议纪要，会议内容部分载明"关于甲电器集团有限公司向青岛甲置业有限公司支付4.193亿元意向金，意向购买青岛甲生活广场负一层至五层。集团决定向互联网零售商转型……由于公司整体战略方向的转变，使得实体店铺的需求降低……经过讨论，形成取消购买该项物业的决定，青岛甲置业有限公司于2012年知晓且同意认购取消……后期再与青岛甲置业有限公司协商将支付的意向金退回至甲电器集团有限公司"。2014年7月7日及8日，原告将上述4.193亿元通过电汇方式退回甲电器集团有限公司，收款收据中"收款事由"显示为"退购房诚意金"。2013年5月31日，原告将上述4.193亿元的诚意金按照预计利润的20%会算缴纳了企业所得税。

2014年7月31日及2015年5月27日，原告向青岛市地方税务局李沧分局申请退税，2015年5月27日的《退税申请》载明"甲电器集团有限公司原意向购置青岛甲生活广场项目裙楼商铺用于甲电器商业项目经营，并支付了4.193亿元的诚意金给青岛甲置业有限公司……2014年4月份甲电器集团有限公司经营战略调整，决定不再购买。我公司已于2014年7月8日前将4.193亿元诚意金全部退还给甲电器集团有限公司并进行了账务处理。除企业所得税未退外，其余税金贵局已经在2015年2月份和3月份全部退还给我公司。由于我公司属于项目公司，项目房产基本销售完毕，预计后期利润总额不足以抵扣本业务产生的多缴企业所得税，因此申请企业所得税1 195.005万元退税"。

2015年5月30日，原告再次向青岛市地方税务局李沧分局申请退税，《退税申请》载明"……由于我公司正在地税稽查，稽查局发现我公司2012年度企业所得税汇算清缴中，可能存在企业所得税计算错误的情况，为此我公司预留待退企业所得税5 750 050元，待稽查局结案时，根据稽查局结案时确定的2012年度具体的补交企业所得税的金额，从预留待退企业所得税中扣除，预留多余部分待下次再次申请退税或抵减以后年度企业所得税。除预留的待退企业所得税，本次申请退税620万元"。

2013年8月5日，被告税务稽查局做出青地税稽检通一〔2013〕206号

《税务检查通知书》，决定自 2013 年 8 月 7 日起对原告 2010 年 1 月 1 日至 2012 年 12 月 31 日期间（如检查发现此期间以外明显的税收违法嫌疑或线索不受此限）涉税情况进行检查。同日，被告务税稽查局做出青地税稽调〔2013〕169 号《调取账簿资料通知书》，决定调取原告 2010 年 1 月 1 日至 2012 年 12 月 31 日的账簿、记账凭证、报表和其他有关资料进行检查。2013 年 8 月 6 日，被告税务稽查局工作人员对原告实施税务检查时向原告出示了执法证件，并向原告送达了上述法律文书。2013 年 12 月 16 日，被告税务稽查局调取了原告相关的账簿资料清单，并于 2014 年 3 月 13 日归还原告。被告税务稽查局在检查过程中，发现原告 2009 年度少申报缴纳契税，遂于 2015 年 8 月 3 日决定稽查期间由"2010 年 1 月 1 日至 2012 年 12 月 31 日"变更为"2009 年 1 月 1 日至 2012 年 12 月 31 日"。检查期间，被告税务稽查局因原告资料账簿不在本市，原告提供资料不齐，原告未能如期提供资料，案情复杂、有关问题需原告总部确认但原告相关工作人员离职迟迟无法确认核实、需要对案情进行分析等原因，经局长批准，多次延长审理时限。2017 年 2 月 20 日，被告税务稽查局做出《税务稽查案件稽查人员变更审批表》，因原检查人员张某某调到市南分局，检查人员由"张某某、刘某"变更为"韩某某、刘某"。同时，在检查期间，原告分别于 2014 年 12 月 22 日、2015 年 6 月 25 日、2016 年 1 月 22 日、2016 年 3 月 14 日向被告税务稽查局做出《情况说明》。2017 年 4 月 26 日，被告税务稽查局向原告做出《税务稽查工作底稿（二）》，向原告告知了拟做出处理的意见。2017 年 4 月 26 日当日，原告向被告市地税稽查局做出《关于对"青岛甲置业有限公司"税务稽查问题的答复》。2017 年 7 月 27 日，被告税务稽查局对原告青岛甲置业有限公司做出青地税稽处〔2017〕61 号《税务处理决定书》。原告不服，向被告市政府提起行政复议申请，2017 年 10 月 9 日，被告市政府受理该申请。2017 年 11 月 23 日，被告市政府做出《行政复议决定延期通知书》，因情况复杂，不能在法定期限内做出行政复议决定，决定延期至 2017 年 12 月 28 日前做出。2017 年 12 月 25 日，被告市政府做出青政复决字〔2017〕507 号《行政复议决定书》决定予以维持。原告仍不服，遂提起本案行政诉讼。

（二）一审法院观点

原审法院认为，根据原告向被告提交的《情况说明》及庭审情况，原告对涉案《税务处理决定书》"（二）个人所得税"部分中认定的违法事实及处理结果并无异议,对"(三)企业所得税"部分中认定的违法事实无异议,对应补缴"2011年企业所得税 8 800元及2012年企业所得税 29 300元"也无异议。本案原告对涉案《税务处理决定书》认定事实及处理结果的异议点有以下三个:

一是"(四)定额滞纳金"部分中认定的原告于2011年12月收取的甲电器集团有限公司购房诚意金4.193亿元,对该诚意金的性质,原告认为属于企业间资金拆借,不属于企业所得,不应收取企业所得税。原审法院认为,根据原被告提交的证据,甲电器集团有限公司向原告支付诚意金4.193亿元,系因甲电器集团有限公司意向购买原告开发的青岛甲生活广场项目裙楼商铺用于甲电器集团有限公司的商业项目经营,该诚意金的性质非原告所称的企业拆借资金,而是商铺预售收入,且原告已经对该诚意金支付了企业所得税。原告于2011年收取该笔诚意金,而当时我国法律也不允许企业之间资金拆借,综上,原告关于该诚意金系企业间资金拆借的主张,原审法院不予采信。原告2011年收取的该购房诚意金依法应当缴纳企业所得税,原告于2013年5月缴纳,依法应当收取滞纳金,被告做出的收取滞纳金的处理决定并无不当。

二是原告对"(三)企业所得税"部分中认定的原告开发的甲电器集团有限公司胶东半岛总部项目应补缴2012年企业所得税4 441 864.42元无异议,但认为因原告将2011年收取的上述购房诚意金退还给甲电器集团有限公司,青岛市地方税务局李沧分局已将部分税费退还给原告,仍有部分税款未退还给原告,故该企业所得税应当在未退税款中予以折抵,无需另行补税,更无须被加收滞纳金。原审法院认为,原告未提交证据证明青岛市地方税务局李沧分局受理了原告企业所得税退税的申请,被告税务稽查局也无对原告应补缴的企业所得税4 441 864.42元在未退税款中予以折抵的法定职权,故对原告上述要求被告予以折抵的主张,原审法院不予采信。原告若认为有相应税款应予以退回,应当向主管税务机关主张予以办理。

三是原告认为"(一)契税"部分中认定的回迁安置面积房产不应征收契税,回迁安置面积应属于原告与拆迁户之间的"以房换地",不应缴纳契税,且被告税务稽查局追征该契税的时间超过5年的追征时限。原审法院认为,《契税暂行条例》第一条规定:"在中华人民共和国境内转移土地、房屋权属,承受的单位和个人为契税的纳税人,应当依照本条例的规定缴纳契税"。本案中,被告税务稽查局所征收的是原告与青岛乙房地产开发有限公司签订的协议中所需要缴纳的契税,而非原告与拆迁户之间发生的契税,回迁安置面积房产属于协议的一部分,应当缴纳契税。原告主张的回迁安置面积应属于原告与拆迁户之间的"以房换地",与本案所征契税无关。关于原告主张的5年追征期限的问题,《税收征收管理法》第五十二条第二款规定:"因纳税人、扣缴义务人计算错误等失误,未缴或者少缴税款的,税务机关在三年内可以追征税款、滞纳金;有特殊情况的,追征期可以延长到五年。"该款适用的前提系纳税人、扣缴义务人存在计算错误等失误,该失误的存在系过失,无主观故意,本案中原告一直主观认为该笔契税不应当缴纳,而不是因计算错误等失误未缴纳,故本案不适用上述第五十二条第二款的规定。原告关于被告税务稽查局追征该契税的时间超过5年的追征时限的主张,缺少事实和法律依据,原审法院不予采信。

关于被告税务稽查局的行政调查程序,国家税务总局《关于印发〈税务稽查工作规程〉的通知》(国税发〔2009〕157号)第二十二条第四款规定:"检查应当自实施检查之日起60日内完成;确需延长检查时间的,应当经稽查局局长批准"。本案中,被告税务稽查局决定自2013年8月7日起对原告涉税情况进行检查,检查期间,经局长批准多次延长检查时间,并有《延长税收违法案件检查时限审批表》予以证明,符合上述规定。原告主张被告税务稽查局做出的《调取账簿资料清单》中"宫某"的签名系事后补签,被告在庭审过程中提交了调取账簿时原告工作人员签名的《调取账簿资料清单》,被告称系因2013年12月16日调取账簿时,原告工作人员落款时间写成"2014年12月16日",存在笔误,所以事后又要求原告委托的另一工作人员补签,被告市地税稽查局的上述解释符合常理且有证据予以证明,原审法院予以采信。同时,原告在整个行政调查程序中,均有相应的关于调查程序的法律文书,亦保障了原告合理的实体权利,原告关于被告程序违法的主张,无证据予以证明,原审法院不予采信。被告税务稽查局做出的涉案《税务处理决定书》认定事实清楚,适用法律正确,程序合法。

关于被告市政府的行政复议程序,虽然被告市政府未向原审法院提交关于听证程序的相关证据材料,但原告认可被告市政府在复议过程中举行了听证程序,且未对行政复议程序提出异议,原审法院认定被告市政府的行政复议程序合法,但被告市政府作为复议机关应当提交关于复议程序的全部证据,原审法院在此予以指正。原告主张被告应当提交集体讨论记录,因该集体讨论记录是行政复议机关的内部审批程序,对原告的权利义务不产生实际影响,故不是本案审查的对象。

关于原告要求对《青岛市地方税务局关于转发〈国家税务总局关于印发房地产开发经营业务企业所得税处理办法的通知〉的通知》（青国税发〔2009〕84号）的合法性一并进行审查，因被告市地税稽查局在庭审中认可其做出的涉案《税务处理决定书》将上述通知作为法律依据，符合法院一并审查规范性文件的条件。该规范性文件第二条销售未完工开发产品收入的范围规定："房地产开发企业销售未完工开发产品收入包括开发产品完工前以各种形式向购买方收取的款项，包括预收款、定金、订金、意向金、预约保证款、合同保证金等。"原告系对上述规定第二条的合法性存有异议，原审法院对该条审查如下：

（1）该条没有对法律保留事项进行规定。该条没有违反《中华人民共和国立法法》第九条规定的只能由法律制定的"有关犯罪和刑罚、对公民政治权利的剥夺和限制人身自由的强制措施和处罚、司法制度等事项"，也不在《中华人民共和国立法法》第八条和第九条共同规定的应由法律或行政法规规定的事项范围内。

（2）该条与上位法并不相抵触。该条制定的上位法依据系《国家税务总局关于印发〈房地产开发经营业务企业所得税处理办法〉的通知》（国税发〔2009〕31号）。《房地产开发经营业务企业所得税处理办法》第八条规定："企业销售未完工开发产品的计税毛利率由各省、自治、直辖市国家税务局、地方税务局按下列规定进行确定……"第九条规定："企业销售未完工开发产品取得的收入，应先按预计计税毛利率分季（或月）计算出预计毛利额，计入当期应纳税所得额。开发产品完工后……"即《房地产开发经营业务企业所得税处理办法》第八条和第九条规定了房地产开发企业销售未完工开发产品也应当纳税。涉案规定性文件第二条仅对"房地产开发企业销售未完工开发产品收入"进行了解释，并未额外增加了纳税人义务，也未擅自扩大上位法规定的范围。综上，涉案规范性文件第二条合法，且目前有效，可以作为被告做出涉案行政处理行为的法律依据。本案中，经原审法院前文分析，原告收取的甲电器集团有限公司购房诚意金非原告所称的借款，而是原告所取得的预售收入，原告未在法定期限内缴纳企业所得税，应当加收滞纳金。综上，原审法院依照《行政诉讼法》第六十九条，判决驳回原告青岛甲置业有限公司的诉讼请求。案件受理费人民币50元，由原告承担。

（三）上诉意见

上诉人青岛甲置业有限公司不服，提出上诉称：

（1）"诚意金"。"诚意金"系企业间资金拆借，原审法院将该笔"诚意金"认定为商铺预售收入，与事实不符。上诉人是以"诚意金"的名义向甲电器集团拆借资金，并且该笔资金已经全额退还给甲电器集团。上诉人与甲电器集团之间不存在任何形式的房屋销售合同或者预售合同，根据国税发〔2009〕31号第六条的规定，企业通过正式签订《房地产销售合同》或《房地产预售合同》所得的收入为销售收入，因此，上诉人与甲电器集团之间仅仅是企业间的资金拆借行为，不存在预售收入的事实。原审法院忽视企业间的真实意思表示和法律规定，将上诉人以"诚意金"的名义收到的借款认定为上诉人的商铺预售收入，认定事实错误。上述资金为企业间的拆借资金，因此，上诉人无需缴纳企业所得税，也就不存在定额滞纳金，原审法院认为上诉人依法应当缴纳滞纳金无事实和法律依据，被上诉人税务稽查局做出的收取滞纳金的处理决定明显不当。

（2）企业所得税。原审法院认为上诉人未提交证据证明青岛市地方税务局李沧分局受理了上诉人企业所得税的申请，且被上诉人税务稽查局无对上诉人应补缴的企业所得税在未退税款予以折抵的法定职责。原审法院明显违背事实，违反法律的规定：①上诉人在原审中提交了多份退税申请以及退税凭证，其中一份中在征管部门意见一栏有税务部门的工作人员填写签字，且青岛市地方税务局李沧分局也实际向上诉人进行退税，上述证据可以充分证明李沧分局已经受理了上诉人的退税申请且已实际退了一部分税。②被上诉人税务稽查局有义务将上诉人欠缴的税款与应退还的税款进行抵扣。《税收征收管理法实施细则》第七十九条规定，当纳税人既有应退税款又有欠缴税款的，税务机关可以将应退税款和利息先抵扣欠缴税款；抵扣后有余额的，退还纳税人。现有行政法规明确规定税务机关应当进行抵扣，原审法院忽视法律法规的规定，免除了被上诉人税务稽查局的法定义务，侵害了上诉人的合法权益。上诉人不存在欠缴企业所得税的情况，被上诉人认定上诉人欠缴税款并加征滞纳金的行为没有事实和法律依据。

（3）契税。原审法院认为上诉人主张的回迁安置面积应属于上诉人与拆迁户之间的"以房换地"与本案无关违背事实情况。且原审法院忽视法律规定的追征期限，损害了上诉人的合法权益，包庇了被上诉人的违法行为。①回迁面积。2009年10月27日，上诉人与青岛乙房地产开发有限公司以及青岛市李沧区人民政府签订《在建工程项目转让协议》，以在建工程项目转让形式受让青岛乙房地产开发有限公司名下"三星数码大厦项目"（即"甲电器胶东半岛项目"）房地产项目资产。该项目中涉及的回迁面积部分，原审法院、被上诉人认定该部分需要缴纳契税，其认定事实、适用法律明显错误。根据《契税暂行条例》第四条和《契税暂行条例细则》第十条的规定，回迁面积系土地使用权与房屋所有权之间相互交换，上诉人对于回迁面积部分无需缴纳契税。②追征期限。根据《中华人民共和国税收征管法》第五十二条的规定，税务机关的追征期限为3年，特殊情况可以延长至5年。上诉人不存在偷税、抗税、骗税行为，被上诉人税务稽查局在检查期间随意地将稽查期限从2010年1月1日变更为2009年1月1日，明显违反法律，且已过法定的追征期限，程序明显违法。

（4）被上诉人税务稽查局的行政调查程序违法。

其一，延长税收违法案件检查审理时限审批表，针对被上诉人原审提交的27份延长时限审批表，上诉人仔细查看了被上诉人提供的复印件，发现该组证据中有几处明显矛盾，有倒签和伪造证据的嫌疑：①检查开始日期，被上诉人提供的该份证据中，检查开始日期有两个，分别为2017年7月12日和2013年12月16日。②第六张审批表中申请延长日期是手写的数字，有明显的改动。③案件编号，同一件案子有两个案件编号，明显不合理。④多次延长审批表中申请延长的日期前后连接不上，有明显的空白，说明被上诉人多次延长检查期限程序不合法。⑤签字日期，所有人签字均在同一天，明显不合理，与事实不符。在上述矛盾存在的情况下，上诉人有理由怀疑该组证据存在有伪证嫌疑。上诉人在原审庭审中要求被上诉人对审批表中各栏签字的人的姓名以及职务进行告知，但被上诉人仅对局长一栏进行释明，拒绝回答剩余经办人的姓名和职务，并且认为延长时限仅需局长同意即可，其他人签字没有任何用处。上诉人认为，被上诉人将审批表作为证据提交，应当负有对整份证据进行释明的义务。上诉人在原审中并未对审批表进行质证，该份证据不能作为被上诉人提交的证明延长检查期限合法的证据，原审法院忽视这一事实，认为被上诉人从2013年即开始检查，直至2017年才做出处理决定，被上诉人将检查时间延长至4年之久，明显不符合常理，没有事实和法律依据，明显违法。如果被上诉人不能证明，上诉人认为这些审批表不能作为本案的证据使用。这些审批表在原审质证中上诉人要求被上诉人对签字人员进行说明，但是被上诉人拒绝说明，并且在审批表中有多处篡改或者矛盾的情况出现，根据目前税务部门办公的需要，被上诉人的案件办理流程应当有相应的网上审批过程，上诉人认为被上诉人应当继续对于网上办理流程的过程向法庭举证,与其提供的书面纸质的审批表进行质证,如果被上诉人不能提供或者拒绝提供,上诉人认为该批27份《延长税收违法案件检查时限审批表》不能作为办案的定案证据。

其二,调取账簿清单,在原审庭审质证过程中,被上诉人税务稽查局承认该份调取账簿清单系事后补签,其陈述在该份清单前有一份当时签字的清单,但由于存在笔误,为避免误会,在上诉人的确认下进行补签。原审法院认为被上诉人的解释符合常理予以采信,上诉人不能认同,上诉人认为被上诉人的说法明显不合理。首先,在庭审中,被上诉人在回答上诉人问题时含糊其词,始终不能明确该份由官某签字的调取账簿清单具体签订时间,且官某自2017年9月19日才获得公司授权经办此事,在2013—2017年近4年的时间里,被上诉人均未提出要重新补签,直到2017年9月19日才要求重新签,明显不合理,且该份清单系税务机关在超过法定期限后调取的资料,并让官某倒签,程序明显违法。另外,根据被上诉人税务稽查局当庭提交的前一份有笔误的调取账簿清单(复印件,上诉人不认可该份证据的真实性、合法性、关联性),可以看出当时签字的人将2013年写成2014年,这与通常的习惯不符,一般情况下只会在下一年度写上一年度的时间,而非是在上一年度写还未到来的下一年度。因此,被上诉人在法庭上的陈述不具备真实性,其调取账簿及让官某倒签的行为违法。原审法院在存在如此明显的不合理的情形下依旧认为被上诉人的行为符合常理,上诉人对此持怀疑态度。关于调取账户的清册与审批表一样的意见。

(5)复议集体讨论记录依法应提交法庭而拒不提交。原审法院认为被上诉人青岛市人民政府集体讨论记录对上诉人的权利义务不产生实际影响,上诉人不能认同。根据《行政复议法》第二十八条的规定,集体讨论是做出复议决定的必经程序,且讨论的内容均关系到上诉人的实体权利义务,复议决定亦是在讨论结果的基础上做出的,因此,被上诉人青岛市人民政府应当提交。

(6)青国税发〔2009〕84号文违法,且不能作为做出处理决定的法律依据。国税发〔2009〕31号文并未授权下级税务机关制定具体的实施办法,青国税发〔2009〕84号文擅自增加纳税人的义务,违背了国税发〔2009〕31号文的精神,不具备合法性,应当无效或予以撤销。被上诉人青岛市地方税务局稽查局将不具备合法性的文件作为做出行政行为的法律依据,明显错误。原审法院对青国税发〔2009〕84号文的审查不符合法律规定,审查的内容以国税发〔2009〕31号文中部分的条款作为其审查的依据,但是上诉人认为条文中第六条是明显与青国税发〔2009〕84号文的内容不相符，但是原审法院对此进行了回避。故原审法院对于规范性文件的审查是不全面的，青国税发〔2009〕84号文作为下位法明显与国税发〔2009〕31号文上位法相互抵触。

另外，被上诉人在原审庭审中明确国税函〔2008〕299号文和国税发〔2009〕31号文是做出本案处理决定的法律依据，国税函〔2008〕299号文已经废止，在原审庭审中被上诉人谈到对于青国税发〔2009〕84号文作为参考依据，上诉人认为青国税发〔2009〕84号文并非是做出本案行政处理决定的法律依据。

综上，请求二审法院依法撤销原审判决，支持上诉人原审全部的诉讼请求；本案诉讼费由被上诉人承担。

（四）答辩意见

被上诉人税务稽查局答辩称：①被上诉人税务稽查局认定4.193亿元是购房诚意金，应按规定加收滞纳金。②稽查局不是上诉人退税申请的主管税务机关，无权受理审查上诉人的退税申请。根据《税收征收管理法》第七十九条也无权进行抵扣。③契税问题：《契税暂行条例》第四条及细则第六条对土地使用权出售和交换进行了详细规定。青岛市乙房地产开发有限公司与上诉人签订的《在建工程项目转让协议书》应适用《契税暂行条例》第四条第三项，该情形不符合《税收征收管理法》第五十二条第一、第二款情形，不适用追征期限。④执法程序问题：被上诉人均按规定程序签批文书，符合法律规定。综上，上诉人的上诉理由不成立，请求二审法院依法驳回。

被上诉人青岛市人民政府答辩称：被上诉人青岛市人民政府做出的青政复决字〔2017〕507号《行政复议决定书》认定事实清楚，适用依据正确，程序合法。本案中，上诉人未按规定缴纳契税、代扣代缴个人所得税、调整企业所得税应纳税所得额、申报缴纳企业所得税的违法事实清楚，违反了上述规定。被上诉人税务稽查局做出青地税稽处〔2017〕61号《税务处理决定书》，认定事实清楚，证据充分，适用依据正确，程序合法，内容适当。原审判决认定事实清楚，适用依据正确，程序合法，请求二审法院依法维持。

（五）二审认定事实与争议焦点

关于原审法院的审判程序，上诉人未提出异议。经审查，本院确认原审法院审判程序合法。各方当事人在原审中提供的证据已经原审法院庭审质证、认证，并已随案移送本院。

二审另查明，根据《国家税务总局关于税务机构改革有关事项的公告》（税务总局公告〔2018〕32号），自2018年6月15日起，青岛市地方税务局稽查局执法主体由青岛市地方税务局稽查局变更为国家税务总局青岛市税务局稽查局。

二审庭审中，合议庭将本案的审理重点归纳为：

（1）被诉处理决定中"企业所得税"部分对于诚意金性质的认定是否正确以及对于上诉人是否应当缴纳滞纳金、被上诉人是否应抵扣税款问题的认定是否正确。

（2）被诉处理决定中"契税"部分关于回迁安置面积房产应征收契税是否合法及是否超期追缴问题的认定是否正确。

（3）被上诉人税务稽查机关行政处理程序及被上诉人复议机关的复议程序是否合法。

（4）上诉人提出的对涉案规范性文件合法性审查的问题。

围绕上述焦点问题，各方当事人进行了举证、质证和辩论。各方当事人对证据的质证意见与原审时相同，对上述焦点问题的意见与其上诉、答辩意见相同。

经审查，本院同意原审法院对证据的认证意见，并据此确认原审判决认定事实成立。

（六）二审法院观点

本院认为，对于第一个焦点问题，上诉人2011年12月收取甲电器集团有限公司"购房诚意金"的性质问题，本案中，上诉人与甲电器集团有限公司之间虽并未就上诉人开发的青岛甲生活广场项目裙楼商铺正式签订相关销售合同或者预售合同，但结合上诉人原审提交的证据4-1、4-3董事会决议将该笔资金作为购房诚意金的认定以及上诉人向原青岛市地方税务局李沧分局提交的退税申请中，上诉人亦自认其收取的4.193亿元购房诚意金系甲电器集团有限公司意向购置青岛甲生活广场项目裙楼商铺用于甲电器商业项目经营，可以认定上诉人实际与甲电器集团有限公司达成房屋买卖的合意并收取购房意向金，该4.193亿元应系上诉人预售收入，依法应缴纳企业所得税。上诉人依法应于2012年1月19日前申报缴纳该部分企业所得税，其于2013年5月31日才缴纳入库，被上诉人税务稽查局做出的加收定额滞纳金的处理决定并无不当。对上诉人所提其收取的4.193亿元系与甲电器集团有限公司间的企业资金拆借的上诉理由，与其在申请退税过程中对该部分资金表述为购置商铺意向金的自认相矛盾，对该上诉理由本院不予采纳。对于上诉人所提被上诉人税务稽查局应将上诉人针对开发甲电器胶东半岛总部项目已缴纳税款中的未退还部分予以抵扣其应补缴企业所得税的上诉理由，本院认为，对上诉人主张的未退还部分有主管权的税务行政机关现并未将其认定为应退税款，且根据《税款缴库退库工作规程》（国家税务总局令第31号）第二十六条第一款规定的"县以上税务机关收入规划核算部门具体办理税款退库工作，……应予抵扣欠税的，办理税款抵扣手续"，被上诉人税务稽查局专司偷税、逃避追缴欠税、骗税、抗税案件的查处，并非专门的税款退库机关，故上诉人该上诉理由缺乏法律依据，本院不予支持。上诉人若认为仍有应退税款未予退还，应向主管税务机关申请办理税款退库。

对于第二个焦点问题，《契税暂行条例》第一条规定："在中华人民共和国境内转移土地、房屋权属，承受的单位和个人为契税缴纳人，应当依照本条例的规定缴纳契税"。本案中，2009年上诉人与案外人青岛乙房地产开发有限公司签订在建工程项目转让协议及补充协议，受让案外人名下位于青岛市××书院路、××、××路围合地块的"三星数码大厦项目"房地产项目资产，按照上述规定，上诉人作为承受人应当依法对该协议所涉转让项目价款缴纳契税。该协议中包括的回迁安置面积房产，亦应依法缴纳契税，被诉处理决定中有关契税应税部分的认定并无不当。对于上诉人主张的回迁安置面积系土地使用权与房屋所有权之间的互相交换，该部分无需缴纳契税的上诉理由，本院认为，本案应依法缴纳契税的计税依据是上诉人与案外人青岛乙房地产开发有限公司之间的房地产项目权属转移合同，也即针对的是上诉人与案外人间的土地转让行为，而非上诉人作为案外人的承继人与拆迁户之间的土地、房屋权属转移行为。因此，上诉人所提的其与拆迁户之间土地使用权与房屋所有权之间的互相交换乃发生在上诉人与拆迁户间的权属转移，与本案被上诉人税务稽查局认定的应缴纳契税部分无关，故对上诉人的该上诉理由，本院不予采纳。有关契税部分是否超过追征期限的问题，《税收征收管理法》第五十二条规定："因税务机关的责任，致使纳税人、扣缴义务人未缴或者少缴税款的，税务机关在三年内可以要求纳税人、扣缴义务人补缴税款，但是不得加收滞纳金。因纳税人、扣缴义务人计算错误等失误，未缴或者少缴税款的，税务机关在三年内可以追征税款、滞纳金；有特殊情况的，追征期可以延长到五年。对偷税、抗税、骗税的，税务机关追征其未缴或者少缴的税款、滞纳金或者所骗取的税款，不受前款规定期限的限制"。

通过以上规定可以看出，对税务机关追征期有明确限定的情形是"因税务机关的责任"及"因纳税人、扣缴义务人计算错误等失误"造成纳税人、扣缴义务人未缴或者少缴税款的。本案中，被上诉人税务稽查局不具有法定的"因税务机关的责任，致使纳税人未缴税款"的情形；上诉人亦不具备法定的"因纳税人计算错误等失误未缴税款"的情形，故被上诉人税务稽查局对上诉人追征契税不违反相关追征期限的法律规定。

对于第三个焦点问题，一是关于被上诉人稽查税务行政处理程序问题，国家税务总局《关于印发〈税务稽查工作规程〉的通知》（国税发〔2009〕157号）第二十二条第四款规定："检查应当自实施检查之日起60日内完成；确需延长检查时间的，应当经稽查局局长批准"。本案中，被上诉人税务稽查局自2013年8月6日对上诉人进行税务检查，检查期间，经被上诉人税务稽查局局长批准多次延长检查时间，并有《延长税收违法案件检查时限审批表》予以证明，其延长检查时限程序符合上述规定。对上诉人所提延长时限审批表中原定完成时间与申请延长至时间不连贯的问题，被上诉人解释称因该案处理过程中在审理环节发现因证据不足，退回检查环节补充检查，因此出现在检查、审理部门之间相互穿插情况，考虑到该税务案件情况复杂，该解释符合案件查处实际、具有合理性，本院对此予以采信。二是关于被上诉人青岛市人民政府行政复议程序的合法性，上诉人主张被上诉人青岛市人民政府应向法院提交听证笔录、集体讨论记录的上诉理由，本院认为，《行政复议法》第二十八条中规定，行政复议机关负责法制工作的机构应当对被申请人做出的具体行政行为进行审查，提出意见，经行政复议机关的负责人同意或者集体讨论通过后，按照规定做出行政复议决定。该条所规定"集体讨论"系复议机关做出复议决定的内部工作流程，其所形成的集体讨论记录书系复议机关内部记录，并不直接对外产生法律效力，对上诉人权利义务不产生实际影响，且该"集体讨论"形式也并非复议机关做出复议决定的唯一程序。经审查，上诉人认可在复议程序中举行了听证，本院认为，被上诉人青岛市人民政府在行政复议程序中已经保障了复议申请人的陈述申辩权，故本院确认被上诉人青岛市人民政府行政复议程序合法。上诉人所提该项上诉理由缺乏事实及法律依据，本院不予支持。

对于第四个焦点问题，即对于《青岛市地方税务局关于转发〈国家税务总局关于印发房地产开发经营业务企业所得税处理办法的通知〉的通知》（青国税发〔2009〕84号）第二条的合法性审查，本院认同原审法院的审查意见。

该规定系对其上位法《国家税务总局关于印发〈房地产开发经营业务企业所得税处理办法〉的通知》（国税发〔2009〕31号）第九条中"企业销售未完工开发产品取得的收入"的细化解释，并未违反法律保留原则，亦未与上位法相抵触，本院对其合法性予以确认。

综上，本院认为，原审判决认定事实清楚，适用法律正确，审判程序合法。上诉人的上诉理由缺乏事实及法律依据，本院不予支持。

（七）二审法院判决

2018年11月13日，二审法院依照《行政诉讼法》第八十九条第一款第一项的规定，判决如下：驳回上诉，维持原判；二审案件受理费人民币50元，由上诉人青岛甲置业有限公司负担。

第九节 契税滞纳金与信息公开典型案例

一、契税滞纳金纠纷案

（一）基本案情

原告张某某诉被告常州市金坛地方税务局不服契税征收一案，向江苏省金坛市人民法院（下称"本院"）提起行政诉讼。本院于2015年5月7日受理后依法组成合议庭，于2015年5月7日向被告送达了诉状副本及应诉通知书，并于2015年6月12日公开开庭审理了本案。原告张某某，被告常州市金坛地方税务局的法定代表人狄某某及委托代理人陈某某、黄某某到庭参加诉讼。本案现已审理终结。

2013年12月27日，原告到常州市金坛地方税务局第一税务分局（以下简称"金坛地税一分局"）办理所购房屋的契税缴纳事宜，金坛地税一分局对其收取了10 333.95元的契税，并加收了4 996.47元的滞纳金。

被告向本院提供的证据为：①商品房买卖合同3份，证明原告购买了南京城开集团常州置业有限公司开发的三处商品房。②原告取得的3张销售不动产统一发票。证明发票的开具时间是2011年4月14日以及原告购置3处商品房的具体价格。③原告于2013年12月27日在金坛地税一分局取得的3份完税证明。证明原告缴纳了契税以及相应的滞纳金。④常州市新北区人民法院〔2014〕新行初字第0047号行政判决书1份,常州市中级人民法院〔2014〕常行终字第137号行政判决书1份,证明两级法院没有采纳原告关于加收契税滞纳金适用《行政强制法》规定的有关观点,驳回了原告的诉讼请求。⑤原告结婚证1份和诚信保证书1份。证明原告购买的住宅是唯一住房并依该2份证据享受了契税的优惠,同时证明该2份证据递交给金坛地税一分局的时间是2013年12月27日。⑥常州市中级人民法院的二审判决书送达时间证明,证明原告收到常州市中级人民法院二审判决书的时间是2014年9月29日,常州市地税局收到常州市中级人民法院二审判决书的时间是2014年9月29日。⑦房地产交易契税申报表3份,证明按规定填报了房地产交易契税申报表。

被告提供的法律和规范性文件依据为:①《税收征收管理法》第五条、第十四条、第二十八条、第三十二条。②《税收征收管理法实施细则》第七十五条。③《行政强制法》第十二条、第四十五条。④《契税暂行条例》第八条、第九条。⑤《江苏省实施〈中华人民共和国契税暂行条例〉办法》第十一条、第十二条。⑥《江苏省财政厅、江苏省地方税务局、江苏省住房和城乡建设厅关于调整我省房地产交易环节契税个人所得税优惠政策的通知》(苏财税〔2010〕第33号)第一条。⑦国家税务总局关于偷税税款加收滞纳金的批复(国税函发〔1998〕第291号)第1款。上述证据均为复印件,经与原件核对无异。

(二)纳税人上诉意见

原告张某某诉称:金坛地税一分局对其征收契税时加收滞纳金,但未按《行政强制法》第十八条规定的程序做出具体行政行为,也未按《中华人民共和国行政复议法实施条例》(以下简称《行政复议法实施条例》)第十七条的规定向原告履行告知义务。原告认为被告下属金坛地税一分局征收原告滞纳金没有事实和法律依据。因金坛地税一分局不具备诉讼主体资格,故请求法院判决被告征收滞纳金的行为违法,并判决被告返还原告滞纳金4 996.47元及利息(自2013年12月27日起至实际返还日止按同期银行贷款利率计算），诉讼费用由被告承担。

原告在起诉时提供的证据有：①销售不动产统一发票3份。②现金完税证3份。③常州市中级人民法院〔2014〕常行终字第137号行政判决书1份。原告在庭审时提供的法律依据有：《行政强制法》第十二条、第十八条、第三十四条、第三十五条、第三十六条、第三十七条，《江苏省实施〈中华人民共和国契税暂行条例〉办法》第十一条、第十二条。以上证据证明被告加收契税滞纳金违法。上述证据均为复印件，经与原件核对无异。

（三）税务机关答辩意见

被告常州市金坛地方税务局辩称：原告提起的行政诉讼已经超过了法定的诉讼时效期间。被告具有加收契税滞纳金的法定职权，对原告加收契税滞纳金事实清楚、程序正当、法律依据充分。原告要求被告根据《国行政强制法》和《行政复议法实施条例》的规定履行加收滞纳金的告知义务，于法无据。因此，请求法院依法驳回原告的诉讼请求。

（四）庭审质证与事实认定

经庭审质证，本院对证据作如下确认：对被告提供的事实方面证据，原告无异议，但对证据④的证明对象不予认可，对证据⑤的证明目的不予认可，认为证据⑥与本案无关。

本院认为，证据①～⑤能证明被告根据原告提供的材料对原告征收契税，并加收滞纳金的事实，与本案有关联性，予以采信；证据⑥虽未在法定的举证期限内提交，但该证据不是为了证明征税行为合法，而是为了证明原告在被加收滞纳金后提起行政复议、行政诉讼后，常州市中级人民法院向本案原告送达终审判决书的时间，与本案有关联性，予以采信；证据⑦未在法定的举证期限内提交，不予采信。对被告提供的法律和规范性文件依据，原告不予认可，本院认为被告提供的法律和规范性文件，与本案有关联性，予以采信。对于原告起诉时提供的证据，原告在庭审中未提交质证，但与被告提供的事实证据②～④相同，本院也予以采信。原告在庭审时提供的法律依据，被告不予认可，本院认为这是原告的辩论观点所依据的法律规范，不作证据采信。

经审理查明，原告2010年购买了南京城开集团常州置业有限公司开发的位于常州金坛的某商品房、储藏室及车位，并取得了开具于2011年4月14日的销售不动产统一发票三张。原告于2013年12月27日到金坛地税一分局申报购房契税时被告知需缴纳自签订购房合同起计算的契税滞纳金。原告于当日缴纳了契税10 333.95元及滞纳金4 996.47元，并取得相关纳税凭证3张。2014年3月27日，本案原告向江苏省常州地方税务局提出行政复议申请，要求金坛地税一分局退还其缴纳的滞纳金4 996.38元。江苏省常州地方税务局于2014年4月2日做出常地税复不受字〔2014〕第1号不予受理决定。本案原告不服该不予受理决定，于2014年5月8日诉至常州市新北区人民法院提起诉讼，要求撤销复议机关江苏省常州地方税务局做出的不予受理决定。常州市新北区人民法院于2014年6月17日做出驳回原告诉讼请求的〔2014〕新行初字第0047号行政判决。本案原告不服该判决，上诉至常州市中级人民法院，要求二审法院撤销原判，依法改判。常州市中级人民法院于2014年9月28日做出驳回原告上诉，维持原判的〔2014〕常行终字第137号行政判决，本案原告于2014年9月29日收到该终审判决书。2015年4月30日原告又诉至本院，要求判决被告征收滞纳金的行为违法，并判决被告返还原告滞纳金4 996.47元及利息（自2013年12月27日起至实际返还日止按同期银行贷款利率计算），诉讼费用由被告承担。

（五）法院观点

根据《税收征收管理法》第五条、第十四条的规定，金坛地税一分局具有征收契税的职权，由于金坛地税一分局是被告的分支机构，其做出的行为应由被告负责，故本案被告的主体适格。

《最高人民法院关于执行〈中华人民共和国行政诉讼法〉若干问题的解释》第四十一条第一款规定："行政机关做出具体行政行为时，未告知公民、法人或者其他组织诉权或者起诉期限的，起诉期限从公民、法人或者其他组织知道或者应当知道诉权或者起诉期限之日起计算，但从知道或者应当知道具体行政行为内容之日起最长不得超过2年。"本案被告未告知原告诉权和起诉期限，也未有证据证明原告何时知道或者应当知道诉权或者起诉期限，应适用2年的起诉期限，故被告认为原告超过起诉期限的辩解，本院不予支持。

《税收征收管理法》第三十二条规定："纳税人未按照规定期限缴纳税款的，扣缴义务人未按照规定期限解缴税款的，税务机关除责令限期缴纳外，从滞纳税款之日起，按日加收滞纳税款万分之五的滞纳金。"本院认为该条规定加收的滞纳金是对纳税人未按时缴纳税款和扣缴义务人未按时解缴税款所实施的一种经济上的补偿性与惩罚性相结合的措施，是世界各国普遍采取的做法。所谓补偿性，是指对任何迟延履行的金钱债务，都应当对债务人加收同期银行贷款利息，以补偿债权人在债务人迟延履行债务期间所受到的损失，体现公平原则。对纳税人超过规定的期限缴纳税款和对扣缴义务人超过规定的期限解缴税款的行为加收滞纳金，就是这个道理。所谓惩罚性，是指滞纳金的比例要高于银行同期贷款利率的比例。而《行政强制法》中规定的滞纳金属于执行罚，是一种惩罚性的措施，不带有补偿性。这两种滞纳金的性质不同，操作的程序也不一样，故原告认为被告收取滞纳金的行为违反了《行政强制法》第十八条的规定的辩解，本院不予支持。原告认为被告未按《行政复议法实施条例》第十七条的规定向原告履行告知义务，本院认为被告虽未履行告知义务，但不影响其诉讼权利，故对此辩解也不予支持。

综上所述，被告对原告加收契税滞纳金的行为，事实清楚，程序正当，适用法律、法规正确。

（六）法院判决

2015年7月15日，一审法院依照《行政诉讼法》第六十九条的规定，判决如下：驳回原告张某某的诉讼请求；本案案件受理费人民币50元，由原告张某某负担。

二、契税信息公开纠纷案

（一）基本案情

上诉人陈某某因与被上诉人国家税务总局灌南县税务局（以下简称"灌南税务局"）、国家税务总局连云港市税务局（以下简称"市税务局"）税务政府信息公开及行政复议一案，不服连云港经济技术开发区人民法院〔2019〕苏0791行初328号行政判决，向江苏省连云港市中级人民法院（下称"本院"）提起上诉。本院受理后依法组成合议庭进行了开庭审理，上诉人陈某某、被上诉人灌南税务局、市税务局的共同委托诉讼代理人郑某某到庭参加诉讼。被上诉人灌南税务局局长沈某、被上诉人市税务局副局长张某作为两被诉行政机关出庭应诉负责人分别到庭参加诉讼。本案现已审理终结。

原审法院审理查明，2019年3月27日，陈某某为了解案外人成某与徐某勇之间二手房买卖过程中的纳税情况，向灌南税务局提出政府信息公开申请，要求灌南税务局向其公开"灌税稽通〔2018〕4号税务事项通知书执行结果（成某交税时间、金额、收据）、灌南税务局收取徐某勇转让二手房契税、印花税等税款的金额、时间"。灌南税务局依法受理了陈某某的信息公开申请，并于2019年4月3日做出《关于陈某某申请公开成某徐某勇纳税情况的回复》，回复陈某某"关于成某与徐某勇房产买卖是否纳税的问题，成某本人应该非常清楚，你既然称自己是成某的委托代理人，相关信息你可以与成某沟通了解。如果你需要徐某勇的纳税信息作为证据使用，你需要提供证据证明你的委托代理人身份，待我局查实后再行决定"。陈某某对该回复不服，就此于2019年4月6日向市税务局申请行政复议，请求确认灌南税务局处理陈某某于2019年3月27日提出的政府信息公开申请行为违法，撤销灌南税务局于2019年4月3日做出的《关于陈某某申请公开成某徐某勇纳税情况的回复》，责令灌南税务局向陈某某提供其申请公开的信息，赔偿陈某某精神损失费人民币2元。2019年4月7日，市税务局受理了陈某某的复议申请。市税务局经审理认为案情复杂，于2019年6月4日做出连税复延字〔2019〕2号《国家税务总局连云港市税务局延长复议期限通知书》，决定延长复议期限30日，至2019年7月5日之前做出复议决定。2019年7月1日，市国税局做出连税复决字〔2019〕5号《国家税务总局连云港市税务局行政复议决定书》，决定维持灌南税务局做出的《关于陈某某申请公开成某徐某勇纳税情况的回复》，驳回陈某某的其他复议请求。陈某某对此不服，遂诉至原审法院。

（二）一审法院观点

原审法院认为，本案所涉政府信息公开申请及行政机关针对申请做出回复的行为均发生在2019年5月15日之前，即新修订的《中华人民共和国政府信息公开条例》（以下简称《政府信息公开条例》）实施之前，根据行政诉讼法律适用原则，本案应按"实体从旧、程序从新"的原则适用相关法律、法规规定。本案中，陈某某于2019年3月27日向灌南税务局提交政府信息公开申请，申请公开成某与徐某勇之间二手房买卖的纳税情况；灌南税务局受理申请后于2019年4月3日做出暂不向其公开的书面回复，根据被诉行为发生时现行有效的《政府信息公开条例》第二条、第九条、第十三条和第十四条有关政府信息的定义及公开范围以及《税收征收管理法》第八条第二款的规定，涉案的公民个人纳税信息属于政府信息，且属于原则上不予公开的政府信息；灌南税务局作为税务机关应当依法为纳税人的情况保密。陈某某作为公民个人,向灌南税务局申请公开其他公民买卖二手房的纳税情况,因公民纳税情况属于个人隐私,税务机关对此负有保密义务,不得公开该信息,唯有权利人同意公开的除外。灌南税务局向陈某某做出不向陈某某公开涉案信息的书面回复,无论是实体上还是程序上,均符合政府信息公开条例及税收征收管理法的上述规定,并无不当之处。陈某某要求撤销灌南税务局于2019年4月3日做出的《关于陈某某申请公开成某徐某勇纳税情况的回复》并判令向其公开相关涉案信息的诉讼请求不能成立,不予支持。市税务局依法受理陈某某的行政复议申请,并依法向陈某某送达了《国家税务总局连云港市税务局受理行政复议申请通知书》、通知灌南税务局提交书面答复及相关证据、依据和其他相关材料。市税务局在认为案情复杂、难以在复议期限内做出复议决定的情况下,依法做出《国家税务总局连云港市税务局延长复议期限通知书》并送达给陈某某和灌南税务局。2019年7月1日,市税务局做出连税复决字〔2019〕5号《国家税务总局连云港市税务局行政复议决定书》,维持了涉案回复、驳回陈某某其他复议请求,并向陈某某及灌南税务局送达该复议决定书,同时依法告知相关救济权利和途径。该行政复议决定程序合法,陈某某要求撤销涉案复议决定书的诉讼请求亦不能成立,依法不予支持。至于陈某某主张的精神损失费人民币2元的诉讼请求,不仅缺乏事实基础而且也与行政赔偿的相关法律规定不符,属于无事实和法律依据,依法不予支持。综上,依照《政府信息公开条例》(修订前)第二条、第九条、第十三条、第十四条,《税收征收管理法》第八条第二款及《国行政诉讼法》第六十九条的规定,判决驳回陈某某的诉讼请求,案件受理费人民币50元,由陈某某承担。

(三)上诉人上诉意见

上诉人陈某某不服原审判决,向本院提起上诉称,被上诉人灌南税务局未提供上诉人申请公开的信息,根据《政府信息公开条例》的规定,申请内容不明确的,应当告知申请人做出更改、补充,但是灌南税务局没有要求上诉人做出更改、补充。灌南税务局的回复及市税务局做出的复议决定违法,请求撤销原审判决,依法改判支持上诉人的诉讼请求。

(四)被上诉人答辩意见

被上诉人灌南税务局、市税务局共同答辩称,上诉人在明知成某和徐某勇相关房屋买卖因交易未完成而未缴纳税费的情况下，滥用其申请信息公开的权利，向答辩人申请要求公开成某、徐某勇房屋买卖的纳税情况。答辩人依法审查上诉人的信息公开申请，并根据《税收征收管理法》第八条第二款的规定要求上诉人提供相关证据证明其身份，但是上诉人未提供，直接向市税务局提起行政复议，上诉人的行为不当。原审判决正确，请求驳回上诉，维持原判。

（五）二审法院观点

陈某某提起上诉后，原审法院已将相关证据材料随卷移送本院。

在本院审理过程中，双方均未提供新证据。经本院审理，原审法院对本案证据的认证意见正确，本院依法予以确认。根据确认的证据，本院认定的案件主要事实与原审判决相同。

本院认为，信息公开案件应当围绕上诉人陈某某是否提出过相关申请、被上诉人灌南税务局是否进行信息公开以及相关行为是否合法等进行审查。本案中，上诉人陈某某向灌南税务局提出了信息公开申请，其申请内容系案外人成某与徐某勇房屋买卖的纳税情况。上述信息并非修订前的《政府信息公开条例》规定的行政机关应当依法主动公开的范围。依据《政府信息公开条例》第二十五条第一款规定：公民、法人或者其他组织向行政机关申请提供与其自身相关的税费缴纳、社会保障、医疗卫生等政府信息的，应当出示有效身份证件或者证明文件。上诉人陈某某并未提供有效证据证明其申请公开的信息与其自身相关，灌南税务局做出的暂不向其公开的书面回复并无不当。市税务局受理陈某某的复议申请后，做出的复议决定程序合法。综上，上诉人陈某某的上诉请求及理由无事实及法律依据，依法不能成立，本院不予支持；原审判决认定事实清楚，适用法律正确，依法应予维持。

（六）二审法院判决

2019年12月27日，二审法院依照《行政诉讼法》第八十六条、第八十九条第一款第（一）项的规定，判决如下：驳回上诉，维持原判；二审案件受理费50元，由上诉人陈某某承担（已预交）。

第九章

城市维护建设税征管典型案例讲解

第一节 城市维护建设税纳税人典型案例

一、纳税人约定税收负担案例

(一) 基本案情

上诉人杨某某因不服被上诉人国家税务总局中山市税务局东区税务分局（下称"税务东区分局"）、国家税务总局中山市税务局（下称"市税务局"）税务行政行为及行政复议一案，不服广东省中山市第一人民法院〔2019〕粤2071行初1028号行政判决，向中山市中级人民法院（下称"本院"）提起上诉。本案现已审理终结。

原审法院查明，2017年4月19日，万科公司中山分公司员工梁某、张某与涉案房地产的买方万某向税务东区分局提交署名为杨某某（甲方）、万某与全某（乙方）的广东省房地产买卖合同（合同签署日期：2017年4月17日），以及委托方分别为杨某某、全某的二手房交易转让申报委托代理授权书，向税务东区分局申报缴纳"中山市东区××及13号车房"的交易税费。该合同载明："甲、乙双方议定该房地产交易总金额为（人民币）伍拾万元整"，

"办理上述房地产过户所需缴纳的税费,由甲、乙双方按规定各自负责"。依据相关资料,税务东区分局于当日征收杨某某个人所得税 17 147.58 元、万某及全某契税 8 573.78 元,以上税费由万某刷卡支付。

税务东区分局经向原中山市国土资源局查询获悉,2017 年 4 月 20 日,杨某某(甲方)、万某及全某(乙方)前往原中山市国土资源局现场提交广东省房地产买卖合同(合同签署日期:2017 年 4 月 20 日)、契税税收缴款书以及广东省增值税普通发票,申请办理涉案房地产房屋产权转移登记手续。该买卖合同载明:"甲方拟将位于中山市东区××及 13 号车房的房地产转让给乙方""甲、乙双方议定该房地产交易总金额为(人民币)伍拾万元整""办理上述房地产过户所需缴纳的税费,由甲、乙双方按规定各自负责"。

2018 年 12 月 4 日,税务东区分局收到由市税务局稽查局交办的涉案房地产交易存在税收违法行为的实名举报材料,随即开展调查。调查期间,杨某某向税务东区分局提交了《出售物业委托书》《房地产经纪合同》及自述材料,均显示涉案房产真实交易价为 150 万元。万科公司中山分公司亦就税务东区分局的询问通知做出《关于中山市国家税务局东区分局询问通知书的复函》,该复函载明:"……2017 年 3 月,杨某某委托我公司出售其位于中山市东区××及 13 号车房,我司接受委托后积极为其寻求合适的买方,……2017 年 3 月 20 日……,万某最终同意以 150 万元的价格购买涉案物业,并与杨某某签订了合同编号为 FSZR〔2014〕——0200783 号的《房地产经纪合同》(我司作为经纪方),合同约定定金 30 万元,首期楼款 50 万元,楼价余款 70 万元通过向银行申请贷款划入杨某某指定账户。"

税务东区分局经调查查明后,于 2019 年 2 月 22 日做出中山东区税通〔2019〕40003 号《税务事项通知书》,该通知书载明:"根据我分局收集整理的纳税资料显示,杨某某转让万某、全某位于中山市东区××及 13 号车房。这一涉税事项中,存在有壹百万元人民币的合同金额未申报缴纳相关税费。依据:《税收征收管理法》第二十五条之规定及《征收管理法实施细则》的相关规定。通知内容:请杨某某收到本通知之日起十五日内到国家税务总局中山市税务局东区分局办理该事宜"。税务东区分局于 2019 年 2 月 26 日将上述通知书送达给杨某某。杨某某不服,于 2019 年 2 月 28 日向市税务局申请行政复议。市税务局受理后,经审查,于 2019 年 5 月 9 日做出中山税务行复〔2019〕1 号《行政复议决定书》,维持了税务东区分局做出的涉案行政行为。杨某某仍不服,诉至原审法院,请求法院:①撤销市税务局做出的中山税务行复〔2019〕1号行政复议决定书。②撤销税务东区分局做出的中山东区税通〔2019〕40003号税务事项通知书。③由税务东区分局、市税务局支付诉讼费及此案引起其他直接费用。

原审法院另查明，2017年3月20日，以杨某某为甲方，万科公司中山分公司为乙方，签订的《出售物业委托书》，该委托书载明："甲方委托乙方出售位于中山市东区××及13号车房。……甲方委托乙方代理出售上述物业，委托售价为人民币壹佰伍拾万元"。2017年3月20日，以杨某某为卖方，万某为买方，万科公司中山分公司为经纪方，签订的《房地产经纪合同》，该合同载明："买卖双方同意该物业总楼价为人民币壹佰伍拾万元整（¥1 500 000）。……为本次交易而按规定向有关政府部门支付一切税费的方式为买方承担。在本合同履行过程中因政府部门原因发生税费种类及标准的变化，则由买方承担"。

（二）一审法院观点

原审法院认为，根据《税收征收管理法》第五条第一款、《国家税务总局广东省税务局关于印发〈国家税务总局中山市税务局职能配置、机构设置和人员编制规定的通知〉》（粤税发〔2018〕55号）的规定，税务东区分局具有负责辖区内税收、社会保险费和有关非税收入和基础事项管理工作的法定职权与职责。根据《行政复议法》第十二条的规定，市税务局对不服税务东区分局的行政行为的行政复议负有法定职责。

《税收征收管理法》第四条第一款规定："法律、行政法规规定负有纳税义务的单位和个人为纳税人。"第二十五条第一款规定："纳税人必须依照法律、行政法规规定或者税务机关依照法律、行政法规的规定确定的申报期限、申报内容如实办理纳税申报，报送纳税申报表、财务会计报表以及税务机关根据实际需要要求纳税人报送的其他纳税资料。"《税收征收管理法实施细则》第三十二条规定："纳税人在纳税期内没有应纳税款的，也应当按照规定办理纳税申报。纳税人享受减税、免税待遇的，在减税、免税期间应当按照规定办理纳税申报。"第三十四条规定："纳税人办理纳税申报时，应当如实填写纳税申请表，并根据不同的情况应报送下列有关证件、资料：……；（二）与纳税有关的合同、协议书及凭证；……。"根据上述法律、法规，如实进行纳税申报是纳税人的法定义务。本案中，杨某某转让中山市东区××及13号车房，根据《中华人民共和国个人所得税法》第二条、

《中华人民共和国增值税暂行条例》第一条、《中华人民共和国土地增值税暂行条例》第二条、《中华人民共和国印花税暂行条例》第一条、《中华人民共和国城市维护建设税暂行条例》第二条、《征收教育费附加的暂行规定》第二条及《广东省地方教育附加征收使用管理暂行办法》第六条的规定，转让上述房产所发生的个人所得税、增值税、土地增值税、印花税、城市维护建设税、教育费附加、地方教育附加等税费，杨某某是上述税费的法定缴纳义务人，应按前述法律、法规的规定如实进行纳税申报。需要指出的是，虽然杨某某与万某、万科公司中山分公司签订的房地产经纪合同约定由买方缴纳一切税费，但并不能就此免除杨某某作为上述税费的法定缴纳义务人向税务机关办理纳税申报的义务。至于杨某某提出交易双方约定由买方缴纳一切税费，因此，税费的申报和缴纳是买方责任，其作为卖方不需要进行纳税申报的主张，于法无据，原审法院不予采纳。

税务东区分局根据调查收集整理的纳税资料，查明杨某某转让涉案的房地产，存在有100万元人民币的合同金额未申报缴纳相关税费的事实，遂向杨某某发出税务事项通知书，通知杨某某依法履行纳税申报义务，符合法律规定，并无不当，且该税务事项通知书仅用于通知纳税人申报应税事项，并不涉及具体税费事项。至于杨某某提出要求追究涉案相关人员偷税的法律责任的主张，不属于本次诉讼应审查和处理的范围。因此，杨某某要求撤销税务东区分局做出的中山东区税通〔2019〕40003号税务事项通知书的诉讼请求，理据不充分，原审法院予以驳回。

市税务局经受理、审查，于2019年5月9日做出中山税务行复〔2019〕1号行政复议决定，维持税务东区分局对杨某某做出的通知行为，程序合法，结果正确。对杨某某要求撤销中山税务行复〔2019〕1号行政复议决定书的诉讼请求，无法律依据，原审法院一并予以驳回。依照《行政诉讼法》第六十九条、第七十九条的规定，判决如下：驳回杨某某的诉讼请求；案件受理费50元，由杨某某负担。

（三）上诉人上诉意见

上诉人杨某某不服原审判决，向本院提起上诉称：①《房地产经纪合同》约定由扣缴义务人缴纳税款是上诉人的合法权利。《中华人民共和国个人所得税法》第八条规定，个人所得税以所得人为纳税义务人，以支付所得的单位或者个人为扣缴义务人。万科公司的《房地产经纪合同》约定买方万某为扣缴义务人，万科物业为办税义务人。《最高人民法院关于审理偷税抗税刑事案件具体应用法律若干问题的解释》第一条规定，扣缴义务人书面承诺代纳税人支付税款的，应当认定扣缴义务人已扣、已收税款。涉案房产原值为374 310元，本次交易金额为150万元，扣缴义务人万某在其代理人的协助下，伙同办税义务人万科物业的工作人员，串通税务东区分局的工作人员，避开上诉人，通过伪造系列报税文件，采用虚假评估计税的方式，虚假申报实施偷税，偷税金额为89.98万元对应的所得税。②一审认定事实不清，掩盖被上诉人蓄意混淆"未报税"与"已偷税"两个性质完全不同的基本事实。对于上述系列人员的偷税行为，一审法院蓄意避开了偷税、由谁、向谁追缴偷税、是否构成偷税罪及涉嫌犯罪应依法如何处理的问题。被上诉人做出的涉案行政行为所谓"存在100万元人民币的金额未申报缴纳相关税费"与事实不符，万科物业作为黑中介团伙串通税务代理实施的涉案偷税行为才是事实的真相，已涉嫌犯罪，被上诉人应移交公安机关处理而不移交，涉嫌徇私舞弊。因此，被上诉人认为上诉人存在100万元人民币的金额未申报缴纳相关税费与事实不符。③一审判决程序违法。税务人员违反《办税指南》的规定，虚假操作身份证原件查验身份情况，利用虚假评估价值计税，利用虚假《房产交易申报单》欺诈上诉人顶罪缴税质证过程，请求上级法院予以调查纠正。④一审判决适用法律不当。本案被上诉人的办税人员涉嫌刑事犯罪，应当移送公安机关调查。综上，请求二审法院撤销一审判决，将本案移送公安机关审查，并判令被上诉人支付本案的诉讼费用。

（四）被上诉人答辩意见

被上诉人税务东区分局答辩称，如实进行纳税申报是纳税人的法定义务，上诉人转让涉案房产经税务东区分局调查存在100万元合同金额未申报缴纳相应税费的情况，上诉人作为涉案税费的法定纳税人，依法应进行如实纳税申报。税务东区分局发出的税务事项通知书用于通知上诉人申报应税事项不涉及具体税费，是否存在偷税不属于该通知书处理的事项，与本案无关。一审法院认定事实清楚，判决处理恰当，请求二审法院驳回上诉，维持原判。

被上诉人市税务局答辩称同意税务东区分局的答辩意见。

（五）二审法院观点

本院查明，原审法院查明事实基本清楚，本院予以确认。

本院认为，本案属不服纳税申报通知行政纠纷。上诉人杨某某因不服被上诉人税务东区分局向其发出的关于纳税申报的中山东区税通〔2019〕40003号《税务事项通知书》提起本案行政诉讼，认为本案涉及的房屋买卖涉税事项未如实按照其出售房屋的真实交易价格申报缴纳相关税费，是由于涉案房屋买卖交易中房产经纪人与买方虚报交易金额偷税所致，税务东区分局不应当将杨某某作为涉案涉税事项的纳税义务人通知其申报缴纳相关税费。对此，本院认为，原审法院依据《税收征收管理法》及《税收征收管理法实施细则》的相关规定，认定杨某某作为涉案房屋买卖关系的卖方，属于房屋买卖交易中的卖方纳税义务人，对于相应由卖方缴纳的个人所得税、增值税等相关税费，杨某某是税收征收管理关系中的法定纳税人，具有依法如实进行纳税申报的义务，认定事实充分，法律适用准确，本院予以支持。

至于杨某某以买卖双方及房产交易经纪人在房产交易合同中约定税费的负担及实际办税过程中申报不实等问题对东区税务分局发出的涉案纳税申报通知提出的异议，本院认为，买卖双方在交易合同中对于税费的负担属于双方之间的债权债务关系约定，不能改变税收征收管理关系中相应税费纳税义务人或者扣缴义务人的税收征管行政相对人关系。而在涉案涉税事项中是否存在相关当事人虚报交易价格偷税、漏税的行为，亦不影响法定的纳税义务人或扣缴义务人如实申报缴纳相关税费的义务。在涉案涉税事项中，税务机关通过房产交易评估系统对交易房产的价值进行评估是房产交易税收征收环节中确定计税依据的必经程序，涉案涉税事项出现未如实申报的事实与税务机关的该评估程序并无关系，该房产评估价值并不是导致本案涉税事项未如实申报缴纳相关税费的原因。杨某某虽然是涉案涉税事项未如实申报纳税问题的举报人，但是同时也是涉案涉税事项相关税费的纳税义务人，其投诉举报行为并不能免除其在税收征收管理关系中作为相关税费的纳税义务人的如实申报纳税的义务。由此，税务东区分局根据杨某某的举报后调查的事实，向杨某某发出涉案通知书，事实清楚，法律依据充分，市税务局做出的复议决定维持该通知书亦合法有据，本院予以支持。杨某某的上诉理据不充分，本院不予采纳。

综上所述，上诉人杨某某上诉理据不充分，本院不予支持。原审判决查明事实清楚，判决恰当，本院予以维持。

（六）二审法院判决

2020年1月22日，二审法院依照《行政诉讼法》第八十九条第一款第（一）项之规定，判决如下：驳回上诉，维持原判；二审案件受理费50元，由上诉人杨某某负担。

二、拍卖未办产权证不动产纳税人纠纷案

（一）基本案情

上诉人宁某因与被上诉人国家税务总局南京市税务局第二税务分局（以下简称"市第二税务分局"）、国家税务总局南京市税务局（以下简称"南京市税务局"）税务行政管理及行政复议一案，不服南京铁路运输法院〔2018〕苏8602行初1820号行政判决，向江苏省南京市中级人民法院（下称"本院"）提起上诉。本院受理后，依法组成合议庭，依照《行政诉讼法》第八十六条的规定，对本案进行了审理。本案现已审理终结。

原审法院经审理查明，2013年，案外人魏某某、孙某某与甲集团南京置业发展有限公司（以下简称"甲公司"）签订商品房预售合同，买受南京市雨花台区新湖大道8号金地自在城第七街区3幢303室的房屋（以下简称"涉案房屋"）。付款方为孙某某、魏某某的《销售不动产统一发票》上载明房屋面积为118.8平方米，购房款为1 135 723元。孙某某、魏某某购买涉案房屋后，未办理不动产产权登记。后因魏某某、孙某某与银行的借款纠纷，涉案房屋被南京市鼓楼区人民法院（以下简称"鼓楼法院"）拍卖。拍卖前，鼓楼法院发出《拍卖公告》，公告中载明了拍卖时间、拍卖标的、竞买人条件、咨询时间、拍卖方式等内容，其中第七条载明："标的物过户登记手续由买受人自行办理，所涉及的一切税、费及可能存在的物业费、水、电、有线电视、卫生费、燃气费等欠费均由买受人自行解决并自行核实；交付房屋时造成的费用由买受人自负……"。

2017年4月4日，宁某通过淘宝网司法拍卖网络平台以最高价竞得涉案房屋，成交价为220万元。2017年4月27日，宁某与鼓楼法院签订《拍卖成交确认书》，包括：确认宁某拍得涉案房屋的事实；明确宁某在拍卖前已认真阅读《拍卖公告》等公示材料，自愿履行上述材料的相关规定；明确对拍卖标的过户费用、其他所涉税等均由买受人自行承担等内容。2017年5月3日，鼓楼法院做出〔2016〕苏0106执3945号《民事裁定书》及《协助执行通知书》，裁定将涉案房屋过户登记至宁某名下，由南京市不动产登记中心协助执行办理过户登记事项。

2017年5月22日，宁某至原江苏省南京地方税务局征收税务局第八税务

所（以下简称"原南京地税局第八所"）办理了纳税申报，宁某以孙某某为纳税人向南京地税局第八所缴纳个人所得税、城市维护建设税、增值税、教育费附加、地方教育附加共计138 285.72元。2018年7月4日，宁某向原江苏省南京地方税务局（以下简称"原南京地税局"）提出行政复议申请，原南京地税局于当日受理，并向被申请人原南京地税局第八所发出《行政复议提出答复通知书》。因在行政复议期间，原南京地税局及原南京地税局第八所正进行机构改革且案情较为复杂，原南京地税局于2018年8月23日做出延长复议期限30日的决定并告知宁某。2018年9月26日，南京市税务局告知宁某因机构改革，南京市区涉房交易税收的征收管理工作由市第二税务分局负责，复议案件的被申请人变更为市第二税务分局，复议机关变更为南京市税务局。

经过调查核实，南京市税务局于2018年9月27日做出宁税复决字〔2018〕001号《行政复议决定书》（以下称"涉案复议决定"），维持涉案税收缴款书确定的征收行为。宁某不服，提起本案诉讼。

另查明，2017年6月16日，宁某以原南京地税局为被申请人向南京市人民政府申请行政复议。2017年7月27日，南京市人民政府以被申请人不适格为由，驳回宁某的行政复议申请。2017年8月3日，宁某以原南京地税局第八所和南京市人民政府为被告向南京铁路运输法院提起行政诉讼，南京铁路运输法院做出〔2017〕苏8602行初1312号裁定，以申请不符合受理条件、起诉未经前置复议程序为由裁定驳回宁某的起诉。宁某不服，上诉至南京市中级人民法院。南京市中级人民法院于2017年12月28日做出〔2017〕苏01行终996号《行政裁定书》，裁定驳回上诉，维持原裁定。2017年10月17日，宁某以原南京地税局第八所为被申请人，向原南京地税局申请行政复议，请求撤销涉案税收缴款书所涉征收决定。原南京地税局经审查，认为法院已经受理宁某就同一事实提起的行政诉讼，于2017年11月28日做出宁地税征复决字〔2017〕002号《行政复议决定书》，驳回宁某的行政复议申请。宁某不服，诉至南京铁路运输法院，南京铁路运输法院于2018年3月29日做出〔2017〕苏8602行初2005号《行政判决书》，认为宁某向原南京地税局申请行政复议之前，已就南京地税局第八所征收税款一事向南京铁路运输法院提起行政诉讼，并在一审裁定后提起了上诉。上诉过程中，再次就南京地税局第八所征收税款一事向原南京地税局提起行政复议申请，属于就同一事实在人民法院受理行政诉讼后又申请复议的情形，不符合行政复议的受理条件，判决驳回宁某的诉讼请求。宁某提起上诉，南京市中级人民法院于2018年6

月 21 日做出〔2018〕苏 01 行终 339 号《行政判决书》，判决驳回宁某的上诉，维持原判。

（二）一审法院观点

原审法院认为，《税收征收管理法》第五条第一款规定，国务院税务主管部门主管全国税收征收管理工作。各地国家税务局和地方税务局应当按照国务院规定的税收征收管理范围分别进行征收管理。《行政诉讼法》第二十六条第六款规定，行政机关被撤销或者职权变更的，继续行使其职权的行政机关是被告。根据党中央、国务院《深化党和国家机构改革方案》的要求和国家税务总局的统一部署，成立南京市税务局，南京市税务局下设 7 个派出机构，其中南京市区范围内涉房交易税费的征收管理工作由市第二税务分局负责。故原南京地税局第八所的职权由市第二税务分局继续行使。宁某不服涉案税收缴款书，市第二税务分局是本案的适格被告。

涉案房屋在拍卖前，鼓楼法院发布的《拍卖公告》明确标的物过户登记所涉及的一切税、费等费用均由买受人自行解决并自行核实。宁某竞得涉案房屋后，其与鼓楼法院签订的《拍卖成交确认书》中亦明确"对拍卖标的过户费用、其他所涉税等均由买受人自行承担"。因此，涉案房屋办理转移登记时，所产生的相应税款应由买受人即宁某承担。

本案的争议焦点是涉案税收缴款书确定的征收行为是否合法，即税务机关对孙某某征收增值税、个人所得税、城市维护建设税、教育费附加、地方教育附加税款共计 138 285.72 元是否具有法律依据。《营业税改征增值税试点实施办法》第一条规定，在中华人民共和国境内销售服务、无形资产或者不动产的单位和个人，为增值税纳税人，应当按照本办法缴纳增值税，不缴纳营业税。《营业税改征增值税试点实施办法》所附《销售服务、无形资产、不动产注释》中规定，转让建筑物有限产权或者永久使用权的，转让在建的建筑物或者构筑物所有权的，以及在转让建筑物或者构筑物时一并转让其所占土地的使用权的，按照销售不动产缴纳增值税。

宁某认为孙某某、魏某某未通过登记获得涉案房屋的所有权，故不应当缴纳涉案税款。原审法院认为，根据《物权法》第二十八条规定，因人民法院、仲裁委员会的法律文书或者人民政府的征收决定等，导致物权设立、变更、转让或者消灭的，自法律文书或者人民政府的征收决定等生效时发生效力。

《中华人民共和国契税法》《中华人民共和国城市维护建设税法》
释义与典型案例讲解

《最高人民法院关于适用〈中华人民共和国物权法〉若干问题的解释（一）》第七条规定："人民法院、仲裁委员会在分割共有不动产或者动产等案件中做出并依法生效的改变原有物权关系的判决书、裁决书、调解书，以及人民法院在执行程序中做出的拍卖成交裁定书、以物抵债裁定书，应当认定为《物权法》第二十八条所称导致物权设立、变更、转让或者消灭的人民法院、仲裁委员会的法律文书。"本案中，孙某某、魏某某从甲公司购买了涉案房屋，后因借款纠纷，涉案房屋被依法拍卖。鼓楼法院做出的〔2016〕苏0106执3945号《民事裁定书》明确拍卖的系孙某某、魏某某所有房屋，并裁定将涉案房屋过户登记至宁某名下。因此，宁某通过竞拍取得魏某某、孙某某的涉案房屋，市第二税务分局对涉案房屋的转移征收增值税，符合上述法律规定。

《中华人民共和国个人所得税法》第二条第一款第（八）项规定，财产转让所得，应纳个人所得税。该法第六条第一款第（五）项规定，财产转让所得，以转让财产的收入额减除财产原值和合理费用后的余额，为应纳税所得额。《中华人民共和国个人所得税法实施条例》第五条第（三）项规定，转让中国境内的建筑物、土地使用权等财产或者在中国境内转让其他财产取得的所得，不论支付地点是否在中国境内，均为来源于中国境内的所得。本案中，鼓楼法院将魏某某、孙某某所有的房产进行了拍卖，通过拍卖及后续程序，涉案房屋转移登记至买受人名下，所得拍卖款项用于清偿魏某某、孙某某的债务，魏某某、孙某某实质上取得了财产转让所得，应按照上述规定缴纳个人所得税。

另根据《城市维护建设税暂行条例》《征收教育费附加的暂行规定》《江苏省人民政府关于调整地方教育附加等政府性基金有关政策的通知》（苏政发〔2011〕3号）的要求，市第二税务分局以增值税税额为基数乘以相应的税率对孙某某征收城市维护建设费、教育费附加、地方教育附加符合上述规定。

根据《税务行政复议规则》第十九条第一款第（二）项的规定，对被撤销的税务机关在撤销以前所做出的具体行政行为不服的，向继续行使其职权的税务机关的上一级税务机关申请行政复议。本案中，原南京市区范围内涉房交易税费的征收管理工作由市第二税务分局承继，南京市税务局作为市第二税务分局的上级机关，具有对本案涉案税收缴款书进行复议的职权。

《行政复议法》第三十一条规定，行政复议机关应当自受理申请之日起60日内做出行政复议决定；但是法律规定的行政复议期限少于60日的除外。情况复杂，不能在规定期限内做出行政复议决定的，经行政复议机关的负责人批准，可以适当延长，并告知申请人和被申请人；但是延长期限最多不超过30日。本案中，宁某于2018年7月4日向原南京地税局申请行政复议，原南京地税局于当天立案受理，并书面通知原南京地税局第八所提出答复。2018年8月23日，原南京地税局依法做出延长复议期限30日的决定，并告知宁某。2018年9月27日，南京市税务局做出涉案复议决定，符合法律规定。

综上，宁某要求撤销市第二税务分局做出的涉案税款缴纳书并退回其缴纳的税款138 285.72元以及撤销南京市税务局做出的涉案复议决定的诉讼请求，缺乏事实和法律依据，依照《行政诉讼法》第六十九条的规定，判决驳回宁某的诉讼请求；案件受理费50元，由宁某负担。

（三）上诉意见

上诉人宁某上诉称，鼓楼法院做出的〔2016〕苏0106执3945号《民事裁定书》虽属《最高人民法院关于适用〈中华人民共和国物权法〉若干问题的解释（一）》第七条规定的人民法院在执行程序中做出的拍卖成交裁定书，符合《物权法》第二十八条规定的"因人民法院、仲裁委员会的法律文书或者人民法院的征收决定等，导致物权设立、变更、转让或者消灭的，自法律文书或者人民政府的征收决定等生效时发生效力"的情形。但在该《民事裁定书》做出前，涉案房屋物权属于甲公司，魏某某、孙某某既没有根据《物权法》第九条的规定对涉案房屋进行登记，也不符合《物权法》第二十八条规定的情形。换言之，2015年5月3日之前魏某某、孙某某享有的是债权而不是物权。自2015年5月3日起，涉案房屋的物权根据上述《民事裁定书》的内容发生了变更和转让，受让方是上诉人而不是魏某某、孙某某。因此，涉案房屋的物权由甲公司转移至上诉人。因孙某某并没有涉案房屋的转让资格，征收对象应为甲公司而不是孙某某，故原南京地税局第八所的涉案征收行为错误。综上，一审判决认定事实错误，请求：①撤销〔2018〕苏8602行初1820号行政判决。②改判支持上诉人的一审诉讼请求。③诉讼费用由被上诉人承担。

（四）答辩意见

被上诉人市第二税务分局辩称：

（1）被诉行政行为认定事实清楚。魏某某、孙某某于2013年与甲公司签订了《商品房预售合同》，买受涉案房屋，并在市房产管理部门进行了合同备案和房产预告登记，双方签订的合同合法有效，且魏某某、孙某某已向甲公司支付了全部房款并取得销售不动产发票，甲公司向魏某某、孙某某交付了房屋。因此，魏某某、孙某某虽未通过登记取得房产证，但已取得涉案房屋占有、使用、收益、处分的所有权利。原南京地税局第八所就魏某某、孙某某名下涉案房屋拍卖所得，认定魏某某、孙某某为涉案房屋的增值税纳税义务人，并要求其缴纳相关税金及费用，符合法律规定。本案涉诉房屋产权系因司法拍卖而转移，《拍卖成交确认书》确定之日即为增值税纳税义务发生时间。纳税人魏某某、孙某某自《拍卖成交确认书》确定之日具有增值税纳税义务，并应同时缴纳相关税金及费用。魏某某、孙某某取得了相应的拍卖款项，用以抵偿魏某某、孙某某的债务，应该认定为魏某某、孙某某取得了财产转让所得，因此魏某某、孙某某应缴纳个人所得税。

（2）被诉行政行为适用法律、法规正确。魏某某、孙某某签订了《商品房预售合同》，并在房管部门办理了备案和房产预告登记，法院通过司法拍卖将原购房人名下的房产进行了变卖，这一系列行为均属于增值税及个人所得税征税范围。本案纳税人魏某某、孙某某自《拍卖成交确认书》确定之日具有增值税纳税义务，并应同时缴纳附加税费及个人所得税。因此，被诉征税行为符合《营业税改增值税试点实施办法》《中华人民共和国个人所得税法》等相关规定。

（3）一审判决认定事实清楚、判决适用法律正确。

综上，请求二审法院驳回上诉，维持原判。

被上诉人南京市税务局答辩称，上诉人向原江苏省南京地方税务局征收税务局（以下简称"原地税征收局"）书面申请行政复议。原地税征收局于当日予以受理。因在行政复议期间，原南京市国家税务局和原南京地税局正进行机构改革且案情较为复杂，原地税征收局于2018年8月23日做出延长复议期限30日的决定并告知上诉人。2018年9月26日，南京市税务局告知上诉人因机构改革，南京市区涉房交易税收的征收管理工作由市第二税务分局负责，复议案件的被申请人变更为市第二税务分局，复议机关变更为南京市税务局。经复议审查，魏某某、孙某某虽未办理产权登记，但该房屋已被法院确认为其名下房产，并经司法拍卖获得了经济利益，该行为属于税法规定的增值税征税范围。按照税法关于增值税纳税义务发生时间的规定，魏某某、孙某某自《拍卖成交确认书》确定的缴款并办理交付手续之日即具有增值税纳税义务；同时，应缴纳城市维护建设税、教育费附加、地方教育附加等附加税费。此外，根据《中华人民共和国个人所得税法》《国家税务总局关于个人住房转让所得征收个人所得税有关问题的通知》（国税发〔2006〕108号）、《南京市地方税务局转发关于个人住房转让所得征收个人所得税有关问题的通知》（宁地税发〔2006〕181号）的规定，魏某某、孙某某应按照财产转让项目缴纳个人所得税。税务机关征收上述税款于法有据。上诉人承担他人税款的行为属于自愿履行司法拍卖确定的义务，并不违反税收法律法规的强制性规定。据此，南京市税务局于2018年9月27日做出涉案复议决定，维持涉案税收缴款书确定的征收行为，请求二审法院驳回上诉，维持原判。

（五）二审法院认定事实

上诉人宁某向本院提起上诉后，原审法院已将各方当事人提交的证据随案移送本院。本院经审查，原审法院对各方当事人提交的证据审核、认证，符合法律规定，本院予以确认。

原审判决查明事实中关于"2018年7月4日，原告向原南京地税局提出行政复议申请"的表述欠准确，应为"2018年7月4日，原告向原南京地税局征收税务局提出行政复议申请"，对此，本院予以纠正。对原审判决查明的其他事实，本院予以确认。

二审中，被上诉人南京市税务局委托代理人述称，2018年7月5日，根据国家税务总局的统一安排和部署，原南京市国家税务局与原南京地税局合并成立新的南京市税务局。2018年7月5日之前，原地税征收局是原南京地税局的派出机构，原南京地税局第八所是原地税征收局的派出机构。南京市税务局2018年7月5日挂牌成立之后，原地税征收局撤销，其职责由市第二税务分局承继，市第二税务分局不再设立派出机构。上诉人宁某对被上诉人南京市税务局的以上陈述不持异议。

（六）二审法院观点

本院认为，《税收征收管理法》第五条第一款规定："国务院税务主管部门主管全国税收征收管理工作。各地国家税务局和地方税务局应当按照国务院规定的税收征收管理范围分别进行征收管理。"第十四条规定："本法所称税务机关是指各级税务局、税务分局、税务所和按照国务院规定设立的并向社会公告的税务机构。"本案中，原南京地税局第八所对其管辖范围内的涉房交易税费具有征收管理并做出涉案税费征收行为的法定职责。根据

《行政诉讼法》第二十六条第六款规定，行政机关被撤销或者职权变更的，继续行使其职权的行政机关是被告。由于机构改革，原地税征收局和原南京地税局第八所撤销后，其职权由市第二税务分局继续行使，故市第二税务分局是本案的适格被告。

《营业税改征增值税试点实施办法》第一条规定："在中华人民共和国境内（以下称境内）销售服务、无形资产或者不动产（以下称应税行为）的单位和个人，为增值税纳税人，应当按照本办法缴纳增值税，不缴纳营业税。"第三十五条规定："简易计税方法的销售额不包括其应纳税额，纳税人采用销售额和应纳税额合并定价方法的，按照下列公式计算销售额：销售额＝含税销售额÷（1＋征收率）。"该办法所附《销售服务、无形资产、不动产注释》中规定，转让建筑物有限产权或者永久使用权的，转让在建的建筑物或者构筑物所有权的，以及在转让建筑物或者构筑物时一并转让其所占土地的使用权的，按照销售不动产缴纳增值税。《纳税人转让不动产增值税征收管理暂行办法》第五条第一款第（一）项规定，个人转让其购买的住房，按照有关规定全额缴纳增值税的，以取得的全部价款和价外费用为销售额，按照5%的征收率计算应纳税额。本案中，宁某通过竞拍取得魏某某、孙某某的涉案房屋并支付了拍卖款项，涉案房屋通过司法拍卖成交。上述拍卖成交符合《营业税改征增值税试点实施办法》规定的转让不动产的情形，属于应按照销售不动产缴纳增值税的应税行为，原南京地税局第八所适用简易计税方法，以不包括应纳税额的销售额，即涉案房屋拍卖价2 095 238.1元[2 200 000÷（1＋0.05）]，按照5%的征收率计征涉案房屋转让增值税104 761.9元，符合上述规定。

《中华人民共和国个人所得税法》（2011年6月30日第六次修正）第二条第（九）项规定，财产转让所得，应纳个人所得税。该法第六条第一款第（五）项规定，财产转让所得，以转让财产的收入额减除财产原值和合理费用后的余额，为应纳税所得额。《中华人民共和国个人所得税法实施条例》（2011年7月19日第三次修正）第五条第（三）项规定，转让中国境内的建筑物、土地使用权等财产或者在中国境内转让其他财产取得的所得，不论支付地点是否在中国境内，均为来源于中国境内的所得。《国家税务总局关于个人住房转让所得征收个人所得税有关问题的通知》第三条规定，纳税人未提供完整、准确的范围原值凭证，不能正确计算房屋原值和应税额的，税务机关可实行核定征税，即按纳税人住房转让收入的一定比例核定应纳个人所得税税额。具体比例由省级地方税务局或省级地方税务局授权的地市级地方税务局在住房转让收入1%～3%的幅度内确定。宁地税发〔2006〕181号《南京市地方税务局转发关于个人住房转让所得征收个人所得税有关问题的通知》第一条明确，南京市执行《国家税务总局关于个人住房转让所得征收个人所得税有关问题的通知》第三条关于核定征税的具体比例，暂定为1%。本案中，涉案房屋通过司法拍卖成交，宁某支付的拍卖款项用于清偿魏某某、孙某某债务，故应当认定魏某某、孙某某取得了涉案房屋转让所得，魏某某、孙某某应按照上述规定缴纳个人所得税。原南京地税局第八所在扣除增值税税额后，以涉案房屋销售额 2 095 238.1 元作为应纳税所得额，按照1%税率向魏某某、孙某某计征个人所得税 20 952.38 元，符合上述规定。

《城市维护建设税暂行条例》第二条规定："凡缴纳消费税、增值税、营业税的单位和个人，都是城市维护建设税的纳税义务人（以下简称纳税人），都应当依照本条例的规定缴纳城市维护建设税。"第三条规定："城市维护建设税，以纳税人实际缴纳的消费税、增值税、营业税税额为计税依据，分别与消费税、增值税、营业税同时缴纳。"第四条规定："纳税人所在地在市区的，税率为7%。"根据上述规定，城市维护建设税是对缴纳增值税、消费税、营业税的单位和个人，按照实际缴纳上述"三税"税额的一定比例征收专门用于城市维护建设的一种税收。本案中，原南京地税局第八所以220万元竞拍成交价中的增值税税额，即 104 761.9 元作为计税依据，按7%税率计征城市维护建设税 7 333.34 元，符合上述规定。

《征收教育费附加的暂行规定》第三条第一款规定："教育费附加，以各单位和个人实际缴纳的增值税、营业税、消费税的税额为计征依据，教育费附加率为3%，分别与增值税、营业税、消费税同时缴纳。"《江苏省人民政府关于调整地方教育附加等政府性基金有关政策的通知》规定："地方教育附加征收范围统一为我省境内所有缴纳增值税、消费税、营业税（以下简称'三税'）的单位和个人，包括外商投资企业、外国企业及外籍个人。地方教育附加征收标准由实际缴纳'三税'税额的1%提高到2%。"本案中，原南京地税局第八所根据上述规定，以220万元竞拍成交价中的增值税税额，即 104 761.9 元作为计征依据，按3%、2%的征收标准分别计征教育附加 3 142.86 元和地方教育附加 2 095.24 元，符合上述规定。

《营业税改征增值税试点实施办法》第四十五条第一款规定了增值税纳税义务、扣缴义务发生时间："纳税人发生应税行为并收讫销售款或取得索取销售款凭据的当天；先开具发票的，为开具发票的当天。收讫销售款项，是指纳税人销售服务、无形资产、不动产过程中或者完成后收到款项。取得索取销售款项凭据的当天,是指书面合同确定的付款日期;未签订书面合同或者书面合同未确认付款日期的,为服务、无形资产转让完成的当天或者不动产权属变更的当天。"根据上述增值税纳税义务发生时间的规定,魏某某、孙某某自《拍卖成交确认书》确定的缴款并办理交付手续之日即具有增值税纳税义务。《国家税务总局关于个人住房转让所得征收个人所得税有关问题的通知》第四条规定,为方便出售住房的个人依法履行纳税义务,加强税收征管,主管税务机关要在房地产交易场所设置税收征收窗口,个人转让住房应缴纳的个人所得税,应与转让环节应缴纳的营业税、契税、土地增值税等税收一并办理;税务机关暂没有条件在房地产交易场所设置税收征收窗口的,应委托契税征收部门一并征收个人所得税等税收。《中华人民共和国城市维护建设税暂行条例》第三条规定,城市维护建设税与增值税同时缴纳。《征收教育费附加的暂行规定》第三条第一款规定,教育费附加与增值税同时缴纳。根据上述增值税纳税义务发生时间的规定和个人转让住房征收个人所得税应与转让环节应缴纳的营业税、契税、土地增值税等税收一并办理的规定,以及城市维护建设税、教育费附加与增值税同时缴纳的规定,原南京地税局第八所在对涉案房屋转让征收增值税的同时对魏某某、孙某某征收个人所得税、城市维护建设费、教育费附加、地方教育附加,符合上述规定。

关于上诉人提出税费征收对象应为甲公司而不是孙某某的问题。《营业税改征增值税试点实施办法》第一条规定:"在中华人民共和国境内(以下称境内)销售服务、无形资产或者不动产(以下称应税应为)的单位和个人,为增值税纳税人,应当按照本办法缴纳增值税,不缴纳营业税。"根据上述规定,本院认为,增值税纳税义务人应为销售不动产的单位和个人。根据《营业税改征增值税试点实施办法》所附《销售服务、无形资产、不动产注释》中关于转让建筑物有限产权或者永久使用权的,转让在建的建筑物或者构筑物所有权的,以及在转让建筑物或者构筑物时一并转让其所占土地的使用权的,按照销售不动产缴纳增值税的规定,对建筑物转让征收增值税不以不动产登记为必要前置条件。本案中,魏某某、孙某某与甲公司签订了《商品房预售合同》,买受涉案房屋,并在不动产登记部门办理了预购商品房预告登记;鼓楼法院做出的〔2016〕苏0106执3945号《民事裁定书》亦明确拍卖的标的物系孙某某、魏某某名下的涉案房屋;通过司法拍卖程序,魏某某、孙某某实质取得了涉案房屋拍卖款用于清偿自身的债务。因此,在税收法律关系中,涉案房屋经司法拍卖,已从魏某某、孙某某转移至上诉人名下,魏某某、孙某某取得了涉案房屋拍卖款,涉案房屋的流转符合《营业税改征增值税试点实施办法》第一条规定的情形,魏某某、孙某某属于该条规定的增值税纳税义务人。上诉人关于征收对象错误的上诉主张没有事实和法律依据,本院不予支持。

原南京地税局第八所认定魏某某、孙某某为销售不动产的纳税义务人并开具《税收缴款书》。鼓楼法院在《拍卖公告》中载明,标的物过户登记所涉及的一切税、费等费用均由买受人自行解决并自行核实。上诉人在《拍卖成交确认书》亦签名确认"对拍卖标的过户费用、其他所涉税等均由买受人自行承担"。根据上述事实,可以认定上诉人在竞拍之前有核实相关税费的义务,并已知晓相关税费由其承担。因此,上诉人承担他人税费的行为应认定为自愿履行《拍卖成交确认书》确定的义务。上诉人替代纳税义务人缴纳涉案税费的行为,未违反税收法律法规的强制性规定。

《税务行政复议规则》第十九条第一款第(二)项的规定,对被撤销的税务机关在撤销以前所做出的具体行政行为不服的,向继续行使其职权的税务机关的上一级税务机关申请行政复议。本案中,原南京地税局第八所撤销后,其职权由市第二税务分局继续行使,南京市税务局作为市第二税务分局的上一级税务机关,具有对涉案税收征收行为进行复议的法定职权。

《行政复议法》第三十一条第一款规定:"行政复议机关应当自受理申请之日起六十日内做出行政复议决定;但是法律规定的行政复议期限少于六十日的除外。情况复杂,不能在规定期限内做出行政复议决定的,经行政复议机关的负责人批准,可以适当延长,并告知申请人和被申请人;但是延长期限最多不超过三十日。"本案中,宁某不服原南京地税局第八所做出的涉案税收征收行为,于2018年7月4日向原地税征收局提出行政复议申请,原地税征收局当日予以受理,并要求原南京地税局第八所提出答复并附相关证据、依据材料。因案情较为复杂且税务机关正进行机构改革,原地税征收局决定延长复议期限30日,并于2018年8月23日做出《延长复议期限通知书》送达上诉人。2018年9月26日,南京市税务局告知上诉人因机构改革,复议案件的被申请人变更为市第二税务分局,复议机关变更为南京市税务局。宁某对复议被申请人及复议机关的变更不持异议。经过对案件事实和证据的审查,南京市税务局于2018年9月27日做出涉案复议决定,维持涉案税收缴款书确定的征收行为,并将涉案复议决定书向宁某送达。南京市税务局做出的涉案复议决定符合《行政复议法》的上述规定,行政复议程序合法。

综上，原南京地税局第八所做出的涉案税收征收行为及南京市税务局做出的涉案复议决定认定事实清楚，适用法律、法规正确，程序合法。宁某要求撤销一审判决并改判支持其一审诉讼请求的上诉请求缺乏事实和法律依据，本院不予支持。一审判决认定事实清楚，适用法律正确，审判程序合法，应予维持。

（七）二审法院判决

2019年9月5日，二审法院依照《行政诉讼法》第八十九条第一款第（一）项的规定，判决如下：驳回上诉，维持原判；二审案件受理费50元，由上诉人宁某负担。

第二节　城市维护建设税计税依据典型案例

一、基本案情

上诉人陈某某因不服被上诉人国家税务总局中山市税务局神湾税务分局（下称"神湾税务分局"）、国家税务总局中山市税务局（下称"市税务局"）税务行政行为一案，不服广东省中山市第一人民法院〔2018〕粤2071行初823号行政判决，向广东省中山市中级人民法院（下称"本院"）提起上诉。本案现已审理终结。

原审法院查明，2018年1月4日10时至2018年1月5日10时止，原审法院通过淘宝网司法拍卖平台对梁某某、叶某某所有的位于中山××镇××村的房地产（房产证号为C34××××9/C05××××5、C34××××0/C05××××4，土地证号为国〔2010〕3××××4）进行公开拍卖，陈某某以5 848 346元的竞价拍卖成交。2018年1月16日，原审法院做出〔2017〕粤2071执8128号之二执行裁定书，裁定上述房地产的所有权及相应的其他权利归陈某某所有，上述房地产过户应缴税金及所需费用均由买受人陈某某承担。随后，陈某某向神湾税务分局提交相关资料办理拍卖房产交易事项的纳税申报。2018年3月30日，神湾税务分局向梁某某和叶某某征收增值税292 417.3元、城市维护建设税14 620.86元、教育费附加8 772.52元、地方教育附加 5 848.34 元、土地增值税 2 022 079.26 元、个人所得税 581 955.2 元，向陈某某征收契税 175 450.38 元、印花税 2 924.2 元。陈某某不服，于 2018 年 5 月 11 日向市税务局申请行政复议。市税务局于 2018 年 5 月 17 日受理后向神湾税务分局发出提出行政复议答复通知书，要求该局书面答复并提交相关证据材料。2018 年 6 月 26 日，神湾税务分局向梁某某、叶某某公告送达税务事项通知书，通知其被拍卖房产过户房地产交易纳税申报事项核定应纳税额。2018 年 7 月 9 日，市税务局决定延长复议审查期限 30 日。

2018 年 8 月 1 日，市税务局做出中山地税行复〔2018〕3 号行政复议决定，决定：①维持神湾税务分局征收梁某某、叶某某增值税及附征税费 321 659.02 元、土地增值税 2 022 079.26 元、个人所得税 581 955.20 元及征收陈某某契税 175 450.38 元的具体行政行为。②撤销神湾税务分局征收陈某某印花税 2 924.20 元的具体行政行为。③对神湾税务分局没有及时送达税务事项通知书的程序问题确认违法。市税务局分别于 2018 年 8 月 4 日、6 日向陈某某、神湾税务分局送达该复议决定书。陈某某仍不服，诉至原审法院，请求判令：①撤销市税务局做出的中山地税行复〔2018〕3 号行政复议决定书。②责令神湾税务分局更正违法行为，退回多缴的税款 229 309.01 元。

原审法院另查明，因国家机构体制改革，原中山市地方税务局神湾税务分局的权利义务由国家税务总局中山市税务局神湾税务分局承受。

原审法院又查明，广东甲土地房地产估价咨询有限公司于 2018 年 1 月 31 日出具涉案房地产的评估结果：涉案房地产重置价格为 1 507 279 元，成新度折扣率为 75%，评估价格为 1 130 459 元。

原审庭审中，陈某某明确对涉案房地产应缴纳的税种、税率、适用简易计税方法计税均没有异议，但对销售额的认定有异议。陈某某认为，涉案房地产的拍卖成交价是含税销售额，属于采用销售额和应纳税额合并定价方法，主张涉案房地产销售额＝拍卖成交价÷（1＋征收率）。神湾税务分局、市税务局认为，涉案房地产的拍卖成交价是不含应纳税额的，不属于销售额和应纳税额合并定价方法，主张销售额即为拍卖成交价。

二、一审法院观点

原审法院认为：应根据全面审查的原则对神湾税务分局的税费征缴行为、市税务局的行政复议行为作合法性审查。

第一,职权方面。根据《税收征收管理法》第五条第一款的规定,神湾税务分局在其行政区域内负责税收征收管理工作。根据《行政复议法》第十二条的规定,市税务局作为神湾税务分局的上一级主管部门,对神湾税务分局的行政行为具有行政复议的职权。

第二,事实认定方面。根据《中华人民共和国增值税暂行条例》第一条、《中华人民共和国城市维护建设税暂行条例》第二条、《征收教育费附加的暂行规定》第二条、《广东省地方教育附加征收使用管理暂行办法》第六条、《中华人民共和国土地增值税暂行条例》第二条、《中华人民共和国个人所得税法》第一条、第二条的规定,市税务局、神湾税务分局认定梁某某、叶某某作为涉案房地产的出让人,应当缴纳增值税、城市维护建设税、教育费附加、地方教育附加、土地增值税、个人所得税,并无不当。根据《契税暂行条例》第一条规定,陈某某作为涉案房地产的买受人,是契税的缴纳义务人。根据《中华人民共和国印花税暂行条例》第二条以及《中华人民共和国印花税暂行条例施行细则》第五条"产权转移书据,是指单位和个人产权的买卖、继承、赠与、交换、分割等所立的书据"的规定,执行裁定书不属于"产权转移书据"的范围,而神湾税务分局认定执行裁定书系属"产权转移书据",乃认定事实有误,从而导致错误征收了陈某某的印花税,市税务局在复议决定已依法予以纠正并撤销神湾税务分局征收陈某某印花税的行为,原审法院予以支持。

执行裁定书已经明确裁定涉案房地产过户应缴税金及所需费用均由陈某某承担,也就是说,陈某某作为买受人,除了要支付拍卖成交价 5 848 346 元外,还应承担过户应缴税金及所需费用。因此,市税务局、神湾税务分局认定拍卖成交价是不包括应纳税额的,拍卖成交价即为销售额,并无不当,原审法院予以支持。陈某某主张拍卖成交价是采用销售额和应纳税额合并定价方法,理据不足,原审法院不予支持。

第三,征收依据和计算方式。关于增值税,本案属于小规模纳税人发生的应税行为,根据《财政部 国家税务总局关于全面推开营业税改征增值税试点的通知》(财税〔2016〕36号)附件1《营业税改征增值税试点实施办法》第十九条的规定,适用简易计税方法。根据该办法第三十四条的规定,简易计税方法的应纳税额,是指按照销售额和增值税征收率计算的增值税额,不得抵扣进项税额,应纳税额计算公式为:应纳税额=销售额×征收率。也就是说,梁某某、叶某某应缴纳增值税的税额为 292 417.30 元(5 848 346×5%)。

第九章　城市维护建设税征管典型案例讲解

关于城市维护建设税，根据《中华人民共和国城市维护建设税暂行条例》第三条、第四条的规定，城市维护建设税的税率为5%，故梁某某、叶某某应缴纳城市维护建设税的税额为14 620.86元（292 417.30×5%）。

关于教育费附加，根据《征收教育费附加的暂行规定》第三条的规定，教育费附加率为3%，故梁某某、叶某某应缴纳教育费附加的税额为8 772.52元（292 417.30×3%）。

关于地方教育附加，《广东省地方教育附加征收使用管理暂行办法》第六条的规定，地方教育费附加率为2%，梁某某、叶某某应缴纳的地方教育费附加的税额为5 848.34元（292 417.30×2%）。

关于土地增值税，根据《财政部　国家税务总局关于营改增后契税、房产税、土地增值税、个人所得税计税依据问题的通知》（财税〔2016〕43号）的规定，涉案房地产增值额为4 283 158.28元，涉案房地产土地增值税扣除项目金额合计1 565 187.72元，适用税率为60%，故梁某某、叶某某土地增值税应纳税额为2 022 079.26元（4 283 158.28×60%－1 565 187.72×35%）。

关于个人所得税，根据《财政部　国家税务总局关于营改增后契税、房产税、土地增值税、个人所得税计税依据问题的通知》（财税〔2016〕43号）的规定，涉案房地产转让所得为2 909 776.01元，个人所得税税率为20%，故梁某某、叶某某应缴个人所得税金额为581 955.2元（2 909 776.01×20%）。

关于契税，根据《中华人民共和国契税暂行条例》第三条、第五条的规定，契税税率为3%～5%，陈某某契税的应纳税额为175 450.38元（5 848 346×3%）。

综上，神湾税务分局对梁某某、叶某某应缴纳的增值税、城市维护建设税、教育费附加、地方教育附加、土地增值税、个人所得税和陈某某应缴纳的契税的计算方式正确，市税务局决定予以维持并无不当。

第四，程序方面。梁某某、叶某某作为涉案房地产的出让人，系增值税、城市维护建设税、教育费附加、地方教育附加、土地增值税、个人所得税的缴纳义务人。根据《税收征收管理法实施细则》第四十七条的规定，神湾税务分局核定应纳税额后应当告知纳税义务人梁某某、叶某某，以保障其异议权。本案中，神湾税务分局未履行核定通知程序而直接征收税款，违反上述规定，程序违法。市税务局基于神湾税务分局在行政复议阶段自行补正告知程序，梁某某、叶某某对应纳税额没有异议，且陈某某亦已完成涉案房地产过户手续等的综合考虑，故决定不予撤销，但对神湾税务分局没有及时送达税务事项通知书的行为确认违法,市税务局的上述处理并无不当,原审法院予以支持。市税务局受理陈某某的行政复议申请后,经审查后做出涉案行政复议决定,并依法送达各方当事人,程序符合法律规定。

综上所述,陈某某要求撤销市税务局做出的中山地税行复〔2018〕3号行政复议决定书并责令神湾税务分局退回多缴229 309.01元税款的诉讼请求,理据不充分,原审法院予以驳回。依照《行政诉讼法》第六十九条、第七十九条之规定,判决如下:驳回陈某某的诉讼请求;案件受理费50元,由陈某某负担。

三、上诉意见

上诉人陈某某不服原审判决,向本院提起上诉称,原审判决认定事实不清,适用法律错误,应予纠正。

(1)增值税计税金额认定错误,计算方法错误。原审法院的拍卖执行裁定认定拍卖的房地产过户应缴纳税金及所需费用均由买受人承担,应理解为过户应缴纳的税费均由买受人承担,但不能机械地理解为成交金额不包含任何税费。成交金额是否包含增值税应当结合法律、法规来理解。根据《营业税改征增值税试点实施办法》第三十五条的规定,简易计税方法的销售额不包括其应纳税额,纳税人采用销售额和应纳税额合并定价方法的,按照下列公示计算销售额:销售额=含税销售额÷(1+征收率)。因此,本案中,增值税应纳金额应为278 492.67元,该金额在拍卖成交价中已含。

(2)城市维护建设税、教育费附加、地方教育附加、契税、个人所得税、土地增值税计税金额均认定错误。城市维护建设税、教育费附加、地方教育附加三项均是以增值税为计算基础的,上述增值税计算错误,导致这三项税计算错误,三项附加税应以278 492.67元为计算基础,共应为27 849.26元。关于土地增值税,上诉人对于神湾税务分局计算的扣除项目400 987元及评估报告扣除项目1 134 959元没有异议,但是同样基于上述成交价减去增值税才是本次营业额的问题,营业额的计算有误导致该项税负计算有误,应缴土地增值税据此计算应为1 856 306.50元。关于契税,计征契税的成交价应不含增值税,应当为167 095.6元。关于个人所得税,仍应以不含增值税的成交价计算基础,为559 689.71元。对于市税务局认定的撤销征收印花税,上诉人予以认可。综上所述,神湾税务分局、市税务局及原审法院错误理解《营业税改征增值税试点实施办法》的立法原意和计算方法，导致增值税及附征税费等税负计算错误，导致上诉人多缴税费 493 126.99 元，损害了上诉人的合法权益，请求二审法院判决：①撤销原审判决。②撤销市税务局做出的中山地税行复〔2018〕3 号行政复议决定，并依法判令神湾税务分局更正违法行为，退回多缴的税款 493 126.99 元。

四、答辩意见

被上诉人市税务局答辩称，答辩意见与一审答辩意见一致，一审法院认定事实清楚，适用法律准确，判决恰当，请求二审法院驳回上诉，维持原判。

被上诉人神湾税务分局答辩称，坚持一审答辩意见，一审法院认定事实清楚，适用法律准确，判决恰当，请求二审法院驳回上诉，维持原判。

五、二审法院观点

本院经审理查明，原审判决查明事实清楚，本院予以确认。

本院认为，本案为不服税务征收行政行为纠纷案。根据上诉人陈某某的上诉意见，审查本案税务征收行政行为及相关复议行为的合法性，在于审查神湾税务分局计征涉案税费核定的计税基础（销售额）是否准确的问题。

本案陈某某的竞买行为是通过原审法院在淘宝网司法拍卖平台拍卖土地进行的，陈某某以 5 848 346 元的价格竞价拍卖成交涉案土地，其竞买行为及竞价成功后的竞买义务，应当遵循司法拍卖平台拍卖公告及原审法院拍卖成交确认裁定（〔2017〕粤 2071 执 8128 号之二执行裁定书）执行。根据该裁定，涉案房地产的拍卖成交价为 5 848 346 元，房地产过户应缴税金及所需费用由陈某某承担，意即拍卖成交价 5 848 346 元为原审法院执行本案第三人梁某某、叶某某涉案房地产财产的变现款，该款全额作为执行款由原审法院执行案件所得。因此，神湾税务分局在核定陈某某拍卖应纳税款时，根据上述司法拍卖的规定，认定该成交价为执行法院净收入的不含税销售额准确，原审法院据此认定应以该成交价计算应纳税额正确，本院予以支持。上诉人陈某某提出该成交金额包含应纳税费，与司法拍卖公告及上述成交确认裁定的规定不符，神湾税务分局的上述计税依据符合陈某某上述提出的《营业税改征增值税试点实施办法》第三十五条关于"简易计税方法的销售额不包括其应纳税额……"的规定,对于陈某某的上诉,本院不予支持。

由于陈某某关于成交价为含税销售价的上诉意见不成立,其关于其他税项的上诉意见以此为基础亦不成立,原审判决对各项税负认定清楚,本院予以支持,不予赘述。

综上所述,上诉人陈某某上诉理据不充分,本院不予支持。原审判决认定事实清楚,判决处理恰当,本院予以维持。

六、二审法院判决

2019年6月17日,二审法院依照《行政诉讼法》第八十九条第一款第(一)项之规定,判决如下:驳回上诉,维持原判;二审案件受理费50元,由上诉人陈某某负担。

第三节 城市维护建设税退税与补税典型案例

一、退税不受退税期限约束案

(一)基本案情

刘某某诉国家税务总局北京市西城区税务局(以下简称"西城税务局")做出的通知及国家税务总局北京市税务局(以下简称"市税务局")行政复议一案,西城税务局不服北京市西城区人民法院(以下简称"一审法院")所做〔2017〕京0102行初813号行政判决(以下简称"一审判决"),向北京市第二中级人民法院(下称"本院")提起上诉。本院依法组成合议庭,于2019年8月19日公开开庭进行了审理,上诉人西城税务局负责人周某某及委托代理人何某某、王某某,被上诉人刘某某之委托代理人张某某,一审被告市税务局之委托代理人黄某某、焦某某,到庭参加诉讼。本案现已审理终结。

2016年12月26日,西城税务局做出京地税西税通〔2016〕31517号《税务事项通知书》（以下简称"被诉通知书"），主要内容为，刘某某（纳税人识别号：110108197206296366）；事由：退抵税（费）审批通知；依据：《税收征收管理法》第五十一条；通知内容：你（单位）于2016年12月22日提出的退抵税（费）审批收悉，经审核，不符合要求，不予审批。2017年1月18日，西城税务局做出《更正通知书》。其主要内容为："刘某某（纳税人识别号：110108197206296366）：现将我局向你送达的被诉通知书内容更正如下：2016年12月22日更正为2016年12月13日。"

刘某某不服被诉通知书，向市税务局提起行政复议。市税务局于2017年7月31日做出京地税复字〔2017〕3号《税务行政复议决定书》（以下简称"被诉复议决定"），认为西城税务局做出的被诉通知书认定事实清楚、证据充分、适用依据正确、程序合法、内容适当，依据《行政复议法》第二十八条第一款第（一）项、《税务行政复议规则》第七十五条第一项的规定，维持被诉通知书。

刘某某向一审法院诉称，2011年，刘某某欲将位于北京市西城区菜市口大街6号院3号楼6单元203室房屋（以下简称"涉案房屋"）通过出售的方式过户给沈某。2011年9月5日，刘某某向西城税务局缴纳营业税42 500元、城市维护建设税2 975元、教育费附加1 275元，共计46 750元。在涉案房屋交易过程中，刘某某前夫王某发现其对涉案房屋的权利受到侵害，因此与刘某某之间产生系列诉讼，最终法院判决认定涉案房屋权属归王某所有，导致刘某某与沈某之间的房屋交易失败。依照法律规定，营业税等税款是在房屋交易成功的情况下税务机关收取的，现刘某某与沈某之间的房屋交易失败，西城税务局应予退回。刘某某向西城税务局申请退营业税、城市维护建设税、教育费附加，西城税务局于2016年12月26日做出被诉通知书。刘某某不服，于2017年1月9日向市税务局申请行政复议，市税务局2017年7月31日做出被诉复议决定维持被诉通知书，刘某某于2017年8月2日收到。现诉至法院，请求法院：①撤销西城税务局做出的被诉通知书及市税务局做出的被诉复议决定。②判令西城税务局向刘某某退营业税42 500元、城市维护建设税2 975元、教育费附加1 275元，共计46 750元。③诉讼费用由西城税务局、市税务局承担。

西城税务局向一审法院辩称：①西城税务局做出的被诉通知书认定事实清楚、法律适用正确、程序合法。2011年9月5日，刘某某持民事调解书、强制执行裁定书等材料到西城税务局所辖第七税务所申报缴纳将涉案房屋过户给沈某发生的税费，第七税务所向刘某某征收营业税42 500元、城市维护建设税 2 975 元、教育费附加 1 275 元。2016 年 12 月 13 日，刘某某向西城税务局所辖第二税务所提出退税申请。经查验，第二税务所依法受理退税申请后，将退税申请材料交西城税务局办理。西城税务局经审核发现，刘某某于 2011 年 9 月 5 日缴纳营业税、城市维护建设税、教育费附加，于 2016 年 12 月 13 日提出退税申请，已超过《税收征收管理法》第五十一条规定的 3 年退税申请期限，据此做出被诉通知书并向刘某某送达。②刘某某主张"营业税等税款是在房屋交易成功的情况下税务机关收取的，现刘某某与沈某之间的房屋交易失败，西城税务局应予退回"没有法律根据，不能成立。《税收征收管理法》第五十一条规定"超过应纳税额缴纳的税款"的产生原因有多种，包括因法律原因、技术原因和其他原因导致的多缴税款。该条还规定，应退还的纳税人多缴的税款有两类：一是由税务机关发现；二是由纳税人自己发现。由纳税人发现的多缴税款，无论什么原因造成，都应在结算缴纳税款之日起 3 年内申请退还，超过 3 年申请退税的，税务机关不能办理退还手续。本案中，刘某某缴纳营业税、城市维护建设税、教育费附加的时间是 2011 年 9 月 5 日，提出退税申请的时间是 2016 年 12 月 13 日，已超过法定的 3 年退税申请期限，因此，其提出的退税申请不符合退税条件，西城税务局据此做出不予退税的被诉通知书并无不当。综上，刘某某所诉事由没有法律依据，请求法院判决驳回刘某某的诉讼请求。

市税务局向一审法院辩称：①市税务局受理刘某某提出的行政复议申请并做出被诉复议决定，履行了行政复议的法定职责，程序合法。2017 年 1 月 9 日，刘某某不服西城税务局做出的被诉通知书向市税务局提出行政复议，复议请求为"责令西城税务局将刘某某缴纳的营业税、城市维护建设税、教育费附加退回"。2017 年 1 月 12 日，市税务局决定受理刘某某的行政复议申请并向刘某某邮寄送达《行政复议申请受理通知书》，向西城税务局送达《行政复议答复通知书》。2017 年 1 月 20 日，西城税务局提交《行政复议答复书》及证据、法律依据等材料。经审理，市税务局认为本案情况复杂，不能在规定期限内做出行政复议决定，根据《行政复议法》第三十一条第一款、《税务行政复议规则》第八十三条第一款的规定，决定延长案件审理期限 30 日，并于 2017 年 3 月 10 日将《行政复议延期通知书》邮寄送达刘某某。由于本案涉及退税相关政策的法律适用问题需有权机关做出解释或者确认，根据《行政复议法实施条例》第四十一条第一款第六项、《税务行政复议规则》第七十九条第一款第七项的规定，市税务局决定自 2017 年 3 月 22 日起中止该案审理。中止原因消除后，于 2017 年 7 月 21 日决定恢复审理。2017 年 7 月 31 日做出被诉复议决定并邮寄送达刘某某。二、西城税务局做出的被诉通知书认定事实清楚、证据确凿、适用法律正确、程序合法。刘某某所称"营业税等税款是在房屋交易成功的情况下，税务机关收取的，现其与沈某之间的房屋交易失败，西城税务局应予退回"没有法律根据，不能成立。综上，被诉复议决定认定事实清楚、证据确实充分、适用法律正确，刘某某的诉讼请求没有事实和法律依据，请求法院驳回刘某某的诉讼请求。

沈某向一审法院述称，财政部、国家税务总局文件《关于购房人办理退房有关契税问题的通知》（财税〔2011〕32 号）明确如果没有办理权属登记可以退还契税。关于刘某某的各项税费我们认为基于同一笔交易，刘某某税费应予以退还，不应适用《税收征收管理法》第五十一条，该条规定是多缴纳税款，而不适用交易不成功的情况；西城税务局答辩中也表达了刘某某缴纳的税款应该退还，只不过是涉及时效的问题；《税收征收管理法》第五十一条还规定，税务机关如果发现应该予以退还并没有时效的规定，相当于现在西城税务局已经知晓情况却不予办理。刘某某本人一直在进行民事诉讼，主张退还税款的权利，只不过主张对象有问题，但是不能要求纳税人知道应该如何办理退税。

王某向一审法院述称，关于刘某某和沈某之间的诉讼不了解过程，至于退税问题也不清楚情况，对刘某某的诉讼请求无法发表意见。

（二）一审法院查明事实

一审法院经审理查明：

2009 年 3 月 3 日，刘某某与北京中信房地产有限公司签订《商品房预售合同》，约定刘某某购买涉案房屋，总价款 1 465 156 元。2009 年 3 月 6 日，刘某某与王某登记结婚。2010 年 1 月 26 日，刘某某与王某协议离婚，并在离婚协议中约定涉案房屋归男方所有，女方协助办理过户，所欠贷款由王某偿还。

2010 年 4 月 1 日，因刘某某与范某某民间借贷纠纷，北京市海淀区人民法院（以下简称"海淀法院"）做出〔2010〕海民初字第 9925 号民事调解书，确定刘某某在约定时间内偿还范某某 85 万元借款，如未按期还款，刘某某应将涉案房屋过户给范某某或范某某指定的第三人。同月，因刘某某未履行调解书确定的还款义务，海淀法院做出〔2010〕海民执字第 4656 号强制执行裁定书，将涉案房屋过户给范某某指定的第三人沈某。

2011年4月28日,王某向海淀法院起诉刘某某,要求确认涉案房屋归王某所有。2011年8月29日,海淀法院做出〔2011〕海民初字第17526号民事判决书,判决因涉案房屋尚未办理产权证书,无法确认涉案房屋产权人,离婚协议书约定的条件尚未成立,故驳回王某的诉讼请求。王某不服提起上诉,2011年10月30日,北京市第一中级人民法院(以下简称"一中院")做出〔2011〕一中民终字第15498号民事判决书,驳回上诉,维持原判。

2011年9月5日,刘某某到西城税务局第七税务所申报缴纳了涉案房屋过户给沈某产生的营业税42 500元、城市维护建设税2 975元、教育费附加1 275元,共计46 750元,同时代理沈某申报缴纳了契税25 500元。

2011年11月4日,一中院指令海淀法院对刘某某、范某某民间借贷纠纷案件自行审查处理。海淀法院按照一中院的要求,对〔2010〕海民初字第9925号民事调解书进行再审,于2012年4月20日做出〔2012〕海民再初字第37号民事判决书,判决撤销〔2010〕海民初字第9925号民事调解书,刘某某偿还范某某85万元。后范某某提起上诉,2012年9月18日,一中院做出〔2012〕一中民再终字第07154号民事判决书,判决驳回上诉,维持原判。

2012年,王某将刘某某诉至一审法院,要求法院判令将涉案房屋过户到王某名下。一审法院于2012年3月20日做出〔2012〕西民初字第4807号民事判决书,判决刘某某协助王某办理将涉案房屋所有权证登记于王某名下的手续。刘某某不服,提起上诉,2012年11月9日,一中院做出〔2012〕一中民终字第6209号民事判决书,驳回上诉,维持原判。现涉案房屋已登记于王某名下。

2016年6月14日,刘某某向海淀法院起诉王某不当得利纠纷,请求法院判决王某返还其垫付的购房款及税费。后刘返还税款22 127.17元不再主张,海淀法院做出〔2016〕京0108民初20622号民事判决书,判决王某于本判决生效后10日内返还刘某某53.247万元;驳回刘某某其他诉讼请求。刘某某、王某不服,提起上诉。2017年3月24日,一中院做出〔2017〕京01民终669号民事判决书,判决撤销〔2016〕京0108民初20622号民事判决书;王某于本判决生效后10日内返还刘某某53.247万元,并按中国人民银行公布的同期贷款利率给付2013年3月7日至实际返还之日止的利息;驳回刘某某的其他诉讼请求;驳回王某的上诉请求。

2016年12月13日,刘某某向西城税务局第二税务所提出退税申请,请求退还其于2011年9月5日缴纳的营业税42 500元、城市维护建设税2 975

元、教育费附加1 275元，共计46 750元。西城税务局经审查，于2016年12月26日做出被诉通知书并送达刘某某，后因被诉通知书中对退税申请提出时间描述错误，于2017年1月18日做出《更正通知书》，将错误日期更正并送达刘某某。

2017年1月9日，刘某某向市税务局提出行政复议申请，复议请求为，责令西城税务局将刘某某缴纳的营业税、城市维护建设税、教育费附加退回。2017年1月12日，市税务局决定受理刘某某的行政复议申请并向刘某某邮寄送达《行政复议申请受理通知书》，向西城税务局送达《行政复议答复通知书》。2017年1月20日，西城税务局提交《行政复议答复书》及证据、依据等相关材料。市税务局经审理认为本案情况复杂，不能在规定期限内做出行政复议决定，根据《行政复议法》第三十一条第一款、《税务行政复议规则》第八十三条第一款的规定，于2017年3月10日做出《行政复议延期通知书》决定延长案件审理期限30日，并邮寄送达刘某某及西城税务局。由于本案涉及退税相关政策的法律适用问题需有权机关做出解释或者确认，根据《行政复议法实施条例》第四十一条第一款第六项、《税务行政复议规则》第七十九条第一款第七项的规定，市税务局于2017年3月22日做出《行政复议中止通知书》决定中止案件审理并送达刘某某及西城税务局。中止原因消除后，于2017年7月21日做出《行政复议恢复审理通知书》并送达刘某某及西城税务局。2017年7月31日做出被诉复议决定并邮寄送达刘某某及西城税务局。

（三）一审法院观点

一审法院认为，根据《税收征收管理法》第五条、第十四条的规定，西城税务局负责本行政区域内税务征收管理工作，具有对退税申请予以审查并处理的法定职责。根据《税务行政复议规则》第十七条、《行政复议法》第十二条的规定，市税务局作为西城税务局的上一级主管部门，具有对西城税务局做出行政行为不服提起行政复议予以受理、审查并做出处理的法定职责。

归纳本案的审理焦点为：①刘某某缴纳的营业税、城市维护建设税、教育费附加的性质如何认定，是否应予退还。②西城税务局适用《税收征收管理法》第五十一条做出被诉通知书是否正确。

关于焦点①，一审法院认为，刘某某曾缴纳的税款自其与沈某基于以房抵债的行为不具备法律效力时，已不符合税的根本属性，不具备课税要素条件和税收依据，依法应予退还；否则，将有违税法的立法精神和宗旨。

《中华人民共和国契税法》《中华人民共和国城市维护建设税法》
释义与典型案例讲解

(1) 税收的概念和基本构成要素。税收或称租税、赋税、税金等，简称税，是国家为实现其公共职能，满足社会公共需要而凭借其政治权力，按照预定的标准和程序，无偿地、强制地取得财政收入的一种活动或手段，具有国家单方强制性、无偿征收性、标准确定性等特征，应遵循一定的原则并按照规定的标准得以实施。课税要素是指国家征税必不可少的要素即必须具备的条件，从狭义上说主要针对税收实体法要素，包括征税主体、征税客体、税率等。课税要素理论是判定相关主体的纳税义务是否成立以及国家是否有权征税的标准，只有满足课税要素，相关主体才能成为税法上的纳税人并负有依法纳税的义务，国家才能作为征收主体对其征收税款。其中：征税客体即主要解决对什么征税的问题，一般界定为物，主要涉及商品、所得以及财产等，如具有收益性和营利性则一般可以征税，如具有一定的公益性和非营利性则一般不予征税。

本案中，2011年9月5日，刘某某和沈某分别缴纳营业税、城市维护建设税、教育费附加及契税，其缴税基础源于〔2010〕海民初字第9925号民事调解书所确定的刘某某基于对范某某以房抵债行为而将涉案房屋过户给沈某的民事义务。此时，依据税法理论和规定，因房屋权属发生移转变更的事实，应由承受房屋所有权的人即沈某作为纳税主体缴纳契税，相对出让房屋所有权的人即刘某某作为纳税主体缴纳营业税、城市维护建设税、教育费附加，征税客体为涉案房屋，因具有财产收益性故满足课税要素的基本构成要件。此后，海淀法院于2012年4月20日做出〔2012〕海民再初字第37号民事判决书，判决撤销〔2010〕海民初字第9925号民事调解书，刘某某偿还范某某人民币85万元。一中院于2012年9月18日二审予以维持。一审法院于2012年3月20日做出〔2012〕西民初字第4807号民事判决书，判决刘某某协助王某办理将涉案房屋所有权证登记于王某名下的手续。一中院于2012年11月9日二审予以维持。至此，刘某某与沈某之间基于涉案房屋的以房抵债行为灭失，其缴纳的税款性质要结合课税要素、税收依据等因素加以综合判定。

税收依据指纳税人据以缴纳税款的原因和国家可以据以征收税款的理由，国家征收是否有法可依、有据可循是征收活动是否合法有效进行的基础性前提，如征税无据则国家可能涉嫌侵权。国家税务总局《关于无效产权转移征收契税的批复》（国税函〔2008〕438号）中明确，按照现行契税政策规定，对经法院判决的无效产权转移行为不征收契税。法院判决撤销房屋所有权证后，已纳契税税款应予退还。《财政部　国家税务总局关于购房人办理退房有关契税问题的通知》（财税〔2011〕32号）中明确，对已缴纳契税的购房单位和个人，在未办理房屋权属变更登记前退房的,退还已纳契税;在办理房屋权属变更登记后退房的,不予退还已纳契税。结合本案事实,刘某某与沈某之间基于以房抵债的行为失去法律效力后,从税收主体上看,刘某某不会基于涉案房屋过户而获取收益,沈某亦不能取得涉案房屋所有权的实质利益,两者均已不具备纳税人的基本构成要件,国家不再具有征税的基础和理由,其与纳税人之间已不具备特定的征纳关系;从税收客体上看,涉案房屋不再涉及以房抵债之客观条件且未发生房屋权属变更登记至沈某名下的基础事实,税收客体亦不复存在。刘某某与沈某曾缴纳的税款已不符合课税要素的必要条件,不具备税收依据的基础,不再符合税的根本属性。

(2)税收原则和税法宗旨。税收原则是在税制设计和实施都应遵循的,同时也是评价税制优劣和考核税务机关行政管理状况的基本准则。一般认为,我国当代税收原则主要包括税收财政、公平、效率、适度、法治原则等,其中税收是否公平通常认为是税制制定和实施的首要原则,也成为涉税行政诉讼案件司法审查的重点。《税收征收管理法》第一条规定:"为了加强税收征收管理,规范税收征收和缴纳行为,保障国家税收收入,保护纳税人的合法权益,促进经济和社会发展,制定本法。"该法律条款明确规定税法的立法目的,必然要求制定明确稳定的税收征收标准,确立税法基本原则并体现在课税要素的诸项规定之中。根据对涉案事实的分析,刘某某缴纳的税款性质发生变化,国家作为公权力在已不具备课税要素以及税收依据的前提下应予以退还,如若不然,将不符合税收公平、适度、法治等基本原则,相对于个人私权而言,涉嫌存在税收利益的不平衡和不合理,有违保护纳税人合法权益,促进经济和社会发展的税法立法宗旨,违背法的公平正义的基本价值取向。

关于焦点②,一审法院认为,税务机关针对纳税人提出的退税申请,应遵循税法的立法精神,秉承行政合法性原则为基础、行政合理性原则为补充的执法理念,正确行使税收管理职责,切实维护行政相对人的合法权益。

具体到本案中,主要涉及退税制度的法律适用问题。退税制度由纳税人退还请求权的实现和征税主体的退还义务两部分构成,主要解决纳税人因超出应纳税额缴税、误缴或不应缴纳税款等多种因素引发的税款是否应予退还等问题。目前,我国税收管理领域关于退税制度的法律规定主要是《税收征收管理法》第五十一条,即纳税人超过应纳税额缴纳的税款,税务机关发现后应当立即退还;纳税人自结算缴纳税款之日起3年内发现的,可以向税务机关要求退还多缴的税款并加算银行同期存款利息,税务机关及时查实后应当立即退还;涉及从国库中退库的,依照法律、行政法规有关国库管理的规定退还。此外，国税函〔2008〕438号文明确无效产权转移行为不征收契税；《财政部 国家税务总局关于购房人办理退房有关契税问题的通知》（财税〔2011〕32号）明确在未办理房屋权属变更登记前退房的，退还已纳契税。

关于如何理解和适用上述法律及相关规定，在学界以及税收行政管理执法实践中均存在较大争议，集中体现在何种情况下适用以及如何适用《税收征收管理法》第五十一条中关于3年退税期限的规定。刘某某代表一方观点，即认为其曾缴纳的税款不再属于税款性质，不应受《税收征收管理法》第五十一条超过应纳税额缴纳的税款之前提条件，进而不应适用3年退税申请期限的限制；西城税务局及市税务局代表另一方观点，即认为刘某某2011年9月5日结算缴纳税款，2016年12月13日申请退税，已超过3年退税申请期限，故不应予以退还。对此，一审法院结合行政执法理念与司法审查标准，作如下分析：

（1）行政合法性原则的基本要求。行政合法性原则是行政法上的基本原则，也是行政诉讼法上应当遵循的基本原则，合法行政既要保障行政相对人的合法权益，又要求行政机关及时、正确行使行政职权。《税收征收管理法》第五十一条是目前我国税收管理领域中关于退税的法律依据，其中针对纳税人超过应纳税额缴纳的税款，主要分两种情况予以处理：一是税务机关发现应当立即退还；二是纳税人自结算缴纳税款之日起3年内发现的，可以向税务机关要求退还多缴的税款，税务机关及时查实后应当立即退还。税务机关在行政执法过程中，应基于行政合法性原则，针对具体涉案事实所对应的法律适用情形，严格依法履职，不作当然的扩大解释或缩小解释。本案中，如焦点①所述，刘某某与沈某曾缴纳的税款已不符合税的根本属性，不具备税收依据，国家作为征税主体依法应予退还，但《税收征收管理法》第五十一条中没有与之完全相对应的适用情形，在此情况下，需要行政机关运用行政合理性原则，正确行使自由裁量权。

（2）行政合理性原则的有益补充。行政合理性原则主要体现在行政机关自由裁量权的行使过程中，不仅应当按照法律、法规规定的条件、种类和幅度范围实施行政管理，且要符合法律的意图、精神和宗旨，符合公平正义等法的价值目标。随着行政法治的发展和我国依法治国方略的确立，行政诉讼司法审查不仅限于对行政行为合法性的审查，最终目标是实现行政争议的实质性解决，行政行为是否合理、适当亦成为目前我国行政诉讼司法审查的内容之一。

行政机关如何运用行政权解决行政争议，是对其执法水平和能力提出的更高要求。《税收征收管理法》第五十一条规定"纳税人超过应纳税额缴纳的税款，税务机关发现后应当立即退还"，其主旨也是考虑本着税收公平、公正等基本原则，赋予税务机关针对客观上确应予以退税的情形，不以期限限制而运用行政自由裁量权加以甄别和判断，以确保依法及时退还多缴税款，最大程度保护纳税人及相关利害关系人的合法权益。本案中，西城税务局已明知刘某某就退税问题引发争议且应属退税情形，应遵循税法立法精神和税收法定、公平、公正等基本原则，综合考虑刘某某一直通过民事诉讼等途径主张纳税损失等具体情况，对其提出的退税申请予以全面、客观、正确的评价和考量并做出实质性判定，切实解决在房产交易经司法审查不能继续履行的情况下，如何最大程度保护行政相对人合法权益的问题，不宜对纳税人应在3年内就发现多缴的税款申请退税作形式理解，苛以更为严格的义务，使行政执法缺乏合理性和必要性，让行政相对人或公众质疑行政执法的可信度，降低执法公信力。

需要指出的是，目前我国公民总体法律意识仍然处于较低水平，法律意识体现着社会成员对国家法律制度的认知水平、价值取向、行为自觉性以及对法律制度的支持态度和心里接受能力。具体到本案，刘某某虽然通过提起民事诉讼等方式向王某主张其缴纳税款的损失，但因对我国现行税收管理制度和相关法律规定不甚了解，致使其未能及时向税务主管部门主张退税的合法权利，这也从另一角度真实反映出我国公民普遍存在的，对纳税知识、税收管理法律规定知之甚少的现状，究其原因是多方面的。鉴于此，对公民个人而言，不能因不知法抗辩不守法，而要积极学习法律，践行法律，逐步提高全民法律素养，正确运用法律手段维护自身合法权益；对税务机关而言，根据我国目前公民对税收政策和法律规定知悉程度不高的现状，应更为广泛的宣传税收法律、行政法规，普及纳税知识，无偿地为纳税人提供咨询服务，制定更有针对性的纳税人基本权利保护制度，如完善纳税人在缴纳税款时对退税、复议诉讼等权利救济途径的释明和告知程序等，使公民对税法的认知水平逐步提高，以期进一步规范税收征管秩序，营造良好的执法环境。税收主管部门在行政执法过程中，应依法依规并结合个案具体情形，坚持服务与执法并重，在实事求是的基础上正确行使行政职权，让行政相对人得以信服，从而提升执法公信力，实现法的价值的内在要求，促进经济和社会良性、稳定、健康发展。

本案中，西城税务局过于严格要求刘某某对税收法律制度明确知悉，并适用《税收征收管理法》第五十一条纳税人应在缴纳税款之日起3年内提出退税申请，缺乏行政合理性，适用法律错误。市税务局在行政复议程序中，就涉案事实进行核查，对所确认的事实部分一审法院不持异议；其严格按照法律规定履行受理、审查、请示、延期、中止、恢复审理等事项，执法程序并无不当；其对西城税务局适用《税收征收管理法》第五十一条是否合法的问题已予以高度关注并报请国家税务总局，但依然未从税收的性质、课税要素以及税法宗旨等方面并结合涉案事实予以综合考量，将刘某某不应缴纳的营业税、城市维护建设税、教育费附加，适用《税收征收管理法》第五十一条加以退税期限三年的时限约束，有违合理行政原则。据此，市税务局依据《行政复议法》第二十八条第一款第（一）项、《税务行政复议规则》第七十五条第（一）项的规定维持被诉通知书，适用法律错误。

综上，西城税务局做出的被诉通知书以及市税务局做出的被诉复议决定适用法律错误，依法应撤销。刘某某主张撤销被诉通知书及被诉复议决定的诉讼请求于法有据，应予支持；刘某某主张判令西城税务局向刘某某退营业税 42 500 元、城市维护建设税 2 975 元、教育费附加 1 275 元，共计 46 750 元的诉讼请求，因系行政机关行政权的行使范围，司法权不宜介入，西城税务局应对刘某某主张退还已缴税款的申请，遵循税法宗旨、税收基本原则，兼具行政合法性和行政合理性的执法理念，结合具体涉案事实重新予以处理。综上，一审法院依照《行政诉讼法》第七十条第（二）项、第七十九条的规定，判决：①撤销被诉通知书。②撤销被诉复议决定。③西城税务局于本判决生效后，对刘某某 2016 年 12 月 13 日提出退营业税、城市维护建设税、教育费附加的申请重新进行处理。

（四）上诉意见

西城税务局不服一审判决，提出上诉，请求撤销一审判决，改判驳回刘某某的诉讼请求，诉讼费由刘某某承担。理由如下：①刘某某向税务机关缴纳及申请退还的款项均是税费，其性质没有发生根本变化。②刘某某主张"税款是在房屋交易成功的情况下税务机关收取的，现刘某某与沈某之间的房屋交易失败，西城税务局应予退回"没有法律根据，不能成立。《税收征收管理法》第五十一条规定"超过应纳税额缴纳的税款"的产生原因有多种，包括因法律原因、技术原因以及其他原因导致的多缴税款。该条还规定，应退还的纳税人多缴的税款有两类：一是由税务机关发现；二是由纳税人自己发现。由纳税人发现的多缴税款，无论什么原因造成，都应在结算缴纳税款之日起 3 年内申请退还，超过 3 年申请退税的，税务机关不能办理退还手续。本案中，刘某某缴纳税款的时间是 2011 年 9 月 5 日，提出退税申请的时间是 2016 年 12 月 13 日，已超过法定的 3 年退税申请期限，因此，其提出的退税申请不符合退税条件，西城税务局据此做出不予退税的被诉通知书认定事实清楚、适用法律正确、程序合法，并无不当。

市税务局同意西城税务局的意见。

刘某某、沈某同意一审判决，请求维持原判。

王某未陈述意见。

（五）相关证据

刘某某在法定期限内向一审法院提交了如下证据：

（1）2011年9月5日城市维护建设税、教育费附加、营业税税票，证明刘某某2011年9月5日缴纳了三项税款。

（2）〔2010〕海民初字第9925号民事调解书、〔2011〕海民初字第17526号民事判决书、〔2012〕西民初字第4807号民事判决书、〔2012〕海民再初字第37号民事判决书、〔2012〕一中民再终字第07154号民事判决书、〔2013〕一中民终字第09728号民事裁定书、〔2014〕一中民终字第09839号民事调解书、〔2016〕京0108民初20622号民事判决书、〔2017〕京01民终669号民事判决书，证明刘某某一直在进行民事诉讼主张自己的合法权益，要求退还税款和尾款。

西城税务局在法定期限内向一审法院提交了如下证据：

（1）《退（抵）税申请表》及所附材料，证明刘某某于2011年9月5日在办理涉案房屋产权过户之前依法申报缴纳了相关税费，于2016年12月13日向西城税务局提出退税申请，超过《税收征收管理法》第五十一条规定的三年退税期限。

（2）《税务事项通知书》（京地税西二税通〔2016〕30645号）及送达回证，证明经查验，西城税务局所辖第二税务所依法受理刘某某的退税申请，程序合法。

（3）被诉通知书及更正通知书，证明西城税务局做出不予退税的被诉通知书及更正通知书并依法送达刘某某。

市税务局在法定期限内向一审法院提交了如下证据：

（1）《接收行政复议申请材料收据》《行政复议申请书》及所附材料，证明刘某某2017年1月9日向市税务局提出行政复议申请，2017年4月提交了补充材料。

（2）《行政复议申请受理通知书》、EMS邮寄单及邮寄查询记录，证明市税务局依法受理刘某某的行政复议申请。

（3）《行政复议答复通知书》及送达回证，证明市税务局通知西城税务局在 10 日内提出书面答复并提交相关证据、依据和有关材料。

（4）西城税务局提交的《行政复议答复书》、证据和法律依据，证明西城税务局做出行政复议答复并提交相关证据、依据和有关材料。

（5）《行政复议延期通知书》、EMS 邮寄单及邮寄查询记录、送达回证，证明市税务局依法决定对行政复议案件进行延期审理。

（6）《行政复议中止通知书》、EMS 邮寄单、邮寄查询记录、送达回证及《行政复议恢复审理通知书》、EMS 邮寄单、邮寄查询记录、送达回证，证明市税务局依法中止行政复议案件的审理，并在中止原因消除后恢复审理。

（7）《关于行政复议案件中相关法律适用问题的请示》及答复意见，证明市税务局依法向上级机关进行法律适用问题的请示并收到答复意见。

（8）被诉复议决定的 EMS 邮寄单、邮寄查询记录及送达回证，证明市税务局将其做出的被诉复议决定依法送达刘某某和西城税务局。

沈某、王某在法定期限内未向一审法院提交证据。

（六）庭审质证事实认定

一审法院对上述经质证的证据材料作如下确认：西城税务局提交的证据（3）中的被诉通知书系本案行政行为的载体，不作为证据使用。西城税务局提交的其他证据，刘某某及市税务局提交的全部证据，形式上符合《最高人民法院关于行政诉讼证据若干问题的规定》中规定提供证据的要求，内容真实，与本案具有关联性，予以采纳。

一审法院已将上述证据材料全部移送本院，本院审查后认定，一审法院对上述证据材料所作认证符合《最高人民法院关于行政诉讼证据若干问题的规定》的有关规定，经本院审查属实，亦予以确认。

根据上述被认定合法有效的证据，本院认定一审法院审理查明的事实成立。

（七）二审法院观点

本院认为，根据《税收征收管理法》第五条、第十四条的规定，西城税务局负责本行政区域内税务征收管理工作，具有对退税申请予以审查并处理的法定职责。根据《税务行政复议规则》第十七条、《行政复议法》第十二条的规定，市税务局作为西城税务局的上一级主管部门，具有对西城税务局做出行政行为不服提起行政复议予以受理、审查并做出处理的法定职责。

《税收征收管理法》第四条规定："法律、行政法规规定负有纳税义务的单位和个人为纳税人。"第五十一条规定："纳税人超过应纳税额缴纳的税款，税务机关发现后应当立即退还；纳税人自结算缴纳税款之日起三年内发现的，可以向税务机关要求退还多缴的税款并加算银行同期存款利息，税务机关及时查实后应当立即退还；涉及从国库中退库的，依照法律、行政法规有关国库管理的规定退还。"根据前述规定，依法负有应纳税义务的纳税人多缴税款后，应适用《税收征收管理法》第五十一条之的规定，对多缴纳的税款予以退还。在税收征缴过程中，当事人缴纳了相关款项，但经查明实际上不负有纳税义务的，以缴纳税款名义实际缴纳的款项，该种情形不属于《税收征收管理法》第五十一条规定的"超过应纳税额缴纳"问题，对该款项的退还，亦不宜适用前述第五十一条的规定。

本案中，刘某某2011年9月5日应缴纳税费的民事基础行为已被法院生效判决予以撤销，其已不负有纳税义务，其实际缴纳的款项，不属于《税收征收管理法》第五十一条规定的"超过应纳税额缴纳"情形。西城税务局做出的被诉通知书及市税务局做出的被诉复议决定适用法律错误，依法应予撤销。对刘某某请求判令西城税务局退还营业税42 500元、城市维护建设税2 975元、教育费附加1 275元，共计46 750元的主张，应由西城税务局根据法律法规的规定，结合本案具体情况，对其申请重新予以处理。一审判决认定事实清楚，程序合法，适用法律正确，本院予以维持。西城税务局的上诉请求缺乏事实及法律依据，本院不予支持。

（八）二审判决

2020年4月28日，二审法院依照《行政诉讼法》第八十九条第一款第（一）项的规定，判决如下：驳回上诉，维持一审判决；一审案件受理费50元，由国家税务总局北京市西城区税务局、国家税务总局北京市税务局负担；二审案件受理费50元，由国家税务总局北京市西城区税务局负担（已缴纳）。

二、虚开发票导致补税纠纷案

（一）基本案情

上诉人湖北甲贸易发展有限公司（以下简称"甲公司"）与被上诉人国家税务总局武汉市税务局第三稽查局（以下简称"第三稽查局"）、国家税务总局武汉市税务局(以下简称"武汉市税务局")税务行政管理及行政复议一案,不服湖北省武汉经济技术开发区人民法院〔2019〕鄂0191行初26号行政判决,向武汉市中级人民法院(以下简称"本院")提起上诉。本院受理后,依法组成合议庭审理了本案。现已审理终结。

原审查明,原告甲公司与哈尔滨乙建材有限公司(以下简称"乙公司")于2018年4月3日签订了《煤炭购销合同》,乙公司于2018年7月2日向原告甲公司出具现金收款收据一张。原告甲公司取得18份增值税专用发票(发票代码:××,发票号码:××-××,金额1 716 132.68元,税额274 581.32元)(以下简称"涉案增值税发票")后,于2018年6月向税务机关认证并申报抵扣进项税额274 581.32元。哈尔滨市公安局经济犯罪侦查支队于2018年12月14日函告哈尔滨市稽查局,其中乙公司涉嫌虚开增值税专用发票,请求协助予以调查。被告第三稽查局于2018年12月26日收到哈尔滨市稽查局发来的《已证实虚开通知单》,被告知乙公司出具的涉案增值税发票已证实虚开,要求被告第三稽查局协助查证原告甲公司的税务情况及将税务处理结果进行反馈。被告第三稽查局于2019年1月14日向原告甲公司做出并送达武税三稽检通一〔2019〕31号《税务检查通知书》,指定检查组对原告甲公司2018年6月1日至2018年6月30日期间涉税情况进行检查。被告第三稽查局分别于2019年1月14日对原告甲公司的会计邹某某以及于2019年3月26日对原告甲公司的法人代表周某某进行了询问调查,经调查,原告甲公司法人代表周某某无法联系到开票方乙公司,也无法提供用现金支付货款的凭据。被告第三稽查局于2019年3月25日向原告甲公司做出武税三稽通〔2019〕69584号《税务事项通知书》,告知原告甲公司检查结果,原告甲公司于2019年3月26日收到前述《税务事项通知书》。被告第三稽查局于2019年4月17日向原告甲公司做出武税三稽处〔2019〕69550号《税务处理决定书》,决定对原告甲公司限期追缴增值税274 581.32元、城市维护建设税19 220.69元及滞纳金,追缴教育费附加8 237.45元和地方教育附加4 118.71元。

原告甲公司不服武税三稽处〔2019〕69550号《税务处理决定书》,于2019年5月20日向被告武汉市税务局申请行政复议,被告武汉市税务局依法受理原告甲公司的复议申请后于2019年5月21日向原告甲公司做出并送达武税复受字〔2019〕3号《受理行政复议申请通知书》以及于2019年5月22日向被告第三稽查局做出并送达武税复答字〔2019〕3号《行政复议答复通知书》,要求被告第三稽查局提交做出武税三稽处〔2019〕69550号《税务处理决定书》的证据、依据和其他有关材料。被告武汉市税务局2019年6月26

日做出武税复决字〔2019〕2号《行政复议决定书》，认为被告第三稽查局做出的税务处理决定认定事实清楚，证据确凿，适用依据正确，程序合法，内容适当，决定予以维持，原告甲公司于2019年6月28日收到武税复决字〔2019〕2号《行政复议决定书》。

原告甲公司认为被告第三稽查局做出的武税三稽处〔2019〕69550号《税务处理决定书》缺乏法律依据，侵犯了原告甲公司的合法权益，原告诉至原审法院，请求法院依法判决：①撤销〔2019〕武税三稽处第69550号《税务处理决定书》。②被告退回原告税款共340 620.41元。③被告承担本案诉讼费。

（二）一审法院观点

原审认为，本案争议焦点是被告第三稽查局做出的《税务处理决定书》是否认定事实清楚，适用法律法规正确，执法程序正当。

第一，税收征收、管理、稽查工作由各级税务机关主管，被告第三稽查局依法负有查处税收违法案件的法定职责。原告甲公司营业地位于被告第三稽查局的辖区内，被告第三稽查局对原告甲公司拥有税务检查的职权。

第二，《中华人民共和国增值税暂行条例》第九条规定："纳税人购进货物、劳务、服务、无形资产、不动产，取得的增值税扣税凭证不符合法律、行政法规或者国务院主管部门有关规定的，其进项税额不得从销项税额中抵扣。"《国家税务总局关于纳税人虚开增值税专用发票征补税款问题的公告》（国家税务总局公告2012年第33号）："纳税人取得虚开的增值税专用发票，不得作为增值税合法有效的扣税凭证抵扣其进项税额。"由上述规定可知，本案中，由于原告甲公司取得的涉案增值税发票已被明确定性为虚开，故原告甲公司取得的涉案增值税发票不得作为增值税合法有效的扣税凭证抵扣其进项税额。对于原告甲公司主张涉案增值税发票是否系虚开需要法院判决认定，其超出本案审理范围。

第三，根据《国家税务总局关于纳税人善意取得虚开的增值税专用发票处理问题的通知》（国税发〔2000〕187号）在购货方（受票方）不知道取得的增值税专用发票（以下简称"专用发票"）是销售方虚开的情况下，对购货方应当如何处理有如下规定："购货方与销售方存在真实的交易，销售方使用的是其所在省（自治区、直辖市和计划单列市）的专用发票，专用发票注明的销售方名称、印章、货物数量、金额及税额等全部内容与实际相符，且没有证据表明购货方知道销售方提供的专用发票是以非法手段获得的，对购货方不以偷税或者骗取出口退税论处。但应按有关规定不予抵扣进项税款或者不予出口退税；购货方已经抵扣的进项税款或者取得的出口退税，应依法追缴。购货方能够重新从销售方取得防伪税控系统开出的合法、有效专用发票的，或者取得手工开出的合法、有效专用发票且取得了销售方所在地税务机关已经或者正在依法对销售方虚开专用发票行为进行查处证据的，购货方所在地税务机关应依法准予抵扣进项税款或者出口退税"。由此规定可知，被告第三稽查局在接到哈尔滨稽查局发来的《已证实虚开通知单》后对原告甲公司展开的税务调查，即原告甲公司是否善意取得虚开的涉案增值税发票。原告甲公司主张其与乙公司存在真实的交易行为，而本案被告第三稽查局在未认定原告甲公司故意接受虚开的情况下，询问过原告甲公司能否提供开票方有关人员的联系方式，原告甲公司均予以否定，同时原告甲公司从2019年1月14日接到税务检查通知到被告第三稽查局于2019年4月17日做出税务处理决定期间，原告甲公司一直未重新从乙公司开出合法、有效的发票，被告第三稽查局根据税务调查情况做出的武税三稽处〔2019〕69550号《税务处理决定书》是对原告甲公司已经抵扣的进项税款依法予以追缴，即对原告甲公司以善意取得虚开的涉案增值税发票论处，故被告第三稽查局根据税收相关规定要求原告甲公司追缴增值税是合理合法的。

综上所述，被告第三稽查局做出的武税三稽处〔2019〕69550号《税务处理决定书》认定事实清楚，适用法律法规正确，程序合法。

根据《行政复议法》第十二条的规定可知，被告武汉市税务局具有对本案的行政复议申请进行处理的行政职责。被告武汉市税务局依法受理原告甲公司的复议申请后，于2019年5月21日向原告甲公司做出并送达武税复受字〔2019〕3号《受理行政复议申请通知书》以及于2019年5月22日向被告第三稽查局做出并送达武税复答字〔2019〕3号《行政复议答复通知书》，经调查后做出的武税复决字〔2019〕2号《行政复议决定书》认为被告第三稽查局对原告甲公司做出的武税三稽处〔2019〕69550号《税务处理决定书》内容符合法律规定，程序合法，决定予以维持，故被告武汉市税务局做出的武税复决字〔2019〕2号《行政复议决定书》并无不当。

综上所述，原告甲公司要求撤销武税三稽处〔2019〕69550号《税务处理决定书》以及退回原告甲公司缴纳的追缴税款，无法律和事实支撑，诉讼请求不合理，故原审不予支持。依照《行政诉讼法》第六十九条、第七十九条，原审判决：驳回原告湖北甲贸易发展有限公司的全部诉讼请求；案件受理费人民币50元，由原告湖北甲贸易发展有限公司负担。

（三）上诉意见

上诉人甲公司不服原审法院判决，向本院提起上诉称：

（1）一审判决事实不清，证据不足。①上诉人与开票方乙公司存在真实的商品交易活动。从交易流向上看，上诉人与其交易的上游乙公司之间在2018年4月3日签订煤炭购买合同，乙公司于2018年4月向上诉人发货，上诉人亦已收到并验收入库，整个交易流程有票流、物流、资金流、购销合同、增值税专用发票、付款收据等予以证实；上诉人收到货后，又将货物销售给其下游客户武汉华夏玻璃制品有限公司常福分公司，整个交易流程同样有采购合同、付款收据、增值税专用发票、检测报告等予以证实。纵观整个交易活动，完全符合正常的商品交易行为，足以认定上诉人交易行为是客观真实的。②无证据证实上诉人接收乙公司的增值税专用发票系虚开发票。根据被上诉人第三稽查局的检查结果，不能证实上诉人接收乙公司的发票就是虚开的增值税专用发票。而且哈尔滨市稽查局的《已证实虚开通知单》的合法性尚未能得到确定，被上诉人也未提供证据证明其依据合法，因此并不能凭此认定上诉人接收的就是乙公司虚开的增值税专用发票。

（2）一审判决支持的武税三稽处〔2019〕69550号税务处理决定书没有合法依据。上诉人在2018年6月持乙公司提供的发票和单据向武汉市汉阳区国家税务局申报抵扣，此过程已经经过了汉阳区国家税务局的审查，证明上诉人合法合规地进行了申报抵扣。而被上诉人在收到哈尔滨市稽查局的《已证实虚开通知单》后，并未对上诉人接收乙公司的增值税专用发票是否就是虚开的增值税专用发票的情况下，直接确认该通知单的内容并做出处理决定，缺乏法律依据，侵害了上诉人的合法权利。

请求二审：①依法撤销武汉经济技术开发区人民法院〔2019〕鄂0191行初26号行政判决书。②请求依法改判支持上诉人一审的全部诉讼请求。③请求依法改判被上诉人承担本案诉讼费用。

（四）二审法院观点

本院经审理查明的事实与一审判决认定的事实一致。

本院认为，被上诉人第三稽查局是根据《税收征收管理法》《税收征收管理法实施细则》和国家税务总局制定的《税务稽查工作规程》的相关规定，设立的税务稽查部门，依法拥有对税收违法案件进行查处的法定职责。上诉人甲公司的住所地位于被上诉人第三稽查局的辖区内，被上诉人第三稽查局具有对上诉人甲公司进行税务检查的职权。被上诉人第三稽查局在接到哈尔滨稽查局发来的《已证实虚开通知单》《关于哈尔滨丰齐建材有限公司发票违法案件的协查函》后,向上诉人甲公司做出并送达武税三稽检通一〔2019〕31号《税务检查通知书》,通过对上诉人甲公司票流、物流、资金流的调查取证,及公司法定代表人和会计的调查询问,将检查情况做出武税三稽通〔2019〕69584号《税务事项通知书》,并告知上诉人甲公司检查结果,即虽然不能证明上诉人甲公司系明知乙公司虚开增值税专用发票,但由于上诉人甲公司无法提供转账记录和银行卡取现记录,也无法提供对方联系人信息,上诉人甲公司无法提供有效的证据证明其取得增值税专用发票可以作为抵扣销项税额的凭证,并且上诉人甲公司从2019年1月14日接到税务检查通知到被上诉人第三稽查局于2019年4月17日做出税务处理决定期间,上诉人甲公司一直未重新从乙公司开出合法、有效的发票,被上诉人第三稽查局根据税务调查情况做出的武税三稽处〔2019〕69550号《税务处理决定书》是对上诉人甲公司已经抵扣的进项税款依法予以追缴,该追缴行为符合《中华人民共和国增值税暂行条例》第九条的规定。

上诉人甲公司的上诉理由,不能成立。原审判决事实清楚、证据充分、适用法律正确。

(五)二审法院判决

2020年5月26日,二审法院依照《行政诉讼法》第八十九条第一款第(一)项的规定,判决如下:驳回上诉,维持原判;二审案件受理费人民币50元,由上诉人湖北云月贸易发展有限公司负担。

第四节 城市维护建设税纳税前置典型案例

一、基本案情

上诉人新疆甲国际贸易有限公司(下称"甲公司")因与被上诉人国家税务总局新疆维吾尔自治区税务局(下称"自治区税务局")税务行政其他

一案，不服乌鲁木齐市水磨沟区人民法院〔2019〕新0105行初72号行政判决，向新疆维吾尔自治区乌鲁木齐市中级人民法院（下称"本院"）提起上诉。本院于2019年10月25日受理后，依法组成合议庭，于2019年11月13日公开开庭审理了本案。上诉人甲公司法定代表人王某某及委托诉讼代理人武某某、施某某、被上诉人自治区税务局出庭行政机关负责人白某及委托诉讼代理人贺某、孟某某到庭参加了诉讼。本案现已审理终结。

原审法院认定，2018年12月10日国家税务总局乌鲁木齐市税务局稽查局对甲公司做出乌税稽查处〔2018〕330号《关于对新疆甲国际贸易有限公司的税务处理决定》。甲公司不服该决定，2019年1月16日向自治区税务局申请行政复议。经自治区税务局审查，甲公司未按照税务处理决定缴纳税款及滞纳金或者提供相应的担保。2019年1月22日自治区税务局做出新税复不受〔2019〕1号《不予受理行政复议申请决定书》，并于当日邮寄送达甲公司。甲公司不服，遂向原审法院提起诉讼。

二、一审法院判决

原审法院认为，按照《行政复议法》第十二条第二款的规定："对海关、金融、国税、外汇管理实行垂直领导的行政机关和国家安全机关的具体行政行为不服的，向上一级主管部门申请行政复议"，自治区税务局作为国家税务总局乌鲁木齐市税务局稽查局的上一级主管部门具有受理不服垂直领导的下一级行政机关做出的具体行政行为申请行政复议的行政职权。

《税收征收管理法》第八十八条第一款规定："纳税人、扣缴义务人、纳税担保人同税务机关在纳税上发生争议时，必须先依照税务机关的纳税决定缴纳或者解缴税款及滞纳金或者提供相应的担保，然后可以依法申请行政复议；对行政复议决定不服的，可以依法向人民法院起诉。"《行政复议法》第十七条第一款规定："行政复议机关收到行政复议申请后，应当在五日内进行审查，对不符合本法规定的行政复议申请，决定不予受理，并书面告知申请人。"

本案中，国家税务总局乌鲁木齐市税务局稽查局做出乌税稽查处〔2018〕330号《关于对新疆甲国际贸易有限公司的税务处理决定》是对甲公司做出的征税决定，甲公司在接到税务机关的税务处理决定后，向自治区税务局提出复议申请前，必须先按照税务机关的纳税决定缴纳或者解缴税款及滞纳金或者提供相应的担保，然后可以依法申请行政复议。甲公司在申请行政复议前未按照税务处理决定缴纳税款及滞纳金或者提供相应的担保,据此,自治区税务局决定不予受理甲公司的提出的复议申请,认定事实清楚,适用法律、法规正确,程序合法。对甲公司要求撤销自治区税务局被诉行政行为的诉讼请求,于法无据,原审法院不予支持;对自治区税务局的辩解理由,原审法院予以采信。

依据《行政诉讼法》第六十九条的规定,原审判决:驳回新疆甲国际贸易有限公司要求撤销国家税务总局新疆维吾尔自治区税务局2019年1月22日做出的新税复不受〔2019〕1号《不予受理行政复议申请决定书》并责令国家税务总局新疆维吾尔自治区税务局受理新疆甲国际贸易有限公司的行政复议申请的诉讼请求。

三、上诉意见

上诉人甲公司不服原审判决,向本院提起上诉称:①原审法院错误认定税务处理决定书未包含税务处罚内容,剥夺了我公司的复议权和诉讼权。《税收征收管理法》第八十八条规定了纳税前置和复议前置规定,但对于税务机关的处罚决定,可以直接提起复议或诉讼。根据《国家税务总局关于税务处理决定书有关问题的批复》(国税函〔1996〕708号)第三条的规定,纳税人或者其他当事人对税务处理决定书中的处罚决定不服的,也可以直接申请复议或者向法院起诉。涉案税务处理决定书中存在"以征代罚"的处罚内容,故我公司可以直接提起复议或者诉讼,不需要先缴清税款和滞纳金。②《国家税务总局关于实施进一步支持和服务民营经济发展若干措施的通知》(税总发〔2018〕174号)明确要求各级税务机关不能一刀切的不受理所有尚未缴清税款、滞纳金或者提供纳税担保的行政复议申请。综上,原审认定事实不清,适用法律错误,请求二审法院撤销一审判决,依法改判。

四、答辩意见

被上诉人自治区国税局答辩称:①甲公司于2019年1月16日向我局提出行政复议申请后,我局经审查且甲公司也自认不能按照税务处理决定书缴纳税款及滞纳金或提供相应担保。我局经审查认为,甲公司同乌鲁木齐市税务局稽查局在纳税上发生争议,但甲公司未按照税务处理决定缴纳税款及滞纳金或提供相应担保,根据《税收征收管理法》第八十八条第一款及《行政复议法》第十七条第一款的规定，我局做出被诉《不予受理行政复议申请决定书》并送达甲公司，认定事实清楚，适用法律正确，程序合法。②根据《税收征收管理法实施细则》第一百条及《税收行政复议规则》第十四条的规定，原税务处理决定书的实体内容正是关于退税、征收税款、加收滞纳金的内容，上述争议属于与税务机关的纳税争议，不存在对相对人有惩罚性的行政处罚内容。故甲公司所称"以征代罚"无事实依据，原审认定事实正确。综上，请求二审法院驳回上诉，维持原判。

五、二审法院认定事实

本院经审理确认原审法院认定事实。

以上事实有行政复议申请书、关于行政复议申请的情况说明、乌税稽处〔2018〕330号税务处理决定书、EMS面单（1072072463430）、金税三期税收管理系统查询页面截屏打印件、特快、挂号信函登记表以及王兰花邮政特快专递单、李永玲邮政特快专递单以及运单查询信息截屏打印件2页、《国家税务总局办公厅关于印发〈全国税收征管规范（1.2版）〉的通知》（税总办发〔2016〕133号）、关于新疆甲国际贸易有限公司案件移送书及一审和二审法庭审理笔录等证据为证。

六、二审法院观点

本院认为，《税收征收管理法》第八十八条第一款规定："纳税人、扣缴义务人、纳税担保人同税务机关在纳税上发生争议时，必须先依照税务机关的纳税决定缴纳或者解缴税款及滞纳金或者提供相应的担保，然后可以依法申请行政复议；对行政复议决定不服的，可以依法向人民法院起诉。"《税收征收管理法实施细则》第一百条规定："税收征管法第八十八条规定的纳税争议，是指纳税人、扣缴义务人、纳税担保人对税务机关确定纳税主体、征税对象、征税范围、减税、免税及退税、适用税率、计税依据、纳税环节、纳税期限、纳税地点以及税款征收方式等具体行政行为有异议而发生的争议。"《税务行政复议规则》第十四条规定："行政复议机关受理申请人对税务机关下列具体行政行为不服提起的行政复议申请：（一）征税行为，包括确认纳税主体、征税对象、征税范围、减税、免税、退税、抵扣税款、适用税率、计税依据、纳税环节、纳税期限、纳税地点和税款征收方式等具体行政行为，征收税款、加收滞纳金，扣缴义务人、受税务机关委托的单位和个人做出的代扣代缴、代收代缴、代征行为等。……"

本案中，国家税务总局乌鲁木齐市税务局稽查局于2018年12月10日做出乌税稽处〔2018〕330号《关于对新疆甲国际贸易有限责任公司的税务处理决定》，载明："……我局做出处理决定如下：（一）追缴骗取的已退税款50 216 038.13元，对你公司已申报尚未取得退税1 289 997.38元不予办理退税。（二）追缴少缴增值税43 729 160.74元、城市维护建设税3 061 041.25元、教育费附加1 311 874.82元、地方教育附加874 583.21元。（三）追缴少缴企业所得税2 514 381.28元。（四）对你公司少缴增值税、企业所得税，从滞纳税款之日起，按日加收之纳税款万分之五的滞纳金"。由此可见，该税务处理决定是对甲公司做出的征税决定，根据上述法律规定，甲公司与国家税务总局乌鲁木齐市税务局稽查局在纳税上发生争议，必须先按照税务机关的纳税决定缴纳或者解缴税款及滞纳金或者提供相应的担保，然后可以依法申请行政复议。而甲公司认可其在申请行政复议前未按照税务处理决定缴纳税款及滞纳金或者提供相应的担保，据此，自治区税务局做出被诉不予受理行政复议申请决定书认定事实清楚，适用法律、法规正确，程序合法。

关于甲公司上诉所持税务处理决定书中包含税务处罚内容，原审认定事实错误的意见，缺乏事实及法律依据，本院不予支持。因此，甲公司的上诉理由不能成立，本院不予采纳。其上诉请求没有事实与法律依据，本院不予支持。综上，原审判决认定事实清楚，适用法律、法规正确，应予维持。

七、二审法院判决

2019年11月18日，二审法院依据《行政诉讼法》第八十九条第一款第（一）项的规定，判决如下：驳回上诉，维持原判；本案二审案件受理费50元，由上诉人新疆甲国际贸易有限公司负担（已付）。

附录

中华人民共和国契税法

（2020年8月11日第十三届全国人民代表大会常务委员会第二十一次会议通过）

第一条 在中华人民共和国境内转移土地、房屋权属，承受的单位和个人为契税的纳税人，应当依照本法规定缴纳契税。

第二条 本法所称转移土地、房屋权属，是指下列行为：

（一）土地使用权出让；

（二）土地使用权转让，包括出售、赠与、互换；

（三）房屋买卖、赠与、互换。

前款第二项土地使用权转让，不包括土地承包经营权和土地经营权的转移。

以作价投资（入股）、偿还债务、划转、奖励等方式转移土地、房屋权属的，应当依照本法规定征收契税。

第三条 契税税率为百分之三至百分之五。

契税的具体适用税率，由省、自治区、直辖市人民政府在前款规定的税率幅度内提出，报同级人民代表大会常务委员会决定，并报全国人民代表大会常务委员会和国务院备案。

省、自治区、直辖市可以依照前款规定的程序对不同主体、不同地区、不同类型的住房的权属转移确定差别税率。

第四条 契税的计税依据：

（一）土地使用权出让、出售，房屋买卖，为土地、房屋权属转移合同确定的成交价格，包括应交付的货币以及实物、其他经济利益对应的价款；

（二）土地使用权互换、房屋互换，为所互换的土地使用权、房屋价格的差额；

（三）土地使用权赠与、房屋赠与以及其他没有价格的转移土地、房屋权属行为，为税务机关参照土地使用权出售、房屋买卖的市场价格依法核定的价格。

纳税人申报的成交价格、互换价格差额明显偏低且无正当理由的，由税务机关依照《中华人民共和国税收征收管理法》的规定核定。

第五条 契税的应纳税额按照计税依据乘以具体适用税率计算。

第六条 有下列情形之一的，免征契税：

（一）国家机关、事业单位、社会团体、军事单位承受土地、房屋权属用于办公、教学、医疗、科研、军事设施；

（二）非营利性的学校、医疗机构、社会福利机构承受土地、房屋权属用于办公、教学、医疗、科研、养老、救助；

（三）承受荒山、荒地、荒滩土地使用权用于农、林、牧、渔业生产；

（四）婚姻关系存续期间夫妻之间变更土地、房屋权属；

（五）法定继承人通过继承承受土地、房屋权属；

（六）依照法律规定应当予以免税的外国驻华使馆、领事馆和国际组织驻华代表机构承受土地、房屋权属。

根据国民经济和社会发展的需要，国务院对居民住房需求保障、企业改制重组、灾后重建等情形可以规定免征或者减征契税，报全国人民代表大会常务委员会备案。

第七条 省、自治区、直辖市可以决定对下列情形免征或者减征契税：

（一）因土地、房屋被县级以上人民政府征收、征用，重新承受土地、房屋权属；

（二）因不可抗力灭失住房，重新承受住房权属。

前款规定的免征或者减征契税的具体办法，由省、自治区、直辖市人民政府提出，报同级人民代表大会常务委员会决定，并报全国人民代表大会常务委员会和国务院备案。

第八条 纳税人改变有关土地、房屋的用途，或者有其他不再属于本法第六条规定的免征、减征契税情形的，应当缴纳已经免征、减征的税款。

第九条 契税的纳税义务发生时间，为纳税人签订土地、房屋权属转移合同的当日，或者纳税人取得其他具有土地、房屋权属转移合同性质凭证的当日。

第十条 纳税人应当在依法办理土地、房屋权属登记手续前申报缴纳契税。

第十一条 纳税人办理纳税事宜后，税务机关应当开具契税完税凭证。纳税人办理土地、房屋权属登记，不动产登记机构应当查验契税完税、减免税凭证或者有关信息。未按照规定缴纳契税的，不动产登记机构不予办理土地、房屋权属登记。

第十二条 在依法办理土地、房屋权属登记前，权属转移合同、权属转移合同性质凭证不生效、无效、被撤销或者被解除的，纳税人可以向税务机关申请退还已缴纳的税款，税务机关应当依法办理。

第十三条 税务机关应当与相关部门建立契税涉税信息共享和工作配合机制。自然资源、住房城乡建设、民政、公安等相关部门应当及时向税务机关提供与转移土地、房屋权属有关的信息，协助税务机关加强契税征收管理。

税务机关及其工作人员对税收征收管理过程中知悉的纳税人的个人信息，应当依法予以保密，不得泄露或者非法向他人提供。

第十四条 契税由土地、房屋所在地的税务机关依照本法和《中华人民共和国税收征收管理法》的规定征收管理。

第十五条 纳税人、税务机关及其工作人员违反本法规定的，依照《中华人民共和国税收征收管理法》和有关法律法规的规定追究法律责任。

第十六条 本法自2021年9月1日起施行。1997年7月7日国务院发布的《中华人民共和国契税暂行条例》同时废止。

中华人民共和国城市维护建设税法

（2020年8月11日第十三届全国人民代表大会常务委员会第二十一次会议通过）

第一条 在中华人民共和国境内缴纳增值税、消费税的单位和个人，为城市维护建设税的纳税人，应当依照本法规定缴纳城市维护建设税。

第二条 城市维护建设税以纳税人依法实际缴纳的增值税、消费税税额为计税依据。

城市维护建设税的计税依据应当按照规定扣除期末留抵退税退还的增值税税额。

城市维护建设税计税依据的具体确定办法，由国务院依据本法和有关税收法律、行政法规规定，报全国人民代表大会常务委员会备案。

第三条 对进口货物或者境外单位和个人向境内销售劳务、服务、无形资产缴纳的增值税、消费税税额，不征收城市维护建设税。

第四条 城市维护建设税税率如下：

（一）纳税人所在地在市区的，税率为百分之七；

（二）纳税人所在地在县城、镇的，税率为百分之五；

（三）纳税人所在地不在市区、县城或者镇的，税率为百分之一。

前款所称纳税人所在地，是指纳税人住所地或者与纳税人生产经营活动相关的其他地点，具体地点由省、自治区、直辖市确定。

第五条 城市维护建设税的应纳税额按照计税依据乘以具体适用税率计算。

第六条 根据国民经济和社会发展的需要，国务院对重大公共基础设施建设、特殊产业和群体以及重大突发事件应对等情形可以规定减征或者免征城市维护建设税，报全国人民代表大会常务委员会备案。

第七条 城市维护建设税的纳税义务发生时间与增值税、消费税的纳税义务发生时间一致，分别与增值税、消费税同时缴纳。

第八条 城市维护建设税的扣缴义务人为负有增值税、消费税扣缴义务的单位和个人，在扣缴增值税、消费税的同时扣缴城市维护建设税。

第九条 城市维护建设税由税务机关依照本法和《中华人民共和国税收征收管理法》的规定征收管理。

第十条 纳税人、税务机关及其工作人员违反本法规定的，依照《中华人民共和国税收征收管理法》和有关法律法规的规定追究法律责任。

第十一条 本法自 2021 年 9 月 1 日起施行。1985 年 2 月 8 日国务院发布的《中华人民共和国城市维护建设税暂行条例》同时废止。